Développement économique et sécurité en République démocratique du Congo

Collection « Études africaines »

dirigée par Denis Pryen et son équipe

Forte de plus de mille titres publiés à ce jour, la collection « Études africaines » fait peau neuve. Elle présentera toujours les essais généraux qui ont fait son succès, mais se déclinera désormais également par séries thématiques : droit, économie, politique, sociologie, etc.

Dernières parutions

Marie Rose BANGOURA, *Gestion des déchets solides ménagers et ségrégation socio-spatiale dans la ville de Conakry,* 2018.
Jean-Pierre NZEZA KABU ZEX-KONGO, *Congo. Comment le reconstruire, y ramener la paix et le développer ? Vade-mecum pour les dirigeants*, 2018.
Charles LASSERRE YAKITE, *La nationalité et l'apatridie en Afrique,* 2018.
Jean-Pierre NZEZA KABU ZEX-KONGO, *Léopold II. Le plus grand chef d'État de l'histoire du Congo, 2018.*
Bernard TONDÉ, *Le veuvage en Afrique. Dimensions socioculturelles, mystiques, morales et juridiques*, 2018.
Mohamed Salem OULD MAOULOUD, *L'éducation non formelle islamique mahadra de Mauritanie*, 2018.
Dr Claude KOMBOU, *Système fiscal et performance financière des Établissements de microfinance (EMF) au Cameroun*, 2018.
Jean-Marc SEGOUN, *Reconstruire après la guerre au Libéria*, 2018.
Hines MABIKA (dir.), *Principes éthiques d'Albert Schweitzer en Afrique. Le respect de la vie,* 2018.
Mamadou Diarafa DIALLO, *Le Mali contemporain. Fragilités et possibilités,* 2018.
Blaise SARY NGOY, *La dépréciation du franc congolais (2001-2018), Effet d'hystérèse, 2018.*
Noël SOFACK, *L'Eglise catholique et le processus électoral au Cameroun, Un engagement pour des elections justes et transparentes,* 2018.
Noël SOFACK, *Nouvelle géopolitique de l'agriculture et de l'alimentation, Quelles politiques publiques de sécurité alimentaire au Cameroun* ?, 2018.
Fayol Meny INKOU INGOULANGOU, *Problèmes langagiers et apprentissage du philosopher, Cas de l'apprenant en République du Congo*, 2018.
Kakou Marcel VAHOU, *L'insécurité linguistique chez des élèves en Côte d'Ivoire,* 2018.

Sous la direction de
Jean-Claude Maswana

Développement économique et sécurité en République démocratique du Congo

L'Harmattan

5-7, rue de l'Ecole-Polytechnique, 75005 Paris

http://www.editions-harmattan.fr

ISBN : 978-2-343-15628-6
EAN : 9782343156286

AVANT-PROPOS

Par
Jean-Claude Maswana

Ce livre reprend quelques travaux présentés ou soumis dans le cadre des deux dernières éditions des colloques du Cercle des Économistes Congolais (CEC) tenus à Paris (novembre 2016) et Bruxelles (novembre 2017). Ces colloques portaient globalement sur le thème « Développement Économique et Sécurité ». On se rappellera que dans la perspective de l'économie, la sécurité faisait partie de ce que les économistes qualifient de « cadre (non) économique ». Naturellement, la sécurité et le développement sont des conditions préalables mutuellement dépendantes. En clair, la sécurité est une condition préalable du développement économique et social, en même temps que le développement économique peut aussi conditionner la sécurité. Une insécurité persistante peut entraîner la rupture des communautés, des migrations forcées et des modes d'activités économiques précaires qui, à leur tour, affectent le bien-être de la population. Il arrive que ce cycle finisse par modifier les structures économiques et institutionnelles de telle sorte que les violences et l'activité économique deviennent mutuellement vitales.

L'enracinement de l'économie de guerre peut déboucher sur un système d'institutions et d'incitations qui favorisent des modes de gestion aux antipodes du développement économique. Ainsi, même si la situation évoluait au stade « post-conflit », les violences persisteront aussi longtemps que se poursuivra l'économie de guerre. De même, il est hautement probable que la mission de restaurer la paix elle-même soit constamment enfermée dans un dilemme : soit composer avec les groupes armés et ainsi privilégier l'exploitation économique, ou bien éradiquer les violences aux dépens du gain économique. Face à un tel dilemme, le compromis est souvent un statu quo qui n'est autre qu'un état de violences permanentes. À ce stade, les acteurs étatiques, militaires, voire les missions de maintien de paix, vont tous être au service de la gestion de la violence, plutôt que de servir à son éradication. C'est en fait la situation dans laquelle se retrouve la RDC. Le chapitre de Yonekawa éclaire cet état des choses en soulignant le rôle clé que jouent certains acteurs locaux et régionaux dont le rôle principal consiste à perturber ou à gâcher toute tentative d'éradication des violences. Sous divers subterfuges, les gâcheurs jouent un rôle flou, tout en maintenant des agendas cachés, lesquels se révèlent au fil du temps n'être avant tout que la poursuite du gain économique.

Dans ce contexte, la performance des indicateurs économiques ne fournit que des présomptions de progrès économique. Afin de maquiller la réalité du pillage et davantage brouiller les pistes, toute une ingénierie de la prédation et de la violence est mise en place pour camoufler la magnitude du désastre humain et économique en cours en RDC : les recours aux fausses statistiques, à des fausses performances économiques, ainsi qu'à des faux projets d'investissements, sont devenus des pratiques courantes.

Par ailleurs, contrairement à la prédiction théorique, les dépenses militaires peuvent avoir un effet positif sur la croissance économique ; or, durant les récentes années de guerre à l'est de la RDC, l'effet des dépenses militaires sur la croissance économique était plutôt non significatif. Ceci corrobore la thèse des biens collectifs de l'économiste américain Mancur Olson (1982), selon laquelle la relation entre la guerre et la performance économique ultérieure est négative et passe par les effets de la guerre, sur la structure politique et la nature des coalitions de capture du revenu national. Les coalitions et groupes d'intérêts privés accaparent une large portion de la richesse nationale, au détriment de l'intérêt public. En conséquence, la présence de tels groupes ralentit la capacité de la société à se réformer et à s'adapter aux changements tels que souhaités par la majorité de citoyens, à entreprendre la réaffectation nécessaire des ressources vers l'investissement dans le capital humain. Par la suite, ces coalitions retardent le processus de développement économique. Les évidences historiques suggèrent que les intérêts acquis ont, en effet, joué un rôle clé dans le retard de l'adoption de la nouvelle technologie (voir Easterly, 2001). Comme corollaire, le mécanisme expliqué par Olson recommande un changement dans les structures politiques des institutions comme condition préalable à une croissance plus rapide dans la période post-conflit. Comme on peut le constater, de telles réformes, surtout au niveau de l'armée ainsi que des hautes instances de l'État, se font toujours attendre en RDC.

On sait pertinemment que sans une armée efficace, il n'y a pas d'État. Inévitablement, cette absence ou faiblesse de l'État savamment entretenue, a conduit à un mode d'exploitation illicite et illégal des ressources minières par divers groupes armés opérant autour de quelques gâcheurs majeurs dans la région des Grands Lacs. L'économie du pays étant de plus en plus sous la coupe des groupes armés (au pouvoir ou hors du pouvoir), les maigres ressources de l'État congolais se retrouvent à des niveaux scandaleusement bas par rapport à ses voisins. Pendant que la RDC affiche un budget de la misère, il se développe un trafic dynamique, entretenu par des pays voisins ; lesquels à leur tour continuent d'alimenter les chaînes d'approvisionnements mondiaux en métaux précieux. Même si d'autres ressources du sol et du sous-sol congolais sont aussi exploitées et permettent le financement de la violence, le coltan reste le plus lucratif. À cet égard, la compétition internationale pour les ressources rares en général, et pour le coltan en particulier, pousse des pays industrialisés à s'impliquer dans le trafic de coltan, parfois au risque de l'indifférence face aux violences liées à l'extraction de ce minerai stratégique.

Le chapitre de Hanai souligne que contrairement à certains pays industrialisés, tels les USA, qui ont mis en place une réglementation afin de juguler le fléau des minerais de conflit, le Japon n'a pas de cadre de réglementation similaire. Ce qui laisse comme seule option pour les entreprises japonaises connectées au coltan, de mener leurs propres enquêtes afin de se conformer aux exigences de la réglementation américaine *Dodd-Franck Act*. Au-delà, il y a une responsabilité sociale qui doit être reconnue dans la direction des firmes multinationales le long de la chaîne d'approvisionnement mondiale des minerais de conflit, que ce soit au Japon ou partout dans le monde. Une telle responsabilité est d'autant plus indiquée que les firmes internationales utilisant des entrants associés au coltan, réalisent des gains financiers énormes ; lesquels ont comme contrepartie un coût humain inestimable en terme monétaire.

On devrait le reconnaître, en dépit de son coût humain, ainsi que ses effets pervers sur la distribution des revenus, une partie des recettes d'exportation générées par les industries extractives en RDC ont eu quelques effets positifs sur l'expansion économique observée au cours des quinze dernières années. On notera aussi la nette réduction de la volatilité de cette croissance par rapport à son niveau historique. À cet égard, le chapitre de Tcheta indique que la volatilité de la croissance du PIB réel de la RDC depuis 2003, a été nettement inférieure à celle qu'ont connue les trois décennies précédentes. En outre, des résultats empiriques suggèrent que l'hypothèse des changements structurels de la mondialisation, est la principale explication de la baisse de la volatilité de la production globale et l'hypothèse de la bonne fortune est la principale explication de la baisse de la volatilité de l'inflation. Les principales causes de la grande modération de la RDC sont donc la mondialisation et la chance, la meilleure politique macroéconomique n'y contribuant en effet pas beaucoup.

L'économie de la RDC reste aussi fortement exposée aux soubresauts des cours des métaux exportés légalement. Le chapitre de Otchia illustre bien ce fait, en ceci qu'une baisse de 20 % des prix mondiaux des matières premières engendre une dépréciation du taux de change de 35-42 % et une baisse des termes de l'échange de 17,8 %. Étant donné que le secteur minier est le seul à attirer les investissements en RDC, la dynamique totale baisse largement (entre 31 et 71 %). Au niveau des ménages, il convient de noter que les ménages urbains et les ménages pauvres sont les plus affectés. La ville de Kinshasa subit également la plus large conséquence de la crise en termes de bien-être. Enfin, les analyses montrent que les mesures de rapatriement des bénéfices par les entreprises minières, ont seulement un effet mimine et temporaire sur le taux de change.
Le chapitre de Kodila-Tedika et Izu-Makongo tente de comprendre l'incidence de la croissance économique de la République démocratique du Congo sur l'évolution récente de la pauvreté. Les résultats obtenus ne semblent pas légitimer l'hypothèse de croissance pro-pauvres. Les élasticités totales de pauvreté présentent un signe positif, avec des coefficients faibles. En outre, les inégalités sont aussi importantes que les effets de la croissance sur le ratio de pauvreté.

Le chapitre de Botamba souligne que depuis 2002, la RDC, après une décennie perdue sur le plan économique et social, a renoué avec la croissance économique et la stabilité du cadre macroéconomique. Cette évolution économique fut la résultante de la conjugaison de plusieurs faits, notamment l'arrêt de la guerre, la mise en œuvre des programmes de relance économique appuyés par les partenaires au développement (coopération bi et multilatérale) ainsi que le boom minier. Concernant ce dernier facteur, il y a lieu de souligner que l'apport du secteur minier aurait été davantage significatif ou important, n'eussent été les effets pervers liés au déficit de la gouvernance dans ce secteur.

Sur la croissance économique, l'attention a été attirée sur la distinction entre l'expansion économique et la croissance économique. Un taux élevé de croissance du PIB peut être une fluctuation conjoncturelle ou un phénomène structurel. Dans le premier cas, une telle croissance du PIB n'implique pas une amélioration du bien-être. Au-delà, on notera que l'expansion économique est une condition nécessaire de la croissance économique, mais pas suffisante. Le contexte de la croissance économique enregistrée en RDC étant plutôt un fait comptable, et partant, inconsistant avec la définition de la croissance économique, comme étant l'augmentation durant une période longue de la richesse d'un pays en termes réels, par convention, la croissance économique est généralement mesurée par le taux de croissance du produit intérieur brut (PIB), un instrument de mesure de la comptabilité nationale.

En effet, selon Simon Kuznets, l'un des pères fondateurs du PIB, il ne faut donc pas confondre croissance et expansion, l'expansion caractérisant une augmentation de la production sur une courte période, du fait soit des évolutions monétaires, soit des fluctuations conjoncturelles liées aux agrégats du PIB. Cela inclut une augmentation brutale associée au cours des matières premières sur le marché mondial. Ainsi, l'expansion économique correspond à un accroissement momentané et réversible de la production. Quant à la croissance économique, elle est un phénomène de long terme qui s'accompagne de modifications irréversibles des facteurs travail, capital et productivité et qui manifeste des changements des structures de l'économie.

Matunga abonde dans le même sens en montrant que si sur le plan de la lutte contre l'inflation, par exemple, la RDC semble avoir enregistré des avancées remarquables, ces avancées n'ont pourtant pas réussi à stabiliser la production macroéconomique ni à réaliser une croissance soutenue. En outre, en dépit du fait que l'objectif de la politique économique est l'amélioration du bien-être de la société à long terme, on constate cependant que la plupart des performances affichées en RDC se rapportent aux indicateurs intermédiaires, telle la stabilité des prix ou la balance des paiements, alors que les variables intermédiaires ne sont pas les objectifs finaux.

Kabemba s'interroge sur l'aspect cumulatif de la théorie de croissance économique. L'applicabilité des modèles de croissance relativement au niveau du développement économique, a été approchée en évaluant la vraisemblance de leurs hypothèses cruciales et de leurs expressions mathématiques, relativement aux structures des économies, mais elles ne mettent pas suffisamment en lumière les causes fondamentales du changement structurel souhaité pour les pays les moins avancés.

Le chapitre de Pinshi et Sungani conclut qu'un changement dans le taux de change affectera l'inflation plus que proportionnellement. La principale implication de politique économique découlant de ces résultats est que l'autorité monétaire congolaise doit être vigilante et suivre de près les mouvements du taux de change afin de poser des actions rapides et de contenir les pressions inflationnistes du secteur extérieur par des interventions ciblées sur le marché des changes.

Le chapitre de Munkeni atteste que les marchés du travail en RDC ne sont pas fermés ; car, malgré la faible ampleur des mouvements migratoires, qui sont du reste quasi permanents, au moins neuf personnes sur cent se déplacent pour des raisons liées à la recherche du travail, sans pour autant impacter les salaires et le chômage. On retiendra également que les migrations ne créent ni ne suppriment les emplois, tout au plus, elles servent de complément à la création des emplois dans deux cas d'espèces. Il y a lieu de noter toutefois que le taux de chômage n'est pas à son niveau naturel ou d'équilibre en RDC, à en croire le ratio de parité entre l'emploi et la population active. En effet, ce ratio ne se situe qu'autour de 67 et serait tout de même en train de s'approcher de 1. Il est donc difficile de conclure à un plein-emploi du facteur travail en RDC, comme le laissent entendre certaines statistiques en la matière.

Enfin, les défis sécuritaires et économiques de la RDC demeurent irrésolus et continuent de hanter son développement et le bien-être de sa population, les défis à venir risquent encore d'être insurmontables si on ne s'engageait pas avec plus de détermination vers un sursaut intellectuel et surtout éthique. Les participants du colloque avaient à l'esprit cet avertissement d'un grand penseur de notre temps, l'économiste français Jacques Attali, qui lançait en 2016, en écrivant : « Dans 15 ans, les grands changements technologiques seront là, que ce soit dans le numérique, les neurosciences ou les nanotechnologies, et ceux qui n'en auront pas tiré le meilleur seront marginalisés, tant comme être humain que comme nation. C'est là qu'il faut tout changer dans la conception de l'école de la formation, dans la conception et la gestion des entreprises, de la façon de faire de la politique mais aussi dans notre vie privée… » (Attali, *Vivement Demain*, Éd. Fayard, 2016). Naturellement, ce livre se veut être un cadre pour anticiper les réponses à des tels défis. C'était, et ça reste, une conviction profonde et partagée entre les participants des colloques précédents du CEC que, ensemble, nous soyons prêts au rendez-vous de l'histoire.

Nous ne pourrions terminer ces propos sans reconnaître que ce livre a bénéficié du soutien de la Fondation Mitsubishi. Par ailleurs, nous remercions les participants et intervenants des colloques précédents du CEC ainsi que les diverses contributions et soutiens de, entre autres, Dr Denis Mukwege, Dr Noël Tshiani, M. Thierry Michel, Mme Benedicte Ndjoko, M. Jean-Raphaël Chaponnière, M. Jean-Jacques Wondo, Col Luc Marchal, M. Jean-Jacques Lumumba, M. Garry Iwele, M. Dom-Martin Puludisu, M. Jean-Paul Tsasa et M. Guylain Luwere.

CHAPITRE 1

LE CARACTÈRE DÉFECTUEUX ET PROLONGÉ DES CONFLITS CONTEMPORAINS ET PROCESSUS DE PACIFICATION : UNE ANALYSE DU PHÉNOMÈNE DE « GÂCHEUR » EN RÉPUBLIQUE DÉMOCRATIQUE DU CONGO

Masako Yonekawa

Rikkyo University, Tokyo, Japan

Introduction

Dès la fin de la guerre froide dans les années 1990, est apparue une littérature analysant les caractéristiques des conflits contemporains, ou des nouvelles guerres, et dont les travaux les plus représentatifs sont ceux de Mary Kaldor. Ces prétendues nouvelles guerres sont caractérisées par plusieurs facteurs, dont la faillite de l'État, une tendance à des conflits intra-étatiques plutôt qu'inter-États, une économie de guerre (Le Billon, 2000, 1), le soutien extérieur, le mode de guerre dominant, l'accroissement des victimes civiles et déplacements y afférents, ainsi que la difficulté de distinguer entre les civils et les éléments combattants. Ces facteurs sont supposés être différents de ceux qui ont caractérisé les guerres avant la fin de la guerre froide (Kaldor, 2007, 2). En fait, ce n'était pas la cessation de celle-ci, mais plutôt les processus liés à la guerre froide elle-même qui ont donné lieu à bon nombre de caractéristiques de ces nouvelles guerres. Il en est ainsi des guerres par procuration, l'édification de l'État et sa faillite, la décolonisation et surtout la mondialisation (Newman, 2004, 189).

Cependant, les processus de paix dans les cas de conflits violents se sont multipliés depuis la fin de la guerre froide. Alors que certains processus de paix ont réussi à mettre fin à certains, d'autres en revanche ont échoué et ont conduit à la prolongation des violences. Les tentatives de faire perdurer les processus de paix peuvent être attribuées à plusieurs facteurs : la présence de « gâcheurs », la forte influence d'acteurs extérieurs, l'économie politique du conflit, les différends sur le contrôle des ressources naturelles et la nature exclusive du processus de paix (Stedman, 2002, 3, Blaydes *et al.*, 2010, 5). Tous ces aspects sont certes interdépendants, mais il faut focaliser notre attention sur la présence des puissants « gâcheurs » (« spoilers » en anglais) dès lors qu'ils exercent une forte influence sur les autres facteurs.

Stephen J. Stedman définit les « gâcheurs » comme « les dirigeants et partis qui croient que la paix issue des négociations représenterait une menace envers leur pouvoir, ainsi que leurs intérêts et recourent à la violence pour saper les tentatives pour y parvenir » (Stedman, 1997, 5). Les « gâcheurs » emploient divers moyens pour entraver ou retarder le règlement du conflit (comme le soutien des acteurs extérieurs) pour divers motifs (comme l'accaparement des moyens économiques) (Newman et Richmond, 2006). En raison de leur réticence à faire des compromis pour une résolution pacifique, les « gâcheurs » peuvent être exclus du processus de paix, ou ils peuvent essayer d'exclure d'autres acteurs apportant des griefs différents à la table de négociation. Depuis que le concept de « spoiler » a été introduit, plusieurs suggestions ont été faites, notamment en ce qui concerne l'élargissement de son champ d'application afin de bien gérer ses effets dans les conflits.

Ce chapitre considère le concept de « gâcheurs » comme cadre d'analyse et tente d'expliquer la nature des conflits contemporains et du processus de paix, en référence à un conflit qui perdure depuis près de deux décennies, ainsi que d'un processus de paix qui peine à se résoudre depuis des années à l'est de la République Démocratique du Congo (RDC). Le pays, catégorisé comme un État en faillite, connaît une succession de guerres depuis le milieu des années 1990, entraînant le plus grand nombre de victimes depuis la fin de la Seconde Guerre mondiale (International Rescue Committee, 2008). Le nombre de personnes déplacées à l'intérieur de la RDC suite aux conflits à l'est du pays a atteint 2,8 millions au début de 2015, soit le nombre le plus élevé dans toute l'Afrique (Centre international de surveillance des déplacements, 2015). De plus, des viols généralisés ont été commis contre des femmes et des hommes dans ce secteur, même là où la Mission des Nations Unies pour la stabilisation en RDC (MONUSCO), l'une des plus importantes opérations de maintien de la paix au monde, est déployée.

Il s'ensuit la question centrale de savoir pourquoi le conflit et le processus de paix en RDC se sont prolongés pendant environ vingt ans, en dépit des avancées dans l'analyse et la résolution des conflits, ainsi que des efforts déployés par les acteurs extérieurs pour mettre fin au conflit. Ce qui est important, comme le fait valoir Edward Newman, c'est de ne pas supposer que la plupart des situations de conflit peuvent être résolues par la médiation entre intérêts contradictoires ou que l'objectif d'un processus de paix est de trouver un consensus parmi les parties en conflit, lesquelles parties rechercheraient sincèrement la paix (Newman, 2006, 147).

En effet, la pensée conventionnelle sur la conduite et le résultat des processus de paix dans les guerres de longue durée doit être reconsidérée de manière critique, comme le fait de briser les impasses ou le point de maturité « lorsque les deux parties atteignent le point où elles ne peuvent plus escalader leur chemin vers la victoire et les coûts irrécupérables plus les efforts de contre-attaque de l'autre côté font une impasse coûteuse » (Zartman, 1996, 276). C'est parce que les « gâcheurs » utilisent peut-être le processus de paix comme moyen de prolonger le conflit avec des motivations « raisonnables », comme le gain économique personnel, qui peut être associé à un certain entêtement du spoiler dans une économie de guerre (Newman, 2006, 147). Ainsi, la compréhension de la nature du conflit contemporain et le processus de paix en association avec le rôle joué par les « gâcheurs » sont essentiels dans la résolution des conflits et la consolidation de la paix.

La nature prolongée et irrégulière du conflit contemporain en cours et du processus de paix en RDC est analysée en se concentrant sur les trois principaux « gâcheurs » (un majeur et deux mineurs), ainsi que des diverses tactiques utilisées par le « spoiler » majeur sur les « gâcheurs » mineurs et autres. L'argument principal de ce chapitre est que parmi plusieurs « gâcheurs », un spoiler majeur ou principal a utilisé des « gâcheurs » mineurs ou masqués pour obtenir des avantages économiques dans l'est de la RDC. Le principal « gâcheur » a plus l'intention de perpétuer la période de conflit et de processus de paix, avec plus de motivations économiques que les « gâcheurs » mineurs. Par conséquent, le conflit et le processus de paix, qui sont en réalité concomitants, ont *délibérément* été prolongés. Le principal « gâcheur » est partiellement facilité par des acteurs extérieurs – intentionnellement ou non.

Il sied de souligner que parmi les différentes tentatives de mise en œuvre du processus de paix à l'est de la RDC, trois axes émergent, à savoir, l'intégration militaire de l'armée nationale congolaise (2004-2012), le désarmement, la démobilisation, le rapatriement et la réadaptation des combattants étrangers (rwandais) et leur réintégration dans la vie civile (DDRRR, 2002-2015), ainsi que l'opération militaire contre le groupe rebelle rwandais, les Forces Démocratiques pour la Libération du Rwanda (FDLR) (2009-2015). Parmi les différents acteurs extérieurs qui font partie du conflit, le rôle des opérations de maintien de la paix, en particulier la MONUSCO, sera abordé. Cela est dû au fait que la MONUSCO a collaboré avec divers groupes armés, y compris des « gâcheurs », par le biais de trois programmes susmentionnés et n'a pratiquement pas dissuadé les « gâcheurs », malgré l'un de ses mandats (Conseil de sécurité des Nations Unies [CSNU], 2004, paragraphe 65).

En examinant les raisons pour lesquelles le conflit et le processus de paix en RDC ont été prolongés, ce chapitre procède tout d'abord à l'examination des théories du conflit contemporain et du phénomène « gâcheur », et donne un aperçu des guerres en RDC. Ensuite, le rôle des « gâcheurs » dans les trois programmes susmentionnés liés à l'intégration militaire, le DDRRR et l'opération militaire contre le FDLR sera étudié. Après avoir analysé la nature du conflit de la RDC et le processus de paix en association avec le phénomène « gâcheur », la conclusion répondra empiriquement à la question centrale.

2. CONSIDÉRATIONS THÉORIQUES : LA NATURE DES CONFLITS CONTEMPORAINS ET LE PHÉNOMÈNE « GÂCHEUR »

L'une des critiques de la littérature des nouvelles guerres porte sur l'argument selon lequel, bon nombre de caractéristiques évoquées pour les décrire ont en fait eu cours tout au long des cent dernières années (Kalyvas, 2001, 99-118). Cependant, le moyen le plus précis de présenter les nouvelles guerres serait de reconnaître que certaines de ces caractéristiques sont devenues plus importantes avec l'émergence de la mondialisation. Deux processus représentés dans cette nouvelle perspective méritent une analyse particulière à cet égard.

Tout d'abord, après la fin de la guerre froide, le soutien des superpuissances envers leurs bénéficiaires s'est estompé, en même temps que la mondialisation ouvrait de nouvelles possibilités aux acteurs non étatiques de se lier à des réseaux commerciaux mondiaux, sans grande intervention de l'État dans certains rôles qui lui étaient précédemment dévolus (Melander *et al.*, 2009, 510). En conséquence, un nombre croissant d'acteurs non étatiques est apparu, y compris des groupes rebelles, les communautés de la diaspora et les organisations internationales d'aide. Dans de nombreux cas, ils sont devenus des acteurs « étatiques » par défaut, remplaçant souvent l'État. Par conséquent, la distinction entre acteurs publics et privés, y compris les combattants, devenait floue (Newman, 2004, 175).

Deuxièmement, et en relation avec le premier point, la demande mondiale de minerais stratégiques s'est accrue, entraînant avec elle une croissance vertigineuse de l'exploitation desdits minerais, ainsi que du commerce transfrontalier (légal et illégal), sans oublier l'expansion du pillage et du marché noir. Il s'est ensuivi de nouvelles opportunités économiques pour certains acteurs engagés dans les conflits contemporains. Pour assurer ces opportunités économiques, l'effort de guerre consiste désormais dans le contrôle de zones stratégiques riches en minéraux (Le Billon, 2005, 7). Les ressources sont facilement pillées dès lors que l'exigence technologique dans leur exploitation est faible et si elles sont dispersées sur un territoire plus vaste, plutôt que dans une zone concentrée qui peut être plus facilement protégée.

Ainsi, les opérations militaires ont pris une forte tendance à se concentrer sur des espaces d'importance économique, avec un effet important sur la localisation géographique du déploiement militaire (surtout le long des frontières internationales), le type de conflit et les relations entre les groupes armés. Les groupes rebelles et les forces gouvernementales cherchent ainsi à établir des bastions permanents ou des zones d'« insécurité » et à créer des zones de souveraineté de fait imposées par la violence (Le Billon, 2005, 7, 16). Cette compétition pour le contrôle des ressources naturelles par les groupes armés est étroitement liée aux déplacements civils et à la violence sexuelle, comme indiqué ci-dessous (CSNU, 2015b, par. 7). Les « gâcheurs » sont ainsi impliqués dans cette dynamique de conflit, cherchant à exploiter les opportunités économiques qui s'offrent et à consolider le pouvoir. C'est pourquoi il existe un lien étroit entre l'exploitation économique des ressources et la poursuite de la guerre dans certains endroits.

Il faut cependant reconnaître que bien qu'ayant pris de l'ampleur avec le courant de la mondialisation, ce type d'économie de guerre n'est pas entièrement propre aux conflits modernes. L'économie de guerre a été observée avant la guerre froide à travers le trafic d'or dans le sud-est de la RDC. Le trafic d'or ayant soutenu le mouvement rebelle de Laurent-

Désiré Kabila entre la fin des années 1960 et les opérations subséquentes de sa rébellion. Même un peu plus loin dans l'histoire, pendant la guerre de Trente Ans (1618-1648), les besoins de financement des armées en expansion donnèrent un rôle vital aux entrepreneurs militaires et aux acteurs privés (Berdal, 2003, 493).

2.1. L'impact de la mondialisation sur la nature des conflits contemporains

Certaines caractéristiques des nouvelles guerres, comme l'émergence croissante d'acteurs non étatiques et la demande croissante de ressources minérales ont été discutées ci-dessus. Il est question ici d'examiner leur impact sur la nature du conflit contemporain, lequel peut être classé en deux parties.

Premièrement, pour que les « gâcheurs » profitent de l'économie de guerre et restent actifs, le conflit doit durer longtemps. En d'autres termes, une raison majeure pour laquelle certaines guerres ont tendance à persister malgré les efforts pour les résoudre, est que la perpétuation du conflit violent correspond à un agenda économique. Essentiellement, si certains acteurs estiment que les avantages économiques tirés de l'état d'un conflit prolongé dépassent ceux d'une période de paix, en particulier lorsqu'ils peuvent être sanctionnés par un système judiciaire, la mise en œuvre d'un processus de paix est souvent intentionnellement entravée ou prolongée (Newman, 2006, 147).

Comme moyen de perpétuer le conflit, les parties prenantes coopèrent, paradoxalement, et, par exemple, par le biais d'arrangements miniers conjoints, de fourniture d'armes à des « ennemis » ou d'un système par lequel les « gâcheurs » principaux exploitent des « gâcheurs » mineurs. Il s'ensuit parfois un flou quant à la ligne de front identifiable ou l'occurrence d'une bataille majeure, d'autant plus que certains combattants ne viseraient pas forcément une victoire militaire (Keen, 2012, 10). À défaut de celle-ci, derrière l'« action militaire » se déroulent des tueries plus ou moins systématiques des populations civiles (Snow, 1996, 9). Par exemple, au cours du conflit sierra-léonais, l'armée nationale, au début et au milieu des années 1990, a soutenu la rébellion de façon quelque peu étrange : « des soldats du gouvernement ont été vus s'attaquant aux populations civiles, impliqués de manière illégale dans des mines de diamants, s'habillant comme les rebelles, vendant des armes à ceux-ci, établissant ainsi un système de coordination avec eux afin de minimiser les affrontements et de maximiser l'exploitation des civils » (Keen, 2008, 32).

Ce type de collaboration entre les soldats gouvernementaux et rebelles a été qualifié de « jeu de vente » en référence à un match de football tordu, où « l'image de la guerre et d'un combat entre deux côtés semblait servir d'écran de fumée. Le but du "jeu de vente" restant l'émergence d'une économie de guerre par laquelle les rebelles et même les groupes affiliés au gouvernement tiraient profit » (Keen 2008, 32). Ainsi, la distinction entre « soldat » et « guérilla » est non seulement devenue floue, mais aussi vide de sens (De Waal, 1997, 288). Cette distinction conventionnelle, vague et dissoute entre différents acteurs, n'est pas propre aux conflits contemporains, mais plutôt à une autorité publique faible et défaillante tout au long du XXe siècle ou même plus tôt (Newman, 2004, 184). Dans ces conditions où les batailles traditionnelles entre les armées professionnelles opposées ne se produisent pas, la « guerre » elle-même est devenue un concept politiquement controversé (Münkler, 2005, 4) et la différence entre la guerre et la paix ambiguë (Keen, 2000, 1-22). De même, les distinctions portant sur les différentes étapes du calendrier du processus de paix particulier, comme la période « post-conflit », généralement après la signature des accords de paix ou la mise en place d'un gouvernement (transitoire), ont perdu leur sens.

Cela nous ramène au deuxième point de la nature des conflits contemporains. On a fait valoir que le nombre de morts civils et l'ampleur de leur déplacement par rapport aux combattants militaires a augmenté après la fin de la guerre froide. Cependant, de telles données ne se sont significativement améliorées que vers le milieu et la fin des années 1980, et il est probable que ces données aient été systématiquement sous-estimées (Melander *et al.*, 2009, 515). En fait, la tendance de l'indicateur de morts au combat pour mille habitants est relativement générale, sauf pour les cas des années 1860 ou 1910 (Première Guerre mondiale) et 1930 (Seconde Guerre mondiale) (Sarkees *et al.*, 2003, 47, 65). De plus, avec l'avancement des technologies de l'information et de la couverture médiatique, ainsi que l'accès des travailleurs humanitaires aux déplacés intérieurs, la visibilité des déplacements humains a considérablement augmenté après la fin de la guerre froide ; ces facteurs ont conduit à la production de données plus fiables.

Cependant, même si les données sont devenues plus crédibles, le concept de civils est si vaste et souvent ambigu que sa distinction claire avec les militaires peut être problématique. Aussi, bien qu'il soit établi que le nombre de morts civils a augmenté dans les récents conflits, il n'est pas clair pourtant s'il s'agit de civils ou de ceux travaillant dans des groupes armés. Il est dès lors important de poursuivre le débat en vue de déterminer si oui ou non les entrepreneurs civils qui travaillent avec des groupes armés, tels que des entreprises militaires privées, des terroristes ou certains opérateurs à temps partiel dans une guerre, doivent être catégorisés comme des civils (Roberts, 2010, 116). Clarifier ce débat est crucial pour des cas comme le conflit en RDC où certains civils, travaillant dans l'administration de groupes rebelles, ont fui vers les camps de réfugiés des pays voisins ; ce qui fait que ces administratifs au sein des groupes rebelles se retrouvent parfois enregistrés comme réfugiés civils.

On sait généralement que les civils – qui se réfèrent à des non-combattants qui n'appartiennent à aucun groupe militaire – sont délibérément ciblés par des groupes armés lors des conflits. Dans les circonstances particulières caractérisées par l'absence de combats d'envergure, comme précédemment indiqué, le déplacement forcé de civils ne peut pas être considéré comme une conséquence inattendue de la guerre. Plutôt un tel déplacement forcé de civils doit être perçu comme un objectif, ainsi qu'une tactique des parties belligérantes (Haut-Commissariat aux Réfugiés [HCR], 2000, 282). Au-delà de l'éloignement de leurs milieux de vie, le déplacement forcé de civils par des groupes armés sert aussi des mobiles militaires, politiques et économiques.

Ces mobiles-ci peuvent être classés en cinq catégories : le vol et pillage des biens des civils, évacuation des terres pour permettre l'accès aux zones minières et/ou aux zones de pâturage pour les bovins, ou encore créer des opportunités de travaux forcés (Muggah, 2006, 123), recrutement forcé des civils par les groupes armés (Johnson, 2003, 155), sévices sévères envers quiconque serait suspecté de collaborer avec les adversaires considérés comme « ennemis mortels » (Human Rights Watch [HRW], 2009, 54) et perpétuation des violences avec la seule intention de donner l'impression d'un déroulement des opérations militaires en cours – bien qu'en réalité, il n'y ait pratiquement pas de combats – afin d'attirer l'aide humanitaire.

Ce ciblage des civils n'est cependant pas nouveau. Par exemple, le nombre de décès civils en RDC de 1960 à 1994 est estimé à 190 000 minimum à la suite de plusieurs rébellions dans différentes parties du pays (Kisangani, 2012, 2). Même avant cela, 10 millions de civils ont été tués pendant l'ère de l'État libre du Congo en 1886-1908, en relation avec le travail forcé dans les plantations de caoutchouc (Hochschild, 1999, 280).

Afin de déplacer les membres civils d'une communauté ou d'un groupe ethnique et de leur empêcher l'accès et le contrôle des richesses minérales environnantes, la violence sexuelle a été utilisée comme tactique de guerre (CSNU, 2008a, 1 ; Meger, 2010, 129). À l'est de la RDC, les violences sexuelles ont commencé à être utilisées par tous les groupes armés en particulier depuis la fin des années 1990, lorsque la guerre a commencé (Whiteman, 2012, 137). La violence sexuelle sert effectivement à terroriser la population civile, ainsi qu'à stigmatiser les victimes et leurs familles. L'armée congolaise et son alliée, l'ancienne armée rwandaise, ainsi que l'armée rwandaise (Front patriotique rwandais [FPR]) ont à maintes reprises commis des viols collectifs contre les civils (Rapport cartographique, 2010, 99, 118). Des groupes rebelles tels que les Maï-Maï (Kisangani, 2012, 135-140) utilisent la violence sexuelle pour forcer les civils à entreprendre des travaux forcés dans les zones minières sous leur contrôle. Au moins cinq foyers de viol accompagnés d'extrême violence au Sud-Kivu correspondent à des endroits riches en ressources minérales (Mukwege *et al.*, 2009 ; CSNU, 2015b, paragraphe 24).

Comme mentionné plus haut, la coopération entre « ennemis », le ciblage des civils et les incitations économiques offertes par l'économie de guerre ne sont pas les uniques caractéristiques des nouvelles guerres. Avec l'ampleur croissante de l'économie mondiale non réglementée, les modes de financement des guerres ont changé, ce qui explique en partie pourquoi les nouvelles guerres sont étalées sur des décennies (Münkler, 2005, 1). Il y a deux changements fondamentaux dans les modes de financement de la guerre : la disponibilité de technologies d'armes moins coûteuses et plus modernes ainsi que le nombre croissant d'acteurs externes, à la fois étatiques et non étatiques, impliqués dans des conflits.

En ce qui concerne les armes, avec l'avancement de moyens technologiques plus légers et moins coûteux de la violence, tels que les armes légères et les drones, il devient moins onéreux de préparer et mener une guerre. En outre, les moyens de transport civils, tels que les pick-ups et les camions légers, remplacent les véhicules blindés de transport de troupes (Münkler, 2005, 74). Tout ceci a très probablement favorisé l'accroissement du recrutement d'enfants soldats qui ont besoin de peu de formation sur l'utilisation des fusils automatiques avant leur déploiement comme combattants (Münkler, 2005, 76). Par ailleurs, après la guerre froide, l'industrie sud-africaine de l'armement, le seul producteur d'armes sur le continent africain, a commencé à vendre des armes aux pays belligérants, y compris le Rwanda et la RDC (Goose et Smyth, 1999, 90 ; Lemarchand, 2000, 345). C'est à partir de cette extension que l'industrie de l'armement sud-africaine s'est lancée vers la conquête du marché mondial, grâce aussi à la libéralisation effrénée des règles du commerce international (Naidu, 2006, 256).

En ce qui concerne les acteurs extérieurs, bien qu'il soit reconnu que les organisations d'aide humanitaire peuvent exacerber et perpétuer les conflits, le rôle des opérations de maintien de la paix n'a pas été suffisamment analysé, malgré leur implication croissante dans les processus de paix après la fin de la guerre froide. En particulier, lorsque les soldats démunis découvrent soudainement une opportunité d'accès à des ressources naturelles ou une richesse quelconque, ils sont plus tentés de s'investir dans une activité lucrative liée à ces ressources (Crossette, 2000). Par exemple, les troupes du Groupe de surveillance de la Communauté économique des États de l'Afrique de l'Ouest (ECOMOG) étaient impliquées dans le commerce de diamants et accusées de collaborer avec des rebelles en Sierra Leone (Keen, 2005, 223-227).

2.2. Gestion du phénomène « Gâcheur »

À la lumière des caractéristiques des conflits contemporains dont il est question ci-dessus, nous allons maintenant passer à une analyse du phénomène « gâcheur » dans le contexte du conflit en RDC. Il y a trois étapes pour saisir le phénomène de « gâcheur » de conflit. La première étape doit être d'identifier avec précision les « gâcheurs » eux-mêmes. Les acteurs de l'État et l'ONU ont tendance à qualifier de « gâcheurs » uniquement les groupes rebelles et les anciennes forces gouvernementales qui ont participé aux combats, mais qui sont devenus parties prenantes des accords de paix. Cependant, au lieu de ne nommer que des acteurs non étatiques, les « gâcheurs » étatiques, qui sont les décideurs au sein de l'armée régulière, devraient également être inclus (Höglund *et al.*, 2006, 26-27). La violence perpétrée par l'État ou ses alliés mérite, en effet, le même degré d'attention, car ces entités sont aussi des acteurs principaux qui contrôlent les armes, l'information et la propagande (Höglund *et al.*, 2006, 27-28).

La deuxième étape est la reconnaissance de l'utilisation de tactiques par les « gâcheurs » (Greenhill *et al.*, 2006/07, 8). Celles-ci devraient inclure à la fois les violentes et non violentes (Pearlman, 2009, 79-109), car ces dernières peuvent être aussi nocives que les premières. Les deux catégories de tactiques peuvent être utilisées pour prolonger le conflit afin de bénéficier de l'économie de guerre. Les tactiques non violentes peuvent être stratégiques et de grande envergure, telles que la reconnaissance, le temps, la légitimité, les avantages militaires et matériels, l'évitement des sanctions, l'obtention d'une accalmie dans la lutte pour améliorer leur position sur le champ de bataille (Zahar, 2003, 162-163), la violation du cessez-le-feu et/ou le refus de démobilisation (Findley, 2007, 10). Un processus de paix peut être « gâté » soit pour le détruire, soit pour façonner le processus de négociation, dans le but de saper certains droits, privilèges ou accès aux ressources de certains groupes (Nilsson *et al.*, 2011, 216). Cependant, même la mise en forme de la négociation peut être manipulatrice, car les « gâcheurs » gardent leur menace cachée et prolongent le conflit violent ou le processus de négociation, tant que cela promet de leur donner un avantage sur leur adversaire (Newman *et al.*, 2006, 6). Le « gâchis » (spoiling) peut être intentionnel ou involontaire. Le « gâchis » intentionnel est souvent sophistiqué dans ses choix de cibles et le gâchis, qui n'est pas un phénomène statique, peut prendre différentes formes à différents stades d'un processus de paix, selon les objectifs des acteurs (Newman *et al.*, 2006, 13).

La troisième étape consiste à identifier les sources de financement de « gâcheurs » afin de comprendre les causes et les motivations du gâchis. Les « gâcheurs » pourraient être soutenus par des acteurs extérieurs, tels que des groupes de la diaspora, des États, des alliés politiques ou des multinationales (Newman *et al.*, 2006, 4). Cependant, d'autres acteurs tels que l'ONU et les organisations non gouvernementales (ONG), qui sont généralement considérés comme efficaces, peuvent également apporter leur soutien aux « gâcheurs » directement ou indirectement. Mis à part le soutien unidirectionnel des acteurs externes aux « gâcheurs », ces derniers peuvent également manipuler les premiers.

L'identification des « gâcheurs » majeurs ou principaux peut cependant être problématique pour deux raisons : le temps du processus de paix et la nature floue des « gâcheurs ». Sur le temps du processus de paix, par exemple, Stedman a identifié les « gâcheurs » qui ont joué un rôle seulement pendant la période de négociation de la paix, et non pas tout au long du processus de mise en œuvre de la paix. Pour le cas du Rwanda, ce temps limité a induit en erreur Stedman et à ne citer que l'ancien président Juvénal Habyarimana et son parti extrémiste comme des « gâcheurs », car ils n'étaient pas coopératifs pendant les négociations avant le génocide de 1994 (Stedman, 1997, 25). Cette identification aurait pu influencer l'étiquetage du même groupe comme « force négative » des accords de cessez-le-feu de Lusaka de 1999 comme mentionné plus tard. En réalité, il est souvent difficile de distinguer la période précédant le rétablissement de la paix, la période de consolidation de la paix « post-conflit ». Ce n'est pas seulement parce qu'il y a des rechutes répétées de conflits ou des promulgations récurrentes d'accords de paix, mais aussi parce que la distinction fondamentale entre conflit et période de processus de paix est souvent floue, comme décrit plus en détail dans la section ci-dessus.

En ce qui concerne le caractère vague des « gâcheurs », il est important de reconnaître que les acteurs changent fréquemment d'alliances et que certains d'entre eux ont même un double titre, appartenant simultanément aux gouvernements et aux groupes rebelles. Dans le contexte du conflit de la RDC, le principal « spoiler » a été considéré par l'ONU et le gouvernement rwandais comme l'ex-armée rwandaise (FAR) et les Interahamwe qui ont formé en 2000, un groupe militaire et politique rwandais, FDLR. Les ex-FAR/Interahamwe ont été reconnus comme les génocidaires qui ont entraîné l'insécurité au Rwanda et à l'est de la RDC, en menaçant la population rwandaise et congolaise et en attaquant le Rwanda de la frontière en RDC de 1994 à 1996. Cependant, le FDLR est simplement un « spoiler » mineur, tout comme l'armée congolaise, tous deux contrôlés par le grand « spoiler » FPR. Les relations entre ces « gâcheurs », y compris leurs systèmes de coopération, doivent être examinées, les résultats pouvant affecter l'analyse globale de la nature des conflits contemporains et du processus de paix.

3. Contexte du conflit en RDC[1]

Le conflit dans l'est de la RDC depuis la fin des années 1990 doit être compris à partir de l'histoire de l'Ouganda voisine, où le groupe

[1] L'est de la RDC, principalement la province du Nord-Kivu, est l'objet de cette étude du fait du rôle joué par le gâcheur majeur, le FPR.

rebelle Mouvement de Résistance National (NRM), mené par Yoweri Museveni, a pris le pouvoir en 1986. La direction du NRM était en fait occupée par des Rwandais tutsis (groupe minoritaire), y compris le président actuel du Rwanda Paul Kagame. Ces réfugiés ont rejoint le NRM en masse au début des années 1980, dans le but de se défendre. Ces réfugiés ont créé plus tard le FPR et après avoir consolidé le pouvoir en Ouganda, ils ont lancé une invasion militaire du Rwanda à partir de l'Ouganda en 1990, suivie d'une guerre civile jusqu'en 1994. En 1992, comme stratégie pour sa survie, le parti du président du Rwanda de l'époque Habyarimana, a créé l'aile des jeunes armés. Ce groupe, connu par la suite comme Interahamwe, était essentiellement composé des extrémistes hutu (groupe majoritaire). Certains dirigeants des FAR et des Interahamwe auraient été parmi les principaux organisateurs du génocide de 1994. Il sied de noter que ce génocide n'a pas pu être évité par la présence de la force de maintien de la paix dès l'ONU sur le terrain.

Après la prise du pouvoir par le FPR en 1994, qui a marqué la fin du génocide, les FAR et les Interahamwe ont fui vers l'est de la RDC en prenant en otages des réfugiés. On estime que 10 à 15 % des personnes vivant dans des camps de réfugiés ont été impliquées dans le génocide (Adelman *et al.*, 1996, 39). Les retombées de ces événements sur l'est de la RDC ont aggravé les conflits locaux, tels que les tensions ethniques et la concurrence foncière qui existaient déjà localement et à travers la frontière. Du point de vue du FPR, cette tension représentait à la fois une opportunité et un danger potentiel. L'opportunité pour le FPR était de poursuivre des soldats hutus, sous le prétexte que le FPR devait défendre les Tutsis congolais (dits banyamulenge) de la menace potentielle de génocide, ainsi que la nécessité de protéger les populations rwandophones en RDC des possibles violences. Par conséquent, l'armée rwandaise (FPR) prévoyait une invasion de l'est de la RDC dès la fin de 1996, afin de détruire les camps de réfugiés contrôlés par les ex-FAR/Interahamwe.

Pour cette invasion, qui est généralement connue comme la première guerre du Congo, le Rwanda avait besoin d'une couverture politico-militaire. Ceci fut rendu possible par l'inclusion de L.-D. Kabila comme tête d'affiche d'une coalition politico-militaire visant le renversement du président Mobutu Sese Seko. Une coalition dénommée Alliance des Forces Démocratiques pour la Libération du Congo-Zaïre (AFDL) a été formée. Naturellement, les Tutsi-Congolais (Banyamulenge), ayant un penchant pour le Rwanda, ont joué un rôle clé au sein de la coalition AFDL. Il sied ici de préciser qu'en fait, l'armée rwandaise avait déjà envahi l'est de la RDC juste avant la création de l'AFDL (Braeckman, 1998, 69).

Après la destruction des camps de réfugiés à l'est de la RDC en 1996, le FPR a systématiquement dispersé et massacré des réfugiés hutus et des citoyens congolais. Ce massacre, qualifié même de génocide potentiel par le rapporteur de l'ONU Garreton (CSNU, 1998, 7) et reconfirmé par le Rapport Mapping de l'ONU en 2010 (Bureau du Haut-Commissaire aux droits de l'homme 2010, paragraphe 7), a amené certains réfugiés et membres des ex-FAR/Interahamwe à fuir dans et hors de la RDC. Les survivants de ces massacres, y compris les membres des ex-FAR/Interahamwe, constituent le jeune corps d'officiers et de troupes pour la Libération du Rwanda (AliR) formé en 1997, aujourd'hui connu sous le nom de FDLR. Ces massacres oubliés ont renforcé l'extrémisme hutu, car de nombreux combattants des FDLR prétendent que leurs armes défendent les réfugiés restants (Hege, 2009, 1).

Après la chute du président Mobutu en 1997 par les forces de l'AFDL, son porte-parole, L.-D. Kabila s'est déclaré président de la RDC. Évidemment ses parrains, le Rwanda et l'Ouganda, s'attendaient à ce qu'il exécute leur programme commun, telle l'élimination des extrémistes hutu résiduels. Cependant, la déception commençait à se manifester dès lors que l'imprévisible L.-D. Kabila semblait ne pas se tenir à l'agenda initial convenu. Sentant le danger venir, en juillet 1998, L.-D. Kabila expulsa les officiers rwandais de l'AFDL de la RDC. Par la suite, en août 1998, le Rwanda lançait une attaque contre le gouvernement de la RDC sous couvert d'une nouvelle formation politico-militaire dite Rassemblement congolais pour la démocratie (RCD). Le Rwanda a justifié son attaque de l'est de la RDC en affirmant qu'elle assurait la sécurisation de ses frontières nationales. En 1999, les parties au conflit de la RDC vont signer l'Accord de cessez-le-feu de Lusaka qui stipulait le retrait des forces étrangères de la RDC et le désarmement des « forces génocidaires », ainsi que la formation d'une armée nationale congolaise. Cette deuxième guerre du Congo se poursuivra tout de même, pendant que l'armée rwandaise exploitait et bénéficiait d'exploitation des ressources du sol et du sous-sol de la RDC sur les territoires sous son contrôle.

Après l'assassinat de L.-D. Kabila en janvier 2001, Joseph Kabila lui succéda et accéléra le processus de paix en signant des accords, dont l'Accord de Pretoria en 2002. Parmi les nombreuses dispositions, l'accord prévoyait le retrait des troupes rwandaises de la RDC et le désarmement de FDLR ; tandis que certaines troupes rwandaises restaient encore dans l'est de la RDC, les FDLR ont commencé à se désarmer progressivement. Le processus de paix a culminé en 2002 avec la promulgation des Accords globaux et inclusifs qui ont ouvert la voie à la formation d'un gouvernement de transition en 2003. Malgré ces progrès dans le processus de paix, les conflits à l'est continuaient avec, à chaque fois, l'apparition de nouveaux groupes armés. Outre l'AFDL et la RDC, le FPR a soutenu la formation de deux autres groupes rebelles connus sous le nom de CNDP en 2006 et Mouvement du 23 mars (M23) en 2012. Le CNDP a été intégré à l'armée congolaise au début de 2009 dans le cadre de l'accord de paix de mars 2009, lequel accord finira par échouer. Puis, le M23 a été défait à la fin de 2013 après avoir commis des crimes de guerre massifs (CSNU, 2013, paragraphe 9).

En ce qui concerne la tentative de l'ONU de contenir les ex-FAR/Interahamwe depuis son arrivée dans l'est de la RDC en 1994, elle a consisté à séparer les ex-FAR des réfugiés civils et par la suite par le déploiement d'une force multinationale. Les deux tentatives ont échoué. L'Accord de Lusaka en 1999 et les accords ultérieurs ont exhorté le désarmement et le rapatriement des FDLR au Rwanda, sans beaucoup de succès. Malgré le dialogue répété des FDLR avec le gouvernement du FPR depuis 2000, l'ONU a constamment exclu les FDLR des négociations, sauf une fois dans le cadre de la médiation de la Communauté de Saint Egidio en 2014. Cela contraste avec les négociations politiques facilitées par l'ONU avec divers groupes rebelles au Burundi, en RDC, en Ouganda et le même Rwanda avant 1994 (quand le FPR était encore un groupe rebelle avant 1994).

Depuis 2005, les FDLR s'engagèrent à mettre fin à leur lutte armée, tout en préconisant un dialogue avec le gouvernement rwandais, les partis politiques en exil et réfugiés (International Crisis Group [ICG], 2009, 19). Alors que le gouvernement de Kigali au Rwanda annonça sa volonté de recevoir les anciens combattants, il rejetait vigoureusement les discussions avec les génocidaires et les « organisations terroristes », comme les FDLR ; ce dernier ayant été entre-temps qualifié comme groupe terroriste par les États-Unis d'Amérique (Représentant permanent des USA au Rwanda, 2005). Ainsi, au lieu du dialogue, les missions de l'ONU dans la région, MONUSCO y compris, n'ont fourni que deux options aux combattants des FDLR, soit la démobilisation, DDRRR, soit l'opération militaire. Par ailleurs, depuis la défaite militaire du M23 à la fin de 2013, les FDLR sont redevenues le principal « gâcheur » ciblé.

Après la période, infructueuse, de désarmement des FDLR, l'armée congolaise, appuyée par la MONUSCO, a prévu de reprendre l'opération militaire contre les FDLR au début de 2015. Cependant, deux généraux de l'armée congolaise qui étaient censés diriger l'opération militaire, se sont révélés être responsables de graves violations des droits de l'homme. Ceci a empêché la MONUSCO de soutenir l'opération prévue contre le FDLR (Assemblée générale des Nations Unies et Conseil de sécurité, 2013, paragraphes 1 et 7). Plus tard, les Nations Unies ont étrangement abandonné leurs conditions préalables de respect des droits de l'homme et ont commencé à coopérer avec l'armée congolaise dans l'opération contre les FDLR (*The New Times*, 2015a).

4. L'INTÉGRATION MILITAIRE DE L'ARMÉE CONGOLAISE

L'un des moyens de mettre fin au conflit dépend de la volonté des armées concurrentes de créer une nouvelle armée nationale intégrée. Dans le cas de l'armée nationale de la RDC, l'histoire de sa composition et de son intégration militaire s'est déroulée en trois étapes. La première date de 1995 à 1998 ; ce qui veut dire avant, pendant et après la première guerre du Congo, lorsque l'armée congolaise a été défaite et démobilisée, devenant ainsi un assemblage des différentes milices. La seconde étape se situe de 1998 à 2003, ou la seconde guerre du Congo, lorsque plusieurs milices sont devenues indispensables. La troisième étape, à partir de 2003, est le processus par lequel les groupes rebelles congolais et des éléments de l'armée rwandaise ont été intégrés au sein de l'armée congolaise à l'est de la RDC, conformément à l'objectif de l'Accord global et inclusif visant la création d'une armée nationale restructurée et intégrée comprenant toutes les parties prenantes au conflit.

Il est important de reconnaître que la mise sur pied d'une armée nationale professionnelle était une priorité essentielle pour l'État congolais avant même les Accords de Lusaka de 1999. En fait, à l'aube du processus démocratique du début des années 1990 sous Mobutu, cette question de bâtir une armée réellement nationale a été mise en évidence lors de la Conférence nationale souveraine de 1991-1992. À l'époque, déjà, sous le régime de Mobutu, l'armée congolaise était réputée pour son incapacité à remplir sa mission de défendre le territoire national et de protéger ses citoyens (1965-1997) (Nzongola-Ntalaja, 2011).

4.1. Première guerre du Congo (1995-1998)

Comme indiqué précédemment, les retombées de la guerre civile rwandaise et du génocide dans l'est de la RDC ont aggravé les tensions ethniques qui existaient déjà. Pour que les ex-FAR puissent tenter d'acquérir un territoire dans les Kivus d'où ils pourraient opérer contre le Rwanda et les communautés tutsies congolaises dans les Kivus, ils ont recruté une partie de l'armée congolaise non rémunérée et mal commandée (HCR, 2000, 258-259). Un conflit s'est développé entre les ex-FAR, les alliés de l'armée congolaise et quelques milices locales antigouvernementales Maï-Maï d'un côté et la population congolaise tutsie de l'autre (HCR, 2000, 258-259). Ce lien entre les ex-FAR et l'armée congolaise était inévitable, puisque les présidents Mobutu et Habyarimana ont été des alliés de longue date ; et l'armée congolaise, ainsi que les troupes françaises et belges, ont assisté le gouvernement Habyarimana en intervenant lors de l'invasion du FPR au Rwanda en 1990.

Après l'invasion du FPR et de l'AFDL de l'est de la RDC en 1996, l'armée zaïroise/congolaise (FAZ) a exploré plusieurs façons d'organiser la résistance, notamment en cherchant le soutien externe d'une vieille alliance telle que le ex-FAR. Le ex-FAR avait plusieurs raisons légitimes de lutter contre la nouvelle rébellion AFDL. L'armée rwandaise, ossature majeure de la rébellion de l'AFDL, avait attaqué les camps de réfugiés, y compris les éléments armés qui s'y trouvaient. En dehors de leur autodéfense, les ex-FAR ont dû protéger les réfugiés tout en gardant le contrôle sur eux en même temps. De plus, les ex-FAR ont perdu leur territoire à proximité de la frontière rwandaise, ce qui les a privés des bases de retraite qu'ils utilisaient pour leurs incursions au Rwanda (Reyntjens, 2009, 113). Certains soldats de l'ex-FAR auraient déjà été recrutés par l'armée zaïroise pour renforcer le front oriental en 1996-1997 (Umutesi, 2004, 152).

Au début de 1997, des dirigeants de l'ex-FAR, dont la majorité n'était pas impliquée dans les massacres génocidaires, ont créé l'ALiR dont le but était de renverser le gouvernement dominé par les Tutsis et de réinstaller le contrôle hutu au Rwanda (ICG, 2001, 23). Même un officier du FPR a admis que la majorité des combattants de l'ALiR ne faisait pas partie des FAR ou des Interahamwe et que la plupart des jeunes étaient recrutés dans des camps de réfugiés depuis 1994 (HRW, 2001b, 2).

D'autres combattants étaient des « rares » collaborateurs tels que les Congolais parlant le kinyarwanda, qui n'ont aucun lien apparent avec le génocide, et les enfants soldats recrutés par l'armée rwandaise et le RCD (HRW, 2001b, 2, 5, 6).

L'autre fait à signaler est qu'il a été rapporté que l'AFDL a chassé des réfugiés rwandais afin de les protéger de l'armée rwandaise parce que, contrairement à celle-ci, l'AFDL n'avait aucun intérêt à massacrer ces réfugiés. Cependant, la situation s'est rapidement révélée ambiguë en raison de la présence d'ex-FAR/Interahamwe parmi les réfugiés civils. Les ex-FAR/ Interahamwe ont offert leur capacité de combat à l'AFDL comme la seule chose qu'ils eussent laissée en échange de leur vie (Prunier, 2009, 157). Ainsi, à la fin de 1997, L.-D. Kabila a lentement commencé à mélanger la sécurité des anciens réfugiés civils d'une part et à recruter les anciens FAR et les Interahamwe dans la nouvelle armée congolaise (Prunier, 2009, 157) d'autre part. Au début de 1998, il a été observé que des combattants de l'ALiR portaient des uniformes de l'armée congolaise (ICG, 2001, 6). Par conséquent, l'armée congolaise n'a pas été seulement une armée nationale depuis la fin de la première guerre du Congo, lorsque l'armée zaïroise a été battue et démobilisée. L'armée congolaise était plutôt composée de divers groupes : les vestiges de l'AFDL ainsi que les « Tutsis » rwandais et congolais, y compris le Rwandais James Kabarebe qui était chef d'état-major, les *kadogos* (enfants soldats originaires de diverses tribus orientales), l'ancienne armée congolaise sous Mobutu, et d'autres comme le groupe rebelle congolais Tigres de Katangan recrutés pendant l'avancée de la rébellion (Reyntjens, 2009, 162).

4.2. Seconde guerre du Congo (1998-2003)

Au début de la seconde guerre du Congo en août 1998, le gouvernement de la RDC a de nouveau dû compter sur deux sources de soutien militaire : les guérilleros Maï-Maï et les armées étrangères, y compris les Angolais, les Zimbabwéens, les Namibiens et les plus controversés ex-FAR et Interahamwe, les Rwandais. Plus particulièrement, ces Rwandais présentaient plusieurs avantages. Ils possédaient l'expérience de combat accumulée ailleurs. Suite à la destruction des camps de réfugiés à l'est de la RDC à la fin de 1996, les ex-FAR ont été dispersés dans les pays voisins, où ils ont continué à combattre, comme au Soudan et en République du Congo. Dès que les combats ont éclaté en RDC en 1998, ces Rwandais ont commencé à y retourner pour rejoindre l'armée congolaise et combattre les Tutsis (Reyntjens 2009, 112).

En outre, ces soldats rwandais avaient une loyauté très élevée, non seulement en raison de leur ressentiment contre le régime de Kigali, mais aussi par désespoir vis-à-vis de leur situation actuelle, leur seule chance étant une victoire de L.-D. Kabila (Prunier, 2009, 210). Par ailleurs, les Maï-Maï et les ex-FAR formèrent des bataillons mixtes, parce qu'ils partagaient un ennemi commun, les ex-FAR allant jusqu'à entrainer, armer, et à approvisionner les Maï-Maï (Autesserre, 2010, 143). Plus tard, le Président L.-D. Kabila en particulier a eu besoin de l'ex-FAR pour contrer la rébellion du RCD, à qui il promettait en retour de leur fournir la logistique nécessaire pour reprendre le pouvoir au Rwanda (Pole Institute, 2010, 20-21). Le rôle d'ALiR n'était pas seulement de soutenir l'armée congolaise, mais aussi de diriger les opérations avec le soutien des avions et de l'artillerie zimbabwéens et angolais (Prunier, 2009, 206). Le gouvernement congolais et les FDLR ont coopéré pour rassembler et désarmer environ 3 000 combattants qui ont été remis à l'ONU (HRW, 2001b, 4). Sans l'expertise militaire des anciens officiers des FAR, le FPR aurait pu facilement renverser le gouvernement de L.-D. Kabila (Hege, 2009, 2).

La décision de L.-D. Kabila de former un tel rapprochement entre le FDLR et les Maï-Maï serait liée à l'Accord de Lusaka, qui qualifiait les deux forces négatives (Pole Institute, 2010, 22). Cette coalition avait l'intention de s'allier à L.-D. Kabila, et de rapprocher les Rwandais des FDLR de la population congolaise. En outre, ce lien pouvait servir à dissimuler l'identité rwandaise des FDLR, qui étaient les principaux combattants de la coalition à l'est de la RDC (Pole Institute, 2010, 22). Comme le FPR a dû rejoindre le NRM en Ouganda en 1980 pour sa propre survie, les FDLR ont également été obligés de travailler avec les Maï-Maï et l'armée congolaise.

Rappelons que ces Maï-Maï et ex-FAR avaient déjà combattu L.-D. Kabila, en particulier au début de l'invasion de l'AFDL à l'est de la RDC. À cette époque, les ex-FAR, ex-Interahamwe et les réfugiés hutus rwandais avaient subi des pertes humaines importantes pendant et après les rébellions de l'AFDL de Kabila et de ses anciens alliés rwandais, le FPR. Cette facilité avec laquelle le gouvernement a déplacé ses alliances et son vaste réseau d'ex-FAR/Interahamwe avait surpris la Commission de l'ONU :

« Au cours des combats qui ont accompagné la prise de pouvoir au Zaïre en mai 1997, les ex-FAR et Interahamwe ont été largement dispersés. Cependant, les changements des alliances à l'intérieur et autour de la RDC ont, de façon surprenante, profité aux anciennes forces gouvernementales rwandaises... [parce que] les ex-FAR et les ex-Interahamwe, autrefois détruits et dispersés, sont devenus une composante importante de la coalition internationale mise en place par L.-D. Kabila contre les rebelles du RCD et leurs présumés commanditaires, le Rwanda et l'Ouganda. Les ex-FAR et les Interahamwe ont continué à recevoir des armes et des munitions à la fois par leurs liens étroits avec d'autres groupes rebelles en Angola, au Burundi, en Ouganda et ailleurs, et plus récemment par le gouvernement de la RDC. Malgré l'imposition d'un embargo sur les armes par le Conseil de sécurité, qui est resté en vigueur depuis le génocide de 1994, les ex-FAR et les Interahamwe sont devenus en fait les alliés du gouvernement de la RDC et de ses alliés... Ce qui a conféré une légitimité aux Interahamwe et aux ex-FAR (CSNU, 1998, par. 86-87). »

Même après la mort de L.-D. Kabila, les FDLR ont continué à travailler sous le nouveau président J. Kabila. Malgré le retrait des troupes et des milices étrangères du territoire congolais, suite à l'Accord de Pretoria de 2002, certains des officiers du président J. Kabila ont entretenu des liens avec les FDLR au travers d'activités tels l'acheminement des armes au FDLR et l'organisation de vols de ravitaillement en 2001et 2002 (ICG, 2005, 3).

4.3. Processus de paix depuis 2003

Suite à la formation du gouvernement de transition en 2003, la MONUC a commencé à fournir des conseils et une assistance au gouvernement de la RDC pour l'intégration militaire en 2004 (CSNU 2004, paragraphe 7). Le processus d'intégration militaire, qui a eu lieu entre 2004 et l'accord de paix de mars 2009 avaient globalement échoué. Dix-huit brigades d'infanterie devaient être créées avant les élections de 2006, mais seulement trois brigades avaient été effectivement formées et déployées à la mi-2006 (Boshoff *et al.*, 2006, 8). Au contraire, cette intégration a renforcé l'influence de l'armée rwandaise à l'est de la RDC par le biais de la DDRRR et de l'opération militaire contre le FDLR qui a eu lieu après 2009.

L'échec peut être attribué à plusieurs facteurs : l'approche descendante (top-down) du processus, le soutien financier limité des acteurs extérieurs, ainsi que la crainte des groupes rebelles de perdre leurs puissants dirigeants (Autesserre, 2010, 123 ; Keen, 2012, 195-234). Cependant, plus important encore, il y a trois raisons à cet échec. Premièrement, les groupes les plus importants de rebelles « congolais », comme le RCD et le CNDP, qui étaient des alliés de l'armée rwandaise, maintenaient des chaînes de commandement parallèles entre les rebelles et l'armée congolaise, même après que leurs officiers eurent occupé des postes de commandement au sein de l'armée congolaise. En conséquence, d'autres groupes rebelles congolais ont été marginalisés au sein de l'armée congolaise intégrée. En façade, l'impression était que le CNDP avait intégré l'armée congolaise alors qu'en réalité, c'était le CNDP qui avait absorbé l'armée congolaise (ICG, 2010, 1, 4). Pour accélérer le positionnement stratégique des officiers RCD et CNDP dans l'armée congolaise, qui était déjà composée de combattants de FDLR depuis 1996-1997, les sponsors extérieurs de ces rébellions ont utilisé divers moyens tels que le recrutement de soldats, y compris les enfants, le matériel et le déploiement des officiers et des unités de l'armée rwandaise pour appuyer le CNDP (CSNU, 2008, paragraphe 61).

Deuxièmement, grâce à ce semblant d'intégration, le CNDP a fonctionné comme une « force armée de l'ombre au sein de l'armée nationale », afin de contrôler certaines des zones les plus riches en minerais de la région (Global Witness, 2012, 22). Le général du CNDP, Bosco Ntaganda, qui a également servi en même temps au sein de l'armée congolaise, a détourné avec succès le processus d'intégration. Il veillait à ce que ses fidèles officiers soient stationnés stratégiquement dans des zones minières riches en bois dans toutes les provinces du Kivu (Global Witness, 2012, 23). En fait, l'accord de paix de mars 2009 qui stipulait entre autres, l'intégration du CNDP dans l'armée congolaise, a également adopté la proposition du CNDP d'un « modèle de délimitation des frontières administratives » (Accord de paix entre le gouvernement et CNDP 2009, article 8.2). En d'autres termes, cet accord était une cession de facto du territoire au Rwanda et à l'Ouganda par le biais du CNDP, et d'autres groupes rebelles congolais ont été exclus du processus.

Troisièmement, les politiciens et chefs militaires ont été réticents ou ont simplement prétendu confier leurs troupes à l'intégration militaire et

« ont rapidement tiré un profit personnel des vastes sommes fournies par la communauté internationale pour le processus » (HRW, 2005, 9). Pour donner un exemple, environ 6 000 soldats du CNDP ont été intégrés à l'armée congolaise, mais seulement 2 542 armes personnelles ont été remises. En ce qui concerne les armes de plus grande taille, le CNDP en a livré quelques-unes, alors que d'importantes caches d'armes ont été maintenues sous le contrôle d'anciens commandants du CNDP intégrés à l'armée congolaise (CSNU, 2009, paragraphe 180). Selon un responsable de la MONUC, « l'intégration de l'armée est une industrie et les Congolais sont devenus très bons à en tirer des profits » (HRW, 2005, 9). En d'autres termes, le processus d'intégration militaire était un moyen d'accéder aux ressources naturelles et d'attirer le soutien financier des acteurs extérieurs.

5. Processus de démobilisation et désarmement des FDLR

La présence de groupes armés étrangers, dont certains sont des « gâcheurs », représentait un obstacle majeur au processus de paix. Compte tenu de la nécessité de sécuriser le Rwanda et d'empêcher la reprise des attaques transfrontières, le DDRRR a été fixé comme un objectif majeur de l'Accord de cessez-le-feu de Lusaka. Après la formation du gouvernement de transition de la RDC en 2003, la MONUC a commencé à assister le gouvernement dans le processus de la DDRRR (CSNU, 2003, par. 16). Au total, 12 410 combattants, dont des non-FDLR tels que des anciens CNDP, ont été rapatriés au Rwanda de 2002 à mai 2014 (ICG, 2014, note de bas de page 72). Toutefois, comme on le verra plus loin, un nombre inconnu d'anciens combattants des FDLR ont été recrutés en RDC par des responsables gouvernementaux rwandais, de sorte que le chiffre du rapatriement devrait en réalité être inférieur.

Au cours du processus DDRRR, de nombreux obstacles ont été rencontrés, comme le fait que certains combattants des FDLR hésitaient à participer au DDRRR car ils craignaient de se retrouver embarqués dans un processus judiciaire. Cependant, ce qui est le plus important, c'est que trois entités, les FDLR, le gouvernement de la RDC et le gouvernement rwandais, ont révélé un manque de coopération.

Concernant les FDLR, leur commandant annonçait en 2009 que les combattants envisageant de quitter l'organisation pouvaient être exécutés, ce qui rendait difficile et dangereuse toute désertion. Les unités de renseignement militaire et civil des FDLR surveillaient les combattants, leurs dépendants, ainsi que les réfugiés rwandais (CSNU, 2010, par. 83). Selon les anciens combattants des FDLR et la MONUSCO, seuls les combattants plus âgés et non essentiels ont été envoyés pour le désarmement, « afin de prolonger le processus de désarmement » (CSNU, 2015a, paragraphe 51).

En ce qui concerne l'armée congolaise, la MONUSCO a signalé que d'anciens combattants de groupes armés se plaignaient des abus qu'ils avaient subis de la part d'officiers de l'armée congolaise. Apparemment, certains officiers de l'armée congolaise considéraient que les combattants des groupes armés démobilisés dans le cadre DDRRR, retournaient chez eux munis des minéraux tirés de l'exploitation des sites sous leur contrôle. Ainsi, des officiers de l'armée congolaise ont attaqué et parfois tué les combattants, pour tout simplement voler ces prétendus minerais ou leurs biens, ce qui décourageait les combattants qui souhaitaient rentrer chez eux (CSNU, 2010, paragraphe 279). De plus, un groupe d'experts des Nations Unies a reconnu que, comparativement au nombre d'ex-combattants démobilisés et rapatriés, le nombre d'armes et la quantité de munitions récupérées des FDLR étaient comparativement faibles (CSNU, 2007, paragraphe 58).

Enfin, en dépit de la promotion répétée du Rwanda pour le DDRRR, des soldats rwandais ou ceux du RCD « sont intervenus pour empêcher les fonctionnaires de la MONUC d'achever les procédures convenues pour contacter, rencontrer ou transporter les candidats au désarmement et au rapatriement au Rwanda ». Et même si les ex-combattants réussissaient à être rapatriés au Rwanda, les fonctionnaires rwandais, y compris la police, auraient abusé du programme DDRRR et soumis ces rapatriés au recrutement forcé, à l'intimidation et à la violence physique (CSNU, 2004). Les ex-combattants rapatriés qui étaient enrôlés dans la Force de réserve de l'armée rwandaise ont été remobilisés et envoyés pour occuper différents postes au sein du M23 (CSNU, 2012b, paragraphe 20). Certains des enfants soldats FDLR rapatriés ont été recrutés à leur arrivée au centre de démobilisation et de réintégration au Rwanda par les forces rwandaises et son allié le M23, pour rejoindre ce dernier (CSNU, 2012c, paragraphe 157).

Ainsi, les FDLR, qui ont souvent été recyclés de force à travers la frontière, ont été utiles comme source de recrutement pour le FPR en raison de leur connaissance substantielle des FDLR de l'est de la RDC.

Pour donner la priorité à l'économie de guerre, ce type de recrutement croisé, par lequel les combattants ont déménagé (ou ont été forcés de se déplacer) d'un groupe armé à un autre, a été utilisé comme stratégie, ce qui a rendu difficile la différenciation entre les différents groupes armés (Newman, 2006, 146).

Depuis longtemps, se posait la question de savoir si la volonté du président Kagame de faire rapatrier les FDLR au Rwanda et ses inquiétudes en matière de sécurité sur la présence de ceux-ci à l'est de la RDC étaient authentiques (Autesserre, 2010, 61). Bien que le FPR ait constamment critiqué la MONUSCO pour ne pas avoir résolu les problèmes des FDLR (*The New Times*, 2015b), au contraire, c'est le FPR qui a prolongé le processus DDRRR. Comme l'a dit un diplomate de l'Amérique du Nord, « les Interahamwe sont maintenant une excuse très commode pour le Rwanda de piller le Congo. Peut-être que les FDLR ne représenteraient que 20 % de menaces, 80 % de spectacle » (Astill, 2002).

6. Opération militaire contre les FDLR

L'opération militaire contre les FDLR a débuté en janvier 2009, pour donner suite à l'accord des gouvernements de la RDC et du Rwanda, ainsi que des Nations Unies en novembre 2007. Il était codirigé par la RDC et les armées rwandaises au début de l'opération, suivi d'une action unilatérale par l'armée congolaise soutenue par la MONUC. L'objectif visé par cette opération militaire était d'éradiquer les forces négatives (FDLR) et d'améliorer la sécurité à l'est de la RDC. Néanmoins, l'opération militaire n'a pas détruit les FDLR. Au contraire, elle a aggravé l'insécurité avec des massacres massifs de civils par les FDLR et l'armée congolaise, ainsi que des déplacements massifs de civils (HRW, 2009, 51, 85). Entre-temps, il a été signalé un nombre croissant de viols de femmes par des soldats de l'armée congolaise au cours du premier semestre de 2009 (HRW, 2009, 21). Sans doute, l'objectif réel de l'opération militaire n'était pas clair.

L'échec de cette opération militaire était évident avant même son commencement pour deux raisons. D'abord, en 2009, l'armée congolaise était composée de Rwandais, le FPR, principalement tutsi, dans les positions supérieures, et d'ex-FAR/Interahamwe et d'autres, principalement hutus, dans les rangs inférieurs. Le mélange d'étrangers dans l'armée congolaise, en particulier ceux qui sont censés être hostiles, et l'absence de toute mission nationale, l'ont amenée à devenir probablement la deuxième source d'insécurité la plus répandue à l'est de la RDC après le banditisme (Groupe de recherche et d'information sur la paix et la sécurité, 2011, 115-116). Le mauvais comportement des soldats de l'armée congolaise face aux civils a été bien reconnu, mais il a été encore aggravé non seulement par l'échec du gouvernement de la RDC à payer les salaires des soldats dans les Kivus depuis 2004 (Yonekawa, 2014, 167-168), mais aussi par la gestion chaotique des ressources humaines dans l'armée congolaise.

Deuxièmement, l'armée congolaise entretient depuis longtemps des relations de coopération avec les FDLR, en contrôlant conjointement les zones minières, le commerce illégal et le partage des renseignements (CSNU, 2012b, annexe 12). Au début de l'opération militaire en 2009, cette coopération entre l'armée congolaise et les FDLR avait été officiellement interdite mais sans effet réel sur le terrain (CSNU, 2009, paragraphe 23). Comme mentionné ci-dessus, suite à l'Accord de Pretoria de 2002, le gouvernement de la RDC aurait accepté de suspendre la collaboration avec les FDLR, mais, en réalité, les deux armées étaient alliées dans les opérations militaires contre les troupes rwandaises, le RCD, le CNDP et le M23. Cependant, l'armée congolaise fournissait les munitions et les uniformes aux FDLR, en échange de l'or que ces derniers offraient (CSNU, 2008, paragraphe 104, 102-113 ; CSNU, 2015a, paragraphe 80). Par la suite, les soldats de l'armée congolaise avaient même sollicité le soutien des FDLR, suite à l'attaque du RCD contre ses troupes en 2004 (HRW, 2015, 7). Les FDLR sont tellement prédominants dans le secteur minier, qu'ils ont même tenté de vendre six boîtes de ce qu'elles considéraient être de l'uranium caché lors de la colonisation belge (CSNU, 2010, par. 182-184).

En outre, les épouses des officiels de l'armée congolaise ont participé au commerce engagé par les deux éléments (Mail & Guardian, 2014). L'intégration des FDLR dans l'armée congolaise et leur collaboration ont été facilitées par les documents d'identification congolais que de nombreux combattants des FDLR ont obtenus lors de l'inscription des électeurs en 2005 en prévision des élections de 2006 (*Enough Project*, 2004, 7). En outre, les FDLR ont maintenu une alliance avec d'autres groupes rebelles et milices – une alliance soutenue par l'armée congolaise (HRW, 2008). Ce partenariat a été démontré en 2010, lors de viols et de pillages généralisés, perpétrés par un groupe d'au moins 200 combattants des FDLR, de l'ex-CNDP, de l'armée congolaise et autres (MONUSCO 2010, 2).

L'intégration dans l'armée congolaise a permis aux anciens officiers du CNDP d'avoir le plus de contrôle sur les zones riches en minéraux à l'est de la RDC pendant l'opération militaire, mais les FDLR et d'autres groupes rebelles en ont également bénéficié (UNSC, 2009, paragraphe 16). Même si les FDLR et les autres groupes armés ont été chassés des principales zones minières, ces groupes ont réussi à continuer de contrôler les gisements miniers par leur collaboration et ont même accru leur recours aux intermédiaires pour acheter des minerais (CSNU, 2010, paragraphe 173). Chaque attaque au cours de l'opération militaire a seulement eu pour effet de disperser les FDLR dans la brousse, élargissant ainsi leur territoire protégé (Pole Institute, 2010, 9). Et comme le recrutement par les FDLR et d'autres groupes armés a commencé à avoir lieu dans la région des Grands Lacs, le nombre de groupes armés a ainsi augmenté (ICG, 2012, 5).

Par conséquent, les opérations militaires n'ont pas été effectuées pour neutraliser les FDLR. Au lieu de cela, elles ont déplacé des populations afin d'obtenir le contrôle des zones riches en minéraux, d'obtenir des zones de pâturage pour le bétail apporté du Rwanda et de se réapproprier des terres pour les réfugiés congolais (HCR, 2000, 259) basés au Rwanda, ce qui conduira à l'influence militaire grandissante du CNDP dans la région (CSNU, 2009, paragraphe 20) et à l'aggravation des tensions ethniques et foncières persistantes entre les communautés locales (CSNU, 2009, paragraphe 16). Ce qui est très frappant, c'est qu'aucun combat n'a eu lieu entre les forces armées congolaises et les armées rwandaises d'une part et les FDLR d'autre part, bien que le groupe d'experts de l'ONU les ait qualifiées d'« opérations les plus agressives contre les FDLR » par l'armée congolaise dirigée par d'anciens commandants du CNDP (UNSC, 2009, paragraphe 16). Cette absence de confrontation s'explique par le fait que les attaques prévues « ont été annoncées régulièrement plusieurs jours à l'avance, ce qui a permis aux FDLR de se replier sur leurs positions et de s'enfuir encore plus profondément dans les forêts » (Pole Institute, 2010, 34). En outre, en raison des habitudes de collaboration mentionnées ci-dessus, de nombreux soldats de l'armée congolaise étaient si favorables à leurs « ennemis » que les FDLR ont été autorisés à fonctionner sans entrave (Global Witness, 2008).

Pour compliquer les choses, au cours des opérations militaires, la MONUC a continué de soutenir l'armée congolaise, qui a commis de graves violations des droits de l'homme contre des civils. Sept mois après l'opération militaire, l'ONU n'a pas retiré le soutien à toute l'armée congolaise qui a massacré la population locale (Vircoulon, 2010). En outre, bien que la MONUC ait nié tout lien, l'opération militaire qu'elle soutenait était dirigée par le général Ntaganda de l'armée congolaise/CNDP selon le rapport de l'ONU (UNSC, 2009, par. 183), accusé par la Cour pénale internationale (CPI) pour les crimes de guerre consistant à enrôler des enfants.

7. LA NATURE DES CONFLITS CONTEMPORAINS ET LE PHÉNOMÈNE « GÂCHEUR » EN RDC

Il est devenu évident que la première et la seconde guerre du Congo et les opérations militaires, à quelques exceptions près, contenaient très peu de combats propres à la guerre traditionnelle. Les combats n'ont été signalés qu'au début de chaque guerre, lorsque les ex-FAR ont mené une résistance contre l'armée rwandaise en 1996 (Reyntjens, 2009, 113-114), et quand L.-D. Kabila a mobilisé les ex-FAR et les Maï-Maï contre l'armée rwandaise en 1998. Les officiers de l'armée congolaise ont même vendu des armes et des munitions à l'AFDL, avant de fuir leur avancée en 1996 (Reyntjens, 2009, 108). En outre, comme l'a souligné Filip Reyntjens, « contrairement aux revendications rwandaises (ce qui « justifie » l'invasion par l'APR), cette [invasion] a eu lieu après le début de la guerre. En d'autres termes, l'invasion rwandaise n'était pas une conséquence de l'implication des « *génocidaires* », mais plutôt sa cause » (Reyntjens, 2009, 203).

Le FPR et le FDLR (et ses ancêtres) ont été reconnus comme des ennemis depuis la guerre civile 1990-1994. Cependant, au fil du temps, ils sont devenus des collaborateurs à la fois économiques et militaires, bien qu'ils soient restés des opposants politiques. Cette alliance changeante entre les deux entités, qui ont un intérêt commun à s'enrichir des richesses naturelles de la région, a été décrite par un combattant Interahamwe pendant la deuxième guerre du Congo en ces termes :

« Nous n'avons pas beaucoup combattu contre l'APR (armée rwandaise) au cours des deux dernières années. Nous pensons qu'ils sont fatigués de cette guerre, comme nous le sommes. En tout cas, ils ne sont pas ici au Congo pour nous chasser, comme ils le prétendent. J'ai vu les mines d'or et de coltan qu'ils font ici, nous voyons comment ils volent la population. Ce sont les raisons pour lesquelles ils sont ici. Les APR viennent et tirent en l'air et attaquent les maisons des villageois, mais ils ne nous attaquent plus. Si vous avez de la chance et que vous avez un grand frère dans l'APR, il pourrait vous procurer de la nourriture et des munitions (CSNU, 2002, paragraphe 68) ».

De même, aucun combat majeur n'a eu lieu pendant l'opération militaire menée par l'armée congolaise contre les FDLR. Il est devenu controversé en ce sens que les prétendus adversaires dans cette guerre n'étaient en réalité pas des ennemis dans le sens classique d'une guerre, mais l'opération s'est révélée économiquement bénéfique pour tous les groupes armés, en particulier le CNDP « intégré dans l'armée congolaise ». Outre cette relation entre le FPR et les FDLR, le rapport du Groupe d'experts des Nations Unies (CSNU, 2008b, par. 27, 29, 81, 94) décrit en détail les collaborations entre le FPR et le CNDP d'une part et entre le gouvernement de la RDC et le FDLR d'autre part – bien que les deux relations aient été officiellement reconnues comme adversaires. De plus, l'alliance entre le M23 et les FDLR a également été documentée (CSNU, 2012a, paragraphe 100). Le Groupe d'experts de l'ONU, cependant, n'a pas suffisamment tenu compte du fait que les FDLR avaient été intégrés à l'armée congolaise, ainsi que des relations contradictoires entre les gouvernements de la RDC et du Rwanda. Cela est essentiel pour comprendre la nature du conflit en RDC et surtout le flou qui entoure les origines réelles des principaux acteurs.

Pour raconter l'histoire du président congolais J. Kabila, on dit qu'il est d'origine rwandaise, proche du président rwandais en place Kagame et qu'il a sans doute aidé le Rwanda à atteindre ses objectifs en RDC. Officiellement présenté comme étant le fils de L.-D. Kabila, une frange importante de la population congolaise croit plutôt que L.-D. Kabila ne serait que son père adoptif. Cette seconde opinion soutient qu'il a eu un père biologique du Rwanda et une mère tutsi du même pays, et qu'il a rejoint l'AFDL non pas en tant que Congolais, mais en tant qu'agent du FPR (Péan, 2010, 414-416, 418). J. Kabila est également proche du général Bosco Ntaganda, qui est « considéré comme un ressortissant du Rwanda » (Cour pénale internationale, 2006, 5), et ils ont été « frères d'armes » à l'époque de la guerre de l'AFDL (Radio Netherlands Worldwide, 2012). Plus tard, J. Kabila a permis à Ntaganda de contrôler une route importante pour la contrebande de minéraux vers le Rwanda et de maintenir un poste de premier rang dans l'armée congolaise en échange de son soutien à la réélection de J. Kabila (CSNU, 2011, paragraphe 297). Cela explique pourquoi le président J. Kabila a manqué à son obligation légale de remettre Ntaganda à la CPI, sous prétexte qu'il est essentiel au processus de paix en raison de son rôle dans « l'intégration » du CNDP dans l'armée congolaise (HRW, 2010). Par ailleurs, le ministre rwandais de la Défense, Kabarebe, a été le chef d'état-major par intérim de l'armée congolaise après la victoire de l'AFDL en 1997. Après son retour au Rwanda en 1998, il a été de facto le chef de toutes les opérations en RDC menées par le gouvernement rwandais depuis 1996, telles que les rébellions de l'AFDL, du RCD et du M23. Cependant, Kabarebe et le président J. Kabila ont combattu ensemble au sein de l'AFDL en 1996-1997 (Barouski, 2007, 20), ils ont tous deux travaillé pendant le massacre de Kisangani en 1997 (Musabyimana, 2008, 7), et ils sont des parents éloignés (Péan, 2010, 415).

Cette alliance entre la RDC et le gouvernement rwandais explique que leur supposée confrontation militaire n'était qu'une farce dont les cibles principales étaient les civils, en particulier ceux qui vivent dans des zones riches en minerais (Amnesty International, 2001, 4). L'exploitation des minerais qui se poursuit dans cette zone a directement enrichi certains commandants de l'armée du FPR et, en même temps, elle a financé l'effort de guerre rwandais en maintenant la présence dans la région de l'armée rwandaise ou de son mandataire, la soi-disant rébellion « congolaise », qui a contribué à prolonger le conflit (Amnesty International, 2001, 4).

L'économie de guerre à l'est de la RDC peut également être appréhendée en relation avec l'histoire de la guerre en Ouganda, qui a « normalisé » la violence dans la sous-région des Grands Lacs depuis les années 1980. Qu'on se batte pour le gouvernement ou pour les rebelles, pour la plupart des soldats, la guerre est devenue une affaire plus lucrative que la paix. Depuis l'Ouganda, certains officiers et soldats se sont plus intéressés à l'extension de la guerre vers d'autres pays comme le Rwanda ou le Congo (Behrend, 1998, 116), bien que les officiers rwandais se soient finalement retrouvés comme étant les plus grands bénéficiaires. La période des années 1980 et 1990 a également coïncidé avec la croissance de la demande mondiale en ressources minières présentes sous le sol congolais, faisant de celles-ci une pièce centrale du conflit et de sa gestion. En raison de ce contexte, des arguments avancés par des spécialistes, tels que Séverine Autesserre, montrent que les analyses sur ce conflit devraient souligner le rôle clé des ressources naturelles. Elle soutient que le récit des conflits des minerais comme principale raison de l'implication du Rwanda au Congo est devenu si dominant qu'il éclipse souvent les autres raisons telles que les questions foncières, etc. (Autesserre, 2012, 211). Cependant, comme on l'a vu plus haut, cette malédiction des ressources, qui a pris une place considérable depuis les années 1990, est au centre de tous ces conflits, y compris les conflits locaux, et nécessite donc encore plus de recherches.

7.1. FPR dans le rôle de gâcheur majeur

Sous l'impulsion du Rwanda, qui n'est pas un État avec une armée, mais plutôt « une armée avec un État » dirigé par un régime militaire (Reyntjens, 2013, 71), le « gâcheur » majeur, le FPR et ses alliés, ont été principalement impliqués dans des atrocités à grande échelle, qui s'apparentent à des crimes de guerre et des crimes contre l'humanité, ce qui devrait mériter une plus grande attention. Cet usage de la violence a permis aux groupes armés d'accéder à certains territoires à l'est de la RDC, en remplaçant les structures de l'État et en tirant les bénéfices de l'exploitation des richesses minières (Global Witness, 2009, 16). Le FPR s'est également engagé dans des tactiques non violentes, qui sont partiellement liées à certaines caractéristiques du conflit contemporain, ce qui inclut de se faire passer pour un acteur extérieur dans le processus de paix. Outre la violation des accords de paix et de cessez-le-feu, qui est l'une des méthodes classiques des « gâcheurs », le FPR a également utilisé d'autres tactiques non violentes. Celles-ci peuvent être classées en trois types.

Tout d'abord, le FPR s'est appuyé et a continué à recruter des enfants soldats, les *kadogos*. Au cours de la rébellion de l'AFDL de 1997, un grand nombre d'enfants soldats a été déployé sur la « ligne de front » et formait de loin la meilleure armée au Congo, obéissante et disciplinée, selon Kabarebe (Ingabo). Le RCD a par la suite hérité des enfants soldats recrutés par feu L.-D. Kabila pendant la campagne AFDL (HRW, 2001a, 4). Toutefois, en raison de la rareté des combats réels, comme on l'a vu plus haut, l'objectif du recrutement des enfants soldats a peut-être changé pour servir l'industrie minière, dont les mines ou les étroits tunnels souterrains dans les sites miniers sont trop petits pour que les adultes puissent y descendre. Cela peut aussi expliquer en partie le fait que le recrutement croisé a eu lieu indépendamment de la prétendue adversité entre les parties « ennemies ».

Deuxièmement, en ce qui concerne le recrutement de *kadogos*, le FPR et ses alliés, ainsi que le FDLR, ont utilisé les réfugiés et les camps de réfugiés comme source de recrutement. Des réfugiés congolais, dont certains enfants, ont été recrutés par le RCD et le CNDP dans des camps de réfugiés, en particulier un camp situé le long de la frontière avec la RDC, ainsi que des camps de transit du HCR au Rwanda (UNSC, 2008b, para. 63). Afin de maintenir le système de recrutement, les responsables du gouvernement rwandais, ainsi que le général du CNDP, Laurent Nkunda et les officiels congolais, ont utilisé des tactiques d'intimidation (Reyntjens, 2013, 190-191) envers les réfugiés telle que la perte du statut de réfugié et de la citoyenneté congolaise et le refoulement (CSNU, 2004, paragraphe 81 ; CSNU, 2005, paragraphe 186). Ceci explique pourquoi le refus du Rwanda (FPR) de fournir le statut de réfugié documenté ou des cartes d'identité aux réfugiés congolais depuis 1996, a été considéré comme un instrument pour les pousser vers le service militaire à l'est de la RDC, pour le compte des groupes rebelles (CSNU, 2004, paragraphe 82). Outre le FPR et ses alliés, les FDLR ont également recruté des réfugiés dans un camp en Ouganda situé près de la frontière rwandaise, ainsi que des enfants réfugiés rwandais en RDC mais aussi au sein de la population congolaise (CSNU, 2011, paragraphe 72).

Troisièmement, le FPR est intervenu à plusieurs reprises pour empêcher les rapports de l'ONU d'être étudiés et publiés. Grâce au soutien des États-Unis, le FPR a peut-être tenté de donner des instructions à L.-D. Kabila de ne pas coopérer avec le rapport d'enquête de l'ONU conduit par Garreton sur les massacres présumés commis par l'armée rwandaise et l'AFDL en 1996-1997 (Aronson, 1997/98, 95). Des rapports ultérieurs ont conclu que les massacres allégués pouvaient constituer des actes de génocide. Le FPR a également tenté d'empêcher l'ONU de publier des rapports, y compris le Rapport Mapping de l'ONU en 2010 qui condamnait les violations présumées des droits de l'homme commises par le Rwanda. Après la fuite du projet de Rapport Mapping de l'ONU, le FPR a menacé l'ONU de retirer leurs Casques bleus si le rapport final devait être publié. Pour la publication d'autres rapports, comme ceux du Groupe d'experts de l'ONU, qui ont accusé le Rwanda et d'autres acteurs d'avoir participé à l'exploitation illégale des ressources naturelles, le FPR a continué de nier les allégations de crimes graves.

7.2. Relation entre gâcheurs mineurs et FPR

Outre les tactiques mentionnées ci-dessus, le « gâcheur » majeur FPR a également utilisé deux « gâcheurs » mineurs, l'armée congolaise et les FDLR, afin de manipuler le processus de paix pour contrôler le territoire de l'est de la RDC et ses riches minéraux.

En ce qui concerne l'armée congolaise, elle a été profondément infiltrée et contrôlée par le FPR depuis sa défaite en 1997. C'était gérable parce que le FPR contrôlait déjà l'AFDL de l'intérieur. De 1997 à 1998, le général Kabarebe était le chef d'état-major de l'armée de la RDC, tout en conservant la même position dans l'armée rwandaise, comme si la RDC et le Rwanda étaient un seul pays. D'autres officiers du FPR occupaient également des postes de commandement au sein du nouvel État congolais sous L.-D. Kabila. Par ailleurs, depuis le début de 1998, les ex-FAR/Interahamwe ont été « secrètement » recrutés par L.-D. Kabila, quand sa relation avec ses soutiens rwandais commençait à se détériorer. En apparence, il était paradoxal que les ex-FAR/Interahamwe et Kabarebe avec d'autres officiers du FPR, qui entretenaient des relations hostiles, soient sous la même enseigne. Il sied enfin de signaler que Kabarebe lui-même n'était pas impliqué dans ce rapprochement avec les ex-FAR.

En 1998, L.-D. Kabila renvoya Kabarebe et d'autres officiers rwandais du FPR évoluant au sein de l'armée congolaise, en leur exigeant de rentrer chez eux au Rwanda. Contre toute attente, certains d'entre eux retournèrent non pas au Rwanda, mais rejoignirent l'est de la RDC sous le label d'une nouvelle rébellion dite RCD. Après la création du gouvernement de transition de la RDC en 2003, le RCD et par la suite le CNDP, au nom du FPR, se sont intégrés à l'armée congolaise – grâce à un ingénieux processus de mélange des troupes rebelles avec l'armée congolaise, sans aucune vérification des antécédents de nationalité. Au départ, l'infiltration du RCD avait une motivation d'autodéfense et de survie. Ce motif a cependant progressivement évolué vers des considérations économiques, comme l'attestent d'ailleurs les signatures de contrats par la rébellion AFDL, avec un certain nombre de sociétés étrangères (CSNU, 2001, paragraphe 26). Cet objectif économique est devenu invisible pendant l'intégration militaire dans l'armée congolaise, sous couvert de la « paix » mise en œuvre.

Au-delà des considérations économiques comme l'incitation au gâchis du processus de paix, l'armée congolaise a de son côté aussi eu recours au subterfuge et dans le même but. L'armée congolaise devait gérer la MONUSCO, en continuant à nommer les criminels de guerre et les violateurs des droits de l'homme, en tant que commandante des opérations militaires à l'est de la RDC. En le faisant, la haute hiérarchie militaire de l'armée congolaise ainsi que le FPR étaient parfaitement conscients qu'il était interdit à l'ONU de soutenir, voire de former, ou de financer indirectement, les forces de sécurité non membres de l'ONU, y compris toute armée ou tout corps de police, lorsqu'il existe un risque sérieux qu'elles commettent des violations graves (Yonekawa, 2014, 172-173).

Comme mentionné plus haut, l'armée congolaise est connue depuis longtemps pour sa désorganisation et reste aujourd'hui l'une des sources d'insécurité les plus répandues à l'est de la RDC. Cependant, l'action de « sape » de la part de l'armée congolaise ne résulte pas de sa nature intrinsèque, mais plutôt de la motivation stratégique du FPR de contrôler la RDC pour des raisons économiques. Le FPR et l'État congolais sous le président J. Kabila se sont vus accorder l'impunité totale, et n'ont pas été qualifiés de « gâcheurs ».

En ce qui concerne les FDLR, ils ont été utilisés comme un « gâcheur » mineur par le FPR depuis 2001, lorsque J. Kabila a pris le pouvoir. Comme il a été dit plus haut, les FDLR, qu'on dit composés de chefs génocidaires, ont été stigmatisés avec l'étiquette de « force négative », « organisation terroriste » ou « gâcheur » (Perera, 2013, 569-588) et reconnus comme FPR pendant longtemps. Malgré cet étiquetage, les FDLR ont reçu deux sources de soutien extérieur en dehors de leur réseau étendu dans la diaspora à travers l'Afrique, l'Europe et l'Amérique du Nord, même si leurs deux leaders ont été condamnés en Allemagne, pour avoir dirigé des attaques contre des civils à l'est de la RDC. La première source de soutien financier, logistique et politique est celle de personnes appartenant à des organisations caritatives espagnoles, à l'intérieur et à l'extérieur de la RDC (CSNU, 2009, par. 111-112). Une autre provient des troupes indiennes de la MONUC, caractéristique typique des nouvelles guerres. Selon les documents confidentiels de l'ONU, ces troupes indiennes étaient impliquées dans des comportements illégaux, comme l'achat d'or aux FDLR, le commerce d'armes avec eux et le refus de soutenir le désarmement des FDLR (Plaut, 2008). Ce genre de commercialisme militaire étendu est devenu évident avec, au cœur du système, les minerais directement échangés contre les armes.

Malgré ce vaste réseau, qui pourrait menacer le FPR, les FDLR n'ont pas constitué une menace militaire pour le Rwanda depuis le fiasco de l'offensive contre le territoire rwandais en 2001 et en 2004 (ICG, 2009, 14), reconnu fondamentalement par le ministre de la Défense Kabarebe et autres fonctionnaires du gouvernement rwandais (L'Afrique de l'Est, 2015). Pour remonter l'histoire, environ 90 % des combattants des FDLR ont été recrutés dans des camps de réfugiés après 1994, de sorte qu'une faible proportion seulement a été impliquée dans le génocide (Astill, 2002). Certains Rwandais, arrivés à l'est de la RDC en 1994, ne sont plus des combattants mais travaillent pour l'agriculture et le commerce et sont bien intégrés dans la société congolaise (HRW, 2015). En dépit de ce contexte, la présence des FDLR a donné au FPR un prétexte de « préoccupations sécuritaires » qu'il utilisait pour intervenir et prendre le contrôle de l'est de la RDC, en exploitant le sol et sous-sol, ainsi qu'en occupant à nouveau les terres des réfugiés congolais et protégeant au passage les Banyamulenge.

Par conséquent, la présence des FDLR a été un subterfuge commode pour continuer le conflit. En fait, cette étiquette de « force négative » est née en 1994, après la prise de pouvoir du FPR qui a commencé à désigner comme « forces négatives » des citoyens ordinaires qui s'opposaient à son idéologie (Ruzibiza, 2005, 338). Le FPR a ainsi influencé la désignation des FDLR comme « forces négatives » dans l'accord de Lusaka de 1999 (Kisangani, 2012, 151). Un tel étiquetage doit cependant être remis en question, car il est fort probable que les FDLR n'aient participé ni au tir des missiles contre le jet présidentiel de Habyarimana – l'élément déclencheur du subséquent génocide – ni à la plupart des massacres intervenus lors du génocide. Selon quelques anciens responsables du FPR qui travaillaient auparavant avec le président Kagame, le FPR était responsable de la destruction du jet présidentiel, bien que cette version demeure encore sujet à controverse (Ruzibiza, 2005, 241-245 ; Rudasingwa, 2013, 413-415).

La forte probabilité que le FPR soit à la base des tirs ayant abattu le jet présidentiel du président Habyarimana est consistante, avec l'opposition du FPR au déploiement de l'opération de maintien de la paix au début du génocide. Après le début du génocide rwandais, le Conseil de sécurité de l'ONU avait décidé de réduire drastiquement son personnel (CSNU, 1994). Cependant, quelques jours plus tard, un nombre considérable de réfugiés a commencé à affluer, ce qui a menacé la stabilité de toute la région. Par conséquent, afin d'arrêter les massacres, l'ONU a commencé à discuter du déploiement d'une nouvelle force avec un mandat plus large, afin de protéger les civils (Des Forges, 1999, 23). Tout de suite après cette décision de l'ONU, le FPR s'est opposé à cette nouvelle force, affirmant que l'intervention de l'ONU ne servait plus à rien (FPR, 1994). Naturellement, le FPR craignait que l'ONU ne l'empêche d'accéder au pouvoir dès lors que l'intention de Kagame n'était pas d'arrêter le génocide, mais plutôt de gagner la guerre afin de s'emparer du pouvoir (Des Forges, 1999, 23 ; BBC, 2014).

Depuis lors, l'ONU n'a jamais soulevé cette question des auteurs des tirs sur le jet présidentiel, du fait de ce sentiment de « culpabilité » qui relève de l'accusation par le FPR, lequel reproche constamment l'inaction de l'ONU pendant le génocide. De même, le FPR continue de condamner la MONUSCO de n'avoir pas été en mesure de démobiliser les FDLR. Dans un sens, on peut dire que le FPR a manipulé la « culpabilité » de l'ONU pour surcharger la responsabilité « gâcheuse » des FDLR.

8. Conclusion

Le chapitre a examiné la situation du processus de paix à l'est de la RDC en considérant le caractère défectueux et prolongé des conflits contemporains et processus de paix dans une perspective de la théorie de « gâcheur » des conflits. Il a été établi qu'avec la mondialisation, le pouvoir émergent des acteurs non étatiques – comme les rebelles – et le lien avec l'exploitation des ressources naturelles sont devenus des caractéristiques marquantes des conflits contemporains. En tant que moyen par lequel les armées gouvernementales et les groupes rebelles ont accès aux minéraux du conflit et leur contrôle, les déplacements forcés, les massacres et les violences sexuelles contre des civils sont devenus des instruments de la guerre et des conflits contemporains. Le plus remarquable est que la distinction entre certaines dimensions clés des conflits et des processus de paix contemporains est devenue complètement brouillée ou dénuée de sens. Il s'agit des distinctions entre la guerre et la paix, le temps de conflit et l'après-conflit, les acteurs étatiques et non étatiques, ainsi que les civils et les combattants.

Les discussions précédentes ont aussi montré qu'à l'est de la RDC, les objectifs du grand « gâcheur » FPR ont graduellement changé, allant de l'attaque des ex-FAR/Interahamwe à l'utilisation de ces derniers comme « ennemis utiles » en matière de source de recrutement et d'information, ainsi que comme alibi sécuritaire, justifiant ainsi des interventions intempestives à l'est de la RDC.

Afin de maximiser les gains économiques, les prolongations des conflits et les échecs répétés du processus de paix ont été importants. À cette fin, le FPR a tiré parti de certaines caractéristiques des conflits contemporains. Ce qui inclut une sorte de sous-traitance de la guerre à travers la création de quatre groupes rebelles « congolais » (AFDL, RCD, CNDP et M23), lesquels ont servi à contrôler l'est de la RDC, en entretenant et prolongeant le « conflit » pour le compte du FPR. En même temps, par le biais du RCD et du CNDP, le FPR infiltra l'armée congolaise via le programme d'intégration militaire. Ceci permit au FPR d'avoir facilement accès aux ressources naturelles à l'est de la RDC et de contrôler les opérations DDRRR et le processus de paix. On peut de ce fait conclure que l'intégration militaire, le DDRRR et les opérations militaires dans le cadre du processus de paix étaient en réalité tous fictifs. D'autres tactiques du FPR incluent le recrutement d'enfants, éventuellement à des fins de main-d'œuvre dans l'extraction minière, le changement d'alliances et le recrutement croisé dans les camps de réfugiés. Outre le FPR, l'armée congolaise et le FDLR, qui ont été officiellement adversaires, ont également bénéficié économiquement de leur exploitation minière commune.

Le FPR a profité de la présence, ainsi que du rôle émergent des acteurs extérieurs, comme les Casques bleus, dans le processus de paix et l'activation de la mise en œuvre de la paix. Le fait que le FPR a pu continuer toutes ces activités de *spoiling* s'explique en partie par le fait que l'ONU les a facilitées par trois moyens – intentionnellement ou non. Tout d'abord, l'ONU a identifié les FDLR comme une force négative, ce qui a contribué à détourner l'attention des activités de sabotage du « gâcheur » FPR. Deuxièmement, la MONUSCO a continué de soutenir l'armée congolaise, qui a commis à maintes reprises de graves violations des droits de l'homme à l'encontre de civils. Troisièmement, la MONUSCO est restée silencieuse pendant une longue période, au sujet d'un grand nombre d'actions visant à « gâcher » le processus de paix par le FPR, même si de telles actions étaient largement documentées dans divers rapports de l'ONU.

Ceci est en partie dû au sentiment de « culpabilité » de la part des officiels de l'ONU, tel que savamment implanté par le FPR. Ce dernier accuse constamment l'ONU de son inaction pendant l'opération militaire et le DDRRR. Le FPR a à plusieurs reprises stigmatisé la MONUSCO, ce qui a incité cette dernière à ne pas contrer les activités du « gâcheur » FPR.

De tout ce qui précède, et à partir de cette étude de cas à l'est de la RDC, il est devenu évident que l'analyse de la nature et des incitations des « gâcheurs » ou « gâcheurs », ainsi que leurs tactiques, y compris la coopération et la manipulation des « gâcheurs mineurs » devraient être la première étape des résolutions des conflits ainsi que de la consolidation de la paix. Ceci peut être crucial, non seulement en RDC, mais aussi dans d'autres conflits de longue durée partout ailleurs.

Références bibliographiques

ADELMAN Howard and Astri Surke (1996). *Synthesis Report: The International Response to Conflict and Genocide: Lessons from the Rwanda Experience.* Copenhagen: Joint Evaluation of Emergency Assistance to Rwanda.

AMNESTY INTERNATIONAL (2001). *Rwandese-controlled eastern DRC : Devastating human toll.*

ARONSON David. "The Dead Help No One Living", *World Policy Journal*, Winter 1997/1998.

ASTILL James (2002). "West helpless to end the slaughter and looting : Rwandans wage a war of plunder." *The Observer.* August 4.

AUTESSERRE Séverine (2010). *The Trouble with the Congo : Local Violence and the Failure of International Peacebuilding.* New York: Cambridge University Press.

AUTESSERRE Séverine (2012). "Dangerous Tales: Dominant Narratives on the Congo and Their Unintended Consequences." *African Affairs*, vol. 11, No. 443. 202-222.

BAROUSKI David. "Laurent Nkundabatware, His Rwandan Allies, and the Ex-ANC Mutiny: Chronic Barriers to Lasting Peace in the Democratic Republic of the Congo", 20, Accessed May 20, 2011. http://www.ias.uni bayreuth.de/resources/africa_discussion_forum/07-08_ws/LKandexANC.pdf

BBC (2014). "Rwanda's Untold Story". October 1.

BEHREND Heike (1998). "War in Northern Uganda" in *African Guerrillas,* edited by Christopher Clapham. Oxford: James Currey.

BERDAL Mats (2003). "How 'New' are 'New Wars'? Global Economic Change and the Stud of Civil War", *Global Governance*, vol. 9, No. 4. 477-502.

BLAYDES Lisa and Jennifer DE MAIO (2010). "Spoiling the Peace? Peace Process Exclusivity and Political Violence in North-Central Africa", *Civil Wars,* vol. 12, Nos. 1-2. March-June. 3-28.

BOSHOFF Henry and Stephanie WOLTERS (2006). "The Impact of Slow Military Reform on the Transition Process in the DRC". *International Security Studies*. July 10.

BRAECKMAN Colette (1998). "La Campagne Victorieuse de l'AFDL" in *Kabila prend le pouvoir,* edited by Colette Braeckman, Marie-France Cros, Gauthier de Villers, Frédéric François, Filip Reyntjens, François Ryckmans et Jean-Claude Willame. Brussels : GRIP.

CROSSETTE Barbara (2000). "U.N. Chief Faults Reluctance of U.S. to Help in Africa". *New York Times.* May 13.

DE WAAL Alex (1997). "Contemporary warfare in Africa" in *Restructuring the Global Military Sector,* edited by Mary Kaldor and Basker Vashee, on behalf of UNU World Institute for Development Economics Research, New York: Pinter.

DES FORGES Alison (1999). *Leave None to Tell the Story: Genocide in Rwanda*, Human Rights Watch.

ENOUGH PROJECT (2004). *How to Dismantle a Deadly Militia: Seven Non-Military Tactics to Help End the FDLR Threat in Congo*. November.

FINDLEY Michael G. (2007). "Spoiling the Peace or Seeking the Spoils? Civil War Outcomes and the Role of Spoilers", PhD diss., University of Illinois.

GLOBAL WITNESS (2008). "Control of mines by warring parties threatens peace efforts in eastern Congo". September 10.

GLOBAL WITNESS (2009). *Faced with a gun, what can you do? War and the militarization of mining in eastern Congo.*

GLOBAL WITNESS (2012). *Coming Clean: How Supply Chain Control Scan Stop Congo's Minerals Trade Fueling Conflict.* May.

GOOSE Stephen and Franc Smyth (1999). "Arming Genocide in Rwanda", *Foreign Affairs*, vol. 73, No. 5. September/October.

GREENHILL Kelly M. and Solomon Major (2006/07). "The Perils of Profiling : Civil War Spoilers and the Collapse of Intrastate Peace Accords". *International Security* 31, No. 3. Winter. 7-40.

Groupe de recherche et d'information sur la paix et la sécurité (GRIP) (2011). *Small Arms in Eastern Congo: A Survey on the Perception of Insecurity*.

HEGE Steve (2009). "Understanding the FDLR in the Congo: Key Facts on the Disarmament & Repatriation of Rwandan Rebels". Peaceappeal Foundation.

HOCHSCHILD Adam (1999). *Kind Leopold's Ghost : A Story of Greed, Terror, and Heroism in Colonial Africa.* Boston: Mariner Books.

HÖGLUND Kristine and Zartman, I. William (2006). "Violence by the State : Official Spoilers and Their Allies", in *Violence and Reconstruction,* edited by John Darby. Notre Dame, IN : University of Notre Dame Press.

HUMAN RIGHTS WATCH (2001a). *DRC: Reluctant Recruits: Children and Adults Forcibly Recruited.* Vol. 13, No. 3 (A). May.

HUMAN RIGHTS WATCH (2001b). *Rwanda : Observing the Rules of War?* Vol. 13, No. 8 (A). December.

HUMAN RIGHTS WATCH (2005). *Democratic Republic of Congo, Elections in sight : "Don't rock the boat?".* December 15.

HUMAN RIGHTS WATCH (2008). "DR Congo: Peace Accord Fails to End Killing of Civilians: Murder, Rape, Looting Continues Six Months After Goma Agreement". July 17.

HUMAN RIGHTS WATCH (2009). *"You Will be Punished": Attacks on Civilians in Eastern Congo.* December.

HUMAN RIGHTS WATCH (2010). "DRC: ICC-Indicted War Criminal Implicated in Assassinations of Opponents". October 13.

HUMAN RIGHTS WATCH (2015). "Democratic Republic of Congo: Civilians at Risk During Disarmament Operations". New York.

Ingabo "Homme-mythe, le colonel James Kabarebe lève un coin de son voile". No 51, translated into French by Le Soft International and posted on www.lesoftonline.net/james.html. (date unknown).

INTERNATIONAL CRIMINAL COURT (2006). "Situation in the DRC in the Case of the Prosecutor. Bosco Ntaganda". ICC-01/04-02/06.

INTERNATIONAL CRISIS GROUP (2001). *Disarmament in the Congo: Jump-Starting DDRRR to Prevent Further War*. No. 38. December 14.

INTERNATIONAL CRISIS GROUP (2005.) *The Congo: Solving the FDLR Problem Once and for All.* No. 25. May 12.

INTERNATIONAL CRISIS GROUP (2009). *Congo: A Comprehensive Strategy to Disarm the FDLR.* No. 151. July 9.

INTERNATIONAL CRISIS GROUP (2010). *Congo: No Stability in Kivu despite Rapprochement with Rwanda.* No. 165. November 16.

INTERNATIONAL CRISIS GROUP (2012). *Why Stabilisation Failed.* No. 91. October 4.

INTERNATIONAL CRISIS GROUP (2014). *Congo: Ending the Status Quo.* No. 107. December 17.

INTERNATIONAL DISPLACEMENT MONITORING CENTER (2015). "Conflict and violence-induced displacement", Accessed November 21, 2015. http ://www.internal-displacement.org/global-figures

INTERNATIONAL RESCUE COMMITTEE (2012) "IRC Study Shows Congo's Neglected Crisis Leaves 5.4 million Dead", Accessed August 2, 2012. http://www.rescue. org/news/irc-study-shows-congos-neglected-crisis-leaves-54-million-dead-peace-deal-n-kivuincreased-aid–4331

JOHNSON Douglas H. (2003). *The Root Causes of Sudan's Civil Wars.* Oxford: James Currey.

KALDOR Mary (2007). *New and Old Wars: Organised Violence in a Global Era.* Standford: Stanford University Press.

KALYVAS Stathis N. (2001). "New and Old Civil Wars: A Valid Distinctions?". *World Politics.* Vol 54, No. 1. October. 99-118.

KEEN David (1998). *The Economic Functions of Violence in Civil Wars,* Adelphi Paper 320. Routledge.

KEEN David (2000). "War and peace : What's the difference?", *International Peacekeeping.* Vol. 7, No. 4, 1-22.

KEEN David (2005). *Conflict & Collusion in Sierra Leone.* Oxford: James Currey.

KEEN David (2008). *Complex Emergencies.* Cambridge: Polity.

KEEN David (2012). *Useful Enemies : When Waging Wars is More Important than Winning Them.* Cornwall: Yale University Press.

KISANGANI Emizet François (2012). *Civil Wars in the Democratic Republic of Congo 1960-2010.* Boulder: Lynne Rienner.

LE BILLON Philippe (2000). "The Political Economy of War : What Relief Agencies Need to Know", *Humanitarian Practice Network.* July.

LE BILLON Philippe (2005). "The Geopolitical Economy of 'Resource Wars'", in *The Geopolitics of Resource Wars: Resource Dependence, Governance and Violence,* edited by Philippe Le Billon. London: Frank Cass.

LEMARCHAND René (2000). "The Crisis in the Great Lakes", John W. Harbeson and Donald Rothchild (eds.), *Africa in World Politics: The African state system in Flux.* Boulder: Westview Press.

Mail and Guardian (2014). "How to finance your rebellion: forget 'blood diamonds', blood charcoal is the new thing". November 18.

MEGER Sara (2010). "Rape of the Congo: Understanding sexual violence in the conflict in the Democratic Republic of Congo". *Journal of Contemporary African Studies.* Vol. 28, No. 2. 119-135.

MELANDER Erik, Magnus Öberg, Jonathan Hall (2009). "Are 'New Wars' More Atrocious? Battle Severity, Civilians Killed and Forced Migration Before and After the End of the Cold War." *European Journal of Intl Relations.* Vol. 15, No. 3. 505-536.

MONUSCO (2010). *Preliminary Report of the Fact-Finding Mission of the United Nations Joint Human Rights Office into Mass Rapes and Other Human Rights Violations by a Coalition of Armed Groups along the Kibua-Mpofi Road in Walikale, North Kivu, from 30 July to 2 August 2010.* September 24.

MUGGAH Robert (2006). "Protection failures: outward and inward militarization of refugee settlements and IDP camps in Uganda", *No Refuge: The Crisis of Refugee Militarization in Africa*, edited by Robert Muggah. London: Zed Books.

MUKWEGE Denis Mukengere and Nangini Cathy (2009). *Rape with Extreme Violence: The New Pathology in South Kivu, Democratic Republic of Congo.* Accessed November 15, 2015. http://journals.plos.org/plosmedicine/article?id=10.1371/journal.pmed.1000204

MÜNKLER Herfried (2005). *The New Wars.* Translated by Patrick Camiller. Cambridge: Polity.

MUSABYIMANA Gaspard (2008). *L'APR et les réfugiés rwandais au Zaïre 1996-1997 : Un génocide nié.* Paris : L'Harmattan.

NAIDU Sanusha (2006). "The South African Arms Industry: Redefining the Boundaries". *South Africa's Roles in Conflict Resolution and Peacemaking in Africa: Conference Proceedings*, edited by Roger Southall. Pretoria: HSRC.

NEWMAN Edward and Oliver Richmond (2006). "Introduction. Obstacles to peace processes: Understanding spoiling", in *Challenges to Peacebuilding: Managing SPOILERS During Conflict Resolution,* edited by Edward Newman and Oliver Richmond. Tokyo: United Nations University.

NEWMAN Edward (2004). "The 'New Wars' Debate: A Historical Perspective is Needed". *Security Dialogue.* Vol. 35, No. 2. 173-189.

NEWMAN Edward (2006). "'New Wars' and Spoilers", in *Challenges to Peacebuilding : Managing SPOILERS During Conflict Resolution,* edited by Edward Newman and Oliver Richmond. Tokyo: United Nations University.

NILSSON Desirée and Kovacs Mimmi Söderberg (2011). "Revising an Elusive Concept: A Review of the Debate on Spoilers in Peace Processes". *International Studies Review* 13. 606-626.

NZONGOLA-NTALAJA George (2011). "The Failing State in the Democratic Republic of Congo". *Global Dialogue*. Vol. 13, No. 1, Winter/Spring.

PEAN Pierre (2010). *Carnages : Les Guerres secrètes des grandes puissances en Afrique.* Paris : Fayard.

PEARLMAN Wendy (2009). "Spoiling Inside and Out: Internal Political Contestation and the Middle East Peace Process". *International Security*, 33, No. 3 Winter. 79-109.

PERERA Suda (2013). "Alternative agency: Rwandan refugee warriors in exclusionary states", *Conflict, Security & Development.* Vol. 13, Issue 5. 569-588.

PLAUT Martin (2008). "Congo spotlight on India and Pakistan", *BBC.* April 28.

POLE INSTITUTE (2010). "Guerillas in the Mist: The Congolese Experience of the FDLR War in Eastern Congo and the Role of the International Community".

PRUNIER Gérard (2009). *Africa's World War: Congo, the Rwandan Genocide, and the Making of a Continental Catastrophe*. Oxford: Oxford University Press.

Radio Netherlands Worldwide (2012). "Kigali, between Ntaganda and the ICC". June 6.

REYNTJENS Filip. (2005). *The Great African War: Congo and Regional Geopolitics, 1996-2006.* New York: Cambridge University Press.

REYNTJENS Filip (2013). *Political Governance in Post-Genocide Rwanda.* New York: Cambridge University Press.

ROBERTS Adam(2010). "Lives and Statistics: Are 90 % of War Victims Civilians ?" *Survival*. Vol. 52, No. 3. June-July. 115-136.

RUDASINGWA Theogene (2013). *Healing A Nation, A Testimony: Waging and Winning a Peaceful Revolution to Unite and Heal Broken Rwanda.* South Carolina: CreateSpace Independent Publishing Platform.

RUZIBIZA Abdul Joshua (2005). *Rwanda : L'histoire secrète.* Paris : Panama.

RWANDAN PATRIOTIC FRONT (1994). "Statement by the Political Bureau of the Rwandan Patriotic Front on the Proposed Deployment of a U.N. Intervention Force in Rwanda".

SARKEES Meredith Reid, Whelon Wayman, Frank and Singer, J. David. (2003). "Inter-State, Intra-State, and Extra-State Wars: A Comprehensive Look at Their Distribution over Time, 1816-1997", *International Studies Quarterly.* Vol. 47, No. 1. March. 49-70.

SNOW Donald M. (1996). *Uncivil Wars: International Security and the New Internal Conflicts,* Boulder: Lynne Rienner.

STEDMAN Stephen J. (1997). "Spoiler Problems in Peace Processes", *International Security* 22 no. 2 Fall. 5-53.

STEDMAN Stephen J. (2002). "Introduction", in *Ending Civil Wars: the Implementation of Peace Agreements,* edited by Stephen J. Stedman, Donald Rothchild and Elizabeth M. Cousens. Boulder: Lynne Rienner.

The East African. 2015. "Congo-Kinshasa: FDLR Resurfacing Poses Huge Threat to Great Lakes Security, Say Experts". September 26.

The New Times (2015a). "Experts remain skeptical even as UN backtracks on FDLR demands". July 21.

The New Times (2015b). "Editorial: MONUSCO handling of FDLR issue is appalling". August 28.

U.S. Department of State (2004). "Terrorist Exclusion List". December 29.

UMUTESI Marie Béatrice (2004). *Surviving the Slaughter, The Ordeal of a Rwandan Refugee in Zaire*. Wisconsin: University of Wisconsin Press.

UN General Assembly and Security Council (2013). A/67/775–S/2013/110. March 5.

UNITED NATIONS HIGH COMMISSIONER FOR REFUGEES (2000). *World's Refugees: Fifty Years of Humanitarian Action.* Oxford: Oxford University Press.

UNITED NATIONS OFFICE OF THE HIGH COMMISSIONER FOR HUMAN RIGHTS (2010). *Report of the Mapping Exercise documenting the most serious violations of human rights and international humanitarian law committed within the territory of the Democratic Republic of the Congo between March 1993 and June 2003.*

UNITED NATIONS SECURITY COUNCIL (UNSC) (1994). S/RES/912. April 21.

UNSC(1998). *Report of the Secretary-General's Investigative Team charged with investigating serious violations of human rights and international humanitarian law in the Democratic Republic of the Congo.* S/1998/581. June 29 (UN Garreton Report).

UNSC (2001). *Report of the Panel of Experts on the Illegal Exploitation of Natural Resources and Other Forms of Wealth of the Democratic Republic of the Congo.* S/2001/357. April 12.

UNSC. (2002). *Final Report of the Panel of Experts on the Illegal Exploitation of Natural Resources and Other Forms of Wealth of the Democratic Republic of the Congo.* S/2002/1146. October 16.

UNSC (2003). S/RES/1493. July 28.

UNSC (2004). *Report of the Group of Experts on the Democratic Republic of the Congo.* S/2004/551. 15 July.

UNSC (2005). *Report of the Group of Experts on the Democratic Republic of the Congo.* S/2005/30. January 25.

UNSC (2007). *Final Report of the Group of Experts on the Democratic Republic of the Congo*. S/2007/423. July 18.

UNSC (2008a). S/RES/1820. June 19.

UNSC (2008b). *Final Report of the Group of Experts on the Democratic Republic of the Congo*. S/2008/773. December 12.

UNSC (2009). *Final Report of the Group of Experts on the Democratic Republic of the Congo*. S/2009/603. November 23.
UNSC (2010). *Final Report of the Group of Experts on the Democratic Republic of the Congo*. S/2010/596. November 29.
UNSC (2011). *Final Report of the Group of Experts on the Democratic Republic of the Congo*. S/2011/738. December 2.
UNSC (2012a). *Interim Report of the Group of Experts on the Democratic Republic of the Congo.* S/2012/348. June 21.
UNSC (2012b). *Addendum to the Interim Report of the Group of Experts on the Democratic Republic of the Congo.* S/2012/348/Add.1. June 27.
UNSC (2012c). *Final Report of the Group of Experts on the Democratic Republic of the Congo.* S/2012/843. November 15.
UNSC (2013). *Midterm Report of the Group of Experts on the Democratic Republic of the Congo.* S/2013/433. July 19.
UNSC (2015a). *Final Report of the Group of Experts on the Democratic Republic of the Congo*. S/2015/19. January 12.
UNSC (2015b). *Conflict-related sexual violence*. S/2015/203. 23 March 2015.
UNSC(2015c). S/RES/2211. March 26.
VIRCOULON Thierry (2010). "After MONUC, Should MONUSC Continue to Support Congolese Military Campaigns?" International Crisis. July 19.
WHITEMAN Shelly (2012). "Sexual Violence, Coltan and the Democratic Republic of Congo" in *Critical Environmental Security: Rethinking the Links between Natural Resources and Political Violence*, edited by Matthew A. Schnurr and Larry A. Swatuk. Halifax: Dalhousie University Centre for Foreign Policy Studies.
YONEKAWA Masako (2014). "Critical analysis of spoilers and neighbouring states for peace implementation: peacekeepers' failure to protect civilians in eastern DR Congo". *Global Change, Peace & Security*. Vol. 26, No. 2, 159-176.
ZAHAR Marie-Joëlle (2003). "Reframing the Spoiler Debate in Peace Processes" in *Contemporary Peacemaking: Conflict, Peace Processes and Post-War Reconstruction*, edited by John Darby and Roger MacGinty. New York: Palgrave MacMillan.
ZARTMAN I. William (1996). "Bargaining and Conflict Reduction", in *Coping with Conflict after the Cold War,* edited by Baltimore Edward A. Kolodziej and Roger E. Kanet. Baltimore: John Hopkins University Press.

CHAPITRE 2

LA QUESTION DES MINÉRAUX DE CONFLIT EN RDC DANS LA PERSPECTIVE DE LA SOCIÉTÉ JAPONAISE

Kazuyo Hanai

Université de Tokyo, Japon

Introduction

Le but de ce chapitre est de discuter de la question des minéraux de conflit provenant de la République démocratique du Congo, en termes d'efforts faits pour éliminer de tels minerais des filières d'approvisionnement mondiales de l'électronique. Bannir les minerais de conflit est perçu comme un moyen efficace de combattre les violences entretenues par des groupes armés à l'est de la RDC et dont le financement est directement dépendant de l'exploitation et du trafic de ces minerais.

La discussion prend la perspective du Japon, un des pays grands utilisateurs de tels minéraux. On se rappellera qu'étant une puissance industrielle, le Japon est l'un des principaux importateurs de minéraux dans le monde. Il existe de nombreuses grosses firmes électroniques ou automobiles telles que Sony, Toshiba, Panasonic, Hitachi, NEC, Toyota et Honda. En ce qui concerne le groupe des minéraux connus sous l'abréviation anglaise 3TG, c'est-à-dire le tantale, le tungstène, l'étain et l'or, considérés comme des minéraux de conflit en RDC, le Japon consomme 10 % de la demande mondiale. En particulier, à partir du tantalum, dont le Rwanda et la RDC produisent 67 % de la totalité mondiale, les entreprises japonaises produisent environ 2 milliards de pièces de condensateurs de tantale, dégageant au passage environ 200 millions de dollars par an.

Ainsi, lorsque l'OCDE et le gouvernement américain ont établi la réglementation sur les minéraux de conflit, les entreprises japonaises ont lancé des enquêtes à grande échelle auprès de leurs fournisseurs, pour éliminer les minéraux provenant des zones des conflits. La plupart des entreprises japonaises, qui utilisent les quatre minéraux en cause, c'est-à-dire les 3TG, ont mis en œuvre des enquêtes pour identifier les sources d'extraction. Cet effort dans la traçabilité des sources d'approvisionnement a été confronté au manque d'une législation en la matière au Japon même. En effet, au Japon, aucune réglementation n'a été promulguée jusqu'ici sur des minéraux de conflit. En outre, la plupart des consommateurs ignorent complètement la réalité selon laquelle les minéraux de l'est de la RDC représentent la principale source de financement des groupes armés. Pire encore est le fait que les entreprises japonaises utilisatrices des 3TG ignorent le fait que l'est de la RDC a été décrit comme la « capitale du viol » au monde. De manière générale, cette méconnaissance sur les tragédies multiformes qui entourent les sources d'approvisionnement des 3TG résulte du fait que les médias japonais rapportent rarement les nouvelles sur la RDC, ainsi que de la portée limitée des campagnes menées par les ONG pour attirer l'attention sur ce sujet, à la différence des États-Unis et des pays européens.

Le principal message de ce chapitre est que, malgré l'absence d'une réglementation nationale en la matière et de la faible préoccupation des consommateurs, les entreprises japonaises ont tout de suite procédé à des enquêtes auprès de leurs fournisseurs des 3TG dans le cadre des exigences de l'OCDE et de la réglementation américaine sur les minéraux de conflit. De toute évidence, l'engagement des entreprises japonaises n'a pas été motivé par un sentiment éthique allant dans le sens d'une contribution à la réduction des violences à l'est de la RDC.

Il sied de signaler que depuis 2017, l'efficacité de la loi Dodd-Frank est de plus en plus remise en cause. Indépendamment de cette remise en question, nous soutenons que les ONG et la société civile au Japon devraient faire pression sur les entreprises, pour qu'elles comprennent leurs efforts, prennent plus de responsabilités, et les engagent à promouvoir leurs actions. Dans l'avenir, la coordination entre les campagnes pour sensibiliser les entreprises utilisatrices des 3TG et clients des produits électroniques liés, ainsi que les activistes congolais, comme le Dr Mukwege, sera cruciale pour améliorer la compréhension des problèmes congolais au Japon et permettre aux entreprises et aux consommateurs japonais de remplir leur responsabilité globale en la matière.

La première partie de ce chapitre décrit les problèmes des minéraux de conflit et les actions que la société internationale a mises en œuvre. La deuxième partie décrit l'action de la société japonaise, y compris les enquêtes menées par les entreprises, les campagnes par les ONG, la diffusion et les publications par les médias et la sensibilisation des consommateurs. Par ce biais, ce chapitre analyse le sens de la question des minéraux de conflit pour la société japonaise. La dernière partie apporte une conclusion et des propositions pratiques.

2. PROBLÉMATIQUE DES MINERAIS DES CONFLITS POUR LA COMMUNAUTÉ INTERNATIONALE

2.1. Aperçu du problème des conflits de minéraux

La question des minéraux de conflit se caractérise par le fait que les groupes armés, responsables des violences et viols sur des civils, financent leurs opérations de l'extraction et trafics des minerais. Dans le cas de la RDC, la question des minerais des conflits a été lancée depuis la première guerre du Congo (1996-1997) et la seconde guerre du Congo (1998-2003). Plusieurs groupes armés et armées étrangères, stationnés dans les sites d'extraction miniers à l'est de la RDC, contrôlaient les différentes routes d'évacuation des minerais. Même après la fin officielle des hostilités en 2003, les habitants de l'est de la RDC souffrent des violations des droits de l'homme commises par des groupes armés.

Malgré la fin de la guerre proprement dite en RDC depuis 2003, à l'est de la RDC, plus de dix groupes armés continuent d'opérer dans une sorte d'autonomie, sans la présence de l'État congolais. Dans le but de tirer profit des minéraux dans les territoires sous leur contrôle, les groupes armés s'attaquent souvent aux civils dans les villages situés autour des mines pour garder les habitants sous contrôle. En outre, ces groupes continuent de commettre des atrocités telles que la violence sexuelle à grande échelle et les homicides.

Selon le groupe d'experts des Nations Unies, qui a mené des enquêtes et publié des rapports sur l'exploitation illégale des ressources naturelles en RDC depuis 2000, les armées étrangères ont pillé diverses ressources du sol et sous-sol congolais, principalement les ressources minérales, agricoles ainsi que celles de la faune, tels le tantale, les diamants, le cuivre, le cobalt, l'or, la cassitérite, le bois, le café, l'ivoire, les gorilles, les okapis, le tabac, le thé, l'huile de palme, etc. Par ailleurs, après la « fin » de la guerre en 2003, les exploitations illégales ont été concentrées essentiellement sur l'or, le tantale, l'étain et le tungstène (3TG)[2].

Depuis 1999, l'Organisation des Nations Unies (ONU) a mis en place une opération de maintien de la paix (OMP) pour la RDC (MONUC/MONUSCO). Le mandat de la MONUC inclut des opérations de protection des civils et le renforcement de l'appareil étatique. Bien que cette OMP soit composée de plus de 20 000 hommes, la plus grande opération de ce genre dans le monde, elle n'arrive pas à empêcher les violations des droits de l'homme en cours, depuis la fin de la décennie 1990 en RDC. Malgré la présence de cette mission onusienne, les groupes armés qui opèrent à l'est de la RDC poursuivent leurs activités tout en tirant profit de l'exploitation minière dans des zones sous leur contrôle. Il apparaît ainsi que pour ces groupes armés, les moyens se confondent avec la fin. Par conséquent, pour la communauté internationale, le moyen efficace de mettre fin aux activités des groupes armés passe par l'arrêt de ce lien entre les conflits et les minéraux exploités à l'est de la RDC. C'est de ce constat qu'est apparue la réglementation sur le commerce des minéraux de conflit introduite en 2010.

En juillet 2010, le congrès des États-Unis a établi « l'article 1502 de la loi Dodd-Frank » et la Securities and Exchange Commission des États-Unis (SEC) a émis sa règle en août 2012. Ces lois et règles exigent que les sociétés cotées en bourse aux États-Unis s'assurent et vérifient bien que certains minerais utilisés dans leurs produits ne soient pas liés au financement de groupes armés alimentant le conflit en République démocratique du Congo et dans les pays voisins. Cette règle a été promulguée en janvier 2013, et les entreprises concernées ont présenté et divulgué leurs premiers rapports en mai 2014.

De même, l'OCDE a promulgué le « guide sur le devoir de diligence pour des chaînes d'approvisionnement responsables en minerais provenant de zones de conflit ou à haut risque » en décembre 2010. Ainsi, l'Union européenne (UE) a pu déclencher le processus d'organisation de sa propre réglementation sur les minéraux de conflit. Une telle réglementation vise à restreindre les sources de financement des groupes armés en RDC en imposant des exigences de divulgation publique et de déclaration aux producteurs qui utilisent les 3TG dans leurs processus de fabrication.

[2] UN document S/2014/428.

2.2. Processus d'introduction du devoir de diligence raisonnable pour les minéraux de conflit

Cependant, l'introduction de la réglementation européenne sur les minéraux de conflit n'a pas été sans accroc. Après que le Groupe d'experts des Nations Unies a révélé son premier rapport S/2001/357 en avril 2001, des ONG américaines et européennes ont lancé une série de campagnes pour dénoncer le fait selon lequel les groupes armés, ainsi que les armées étrangères, réalisaient des recettes financières de la vente des minéraux extraits à l'est de la RDC. En dépit de cette campagne, le Conseil de sécurité de l'ONU n'avait, à l'époque, pas mis en place d'embargo sur les ressources.

On peut affirmer qu'à l'époque trois préoccupations prévalaient quant à la nécessité d'imposer une réglementation stricte sur les minéraux de conflit. Tout d'abord, l'embargo aurait été une catastrophe pour les habitants, étant donné que l'exploitation minière est essentielle aux moyens de subsistance de la région. Deuxièmement, même si le premier rapport du Groupe d'experts de l'ONU a déclaré que les armées et les hauts fonctionnaires du Rwanda et de l'Ouganda se livraient à l'exploitation illégale de minerais, le gouvernement britannique avait rejeté toutes les actions qui nuiraient au Rwanda. La position anglaise était justifiée à l'époque par le fait que le Royaume-Uni avait fourni une grande quantité d'aide au développement au Rwanda pour sa reconstruction après le génocide de 1994. De ce fait, le Royaume-Uni ne voulait pas arrêter le progrès réalisé par le Rwanda, lequel était présenté comme « un élève modèle en Afrique ». Troisièmement, les États-Unis ont montré leur désapprobation quant au rapport des experts de l'ONU, qui était sur le point de révéler que les fonctionnaires et les sociétés américaines à Kigali avaient été impliqués dans le commerce des minéraux [3]. Tout ceci conduira à l'inaction des États ainsi que de l'ONU.

Face à l'inaction des États et de l'ONU, ce sont plutôt les ONG qui se sont impliquées. Des ONG telles que Global Witness, Human Rights Watch et le Service international d'information sur la paix (IPIS) ont lancé une campagne de plaidoyer sur le problème des minéraux de conflit depuis 2002. Ils ont contraint les entreprises électroniques et leurs associations professionnelles à envisager des mesures visant à lutter

---

[3] Nest Michael *et al.* [2006] *The Democratic Republic of CONGO: Economic Dimensions of War and Peace*. Lynne Rienner Publishers Inc.

contre ce fléau, puisque la plupart des 3TG étaient utilisés comme matériaux pour les appareils électroniques. En 2007, les ONG ont entamé des discussions sur les minéraux de conflit avec la Coalition de citoyenneté de l'industrie électronique (Electronic Industry Citizenship Coalition, EICC) et Global e-Sustainability Initiative (GeSI), toutes étant des associations professionnelles pour les entreprises électroniques. En 2006, l'ONG Enough Project, visant à mettre fin au génocide et au crime contre l'humanité, a été créée et a lancé la campagne "Raise Hope by Congo" pour le plaidoyer sur le problème des minéraux de conflit en RDC [4].

Les ONG engagées sur cette question des minéraux de conflit ne visaient pas seulement à exercer une pression sur les gouvernements et les entreprises américaines et européennes, mais elles ont aussi publié des rapports sur la situation cruelle qui prévalait à l'est de la RDC et mettaient en exergue les liens entre cette tragédie congolaise et notre style de vie dans les pays développés. À cet effet, le concept de « téléphone de conflit » était utilisé comme symbole du lien entre les violations des droits de l'homme à l'est de la RDC et le mode de vie des consommateurs dans les pays industrialisés. Les consommateurs étaient ainsi invités à faire pression sur les entreprises, pour qu'elles prennent des mesures visant l'élimination des minéraux de conflit de leur chaîne d'approvisionnement et contribuer ainsi à la réduction des conflits. Par exemple, Enough Project a classé les plus grandes sociétés d'électronique, selon leurs efforts pour utiliser et investir dans des minéraux sans conflit dans leurs produits. À cet égard, Enough Project développa une campagne dite "Conflict-Free Campus Initiative" par laquelle les étudiants exigeaient de leurs universités de s'assurer que les appareils électroniques achetés n'étaient pas liés aux minéraux de conflit. Cette campagne s'avéra efficace pour les entreprises, puisque les universités représentent une bonne part du marché électronique. Aux toutes dernières nouvelles, en 2017, plus de 180 universités, principalement aux États-Unis et au Canada, déclaraient leur participation à cette campagne. Au Japon, l'Université d'Osaka y a participé. Ce ne sera pas une surestimation de conclure que les règlements sur les minéraux du conflit ont été le résultat de ces campagnes par les ONG.

[4] Enough Project <http://www.enoughproject.org/>

2.3. Discussions sur la mise en œuvre des règlements

Même aux États-Unis, premier pays à avoir introduit la réglementation sur les minéraux de conflit, il y a eu un grand débat entre le vote et la mise en œuvre de cette réglementation. Après la validation de l'article 1502 de la loi Dodd-Frank par le Congrès américain en juillet 2010, il a fallu deux ans pour que la SEC décide de sa mise en œuvre effective en août 2012. Trois arguments principaux alimentaient le débat sur cette réglementation. Le premier portait sur l'efficacité de la réglementation, en ce qui concerne sa capacité à contribuer à l'amélioration de la situation en RDC. Certains observateurs craignaient que la réglementation sur les minéraux de conflit ne soit un boycott de facto des minerais en provenance de ce pays, ce qui entraînerait comme conséquence, qu'un grand nombre de mineurs perdraient leur principale source de revenus. Ceux-ci étant estimés à 1 à 2 millions, une telle perte de source de revenus et d'emplois aurait des effets inattendus considérables. Il convient de signaler que dans ces zones de conflits, il n'y a pas d'autre source de revenus que les mines, après que les terres agricoles ont été détruites par des conflits. En d'autres termes, il y avait des craintes sur les effets négatifs de la mise en œuvre de la réglementation sur les conditions de vie de plus de 10 à 20 millions d'habitants, y compris les familles de mineurs.

À titre de précédent, lorsque le gouvernement congolais interdit toute exportation de minerais des provinces du Kivu et du Maniema de septembre 2010 à mars 2011, il en résulta une militarisation accrue du secteur minier dans les territoires concernés. L'armée nationale congolaise a utilisé le moratoire sur les exportations des minerais du Kivu comme une opportunité de prendre en charge ces mines et de commettre, à son tour, des violations des droits de l'homme contre les civils dans ces zones. Selon le sondage réalisé par un observateur international, dans certains sites miniers, les mineurs qui ont continué à travailler ont dû payer à l'armée jusqu'à 50 % de leurs revenus issus de l'extraction minière ou un montant avoisinant le 80 $ par jour[5].

En outre, il y avait la préoccupation selon laquelle les entreprises étrangères pourraient se retirer de la RDC, plutôt que de s'investir dans l'effort d'établir la traçabilité de leur chaîne d'approvisionnement. À l'est de la RDC, des groupes armés et des militaires de l'armée s'occupaient de la quasi-totalité des processus de production et du commerce des

---

[5] Global Witness (2011), *Congo's Mineral Trade in the Balance.*

minerais, plus spécialement les activités d'extraction artisanale, d'évacuation ainsi que de la fonte. Certains creuseurs témoignaient de l'obligation imposée par les militaires de payer le droit de passage des routes locales. Comme on peut le constater, l'élimination des minéraux de conflit est si difficile que la réglementation en la matière était difficilement différentiable d'un boycott de fait de la RDC. En outre, si une entreprise soucieuse d'éviter les minerais des conflits se retirait, en même temps qu'une autre, peu soucieuse de ce drame, entrait en scène, il s'ensuivrait une détérioration de la situation des mineurs et des populations environnantes. Par ailleurs, une autre préoccupation était qu'une fois que les groupes armés perdaient les revenus issus du trafic des minerais, ces groupes pouvaient substituer les pertes de revenus par des pillages ou d'autres formes de « taxation de fait » des populations, ce qui aurait comme conséquence l'aggravation des violations des droits de l'homme.

Le second argument autour du débat sur la réglementation sur les minéraux de conflit soulignait que la réglementation serait efficace pour mettre en œuvre la situation. Le point de départ de cette perspective était que 80 % des populations de l'est de la RDC étaient des agriculteurs ; plus précisément, ces populations vivaient de l'agriculture de subsistance. Cependant, en raison des milices qui contrôlent les mines et les villages, l'activité agricole a aussi été perturbée pendant que les terres agricoles étaient ruinées. Tout ceci a eu comme conséquence de forcer les populations à fuir leurs terres, devenant ainsi des réfugiés ou des déplacés. Ainsi, malgré les effets négatifs de la réglementation à court terme, la fermeture des mines illicites et illégales aura des effets bénéfiques à long terme. En réduisant ou en brisant le lien entre les mines et la violence, cette dernière s'arrêterait, ce qui entraînerait le retour des populations sur leurs terres, tout en relançant l'activité agricole. À cet effet, des mesures d'accompagnement en matière de développement pourront stabiliser la situation.

Parmi les mesures d'accompagnement envisagées, il sied de signaler l'appui des partenaires extérieurs de la RDC, telle la Banque mondiale. Par la suite, celle-ci avait effectivement mis en œuvre des projets d'appui au secteur minier en RDC. En outre, la Conférence internationale sur la région des Grands Lacs (ICGLR) a mis en place le mécanisme régional de certification (RCM), soutenu par des organismes étrangers tels que le Département britannique pour le développement international (DFID) et l'Agence américaine pour le développement international (USAID). Les partisans de la réglementation insistaient sur le fait qu'avec une action sécuritaire de la mission onusienne de maintien de la paix parallèlement à l'aide au développement, la réglementation sur les minéraux de conflit contribuerait à l'amélioration de la situation à l'est de la RDC.

Un dernier grand argument sur la mise en œuvre de la réglementation se rapportait aux possibles effets négatifs sur l'économie américaine. On estimait que le coût des enquêtes sur la chaîne d'approvisionnement des minerais importés de la région des Grands Lacs serait compris entre 9 milliards et 16 milliards de dollars américains. Bien que la disposition s'applique uniquement aux sociétés cotées en bourse, la vérité est qu'elle affectera les sociétés non cotées et les petites entreprises, sur toute l'étendue du territoire américain. Par exemple, il y a plus d'un million de pièces dans un avion fourni par plusieurs milliers de fournisseurs qui incluent les 3TG. Le représentant de l'association manufacturière a insisté en soulignant que « le simple fait qu'une loi est adoptée avec de bonnes intentions et est destinée à lutter contre les atteintes aux droits de l'homme ne signifie pas que la loi est la bonne approche pour résoudre le problème. Les coûts de la mise en œuvre d'une loi peuvent se révéler plus pertinents même si la loi vise à régler des problèmes de droits de l'homme ».

En dépit de ces quelques réserves, de nombreuses grandes entreprises ont pris le problème à bras-le-corps, en adoptant une attitude proactive en la matière. En mai 2012, lors de l'audience au Congrès des États-Unis, 75 entreprises ont déclaré leurs actions sur le problème des minéraux de conflit sur leurs sites internet.

En plus de ces discussions, 13 400 documents d'avis et commentaires, ainsi que 25 000 signatures soutenant une réglementation forte et appelant à une mise en œuvre stricte de la disposition législative sur les minéraux de conflit furent soumis à l'organe régulateur des marchés financiers américains, la SEC. Les commentaires provenaient de sociétés, d'associations professionnelles, de groupes de défense des droits de l'homme et de politique publique, des barreaux, des auditeurs, des investisseurs institutionnels, des entreprises d'investissement, des représentants des États-Unis et des gouvernements étrangers[6].

C'est à la suite de toutes ces discussions que la SEC adopta la version définitive de sa directive en août 2012. Comme l'a déclaré un sénateur proche de la question : « Nous ne pouvons pas ignorer, et nous ne pouvons plus rester indiffèrent pendant que d'autres souffrent » et « La grandeur

---

[6] Securities and Exchange Commission (2012), Federal Register. Vol. 77, No. 177.

américaine a toujours été fondée sur notre bonté fondamentale ». En promulguant la disposition législative sur les minéraux de conflit, les États-Unis ont privilégié la responsabilité mondiale sur les droits citoyens plutôt que les considérations de profits économiques.

Il faudra tout de suite souligner que les considérations des droits humains n'étaient pas les seules raisons de l'introduction de la réglementation en matière de minéraux de conflit. Il y avait certes d'autres raisons. La longue durée du conflit en RDC entraînait déjà un énorme fardeau pour la société internationale et il devenait de plus en plus difficile de mettre en œuvre de multiples mesures pour la résolution des conflits et la consolidation de la paix. De plus, les États-Unis et les entreprises européennes ont dû s'inquiéter des coûts de gestion supplémentaires qui résulteraient de l'aggravation de la situation dans les zones minières et sur l'évolution du trafic illicite des minerais dans la région. On peut supposer que, en introduisant une réglementation sur les minéraux de conflit avec les pays européens, les États-Unis visaient à vérifier l'activité des entreprises chinoises qui profiteraient des minéraux en ignorant les atteintes aux droits de l'homme. En outre, il y a eu un élan volontariste pour faire avancer l'introduction de la réglementation. En fait, quelques années plus tôt, alors qu'il était encore sénateur de l'État d'Illinois, c'est le président Barack Obama, qui a promu l'introduction de la loi de soutien à la RDC.

2.4. Mise en œuvre de la diligence raisonnable dans la chaîne d'approvisionnement des minerais de conflit

En parallèle aux discussions sur la réglementation qui se déroulaient, les grandes firmes n'ont pas attendu la promulgation des dispositions légales, mais ont volontairement procédé aux enquêtes auprès de leurs fournisseurs pour établir la traçabilité et éliminer les minerais liés au conflit congolais. De nombreuses entreprises ont commencé leurs actions avant la promulgation de la réglementation de la SEC. En particulier, les associations industrielles de l'électronique EICC/GeSI ont lancé une contre-mesure au moment même où les ONG ont entamé des discussions sur les minéraux de conflit avec les entreprises en 2007. EICC/GeSI ont mis en place un programme, connu comme le « Smelter Free Conflict », ainsi qu'un fonds conséquent, aux fins de vérifier et de s'assurer que les minerais entrant dans leurs chaînes d'approvisionnement n'étaient pas liés au conflit à l'est de la RDC. En outre, les EICC/GeSI développèrent des outils de mise en commun et de partage des informations en la matière, entre les entreprises.

Au niveau des entreprises individuelles, certaines firmes électroniques célèbres telles que Apple, Dell, HP et Philips prirent l'initiative de la transparence en divulguant et publiant des informations détaillées sur leurs chaînes d'approvisionnement. À cet égard, Apple, par exemple, mit sur pied un programme dit de « Responsabilité des fournisseurs », qui consistait à auditer les usines de ses fournisseurs et à certifier la traçabilité, jusqu'à l'identification de l'origine des 3TG utilisés dans ses produits.

Dans le contexte de cette action rapide d'Apple, il y avait le problème du travail de Foxconn qui s'est produit en Chine en 2010. Foxconn est une société qui fabrique des produits pour de nombreuses grandes entreprises électroniques telles que Apple, Dell, HP, Microsoft, Sony et Nintendo. Elle produit également l'iPad de manière monopolistique. Dans une usine de Foxconn, 14 travailleurs se sont suicidés les uns après les autres en 2010. On a présumé que les violations des droits de l'homme, comme les sévères conditions de travail et la discrimination, avaient causé cette tragédie. Les ONG ont développé une campagne de boycott contre Apple parce qu'elles pensaient qu'Apple devait imposer des strictes conditions au fournisseur. En outre, lorsque le problème des minéraux du conflit a été soulevé, l'ONG Enough Project a divulgué une vidéo « Je suis un Mac... et j'ai un sale secret » sur YouTube, pour critiquer l'engagement d'Apple. De telles expériences permettent aux entreprises de reconnaître que l'abus des droits de l'homme dans la chaîne d'approvisionnement deviendrait une cause de critique contre elles.

En plus de l'action des entreprises, « l'alliance public-privé pour le commerce des minéraux responsables (PPA) » avait été établie par un réseau de gouvernements, d'ONG, d'entreprises et d'associations industrielles, dans le but d'éliminer les minéraux de conflit entrant dans les chaînes d'approvisionnement mondiales, par la coopération entre les différentes parties prenantes.

On ne peut pas considérer que la motivation de ces actions était la moralité des entreprises. Aux États-Unis et aux pays européens, « l'investissement socialement responsable (SRI) » commence à se propager, les investisseurs prennent des décisions sur leur investissement en fonction des critères sociaux. Aussi, les campagnes de boycott, comme celles de Nike et Apple, se produisent souvent. Au contraire, les entreprises peuvent faire appel à leur équité, si elles commencent à agir rapidement contre les violations des droits de l'homme. L'action des entreprises devrait être considérée comme une stratégie pour attirer les investisseurs et les consommateurs.

Après tout, l'introduction de la réglementation sur les minéraux de conflit et les actions des entreprises se réalisent par le mélange de trois pressions. Tout d'abord, celle de l'ONU ou des institutions internationales pour élever la volonté politique au niveau gouvernemental. Deuxièmement, la pression des ONG s'exerce au niveau de l'entreprise. Troisièmement, la pression des consommateurs au niveau social. En particulier, le changement de politique des États-Unis, de sa politique négative contre l'embargo sur les minéraux pendant la guerre du Congo, à l'adoption d'une réglementation sur les minéraux du conflit, a un impact important sur la communauté mondiale. Comme indiqué ci-dessous, le règlement aux États-Unis a de l'influence sur d'autres pays comme une sorte de « directive mondiale ».

3. LE PROBLÈME DE MINÉRAUX DE CONFLIT TEL QU'IL EST PERÇU PAR LA SOCIÉTÉ JAPONAISE

3.1. Aperçu des actions menées au niveau du Japon

Étant donné son statut de pays membre de l'OCDE, le Japon était supposé prendre des dispositions pour mettre en œuvre la directive de l'OCDE en la matière. Malheureusement, jusqu'au moment de la rédaction de ce chapitre, 2017, il n'existe pas de disposition, voire une réglementation, relative au problème des minéraux de conflit au Japon. En dépit de cette absence de réglementation, depuis 2010, la plupart des entreprises japonaises ont lancé des enquêtes à grande échelle pour éliminer les minéraux de conflit dans leurs chaînes d'approvisionnement. Aux États-Unis, le gouvernement, les entreprises, les ONG et les consommateurs ont discuté du mérite et de l'inaptitude à la réglementation. On peut ainsi affirmer que contrairement aux États-Unis, au Japon, la réglementation sur les minéraux de conflit a été introduite de facto. Au Japon, les enquêtes sur les minéraux de conflit se sont répandues dans le secteur des grandes entreprises, y compris l'électronique, l'automobile, la fabrication de pièces, l'ingénierie des métaux et chimique, sans qu'une réglementation ni directive locale ne soit préalablement introduite.

Nonobstant l'absence d'une réglementation locale, il y a eu quelques rencontres académiques importantes sur la question des minéraux de conflit au Japon. Comme indiqué ci-dessous, quelques universités ont organisé des séminaires sur des thèmes à caractère international et ayant trait aux questions de minéraux de conflit. Par ailleurs, un matériel d'enseignement d'éducation au développement, qui explique la connexion entre conflit et téléphone mobile, a été créé par une ONG. Cependant, ces actions n'ont pas permis de sensibiliser les citoyens, ni accru l'attention des médias sur la tragédie qui se déroulait en RDC. En dépit d'une telle indifférence sur la question, qu'est-ce qui a pu expliquer l'engagement volontaire des entreprises japonaises de mener des enquêtes sur les minéraux de conflit auprès de leurs fournisseurs ? Deux raisons peuvent être avancées.

La première raison se trouve dans l'élargissement de la responsabilité sociale des entreprises (RSE) jusqu'aux filières d'approvisionnement des entreprises japonaises depuis 2003. La RSE élargie aux filières d'approvisionnement peut être perçue comme un engagement de l'entreprise à respecter les exigences de sa responsabilité sociale (RSE), comme les droits des travailleurs et la protection de l'environnement, non seulement en son propre sein mais aussi et surtout sur sa filière d'approvisionnement. Il sied de signaler que deux directives du Parlement et du Conseil européen ont permis aux entreprises japonaises d'élargir la RSE au niveau des filières d'approvisionnement. L'une était la « directive sur les véhicules en fin de vie » mise en œuvre en 2003, visant à rendre le démantèlement et le recyclage des véhicules hors d'usage, plus respectueux de l'environnement. L'autre était la « directive RoHS » mise en place en 2006, limitant l'utilisation de substances dangereuses dans les équipements électriques et électroniques. Avec la mise en œuvre de ces règlements au niveau de l'UE, les entreprises japonaises se sont retrouvées dans l'obligation de respecter ces réglementations, afin de continuer leurs exportations vers le marché européen. Non seulement les firmes japonaises observèrent ces règlements de l'UE, mais elles ont également demandé à leurs fournisseurs de ne pas utiliser de produits chimiques interdits par ces nouvelles normes européennes, dans les produits qui seront ensuite destinés au marché européen.

En outre, la diligence raisonnable en matière de droits de l'homme a été ajoutée comme l'un des critères RSE, élargie aux filières d'approvisionnement, à côté de la sous-traitance et de la délocalisation. On notera que la sous-traitance signifie confier à des fournisseurs extérieurs la totalité ou une partie de la production. La délocalisation signifie déplacer une partie de la chaîne d'approvisionnement à l'étranger. De nos jours, la sous-traitance et la délocalisation représentent des éléments clés de la gestion de la filière d'approvisionnement des grandes firmes. En d'autres termes, l'interdiction du travail des enfants et l'amélioration de la situation des travailleurs ont été incluses dans la responsabilité de l'entreprise en ce qui concerne la gestion de sa filière d'approvisionnement.

La pratique de RSE étant désormais élargie aux filières d'approvisionnement au niveau des entreprises japonaises, les réglementations subséquentes sur les minéraux de conflit ont été facilement acceptées par la suite. En particulier, l'article 1502 de la loi Dodd-Frank a eu une influence considérable sur l'attitude à adopter par les entreprises japonaises. Plus particulièrement pour les entreprises japonaises cotées en Bourse aux États-Unis, elles doivent divulguer et déclarer l'utilisation des minéraux de conflit en provenance de la RDC et des pays voisins. En plus, les entreprises japonaises non cotées en bourse aux États-Unis étaient soumises aux mêmes exigences d'enquêtes sur la provenance des minéraux entrant dans leurs chaînes de production. Une telle exigence était imposée par les entreprises clientes, lesquelles étaient cotées en bourse aux USA. Ainsi, les entreprises japonaises non cotées en bourse ont dû faire des sondages auprès des fournisseurs de second rang. Ceci implique le fait qu'au fur et à mesure que ces enquêtes sur les minéraux de conflit se répandaient, toutes les entreprises opérant sur la filière d'approvisionnement devaient mettre sur pied leurs propres enquêtes. C'est pourquoi, presque toutes les entreprises japonaises utilisatrices des 3TG devaient mener des enquêtes pour s'assurer que les minerais liés au conflit en RDC étaient effectivement éliminés de leurs filières d'approvisionnement.

Ensuite, comment les entreprises japonaises ont-elles effectué leurs enquêtes ? En vue de répondre à cette question, j'ai mené des entretiens auprès de neuf entreprises japonaises, principalement des entreprises électroniques, de 2014 à 2017. J'ai également participé à des discussions entre 38 entreprises lors de la réunion du « Groupe de travail sur le commerce des minéraux responsables » établie par l'Association des industries électroniques et de l'informatique du Japon (JEITA). En outre, la plupart des entreprises divulguent leur politique de promotion et font un rapport sur la RSE. Je voudrais décrire la situation actuelle des enquêtes par les entreprises japonaises et les caractéristiques de la société japonaise, en analysant les informations que j'ai reçues de mes interviews et des recoupements à partir des informations publiquement disponibles.

3.2. La démarche des entreprises japonaises cotées en bourse aux États-Unis

Dans le cas des entreprises japonaises cotées en bourse aux États-Unis, elles avaient l'obligation de divulguer et de signaler l'utilisation des 3TG dans leurs chaînes de production. Lorsque les premiers rapports ont été soumis à la SEC en mai 2014, 11 des 17 entreprises japonaises cotées en bourse aux États-Unis ont soumis leurs rapports suivant le formulaire SD (voir tableau 1 ci-dessous).

Tableau 1. Listes des entreprises japonaises cotées en bourse aux USA, 2014

<u>Advantest</u>, <u>ORIX</u>, <u>Canon</u>, <u>Kyocera</u>, Kubota, <u>Konami</u>, <u>Sony</u>, <u>Toyota</u>, <u>Nidec</u>, <u>NTT</u>,
<u>NTT Docomo</u>, <u>Honda</u>, Nomura Holdings, Mizuho Financial Group,
Mitsui Sumitomo Financial Group, Mitsubishi UFJ Financial Group.

(Les noms soulignés indiquent les entreprises qui ont soumis le formulaire SD)

Source : Auteur ; d'après les archives de la SEC (USA)

Parmi les entreprises japonaises de l'électronique, les célèbres groupes Sony et Kyocera ont lancé tôt les mesures contre les minéraux de conflit. Sony a participé à la Coalition de citoyenneté de l'industrie électronique (EICC) depuis 2005 et avait lancé une enquête sur sa chaîne d'approvisionnement en août 2011. Dans le cas de Sony, lorsque le prix mondial du tantale augmenta à la fin de 2000, les ONG ont affirmé que la vente du nouveau jeu de Sony « PlayStation 2 » était à la base de la « ruée vers le tantale » en RDC. En plus, le nouveau téléphone mobile vendu par Nokia et Erikson s'ajoutait à la PlayStation 2 comme un autre élément déclencheur de la ruée vers le tantale. Le nom de Sony et PlayStation 2 a été indiqué dans le rapport que l'IPIS et 32 ONG européennes ont publié en 2002. Dans ce même rapport, les ONG ont indiqué les noms des grandes entreprises japonaises Hitachi et NEC, puisqu'il y avait la possibilité que les condensateurs utilisés dans leurs produits continssent du tantalum congolais.

Face à ces affirmations liant certaines entreprises japonaises à la flambée des prix du tantale de la RDC, Sony et NEC ont mené des enquêtes pour identifier l'origine du tantale. Cependant, ces enquêtes se limitaient à demander uniquement aux fournisseurs de niveau 1 s'ils utilisaient du tantalum congolais. Compte tenu de la chaîne d'approvisionnement extrêmement complexe du tantale, il était très difficile pour une entreprise d'identifier l'origine du minerai, en traçant les produits au niveau des fournisseurs de niveau 2 et de niveau 3. Peu de temps après, Sony cessa ses enquêtes. Cette expérience poussa cette entreprise à participer à l'EICC en 2005 et à lancer une enquête sur les minéraux de conflit, peu de temps après l'adoption de la loi Dodd-Frank.

Dans le cas de Kyocera, en plus de Kyocera elle-même, la société associée AVX est également cotée en Bourse aux États-Unis. Dans le téléphone portable à succès de Motorola vendu dans les années 2000, le condensateur était fabriqué par AVX. Ainsi, IPIS a cité le nom d'AVX et Motorola dans le rapport mentionné ci-dessus. Pour répondre aux critiques des ONG, AVX et Motorola ont développé le programme « Solutions for Hope » en 2011, visant à créer une « ligne d'approvisionnement en tuyauterie fermée » éliminant les minéraux de conflit. En tant que société mère, Kyocera lança le « Conflict Minerals Committee » (le comité des minéraux de conflit) dans l'entreprise en vue de mener des enquêtes auprès de ses fournisseurs.

Par ailleurs, au niveau de l'industrie automobile, Toyota, une société cotée en Bourse aux USA, mettait en place un groupe de travail chargé de mener une enquête en coopération avec l'Association japonaise des manufactures de pièces automobiles (JAPIA) à partir de mai 2013. Bien que Toyota ait fouillé auprès de tous ses premiers fournisseurs (plus de 7 000 entreprises), il n'était pas possible d'identifier toutes les mines à la source.

Un autre exemple à signaler est le cas de Panasonic. Ce dernier, qui avait été classé dans la SEC jusqu'en 2013, a participé au projet de mise en œuvre de l'OECD (Due Diligence Guidance) depuis 2011. Dans le cas de Toshiba, bien que Toshiba lui-même ne soit pas coté en Bourse aux États-Unis, il avait des filiales et sociétés liées aux États-Unis. Pour cette raison, Toshiba a participé à l'EICC depuis juin 2011 et a mené des enquêtes auprès de plus de 3 000 de ses fournisseurs depuis 2013.

Cependant, il convient de noter que les cas de sociétés célèbres comme Sony, NEC, Kyocera, Panasonic et Toshiba sont exceptionnels. En général, la plupart des entreprises japonaises ne sont pas cotées en bourse aux États-Unis. La plupart des petites et moyennes entreprises effectuent des enquêtes uniquement pour répondre aux questionnaires qu'ils ont reçus des entreprises clientes de la trempe de Sony, NEC et consorts.

3.3. Action des entreprises japonaises en général

Comme on vient de le voir ci-dessus, même les entreprises japonaises non cotées en bourse aux États-Unis se sont retrouvées dans une obligation de fait d'enquêter auprès de leurs fournisseurs, pour répondre aux questionnaires envoyés par les entreprises clientes, y compris des entreprises clientes américaines. Par exemple, la société américaine Apple a des fournisseurs dans plus de 30 pays dans le monde et achète des pièces de 139 fournisseurs au Japon. Tous ces fournisseurs japonais ont reçu les questionnaires d'Apple qui exigeaient d'identifier toutes les fonderies et mines d'origine du tantale utilisé.

Il est tout aussi intéressant de comprendre la façon dont les entreprises japonaises procédaient pour répondre au questionnaire des enquêtes sur les minéraux de conflit. À une première étape, lorsque l'article 1502 de la loi Dodd-Frank a été promulgué aux États-Unis, les sociétés japonaises ont créé et divulgué leur opinion et leurs dispositions prises sur l'acquisition des 3TG. Premièrement, les entreprises ont commencé à exprimer des préoccupations concernant les violations des droits de l'homme en RDC et dans les pays voisins. Deuxièmement, elles exprimaient une prise de conscience sur ce drame, tout en mettant en exergue le fait que les groupes armés tiraient des bénéfices des minerais utilisés dans leurs filières d'approvisionnement. Troisièmement, elles réitéraient la volonté de ne pas encourager les violations des droits de l'homme en achetant du matériel, des pièces et des produits liés aux conflits. Et enfin, les entreprises japonaises s'engageaient à établir une filière d'approvisionnement socialement responsable. Ceci étant, lorsque les entreprises en aval achetaient des matériaux ou des pièces des sociétés en amont, cette déclaration devenait utile pour confirmer l'engagement du partenaire sur les minéraux de conflit. Jusqu'en juillet 2014, 184 entreprises japonaises avaient divulgué leurs engagements de passation de marchés sur les minéraux de conflit.

À la seconde étape, la plupart des entreprises japonaises commencèrent des enquêtes sur les minéraux de conflit vers août 2012, après la décision finale de la SEC en rapport à l'article 1502 de la loi Dodd-Frank. Lorsque les grandes entreprises américaines ont commencé à enquêter auprès des fournisseurs, les entreprises japonaises contactées à cet effet devaient répercuter le questionnaire aux fournisseurs de deuxième rang. C'est ainsi que la chaîne de ces enquêtes a débuté au Japon. Enfin, selon nos propres entretiens, les entreprises au bout de la filière d'approvisionnement ont reçu 20 à 40 questionnaires en 2013 (un questionnaire comprenait des enquêtes sur plusieurs produits), les entreprises intermédiaires, comme le fabricant de pièces, ont reçu plus de 2 000 questionnaires au cours d'une année.

3.4. Unification des méthodes d'enquête

En décembre 2011, JEITA a mis en place le « Groupe de travail sur le commerce des minéraux » et a lancé un partenariat entre les entreprises pour mener une enquête rationnelle. En 2017, 40 entreprises japonaises participent à ce groupe de travail. Ses objectifs sont la mise en œuvre efficiente de l'enquête auprès des fournisseurs et la réduction de la charge de chaque entreprise, en coopérant avec EICC/GeSI. Le groupe de travail a deux principales missions. L'une d'elles consiste à organiser des séminaires pour expliquer le concept et la méthode d'enquête sur les minéraux de conflit aux entreprises. L'autre est de partager le format de l'enquête, appelé « Modèle de rapport sur les minéraux des conflits (CMRT) » réalisé par L'EICC/GeSI. Grâce à ce groupe de travail, les entreprises japonaises ont réussi à mener des enquêtes de façon rationnelle et unifiée.

Comme noté ci-dessus, en toile de fond de ce partenariat entre les entreprises, on a tiré une leçon de l'expérience de la réponse aux règles de l'UE. Il s'agit de la « Directive RoHS » qui limite l'utilisation de substances dangereuses dans les équipements électriques et électroniques, mise en œuvre en 2006, et de la « Directive REACH » (Enregistrement, évaluation, autorisation et restriction des produits chimiques) mise en place en 2007. Les entreprises japonaises se sont retrouvées dans l'obligation de respecter ces directives dès lors qu'elles exportaient leurs produits vers le marché européen. Non seulement elles ont observé ces règlements, mais elles exigeaient également de leurs fournisseurs de ne pas utiliser de produits chimiques interdits dans la fabrication des produits qui seront ensuite fournis aux pays européens. Ces enquêtes ont causé beaucoup de confusion dans la filière d'approvisionnement, car chaque entreprise effectuait son enquête suivant sa propre méthode. Les entreprises au milieu de la filière, telles que les fabricants de pièces et l'ingénierie des métaux, ont reçu plus de 1 000 questionnaires en un mois, car les fabricants au bout de la filière avaient envoyé des questionnaires aux fournisseurs avec leurs propres formulaires. Tout ceci a causé des malentendus et représentait un énorme fardeau pour les fournisseurs. Cette expérience a servi de leçon pour les enquêtes sur les minéraux de conflit, en ce sens que dès le début, les entreprises concernées ont vite pensé à unifier les méthodes d'enquêtes et à partager les résultats pour réduire leur fardeau.

3.5. Progrès des enquêtes sur les minéraux de conflit

Au moment où le premier formulaire SD a été soumis en mai 2014, l'opinion découvrait la chaîne de distribution des 3TG grâce aux enquêtes sur les minéraux de conflit menées dans le monde entier, particulièrement aux USA, au sein de l'Union européenne et au Japon. Par la suite, il était devenu nécessaire d'identifier des fonderies « sans conflit ». L'EICC/GeSI mit en place une « Initiative de fonderie sans minéraux de conflit » (CFSI), dans le but de certifier les fonderies traitant les 3TG provenant des mines sans conflit. Selon le CFSI, le nombre de « fonderies sans conflit » en 2016 s'élevait à 248 (Tin 70, Tungsten 40, Tantalum 43, Gold 95). Au Japon, 27 fonderies du tableau 2 sont à ce jour certifiées CF (sans conflit). Comme on estime qu'il y a environ 500 fonderies de 3TG dans le monde, ce nombre ne représente que la moitié. Néanmoins, le progrès dans l'identification des fonderies devrait être loué, car il a surmonté la difficulté de tracer une chaîne d'approvisionnement très compliquée comme celle des 3TG.

Comme on peut aisément le constater, la motivation de toutes ces initiatives des entreprises ne concernait malheureusement pas les victimes des violences à l'est de la RDC. Plutôt, les entreprises répondaient aux obligations imposées par la loi Dodd-Frank. Dans le cas du Japon, les enquêtes auprès des fournisseurs sur les minéraux de conflit ont été déclenchées sous l'influence de la loi Dodd-Frank, sans aucune discussion ou débat national préalable entre l'État, les entreprises, les ONG et les consommateurs. Ainsi, la plupart des gens, même les responsables de ces enquêtes au sein des entreprises, avaient une connaissance très limitée de la situation qui prévalait à l'est de la RDC. Largement à cause de la distance entre l'Afrique et le Japon, il n'y avait pas assez de nouvelles sur les pays africains. En particulier, il est difficile d'obtenir des informations sur la RDC, car il n'existe aucune entreprise japonaise qui opère dans le pays et très peu de citoyens japonais y vivent. Seule la mission diplomatique du Japon et son agence de coopération internationale sont présentes dans la capitale Kinshasa. Bien que le Japon consomme des minerais provenant de la RDC, la connexion directe entre la RDC et le Japon reste très limitée.

Le peu d'informations qui émergent au Japon sur la RDC provient de quelques ONG. À cet égard, récemment quelques entreprises organisent des séminaires animés par des ONG, afin de faire comprendre à leurs travailleurs la situation en RDC et le sens des enquêtes sur les minéraux de conflit. Mais une telle action reste limitée. Pour la grande majorité des entreprises, emplir les questionnaires sur les minerais de conflit est tout ce qu'elles peuvent faire.

Table 2

Malgré le progrès enregistré jusqu'ici, la réglementation sur les minéraux de conflit est à un tournant en 2017. Il y a, en effet, de plus en plus de questions qui sont soulevées par rapport à l'efficacité des enquêtes menées par les entreprises, y compris aux États-Unis.

Selon le sondage mené par l'agence américaine Goverrment Accountability Office (GAO), en mai 2014, seulement 1 321 entreprises ont effectivement soumis le formulaire SD à la SEC et on estime que seulement 24 % des entreprises ont indiqué que leurs 3TG ne provenaient pas de la RDC et des pays voisins (appelé « pays couverts »). En outre, 67 % des entreprises ont indiqué qu'elles n'étaient pas en mesure de déterminer le pays d'origine et 4 % ont rapporté que leurs 3TG provenaient de pays couverts.

Comme indiqué ci-dessus, la réglementation sur les minéraux de conflit a porté non seulement sur les enquêtes concernant les filières d'approvisionnement, mais aussi sur d'autres actions, telles celles liées au CFSI. On ne pourra donc pas conclure que la réglementation n'est pas efficace parce que les entreprises en aval n'ont pas réussi à réaliser les enquêtes. Pourtant, les entreprises se plaignent du fait qu'elles ont le sentiment que leurs efforts sur la question extrêmement compliquée des minéraux de conflit ont été vains. Ce sentiment est d'autant plus renforcé, du fait que la situation des violences sur le terrain en RDC n'a pas beaucoup évolué.

À l'est de la RDC, après la détérioration de la situation de conflit par la lutte du M23 en 2012, la MONUSCO et les FARDC ont mené l'opération militaire conjointe en 2013. Bien que cette opération ait été accusée d'être associée à une violation des droits de l'homme contre les populations, elle a provoqué le désarmement des grands groupes armés jusqu'à la fin de 2013. En outre, le Groupe d'experts des Nations Unies et les ONG ont signalé qu'en raison du désarmement, 70 % des mines 3TG sont passées dans la catégorie « sans conflit ». Compte tenu de ces faits, on ne peut pas dire que la réglementation sur les minéraux de conflit était inutile. On notera par ailleurs que 90 % des mines d'or à l'est de la RDC sont toujours sous le contrôle des groupes armés. Dans ce contexte, les violations des droits de l'homme ont continué, en particulier, au Nord-Kivu et à l'Ituri. Il est important aussi de signaler que les violences contre les populations civiles ne sont pas que l'œuvre des groupes armés. En effet, plusieurs violations des droits des populations ont été le fait des soldats des FARDC. Ainsi, la situation de conflit à l'est de la RDC ne s'est pas améliorée de façon significative.

Les mêmes rapports des Experts des Nations Unies confirment le sentiment des entreprises selon lequel « même si les entreprises en aval font beaucoup d'efforts pour déterminer l'origine de leurs produits entrants, cela ne suffit pas pour améliorer la situation du conflit congolais ». Il a ainsi été suggéré que si les ONG voulaient vraiment encourager les entreprises à poursuivre leurs efforts, elles devraient améliorer leur mise en « récit ». À notre avis, les récits simplifiés que rapportent les ONG sur la situation des violences à l'est de la RDC, en mettant l'accent sur l'immensité des tragédies en cours, peuvent avoir un effet contre-productif d'autant plus que l'opinion japonaise ou celle occidentale arrivent très vite à un sentiment d'impuissance. Naturellement, c'est l'inaction et l'inaction qui s'ensuivent au sein des opinions publiques extérieures. Cet état des choses est bien palpable lorsque l'on observe les actions des ONG et des consommateurs japonais.

3.6. Action de la société civile japonaise

Au Japon, depuis quelque temps, la société civile organise plusieurs campagnes de plaidoyer sur la question des minéraux de conflit, ainsi que ses corollaires de violences sur les populations civiles. Par exemple, à l'Université d'Osaka, le prof Virgil Hawkins a organisé quelques séminaires intitulés « La République démocratique du Congo : comment la plus grave violence au monde est ignorée » de 2009 à 2010. Les ONG comme le Centre de recherche Asie-Pacifique (PARC), Amnesty International Japon et Hurights Osaka ont aussi organisé quelques séminaires en 2008 sur la question. Ils ont invité Mme Masako Yonekawa, qui a travaillé en RDC en tant que responsable du bureau du HCR à Goma. En 2010, Amnesty International Japon et deux ONG de protection de l'environnement, A SEED JAPAN et FoE JAPAN, ont lancé une « Campagne du téléphone portable éthique ». Ils ont organisé des séminaires sur les minéraux de conflit et envoyé des requêtes aux entreprises. Dans d'autres cas, l'ONG Terra Renaissance, qui a mené un projet de soutien aux efforts de reconstruction post-conflit, a recueilli des téléphones cellulaires hors d'usage. Le PARC a également visité des mines dans l'est de la RDC en 2015 et a produit une courte vidéo intitulée « État du téléphone portable : lien entre les minéraux de conflit et perturbation de l'environnement ».

Malgré ces activités, ces influences ont été trop limitées pour sensibiliser les consommateurs japonais. Les médias japonais n'ont pas accompagné ces activités et campagnes sur la RDC. Même lorsque la réglementation sur les minéraux de conflit a été introduite, les médias japonais, y compris les bulletins d'actualités télévisées, les journaux, la radio et les sites internet, n'ont souvent pas signalé ces informations. Le nombre d'articles, dont les principaux journaux japonais, sur la situation de conflit en RDC était inférieur à 3 au cours de la période de 2010 à 2015. Même en 2010, lorsque Dodd-Frank Act et OECD Diligence Guidance ont été promulgués, Japan Economic Newspaper était le seul ayant écrit un article sur ces règlements. À la différence des pays américains et européens, le Japon n'a pas de liens historiques et solides avec les pays africains. En partie à cause de cette faiblesse des liens bilatéraux, les médias locaux considèrent que les citoyens japonais ne sont pas intéressés par les nouvelles de la RDC ou de l'Afrique en général. Ils ne signalent donc pas les actualités africaines. En outre, le gouvernement japonais n'introduit aucune mesure spécifique contre les mines de conflit. Bien que le ministère de l'Économie, du Commerce et de l'Industrie (METI) ait publié la traduction de l'orientation de l'OCDE et de la règle de la SEC sur son site web, elle n'introduit aucune contre-mesure spécifique pour les entreprises japonaises. On peut supposer que ce « silence » du gouvernement japonais est une des raisons justifiant le manque d'intérêt des médias japonais aux problèmes des minerais de conflit.

Cependant, la situation du silence au niveau des médias japonais va changer en 2016, à la suite de la projection du film documentaire *L'homme qui répare les femmes* (Belgique, 2015). Ce film retrace les activités du célèbre gynécologue congolais Dr Denis Mukwege, également connu comme un fervent activiste et défenseur des droits de l'homme, ce qui lui a valu plusieurs prix prestigieux et nominations comme candidat au Prix Nobel de la paix. Avec la coopération des universités, des ONG, du Centre d'information de l'ONU, du HCR et des fondations privées, ce film a été projeté à plus de 28 endroits dans tout le Japon, pendant neuf mois, de juin 2016 à février 2017. Jusqu'à février 2017, plus de 3 000 spectateurs ont regardé le film. À la suite de cette campagne cinématographique, le prof Masako Yonekawa et le Dr Kazuyo Hanai ont créé une « Association sur la violence et les conflits sexuels en RD Congo (ASVCC) » avec un réseau d'étudiants et d'universitaires volontaires.

Le point culminant de la campagne de l'ASVCC a été la visite du Dr Denis Mukwege au Japon, en octobre 2016. Lors de cette occasion, le Dr Mukwege a tenu une conférence spéciale, en collaboration avec l'Université de Tokyo et la Fondation de la paix Sasakawa. Sa visite a attiré l'attention des médias, parce que c'était quelques jours avant le jour de l'annonce du Prix Nobel de la paix, pour lequel le Dr Mukwege était pressenti. En plus des 326 participants de la conférence spéciale du Dr Mukwege, 19 médias ont participé à une série d'interviews et à une conférence de presse. À travers cette conférence et ces interviews aux médias, le Dr Mukwege a largement contribué à améliorer la compréhension de la société japonaise sur la relation entre les violences sexuelles en cours à l'est de la RDC, les minéraux de conflit et l'économie mondiale, via des pays comme le Japon. En particulier, un article du média Web a été diffusé auprès de 100 000 lecteurs en une semaine. Grâce à cet effort, l'opinion japonaise est de plus en plus sensibilisée et consciente de sa responsabilité à l'égard des violences à l'est de la RDC et des minerais associés.

4. Conclusion

Le but de ce chapitre était de parcourir la question des minéraux de conflit en République démocratique du Congo dans la perspective des efforts faits pour décourager les violences qui accompagnent l'élimination de tels minerais dans les filières d'approvisionnement mondiales de l'électronique. Les entreprises japonaises ont mené des enquêtes auprès des fournisseurs et sur toute la filière d'approvisionnement des 3TG, puisque l'Union européenne ainsi que les États-Unis ont établi des règlements sur les minéraux de conflit dès 2010. Malgré l'absence de réglementation intérieure et le peu d'intérêt des consommateurs sur la question, les entreprises japonaises ont fait des efforts en adoptant des mesures volontaires et conformes aux directives ainsi qu'aux réglementations américaines et européennes. Malheureusement, les efforts des entreprises japonaises étaient loin des considérations éthiques, tel qu'alléger les souffrances des populations victimes des violences à l'est de la RDC. En outre, malgré l'effort entrepris par les entreprises, par les enquêtes menées afin d'identifier la traçabilité des minerais, l'opinion publique (les consommateurs japonais) n'était pas sensibilisée ni informée sur ce problème. Ceci relevait largement du fait que les pouvoirs publics japonais n'avaient toujours pas pris une quelconque disposition réglementaire en la matière et que les médias locaux ne couvraient quasiment pas le sujet des minéraux de conflit congolais.

Cependant, la visite et la projection du film documentaire sur le Dr Mukwege et son engagement contre les violences sexuelles ont contribué à changer l'opinion publique japonaise. Pour la première fois, les consommateurs japonais ont commencé à porter un intérêt particulier sur le lien entre les violences cruelles qui se déroulent à l'est de la RDC et le mode de consommation des produits électroniques au Japon. Plus importante encore a été la visite du Dr Mukwege en 2016. Celle-ci a été un facteur décisif qui a permis aux médias et au grand public de comprendre et de s'intéresser aux liens particuliers entre les violences sexuelles à l'est de la RDC, les minéraux de conflit et l'économie mondiale.

Les avancées réalisées au niveau de la réglementation et de la sensibilisation de l'opinion publique se retrouvent en question en 2017. Surtout, il faudra signaler l'accroissement des critiques contre la loi Dodd-Frank. Tout d'abord, comme indiqué plus haut, l'efficacité de cette loi a été de plus en plus mise en doute. Deuxièmement, les entreprises américaines ont entamé une action judiciaire contre l'exigence de la SEC de décrire leurs produits comme « sans conflit » ; une telle exigence étant perçue comme une violation de la liberté des entreprises. La Cour d'appel des États-Unis a déjà rendu un jugement d'inconstitutionnalité à cet effet. Deuxièmement, le président Donald Trump a signé un décret exécutif pour abroger la réglementation de la SEC dans le cadre de la loi Dodd-Frank. La question est désormais de savoir ce qui va se passer avec les enquêtes sur les minéraux de conflit, celles-ci impliquant déjà presque toutes les entreprises du monde entier. Le retrait de la réglementation aux États-Unis entraîne-t-il la fin des enquêtes partout ailleurs ? Ou les enquêtes se poursuivront-elles dans le cadre de la responsabilité sociale de l'entreprise (RSE) ?

On pourrait avancer trois facteurs qui seront clés dans la détermination de l'avenir des enquêtes sur les minéraux de conflit dans le monde en général et au Japon en particulier. Le premier facteur est la position de l'Union européenne sur la question. Il est possible que les enquêtes se poursuivent selon la réglementation du Parlement et du Conseil européen, lesquels ont approuvé le texte législatif sur les minéraux de conflit en 2016. Le deuxième facteur est la position des ONG et des Nations Unies. Si les ONG ou le Groupe d'experts des Nations Unies pouvaient vérifier l'efficacité des enquêtes, les entreprises auraient du mal à soutenir l'argument de l'inefficacité de celles-ci. De ce fait, les entreprises ne pourraient plus exiger leur arrêt. Le troisième facteur est la prise de conscience des consommateurs. Tant que la sensibilisation des consommateurs se renforce et que les campagnes exigent des entreprises qu'elles continuent leurs efforts sur ce problème, celles-ci seront dans l'obligation de se conformer aux demandes de l'opinion publique. À défaut de réaliser certains de ces facteurs, il est probable que le retrait de la loi Dodd-Frank entraînera la fin de la réglementation en matière de minéraux de conflit de RDC. Au demeurant, si on veut coûte que coûte lutter contre les violences à l'est de la RDC, en soutenant la poursuite des engagements volontaires des entreprises dans un cadre purement RSE, il faudra que la pression des ONG et de la société civile sur les entreprises ne soit pas menée aveuglément, mais que soient prises en compte les préoccupations spécifiques soulevées par les entreprises. Ceci est d'autant plus important que, grâce à leurs importations licites, ces mêmes entreprises soutiennent aussi l'économie locale à l'est de la RDC.

Bien entendu, la RDC contribue à la prospérité industrielle mondiale, à travers ses abondantes ressources minières. Et pourtant, la situation que vit l'est de la RDC tend à refléter une sorte d'exploitation de ce pays par l'économie mondiale, les conséquences négatives prévalant. Visiblement, l'abondance des ressources provoque la souffrance des habitants plutôt que leur enrichissement. Pendant ce temps, le Japon est l'une des puissances industrielles qui consomment les ressources minières en provenance de la RDC. Ceci place le Japon du côté de ceux qui assurent la souffrance des populations à l'est de la RDC. Naturellement, une telle relation n'est pas manifeste, car il existe des milliers d'intermédiaires entre la RDC, la source de la filière d'approvisionnement, et le Japon, le plus en aval de la filière. Désormais, la société civile japonaise devrait sensibiliser les consommateurs pour que ces liens soient bien compris et que les entreprises renforcent leur engagement RSE en étroite collaboration avec les partenaires en RDC.

Enfin, c'est dans cet effort d'établir et de renforcer la collaboration entre le côté japonais et congolais qu'il faut inscrire la visite du Dr Mukwege en 2016 au Japon. Lors de sa visite, le docteur Mukwege a fait remarquer qu'il appréciait beaucoup le mot et concept japonais « Rita », lequel peut se traduire par le terme « altruisme ». Dans la morale traditionnelle japonaise, les gens devraient considérer non seulement leur propre intérêt, mais aussi et surtout celui des autres. Sur la base de ce principe, par exemple, le commerçant traditionnel japonais mettait l'accent sur l'équilibre du bénéfice en considérant trois dimensions, c'est-à-dire le vendeur, l'acheteur et la société. À l'origine, la conduite des affaires avec l'éthique correspond au sens de la valeur traditionnelle japonaise. Cependant, comme l'a déclaré le proverbe anglais : « Ce que l'œil ne voit pas, le cœur ne s'en affole pas », l'esprit éthique des Japonais ne fonctionne pas, si la relation n'est pas visible. Enfin, la visite du docteur Mukwege a provoqué une onde de choc au sein de l'opinion publique japonaise et a attiré l'attention sur les problèmes de la RDC et de la gestion de ses ressources. Il est un devoir pour nous tous de jouer un rôle dans le sens de l'amélioration de la compréhension des problèmes congolais au Japon et de permettre aux entreprises, ainsi qu'aux consommateurs japonais, de remplir leur responsabilité en tant que pays grand consommateur des ressources de la RDC. Ce n'est qu'à ce prix, à cet engagement individuel et collectif que nous parviendrons à établir une société sans violences à l'est de la RDC. Ce qui finalement permettra à ce que les ressources de la RDC puissent positivement bénéficier aux populations de la RDC, aux entreprises opérant dans la filière mondiale de l'électronique, ainsi qu'à l'économie mondiale.

Références bibliographiques

FIERECK, Bryan. 2013. *JEITA sponsored EICC/GeSI CFS Program Outreach.* Accessed October 19, 2017. http://home.jeita.or.jp/mineral/pdf/130110_11CFS_original.pdf

GAO. 2015. *Report to Congressional Committees, SEC Conflict Minerals Rule: Initial Disclosures Indicate Most Companies Were Unable to Determine the Source of Their Conflict Minerals.*

GLOBAL WITNESS. 2011. *Congo's Mineral Trade in the Balance.*

IPIS. 2002. *Supporting the War Economy in the DRC: European companies and the coltan trade.*

LEZHNEV, Sasha and HELLMUTH, Alex. 2012. *Taking Conflict Out of Consumer Gadgets: Company Rankings on Conflict Minerals 2012.* Enough Project.

NEST, Michael *et al.*, 2006. *The Democratic Republic of CONGO: Economic Dimensions of War and Peace.* Lynne Rienner Publishers Inc.

UNITED NATIONSs. 2001. *Report of the Panel of Experts on the Illegal Exploitation of Natural Resources and Other Forms of Wealth of the Democratic Republic of the Congo.* S/2001/357.

UNITED NATIONS. 2014. *Midterm report of the Group of Experts on the Democratic Republic of the Congo.* S/2014/428.

UNITED NATIONS. 2016. *Final report of the Group of Experts on the Democratic Republic of the Congo.* S/2016/466

UNITED STATES. 2006. *Congressional Record.* Vol. 152. No. 133.

UNITED STATES. 2012. *The Costs and Consequences of Dodd-Frank Section 1502: Impacts on America and the Congo.* Serial No. 112-124.

UNITED STATES. *Securities and Exchange Commission.* 2012. Federal Register. Vol. 77, No. 177.

WOODMAN, Conor. 2011. *Unfair Trade: The Shocking Truth Behind 'Ethical' Business.* Curtis Brown Group Limited.

<WEB site>

APPLE. Accessed October 19, 2017. https ://www.apple.com/jp/

CONFLICT-FREE CAMPUS INITIATIVE. Accessed October 19, 2017. http://www.conflictfreecampus.org/

CONFLICT-FREE SOURCING INITIATIVE. Accessed October 19, 2017. http://www.responsiblemineralsinitiative.org/

ENOUGH PROJECT. Accessed October 19, 2017. http://www.enoughproject.org/

WORLD BANK. Accessed October 19, 2017. http://www.worldbank.org/en/country/drc

Chapitre 3

Les causes de la Grande Modération en République démocratique du Congo : politique monétaire plus efficace, mondialisation accrue ou simple chance ?*

Albert Tcheta-Bampa

Université Paris 1 Sorbonne, France

1. Introduction

Durant la seconde moitié du XXe siècle, la performance économique de la République démocratique du Congo (RDC) a été médiocre et son instabilité macroéconomique forte. Néanmoins, depuis le début des années 2000, l'économie congolaise a enregistré tout à la fois une croissance vigoureuse et une stabilité macroéconomique, à certains égards, plus durable que pendant toute la période antérieure. Cela laisse présager que la RDC pourrait connaître sa première « Grande Modération » depuis son indépendance. L'ampleur de la baisse est frappante (voir le graphique[7] 1 et le tableau 2) : l'écart-type de la croissance du PIB a diminué environ de moitié entre la période 1991:1-2000:4 et la période 2001:1-2013:4, tombant de 3,6 points de pourcentage

---

* Les premières ébauches du présent article ont été écrites en 2014, c'est-à-dire bien avant la crise de change qui s'est déclenchée à la fin de l'année 2015 et au début de l'année 2016. Les implications des résultats de cette étude mentionnent que, même si la volatilité moyenne diminue depuis une décennie, les perspectives de stabilité future n'en sont pas pour autant acquises. Une étude spécifique sur les causes de la crise d'échange et la fin de la grande modération en RDC est en cours.

[7] La RDC a connu plusieurs années d'hyperinflation qu'il nous semble difficile de représenter simultanément dans une série avec les années marquées par une inflation faible. Afin, de représenter au mieux la série d'inflation, nous avions défini l'hyperinflation sur la base du critère de Cagan comme un taux d'inflation d'au moins 50 % par mois ou 12 975 % par an. Selon ce critère, un seuil plus modeste serait de 20 % par mois, soit 892 % par an. Nous avons remplacé les forts taux d'inflation des années 1991 (2 338 %) ; 1992 (3 855 %) ; 1993 (1657 %) ; 1994 (26 765 %) et 2000 (2 630 %) par 1 000 % proche de 892 %.

dans la première période à 1,9 dans la seconde période. La baisse de la volatilité de l'inflation a été encore plus spectaculaire : l'écart-type de l'inflation a été divisé par 143 fois entre la période 1991:1-2000:4 et la période 2001:-2013:4, tombant de 4 864 points de pourcentage dans la première période à 34 dans la seconde période. Enfin, la réduction de la volatilité de la croissance du PIB et de l'inflation semble coïncider avec l'apparition des plusieurs facteurs exogènes, tels que la demande mondiale élevée (supercycle) en matières premières dans les pays industrialisés et émergents, ce qui a permis à la RDC de participer à la mondialisation grâce à ce secteur parmi les plus dynamiques du commerce mondial.

Graphique 1 : Modération de la volatilité en RDC

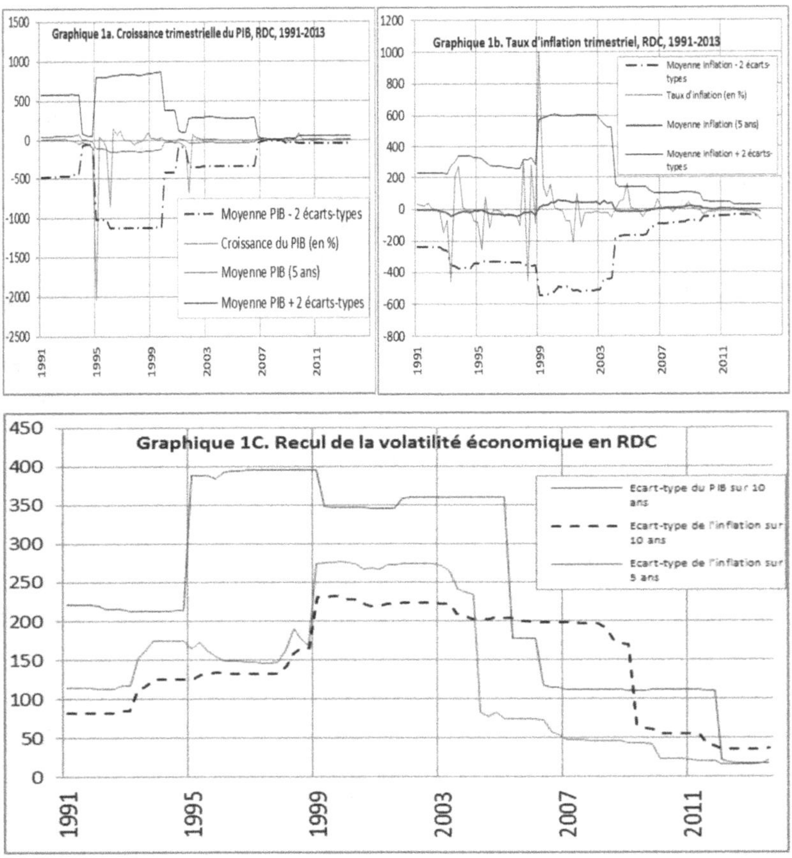

Rappel : entre – 2 et +2 écarts types (ET), on trouve 95 % des observations d'un phénomène suivant une loi normale, et 68 % entre -1 et +1 ET.

Sources : auteur à partir des indicateurs du développement dans le monde, Banque mondiale.

Un pan important de la littérature considère la Grande Modération comme la possibilité d'obtenir une variabilité faible à la fois de la croissance du PIB (et de ses composantes), de l'inflation et des taux d'intérêt grâce à l'efficacité des politiques monétaire et budgétaire, à de bonnes pratiques et à la chance ou bonne fortune (voir, Ahmed *et al.*, 2004). Il s'agit d'abord de l'amélioration des politiques macroéconomiques liée à une conduite des politiques monétaire et budgétaire, plus efficace contre l'inflation. La deuxième cause a trait au développement de bonnes pratiques managériales et commerciales, c'est-à-dire à des changements dans le comportement du secteur privé sans rapport avec la politique de stabilisation (par exemple, l'amélioration de la gestion des stocks ou les innovations financières) mais liés à la mondialisation. Enfin, la dernière cause permettant d'expliquer la Grande Modération serait un concours de circonstances favorables, résumé dans la littérature sous l'expression « good luck », soit « chance » ou « bonne fortune ». Ces études mettent en évidence ces trois causes pour expliquer la Grande Modération principalement pour les pays les plus industrialisés tels que les États-Unis et d'autres États avancés du G7[8]. Cependant, ces facteurs qui pourraient s'avérer également importants dans l'explication de la stabilisation macroéconomique que certains pays africains subsahariens connaissent depuis le début des années 2000, n'ont pas encore été examinés de manière empirique.

Cet article présente le premier examen empirique de l'importance de l'amélioration des politiques macroéconomiques, des changements des pratiques (et des dispositifs institutionnels) liés à la mondialisation et du facteur hasard dans la stabilisation macroéconomique que la RDC semble connaître depuis plus d'une décennie. Nous utilisons la méthodologie des modèles *vectoriels autorégressifs* (VAR) dans un cadre à plusieurs

[8] Stock et Watson (2002) trouvent des preuves de modération de la volatilité dans 6 des pays du G-7 et Cecchetti *et al.* (2006) rapportent des preuves similaires dans 16 des 25 pays industrialisés. Enfin, des indices de Canova *et al.* (2007) attestent que la Grande Modération a été davantage un phénomène anglo-saxon.

variables pour établir une distinction entre les explications de la modération macroéconomique en RDC.

Nous constatons que la baisse de la volatilité de la production globale s'explique pour environ 50 % par les exportations des marchandises et en particulier par l'augmentation du prix du cuivre. La baisse de la volatilité de l'inflation peut être expliquée à 44 % par l'évolution de l'indice de la mondialisation économique. De plus, nous constatons qu'à elle seule, l'augmentation des prix du cuivre peut expliquer 30 % de la baisse de la volatilité de la croissance du PIB et environ 37 % de la réduction de la volatilité de l'inflation. Ainsi, l'intensification des échanges économiques en particulier avec les grands pays émergents (mondialisation) en induisant l'augmentation des prix du cuivre (bonne fortune) représente la majeure partie de la baisse de la volatilité de l'inflation. Nos résultats pour la croissance du PIB et pour l'évolution de l'inflation sont compatibles avec les hypothèses de bonnes pratiques et de chance comme principales explications de la chute de la volatilité de la croissance globale du PIB et de l'inflation. La conduite des politiques monétaire et budgétaire contribue en effet peu.

Dans la partie suivante de l'article, nous décrivons nos principales explications qui soutiennent que la déduction de volatilité de la croissance du PIB et de l'inflation est due principalement aux facteurs liés à la mondialisation et au décollage des grands pays émergents, ainsi qu'au concours de circonstances favorables pour la RDC. Dans la partie 3, nous présentons les données, la méthodologie et les résultats empiriques. Nous concluons par un bref résumé de nos résultats et de leurs implications dans la partie 4.

2. Les facteurs susceptibles d'entrainer la réduction de volatilité macroéconomique congolaise

Un premier type d'explication attribue le recul de la volatilité économique à l'amélioration de la conduite de la politique macro-économique notamment, à la meilleure politique monétaire (Clarida *et al.*, 2000 ; McConnell et Perez-Quiros, 2000 ; Bernanke, 2004 ; Boivin et Giannoni, 2006 ; Cecchetti *et al.*, 2006 ; Gali et Gambetti, 2009 ; Liu *et al.*, 2007 2011). Bien qu'il n'existe pas d'études dans le cas de la RDC, cette explication est privilégiée par la BCC[9] et le gouvernement congolais, ainsi que, dans une moindre mesure, par le Fonds monétaire international (FMI) et la Banque mondiale pour rendre compte de la volatilité macroéconomique réduite. Ils affirment que la volatilité macroéconomique réduite observée en RDC après 2000 s'expliquerait par la plus grande efficacité des politiques monétaire et budgétaire menées par les autorités publiques (gouvernement et BCC). Nous supposons que la recherche d'une explication unique de la stabilité macroéconomique congolaise est peu attrayante du point de vue intellectuel et susceptible d'être mal venue. Notre analyse affirme qu'il est peu convaincant de rendre compte à la fois de la réduction de la volatilité de l'inflation des années d'avant 2000 et de la volatilité de la production globale.

Dans cette section, nous montrons que la baisse des variances de la production et de l'inflation a d'autres causes différentes que celle soutenue par le gouvernement congolais. Même si le moment de la Grande Modération concorde avec certains changements importants dans la conduite de la politique monétaire en RDC, le changement des pratiques managériale et commerciale lié à la mondialisation et au décollage des grands pays émergents, et le concours de circonstances favorables ont eu des rôles plus importants dans la stabilisation du taux de la croissance du PIB et de l'inflation. La politique monétaire n'a été que légèrement responsable de la Grande Modération. Nous avançons plusieurs raisons, détaillées ci-dessous, à cela.

2.1 Des changements dans la structure de l'économie liés à la mondialisation et au décollage des grands pays émergents

Le premier type d'explication de la Grande Modération que nous privilégions dans ce papier met l'accent sur les effets de l'amélioration des pratiques commerciales, comme la gestion des stocks « juste à temps », qui peut être facilitée par des progrès rapides dans la technologie de l'information, les institutions économiques, la réduction des barrières commerciales, ou d'autres caractéristiques structurelles de l'économie susceptibles d'améliorer la capacité de celle-ci à absorber les chocs (Gali *et al.*, 2003 ; Gali et Gambetti, 2007 ; Nakov et Pescatori, 2007 ; Stiroh, 2009). Enfin, plusieurs auteurs avancent divers autres changements

[9] Voir, Masangu Mulongo (2009), entre autres.

structurels de l'économie américaine qui auraient permis à celle-ci d'absorber plus facilement les chocs (McConnell et Perez-Quiros, 2000 ; Kahn *et al.*, 2002 ; Summers, 2005 et Dynan *et al.*, 2006). Par exemple, les entreprises ont appris à gérer plus efficacement leurs stocks, grâce notamment aux nouvelles formes d'organisation du travail, elles-mêmes rendues possibles par l'amélioration des technologies d'information et de communication. Elles peuvent réagir plus finement aux variations de la demande, ce qui réduit la contribution des stocks dans les cycles d'affaires. D'autres changements structurels susceptibles d'avoir accru la flexibilité et la stabilité macroéconomiques incluraient notamment la dérégulation de plusieurs secteurs, ainsi que l'ouverture croissante des pays au commerce extérieur et aux flux de capitaux internationaux.

L'explication que nous suggérons est que la Grande Modération de la RDC résulterait principalement de l'amélioration des pratiques de l'économie liée au décollage des grands pays émergents et, de manière plus générale, à la mondialisation.

2.1.1 L'évolution du rôle du commerce international dans l'économie de la RDC : rôle du retour de la Chine dans le commerce mondial

Deux évènements importants dans l'histoire des pays en développement peuvent être considérés comme des sources de la mondialisation actuelle : le retour à la table du commerce international de la Chine et de l'Inde après la mort de Mao Tsé-toung (1976) et la chute du mur de Berlin (1989) qui marque la fin de la Guerre froide. Ces événements ont permis à la Chine de devenir le principal marché d'exportation pour la RDC au cours de la décennie précédente, remplaçant ainsi l'Union européenne, en particulier la Belgique.

Avant 1975, la Chine, l'Inde, l'URSS et les autres pays qui appartenaient à l'ex-bloc communiste s'étaient retirés du commerce international (Cohen, 2004)[10]. Ce retrait d'une immense majorité de la population du globe avait entraîné la chute des prix des matières premières, en particulier du marché des cuivres et d'autres métaux

[10] Pour plus de détails sur les raisons politiques du retrait de la Chine et de l'Inde du commerce international tout à long du XXe siècle, nous invitons le lecteur à lire notamment, « La mondialisation et ses ennemis », Cohen (2004).

similaires, qui est longtemps demeuré plus volatil jusqu'aux années 1990 (Dunning, 2005). Nous limitons ici la discussion au cas de la Chine qui a endossé un rôle important dans le retour des grands pays émergents sur la scène du capitalisme mondial.

En effet, les autorités chinoises ont lancé à la fin des années 1970, à la faveur de la mort de Mao Zedong, un processus de réforme et d'ouverture qui visait à imposer à nouveau la Chine dans l'espace mondial et à transformer celle-ci en économie de marché ouverte à la concurrence internationale (Renard, 2011).

Les activités commerciales de la Chine se sont développées rapidement à la suite de ces réformes, parmi lesquelles on peut citer les politiques privilégiées des zones économiques spéciales et l'exonération des droits de douane pour les matières premières et les pièces destinées à la réexportation. L'essor du commerce extérieur et des investissements étrangers de la Chine au cours des décennies 1990 et 2000 a été motivé par la volonté de mettre la main sur des matières premières, ce qui a conduit ce pays à intensifier ses relations avec les États richement dotés en ressources naturelles, notamment la RDC. Il y a donc des raisons de penser que le retour de la Chine sur la scène du commerce international s'est peut-être avéré largement avantageux à différents niveaux pour les économies africaines en général et l'économie congolaise en particulier.

En examinant de nombreuses sources portant sur les accords entre les gouvernements congolais et chinois, Brautigam (2011, p. 125) fait remarquer qu'« en 2007, la RDC a signé un accord initial concernant un très grand projet global initié par deux entreprises de BTP chinoises, la China Railway Engineering Corporation et la Sinohydro Corporation, avec un financement partiel par la China Exim Bank. Deux tranches successives de financement par l'Exim Bank, de 3 milliards de dollars américains chacune, étaient à l'origine destinées à payer la reconstruction de l'infrastructure post-conflit : 3 402 km de routes goudronnées, y compris une autoroute et des ponts reliant les principales villes de la RDC (Lubumbashi, Bukavu, Goma, Kisangani), 3 213 km de voies ferrées (construction ou remise en état), 145 centres de santé, 31 hôpitaux, 5 000 unités de logements à loyers modérés et 2 universités, ainsi que la construction et la réparation de 450 km de routes dans le district de la capitale de Kinshasa. Les prêts pour les projets d'infrastructure devaient être garantis par une entreprise d'extraction de cuivre et de cobalt, dont les Chinois devaient détenir 68 % ». D'autres auteurs montrent que le financement dans les seuls principaux produits d'exportation, le cuivre et le cobalt, s'élève à « 9 milliards de dollars EU dans la province du Katanga, dont 3 milliards dans les activités minières et 6 milliards dans l'infrastructure de transport et l'infrastructure sociale » (Ron Sandrey et Hannah Edinger, 2011, p. 22).

C'est dans ce contexte que la Chine est devenue le principal marché d'exportation pour la RDC, et a ainsi remplacé l'Union européenne qui était traditionnellement le grand marché destinataire des exportations congolaises. Moreira (2015, p. 31-32) note que « tandis que la part des exportations vers [les 27 pays de l'Union européenne] a décliné de façon importante entre 2000 et 2013, les exportations de la RDC vers la Chine ont augmenté à un taux annuel moyen de 102,9 % durant la même période et leur part dans le total des exportations a été multipliée par plus de 500. [...] Simultanément, la part du total des exportations vers [les pays européens] a décliné à un taux annuel moyen de 4,6 %, passant de 77,4 % en 2000 à 23,6 % en 2013. [...] La Corée a également pris de l'importance en tant que destination des exportations de la RDC ces dernières années, atteignant environ 3,3 % du total des exportations en 2013 (comparé à 0,4 % en 2000). Au cours des dernières années, les États-Unis semblent avoir perdu leur place parmi les principaux partenaires commerciaux de la RDC, avec une chute de leur part dans les exportations, passant de 18,5 % en 2000 à tout juste 1,2 % du total en 2013 ».

Le graphique 2 ci-dessous montre l'évolution de la part des revenus issus des ressources naturelles dans le PIB, de celle des exportations des marchandises dans le PIB de la RDC et du prix du cuivre[11] entre 1970 et 2013. Le niveau relativement inférieur des richesses en ressources et des exportations durant la période de la Guerre froide par rapport à la période récente s'explique par la faiblesse de la diversification des partenaires commerciaux, c'est-à-dire par la faible demande mondiale de minéraux consécutive à la soustraction de l'ouverture au commerce et aux capitaux étrangers des leaders de certains pays en développement comme la Chine, l'Inde et certains États d'Amérique latine. On peut alors suggérer que les besoins d'industrialisation depuis le retour de ces puissances émergentes ont permis, pendant plus d'une décennie, à l'économie congolaise de surfer sur la vague mondiale des matières premières.

[11] Nous avons choisi de nous intéresser au prix du cuivre parce que la croissance du PIB congolaise est structurellement tributaire de l'activité extractive, en particulier cuprifère, dont la contribution demeure la plus importante.

Graphique 2 : Prix du cuivre, exportations et bénéfices issus des ressources naturelles

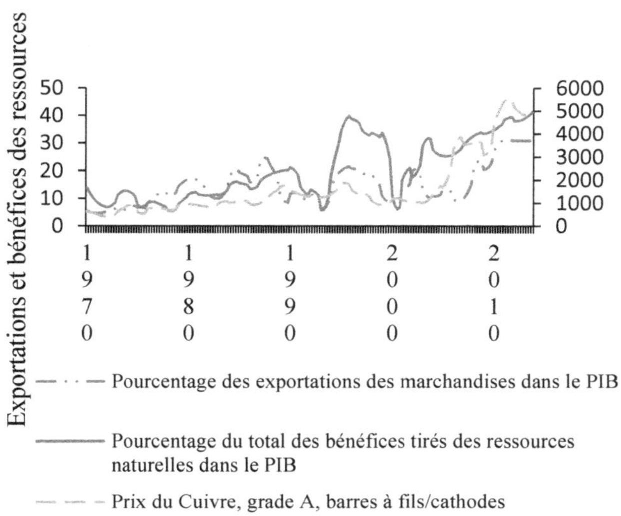

Source : Auteur, à partir des indicateurs du développement dans le monde.

Comme le démontre le graphique 2 ci-dessus, les variations annuelles des bénéfices des ressources sont corrélées à celles du prix mondial des matières premières. Le boom actuel s'explique par le retour des pays émergents dans le commerce mondial et l'industrialisation. Ces facteurs ont entraîné la hausse des prix des ressources minérales pour une large variété d'exportations de ressources naturelles de la RDC. Compte tenu de la prédominance constante des matières premières, en particulier du cuivre et du cobalt, dans les exportations de la RDC, les recettes des exportations sont liées aux cours que ces matières premières atteignent sur les marchés internationaux (comme nous le verrons plus loin 3).

On peut alors supposer que la diversification ou l'intensification des échanges commerciaux de la RDC avec plusieurs partenaires, en particulier les grands pays émergents, a engendré les pratiques commerciales améliorées, l'expansion internationale des flux commerciaux, etc. Tous ces facteurs semblent susceptibles de réduire la volatilité de la croissance globale du PIB et de l'inflation. Le ratio exportations des marchandises sur PIB et le bénéfice tiré des exportations de marchandises sont utilisés dans les évaluations des déterminants de la réduction de la volatilité de la croissance globale du PIB et de l'inflation.

2.1.2. La mondialisation comme source de la Grande Modération en RDC

Une deuxième raison qui semble montrer que la politique monétaire n'a été que légèrement responsable de la Grande Modération en RDC est la participation de la RDC à cette troisième mondialisation. En effet, la RDC a une forte spécialisation dans l'exportation de matières premières. La demande mondiale élevée de matières premières dans les pays industrialisés et émergents a favorisé la participation de la RDC dans le commerce mondial. Son intégration s'est donc faite à partir de ce secteur qui est l'un des secteurs les plus dynamiques du commerce mondial. Cette participation pourrait jouer un rôle important dans la Grande Modération de la RDC car elle a entraîné la vigueur de la croissance des industries extractives et des investissements associés. Celle-ci a peut-être amélioré les pratiques managériales et commerciales dans les entreprises et la redistribution intersectorielle et intra-sectorielle des ressources dans le pays.

L'indice KOF de la mondialisation globale et l'une de ses composantes, la mondialisation économique, sont utilisés pour évaluer l'hypothèse des bonnes pratiques dans la baisse de la volatilité de la croissance du PIB et de l'inflation. Il s'agit d'un indice composite de douze sous-indices pondérés, couvrant les attributs à la fois politiques, économiques et sociaux. La composante économique de l'indice KOF mesure d'une part les flux effectifs du commerce et des investissements, de l'autre les restrictions au commerce et l'intensité des contrôles auxquels sont soumises les sorties de capitaux dans chaque pays. L'indice KOF de la mondialisation est l'indice de mondialisation le plus fréquemment utilisé dans la recherche (Arribas *et al.*, 2009 et Heshmati, 2006).

Les courbes de l'indice global de la mondialisation (graphique 3a) et de la mondialisation économique (graphique 3b) montrent que le rythme et l'intensité de la mondialisation ont fortement et continuellement augmenté depuis la fin de la Guerre froide. Par ailleurs, le graphique 3 indique que la RDC était moins mondialisée durant la Guerre froide (aucun indice n'a atteint une valeur de 50) (voir la base des données KOF).

Cette période se caractérise par un contexte institutionnel faible dans lequel la sécurité, la protection des droits de propriété et l'application des contrats privés n'étaient pas entièrement assurées par l'État. On peut avancer que le gain d'ouverture a seulement été limité à certains agents (Mobutu, « barons du régime » et États puissants de la Guerre froide qui servaient de mécènes) et la redistribution nécessaire pour que tous les agents en profitent s'avérait difficile, voire impossible.

Graphique 3 : Évolution de l'indice KOF de la mondialisation de la RDC (1970-2010)

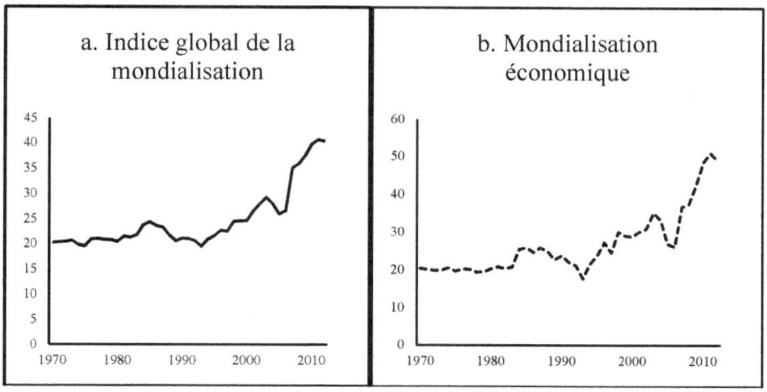

Source : auteur à partir des données Centre de recherches conjoncturelles.

(KOF) de l'EPFZ, voir : www.kof.ethz.ch/globalisation.

La fin de la Guerre froide a altéré la structure de base de la relation entre Mobutu et les superpuissances, en particulier l'alliance Mobutu-administrations américaines. Privé des protections et des complaisances que le contexte de la Guerre froide lui assurait, Mobutu s'est trouvé profondément déstabilisé et a fini par accepter les exigences de la globalisation ou mondialisation[12], *i.e.* « la démocratisation et/ou… l'adoption des principes et règles de la bonne gouvernance » (De Villiers, 2005, p. 52).

[12] Comme l'écrit Magnier (2009, p. 6-7) « La fin de la Guerre froide a permis la mise en marche d'un processus de démocratisation, […] mais aussi une plus grande uniformisation des systèmes politiques et économiques, suivant le modèle occidental libéral. Le terme globalisation fut ainsi employé pour rendre compte de cette uniformisation structurelle, marquant là une certaine victoire de l'hégémonisme occidental ».

C'est dans ce processus de la fin de la Guerre froide que les capitaux étrangers reviennent massivement en RDC après les régimes de Mobutu et de Laurent Désiré Kabila ainsi que les conflits armés de la période 1996-2000, les partenaires du développement de la RDC (le FMI, la Banque mondiale, l'Union européenne, etc.) ont obligé le président Joseph Kabila à entreprendre les réformes structurelles politiques et économiques. C'est ainsi qu'en 2003, après la signature d'un Accord de paix global et inclusif fin 2002, un gouvernement de transition a été formé. La signature de cet accord a permis une restauration progressive de la paix qui a été suivie de l'adoption, par référendum, d'une nouvelle Constitution en décembre 2005. Depuis, le pays a organisé deux élections présidentielles et une élection législative. La pratique de la démocratie devrait se poursuivre si la première alternance du pouvoir se passe de façon démocratique en 2018. Sur le plan économique, plusieurs accords miniers à long terme ont été signés avec des investisseurs privés. Ce processus de réformes a entraîné une transparence dans la gestion des ressources naturelles principalement « au plan de la réglementation, avec notamment : (i) la préparation de textes juridiques pour réguler le secteur pétrolier ; (ii) le renforcement de la réglementation des concessions dans le secteur forestier, domaine dans lequel des irrégularités sont encore dénoncées ; (iii) l'obligation par la loi de publier tous les contrats miniers dans les 60 jours suivant leur approbation et ; (iv) la publication régulière de rapports sur les recettes provenant de l'exploitation des ressources naturelles. » (BAD, 2013 p. 4). Cela suggère que la mondialisation a peut-être été au moins aussi importante que la politique macroéconomique pour la réduction de la volatilité de la croissance du PIB et de l'inflation.

La mondialisation engendre des changements institutionnels qui peuvent être considérés comme une condition nécessaire pour une stabilité macroéconomique satisfaisante. Elle a développé la pratique démocratique et commence à introduire, à travers la dérégulation de plusieurs secteurs, une bonne gouvernance publique et privée en RDC. Tous ces facteurs ont boosté l'attractivité des investissements étrangers et plus généralement, ont fait augmenter le nombre de contacts des Congolais avec le reste du monde à travers des échanges universels de personnes (en particulier des chefs d'entreprise[13]), des technologies

[13] Grâce à la mondialisation, la Haute École française de commerce de Paris (HEC), spécialisée dans les affaires et le management, associée à des chefs d'entreprises africains, propose des formations en ligne ou sur place adaptées aux organisations patronales, aux entreprises et aux filières agricoles. Les équipes de HEC ont développé en RDC un réseau

d'information et de communication[14], des idées[15] ou des cultures, de nouvelles formes d'organisation du travail, des législations, des transferts de capitaux[16], etc.

2.2 Un concours de circonstances favorables : la bonne fortune

Un deuxième type d'explication de la Grande Modération que nous privilégions dans cet article, met en évidence les effets de la réduction fortuite des perturbations exogènes (bonne fortune). Selon cette hypothèse, si les variables macroéconomiques ont été moins volatiles, ce n'est pas parce que l'économie a été intrinsèquement plus stable, ni du fait que les autorités publiques ont su gérer plus efficacement les déséquilibres conjoncturels, mais tout simplement parce que l'économie a subi moins de chocs et que ceux-ci furent moins amples que par le passé (Stock et Watson, 2002, 2003, 2004 ; Ahmed *et al.*, 2004 ; Canova et Gambetti, 2004 ; Cogley et Sargent, 2005 ; Hansen *et al.*, 2006 ; Sims et Zha, 2006a, 2006b ; Benati et Surico, 2007).

Dans cette partie, nous mettons en exergue un concours exceptionnel de chocs favorables à la stabilisation macroéconomique que l'économie congolaise a semble-t-il connu depuis plus d'une décennie.

Comme la plupart des pays africains à faible revenu, la RDC a été confrontée à une série de chocs successifs, principalement d'origine extérieure. Nombre d'études ont conclu de leur analyse que généralement ces événements d'origine extérieure ont certes des effets négatifs sensibles sur l'économie, mais qui échappent au contrôle du gouvernement. Par exemple, les catastrophes naturelles et les fluctuations marquées des prix à l'exportation ou à l'importation ont des impacts négatifs tout à la fois sur la demande et sur l'offre, et *in fine* sur la stabilité

---

dynamique afin d'encourager les échanges et le partage de bonnes pratiques grâce à la création de Clubs de dirigeants économiques et de chefs d'entreprise.

[14] La mondialisation a permis le développement d'Internet et des réseaux sociaux tels Facebook, Twitter. Les Congolais suivent les informations mondiales instantanées sur leurs téléphones mobiles et autres Smartphones.

[15] Grâce à la mondialisation, des étudiants et enseignants de la RDC peuvent télécharger les livres et cours et également échanger des idées (via Skype et Dropbox par exemple) avec des étudiants et enseignants des universités du reste du monde.

[16] La bancarisation ou la réforme du système bancaire va permettre le rapatriement des profits et *in fine* diminuer le risque politique d'expropriation des droits de propriété privée.

de la croissance du PIB et des prix (Guillaumont *et al.*, 1999 et Combes *et al.*, 2000). D'autres types de chocs exogènes, notamment les conflits qui éclatent dans un pays, peuvent s'avérer coûteux pour les pays voisins. L'impact de la crise rwandaise en 1994 sur la RDC en est un exemple. Certains événements que nous considérons ici constituent un contre-argument à ces effets négatifs du fait qu'ils démontrent que certains chocs peuvent être source de croissance et de baisse de sa volatilité. On insiste en effet plus rarement sur les effets positifs des chocs qui échappent au contrôle du gouvernement, communément appelés « alignement des planètes ».

Plusieurs faits circonstanciels font partie de cet « alignement des planètes » favorable à la RDC entre 2001 et 2013, nous limitons notre explication à quatre faits : 1) la fin de la guerre ; 2) la hausse du prix des minerais, métaux et pétrole ; 3) l'allègement et l'annulation de la dette extérieure ; 4) la grande impulsion (augmentation du volume des aides publiques au développement).

2.2.1. Fin des guerres des années 1990

Un pan important des travaux sur la croissance a suggéré que les conflits armés[17] ou l'instabilité politique constitutionnelle et extraconstitutionnelle (comme les coups d'État, les révolutions ou assassinats) peuvent affecter les performances économiques d'un pays selon plusieurs modalités (par exemple, Barro, 1991, Alesina *et al.*, 1992 et Brunetti, 1997). D'après cette littérature, dans le contexte d'un conflit armé, le risque de perte de capital augmente, ce qui fait baisser le volume des investissements effectivement entrepris.

La RDC a vu en effet, les investisseurs nationaux et étrangers se détourner des opportunités offertes par l'économie nationale durant la décennie 1990. Les conséquences pour la croissance ont été bien étudiées dans la littérature : baisse de l'investissement, détérioration des performances à l'exportation, difficultés de financement des projets privés et publics, instabilité macroéconomique. Au-delà de cet effet négatif sur l'investissement, l'instabilité politique extraconstitutionnelle de cette période avait entraîné une réduction de la protection du droit de propriété

[17] Par conflit armé, on entend ici les guerres interétatiques et les guerres civiles (que l'on peut également appeler intra-étatiques).

et du droit civique. Durant cette période, les autorités étaient incitées à ne pas tenir compte des coûts politiques sur le long terme de leurs actions de prédation et d'expropriation puisque leur probabilité de rester au pouvoir était faible. De plus, les conflits politiques étaient souvent le fait d'événements extraconstitutionnels au cours desquels les mécanismes de protection de la propriété privée et du droit contractuel étaient généralement fragilisés. Enfin, étant donné que les gouvernements étaient faibles (*i.e.* le risque qu'ils couraient d'être renversés était élevé), ils favorisaient de plus en plus les groupes de pression les plus influents pour s'assurer un soutien politique et encourageaient en ce sens la défense des activités de recherche de rente.

Cependant, il semble que ces guerres aient également eu des effets positifs que nous évoquons maintenant.

Une dimension de ces conflits armés, qui n'a pas particulièrement attiré l'attention des analystes, est celle de leurs conséquences positives (politiques, économiques et sociales). Nous avons l'intuition que les guerres des années 1990 sont simplement la continuité des conflits politiques datant de la période de l'indépendance et la transformation de l'État dans le contexte de la mondialisation après la Guerre froide (Kaldor, 1999)[18]. En effet, les conflits armés qui ont éclaté dans les années 1990 avaient été bien avant étouffés par Mobutu, qui avait réussi à construire un appareil répressif pour parer à d'éventuels concurrents, en s'appuyant sur le mécénat d'autres États plus puissants durant la Guerre froide[19].

Nous pensons qu'en empêchant les conflits armés, les soutiens des puissances du bloc Ouest de la Guerre froide au régime de Mobutu ont empêché la construction d'une nation congolaise et d'une autorité centralisée de l'État (une centralisation politique) où les institutions politiques formelles (telles que la constitution, la structure de la législature ou les règles électorales) contraignent effectivement le comportement des politiciens et des élites politiques et influent directement sur les résultats politiques.

---

[18] Pour une revue de littérature sur les causes des guerres après la guerre froide, voir Cartier-Bresson (2003).

[19] Lorsque Mobutu a eu besoin de forces militaires efficaces, il s'est plutôt appuyé sur les États puissants du Monde (États-Unis, Belgique et France), qui ne pouvaient être soupçonnés de réprimer les opposants intérieurs. Tcheta-Bampa présente une revue de littérature en sciences sociales explorant la relation américaine à l'égard de la RDC pendant la Guerre froide attribue un degré de centralité à l'appui des Américains dans le maintien du régime de Mobutu.

Avec la fin de la Guerre froide, le régime de Mobutu s'est retrouvé menacé car il était désinvesti par ceux qui le soutenaient dès lors qu'il ne représentait plus d'intérêt stratégique. Ce désintéressement a précipité la crise du régime de Mobutu (par la fin des aides financières, militaires et humanitaires) et a créé des occasions pour la résurgence de conflits politiques étouffés durant son règne. Il en a découlé la réapparition et la continuité des conflits politiques des années de l'indépendance et la transformation de l'État congolais dans le contexte de la globalisation.

Notre argument sous-jacent est que les conflits armés qui ont lieu entre 1996 et 2001 en RDC ont eu un impact positif parce qu'ils ont fait naître par la suite un nouveau processus de consolidation de l'État qui a offert quelque chose de comparable à l'expérience de la guerre qui a joué un rôle véritablement essentiel dans la formation de l'État et la centralisation politique de la nation en Europe.

Notre hypothèse se fonde sur l'idée bien établie de la sociologie historique qui s'intéresse à la dimension fiscale de la capacité étatique (la capacité à lever les impôts) et montre en particulier comment la capacité fiscale et les guerres sont des phénomènes intimement liés à l'évolution historique de l'Europe occidentale du XVIIe et XVIIIe siècle (Tilly, 1985, 1992).

Ainsi, dans le processus de développement entamé depuis 2001, l'État congolais a acquis, relativement, des capacités étatiques qui incluent notamment : la capacité à lever les impôts et fournir les biens publics, la protection des droits de propriété, la mise en œuvre de l'application des contrats et la réglementation de l'activité du secteur privé ainsi que les infrastructures publiques qui permettent de mettre en œuvre une gamme de politiques publiques. Par ailleurs, même si les qualités patrimoniale et prédatrice de l'État n'ont pas disparu, les conflits armés des années 1990 ont renforcé l'appartenance à une nation ou au capital social (civil et gouvernemental) des Congolais. Ainsi, le capital social renforcé après les guerres a réduit les coûts de transaction et d'information entre les politiciens qui étaient en conflit. Sa rentabilité économique est devenue rapidement tangible au moment de l'avènement de l'interaction sociale qui a produit des effets externes et a permis une action collective en faveur d'un bénéfice mutuel des politiciens en dehors du marché. Par exemple, la signature de l'Accord de paix global et inclusif en 2002 a permis une restauration progressive de la paix qui a été suivie de l'adoption, par référendum, d'une nouvelle Constitution en décembre 2005 et des élections présidentielles en 2006 et 2011.

Dans la mesure où le capital social (renforcé après les guerres) a amélioré la qualité des dispositifs institutionnels en réduisant les coûts de transaction et d'information, il a ainsi rendu le capital physique et le capital humain plus productifs. Dès lors, on doit pouvoir le considérer comme un déterminant de l'augmentation des composantes du PIB telles que le capital physique, l'investissement, la productivité totale des facteurs, etc., et, *in fine*, comme un déterminant de la stabilité macroéconomique que l'économie congolaise semble connaître depuis environ plus d'une décennie.

La comparaison de l'évolution des guerres civiles internes et externes de la RDC (et des pays voisins) avec les niveaux de stocks de capital physique[20] (graphique 4a) et de l'investissement (graphique 4b) constitue sans doute un élément de l'analyse de l'impact positif des conflits sur la stabilité économique actuelle.

Les graphiques 4a et 4b indiquent que les conflits armés en RDC durant les années 1990 ont été à l'origine de destructions massives des facteurs de production, de la baisse du stock de capital physique et des investissements. Ils indiquent également la dimension économique de la réduction du nombre de guerres et violences politiques en favorisant massivement le stock de capital et les investissements après la guerre. Ils suggèrent ainsi que les conflits armés qui ont eu lieu en RDC engendrent tout autant un processus de transformation (concernant l'augmentation du stock de capital et d'investissement) qu'un processus de destruction. Si les guerres interétatiques ont, dans l'histoire occidentale, favorisé, à côté des destructions massives, des innovations aussi bien techniques que sociales et des effets keynésiens de multiplication des investissements, les conflits armés en RDC offrent dans une certaine mesure cette compensation morbide (la construction de l'État congolais). Autrement dit, la baisse des conflits armés peut être considérée comme un proxy de l'amélioration de la qualité du dispositif institutionnel, *i.e.* la capacité d'un pays à rapprocher des orientations politiques internes divergentes. Une plus grande stabilité politique et une plus grande continuité dans la politique économique peuvent contribuer à une stabilité économique durable.

Dans le cadre de l'hypothèse de chance, notre intuition est qu'une réduction des conflits politiques après 2000, a induit une amélioration de

---

[20] Ce stock de capital physique provient de l'accumulation des investissements réalisés par les entreprises, les ménages et l'État au cours du temps.

la qualité des dispositifs institutionnels et des changements dans l'économie qui ont contribué à leur tour, à réduire la volatilité de la production et de l'inflation dans la seconde période.

Graphique 4 : Conflits armés, stock de capital physique et investissement

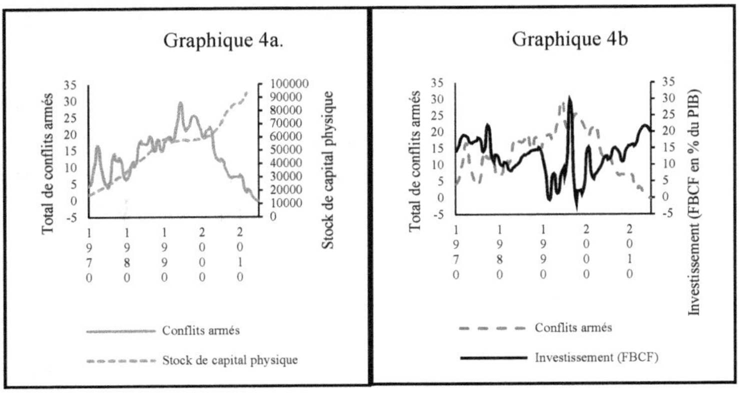

Sources : auteur à partir des données de Polity IV et d'indicateurs du développement dans le monde.

Nous considérons que Kabila a eu la chance d'arriver au pouvoir au moment de la fin des conflits armés qui ont déchiré la RDC entre 1996 et 2001. Il n'y est pas arrivé par sa propre conviction ou volonté politique mais à la suite d'un choc exogène (assassinat de son père) qui a changé l'équilibre des forces entre le gouvernement et l'opposition. Quel que soit le dirigeant qui accède au pouvoir dans un pays après des conflits armés destructeurs de capital, la littérature sur la croissance économique suggère qu'« un pays dont le rapport de départ capital humain/capital physique est élevé au lendemain d'une guerre qui a détruit une grande partie de son stock de capital physique tendra à croître rapidement… » (Barro, 2000, p. 6). Ainsi, le stock de capital physique et les investissements depuis 2002 croissent rapidement car ils sont davantage sujets à une expansion rapide au lendemain des conflits armés.

Dans nos estimations, nous utilisons l'évolution de nombre de guerres civiles, internes et externes (et des pays voisins) comme variable pour savoir si la baisse de la volatilité de l'inflation et de la croissance du PIB peut être expliquée pour une grande partie par la baisse de la volatilité des chocs. Les informations statistiques sont extraites de la base de données Polity IV de Marshall, Jaggers et Gurr (2014).

2.2.2. Hausse des prix des matières premières : minerais, métaux et pétrole

Nous avions déjà commencé dans la sous-section (2.1.1) à mettre en évidence l'importance de la hausse des prix des matières premières sur la stabilité macroéconomique. En effet, depuis le début des années 2000, la demande mondiale en métaux et en ressources énergétiques a dépassé l'offre, poussant les prix à la hausse vers des niveaux quasiment jamais atteints dans certains cas (Gelb et Grasmann, 2009). On sait que la croissance de la RDC s'appuie principalement sur le boom des industries extractives et les investissements des compagnies énergétiques et minières étrangères. Les cours des matières premières ont donc contribué de façon considérable à la stabilité macroéconomique (figure 9).

Limitons-nous au cas du cuivre qui est, historiquement, la ressource minérale la plus importante de la RDC. Comme nous l'avons déjà dit, le marché du cuivre était très volatil et la structure de l'industrie mondiale est devenue plus concurrentielle à la fin des années 1960 et au cours des années 1970 lorsque les nationalisations des principales entreprises de cuivre étrangères dans les pays en développement ont affaibli le pouvoir oligopolistique des grandes sociétés du cuivre. En suivant une vaste littérature d'études des pays producteurs de minéraux, Dunning (2005) montre que les efforts pour créer des cartels internationaux efficaces au sein des pays producteurs ont échoué et les pays en développement qui comptaient sur les exportations de cuivre ont été par la suite soumis à de plus grandes fluctuations des recettes. Ainsi, le marché du cuivre, produit longtemps instable, est devenu encore plus volatil sous le régime de Mobutu (1965-1997).

Certes, Mobutu avait pris des mesures pour dé-diversifier[21] l'économie, mais l'évolution des cours des minéraux suggère qu'il n'a pas

---

[21] Une littérature abondante et convaincante montre que Mobutu avait échoué à diversifier le profil d'exportation du Zaïre. Il a effectivement pris des mesures pour dé-diversifier l'économie avec des conséquences économiques très négatives. Par exemple Robinson (1999) note la préférence de Mobutu pour la non-diversification comme suit : « lorsque le Président Juvénal Habyarimana du Rwanda lui a demandé un soutien armé pour l'aider à

non plus eu la chance de profiter du boom du cuivre (figure 5). Ce qui n'est pas le cas de Kabila, même si beaucoup reste encore à faire.

Graphique 5 : Tendances des prix des matières premières 1970-2013 pour le cuivre et le pétrole

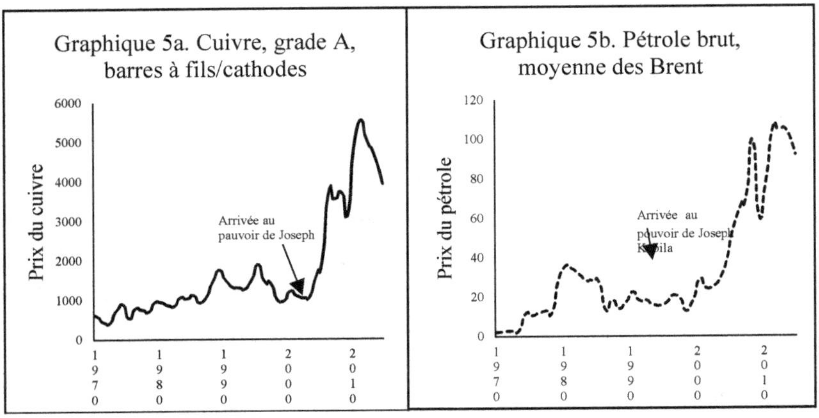

Sources : auteur à partir des données d'indicateurs du développement dans le monde.

En effet, contrairement à Mobutu, Kabila a pu bénéficier de la très grande opportunité de présider la RDC durant une longue période où la croissance s'est davantage consolidée grâce à l'activité extractive, en particulier cuprifère, dont la contribution demeure la plus importante (BCC, 2015). Comme le montre le graphique 5, son arrivée au pouvoir en 2001 coïncide avec le début du troisième boom des matières premières après la Seconde Guerre mondiale (Gelb et Grasmann, 2009)[22]. Cet essor

combattre une insurrection, Mobutu lui a répondu : Je vous avais dit de ne pas construire de routes [...] construire des routes n'a jamais rien apporté de bon [...] Cela fait trente ans que je suis au pouvoir au Zaïre et je n'ai jamais fait construire une seule route. Maintenant, c'est sur ces routes qu'ils roulent pour vous dégommer. » (*Jeune Afrique*, 1991 ; cité dans *Robinson*, 1999, p. 2).

[22] Selon les chiffres rapportés par Gelb et Grasmann, après un interlude d'une vingtaine d'années, durant lequel les matières premières se vendaient à bas prix, le monde connaît aujourd'hui pour la troisième fois depuis la Seconde Guerre mondiale une forte hausse des cours. Le premier épisode remonte aux années 1950, le deuxième aux années 1970 et le dernier qui se poursuit à cette date s'est amorcé au début des années 2000.

du secteur des ressources naturelles n'a pas débouché, comme par le passé, sur une détérioration sur la durée des termes de l'échange et a même pu favoriser certaines dépenses publiques, conduisant ainsi à une politique budgétaire, relativement efficace. Même si la part des financements étrangers est encore élevée, aujourd'hui, le gouvernement congolais puise dans les recettes tirées de ce secteur pour investir en partie dans des investissements productifs, tels que les aéroports, les routes, les écoles et les hôpitaux.

Considérées dans leur ensemble, les hausses des prix des matières premières donnent également un soutien considérable à l'hypothèse de chance pour expliquer la baisse de la volatilité globale de la production et de l'inflation. Plus particulièrement, la hausse du prix du cuivre est un alignement des planètes parce que le gouvernement congolais n'a pas d'influence sur le prix de ses produits cuprifères. Ce sont les forces du marché qui constituent le facteur clef de formation des prix, même si dans certaines situations, le gouvernement peut influer sur la quantité produite et, très souvent, elle peut être soumise à un choc négatif si, par exemple, des événements climatiques ou politiques viennent perturber la production. Le prix de cuivre, le prix de l'étain et les prix du pétrole sont inclus dans nos estimations pour vérifier si la baisse de la volatilité de la croissance du PIB et de l'inflation en RDC peut être expliquée pour une grande partie par la transmission des recettes des exportations au reste de l'économie congolaise.

2.2.3. Allègement et annulation des dettes extérieures

Le troisième facteur chance qui peut être la cause de la Grande modération congolaise est l'allègement ou l'annulation de la dette extérieure de la RDC au titre de l'initiative en faveur des pays pauvres très endettés (PPTE).

En effet, le graphique 6 montre que la dette extérieure de la RDC a fortement augmenté durant la période 1970-2000. La récurrence de déficits budgétaires dans un contexte économique morose a conduit, durant ces trois décennies, à une augmentation considérable du poids de la dette publique en RDC. Ces déficits ont surtout été financés par des emprunts à l'étranger. D'une manière générale, le FMI et la Banque mondiale ont lancé l'initiative PPTE en 1996 afin de s'assurer qu'aucun pays n'était confronté à une charge d'endettement qu'il ne pouvait pas gérer. Depuis lors, la communauté financière internationale a œuvré en vue de ramener à un niveau soutenable la charge de l'endettement extérieur des pays pauvres les plus lourdement endettés comme la RDC. Il est alors évident que ce progrès a notamment été rendu possible par les réductions et effacements de dettes obtenues à la suite de l'accession de la RDC au point d'achèvement de l'initiative PPTE en 2010[23]. Comme le graphique 6 le montre, le taux d'endettement extérieur a baissé de 258,6 % du PIB en 1999 à moins de 18,8 % du PIB en 2015.

Graphique 6 : Évolution du ratio des dettes extérieures et du solde budgétaire (1970-2015)

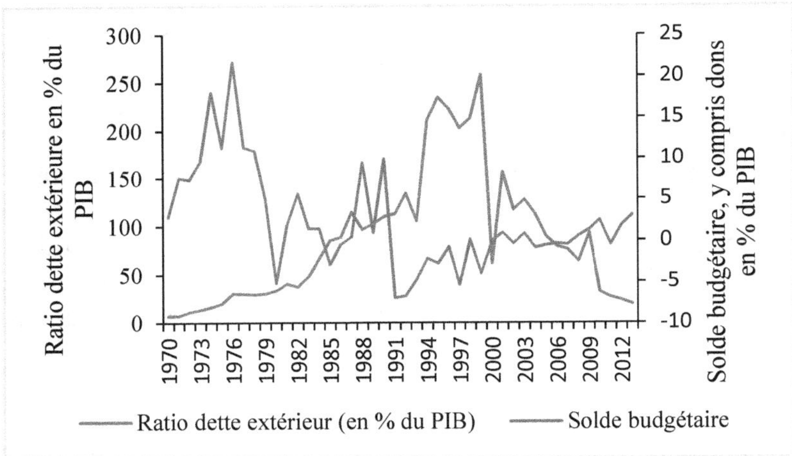

Source : auteur à partir des données de la Banque centrale du Congo et du Fonds monétaire international.

De même que les deux autres facteurs évoqués précédemment, la réduction et l'effacement des dettes des pays pauvres et très endettés font partie du concours de circonstances favorables qui expliquerait la réduction substantielle de la volatilité de la production globale et de l'inflation de la RDC, parce qu'il s'agit d'une décision prise par les pays

[23] La RDC figure parmi les 35 pays qui ont été admissibles à une assistance au titre de l'initiative PPTE, et fait partie des 33 pays sur 35 qui bénéficient depuis 2010 d'un allègement intégral de leur dette de la part du FMI et d'autres créanciers après être parvenus au point d'achèvement.

les plus riches à la suite, notamment, des réclamations « de nombreux représentants de la société civile… ainsi que de nombreux économistes » (Cohen et Reisen, 2006, p. 167). Enfin, le gouvernement congolais n'a pas d'influence sur les critères d'éligibilité d'un pays bénéficiaire de l'initiative PPTE. Elle n'a pas la main et subit les règles établies par les pays riches. En effet, afin de bénéficier de l'assistance au titre de l'initiative PPTE, tous les pays doivent satisfaire aux conditions, par exemple, donner la preuve qu'ils ont procédé à des réformes qui visent notamment à combattre la corruption et mener une politique économique approuvée dans le cadre de programmes appuyés par le FMI et la Banque mondiale.

2.2.4. « Grande impulsion » associée à un afflux massif d'aide extérieure

Cette sous-section est le prolongement de la précédente parce que l'annulation de la dette est l'une des formes essentielles de la distribution de dons. Depuis la fin de la Guerre froide, une littérature abondante sur l'économie du développement a montré la pertinence, pour les politiques de développement, de l'hypothèse du piège de sous-développement, qui postule que les pays pauvres sont enfermés dans un sous-équilibre et qu'une « grande impulsion » associée à un afflux massif d'aide extérieure serait nécessaire pour les sortir de la pauvreté. Dans les faits, telle semble bien être la voie suivie par les aides bilatérales, qui ont régulièrement augmenté les dons aux pays les plus pauvres.

Le graphique 7 montre que l'aide au développement (ADP) n'atteignait même pas 10 % du PIB avant l'année 2000 et que les prêts publics et crédits offerts, respectivement, par le groupe de la Banque mondiale et l'Association internationale de développement, n'ont atteint ce seuil de 10 % qu'au début des années 1990 en RDC. La forte diminution de l'ADP entre 1992 et 2000 (graphique 7) résulte du fait que, dans les années 1980, la crise de la dette dans les pays en développement a attiré l'attention sur les excès d'une gestion politique et parfois clientéliste de l'aide qui a eu des effets désastreux sur l'image de l'ADP. Cette réflexion critique sur l'aide et ses faiblesses s'est renforcée après la chute du mur de Berlin, en particulier avec les travaux de Burnside et Dollar (1997).

Par la suite, cependant, d'autres économistes ont avancé des arguments en faveur de l'idée d'une « grande impulsion » *i.e.*, d'une aide massive et rapidement déboursée en faveur des pays les plus pauvres, principalement africains. Il s'agit notamment des propositions avancées par Sachs *et al.* (2004), dans leur travail pour le Projet du Millénaire des Nations Unies. Cohen *et al.* (2006, p. 23) résument l'argument de Sachs *et al.* comme suit « … le piège à pauvreté […] dans lequel sont enfermés un certain nombre de pays en développement ne tient pas tant à leur mauvaise politique économique ou à la faiblesse de leurs institutions qu'à des handicaps structurels. La faiblesse de leur capital physique et humain est la cause d'une faible productivité ; ce qui remet en cause l'hypothèse traditionnelle d'une productivité décroissante du capital. Aussi, reçoivent-ils peu d'investissements directs étrangers alors même que le faible niveau de leur revenu par tête induit un faible taux d'épargne nationale et que la croissance très rapide de la population exacerbe le besoin d'investissement. La seule façon de sortir ces pays de leur piège à pauvreté serait alors d'accroître massivement les dépenses publiques en faveur des infrastructures économiques et sociales ».

Depuis, cette approche a été suivie d'effet sur la scène internationale. Ainsi, le graphique 7 montre que depuis 2002, en RDC, l'ADP n'a jamais été aussi importante que pendant les trois décennies précédentes, en particulier durant la guerre froide. En effet, comme Cohen *et al.* (2006, p. 15) le notent, « Même si l'objectif de développement des pays dits du tiers-monde était évidemment présent, la tension avec le bloc [Ouest durant la Guerre froide] a imposé une vision politique et bilatérale de l'aide au développement, vue comme un moyen de conserver les pays du Sud dans le camp occidental, mais également de conforter les liens historiques noués durant la période coloniale ». C'est ainsi que, dans les années ayant précédé la chute du mur de Berlin, l'ADP pour la RDC était plus faible qu'aujourd'hui[24] (graphique 7).

La forte augmentation de l'ADP en RDC est donc le résultat d'une tendance de fond qui a marqué le retour du politique et a contribué à rehausser l'ADP au rang des grandes politiques publiques nécessaires à la gestion de la mondialisation. Ainsi, comme nous l'avions déjà évoqué, la mondialisation a joué un rôle déterminant dans l'augmentation des aides

[24] Ceci ne remet pas en cause la littérature abondante d'économie politique qui illustre la façon dont Mobutu utilisait l'aide étrangère pour rester au pouvoir et combattre les contestations ainsi que pour son propre enrichissement et celui de sa famille (voir, Turner et Young 1985 ; Leslie, 1987 et Acemoglu et *al.*, 2004).

étrangères dont la RDC bénéficie depuis le début du régime de Kabila. Cohen *et al.* (2006, p. 17-19) rappellent ce rôle qu'a pu jouer la mondialisation comme suit « ... le progrès technique et la forte baisse des coûts de transport et de diffusion de l'information, ont contribué à renforcer le sentiment d'un monde qui représente un espace commun partagé, soumis à de fortes tensions inégalitaires et dont l'organisation politique est à repenser. [...] l'aide au développement apparaît ainsi comme pouvant faciliter des relations nord-sud qui revêtent dans le monde de l'après-guerre froide une importance grandissante ».

Figure 7 : Aide publique au développement nette reçue et prêts de la BIRD et crédits de l'IDA de la RDC (1970-2013)

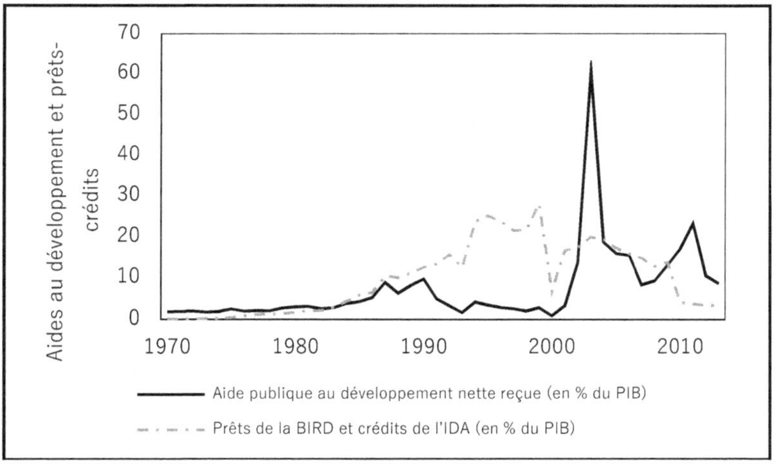

Source : auteur, à partir des indicateurs du développement dans le monde, Banque mondiale.

Il ne fait aucun doute que l'aide étrangère a financé en priorité des biens publics en RDC (tels que les écoles, le traitement des déchets, la production et distribution d'énergie, les infrastructures de transport et de communication et la stabilité politique) qui ont un important impact local sur la pauvreté mais qui comportent également des externalités positives. L'aide apparaît ainsi comme particulièrement efficace en RDC, pays sortant de conflits armés. Par ailleurs, dans une perspective de long terme, elle a commencé à hausser le niveau du capital humain. Elle a servi à renforcer les liens politiques, économiques et culturels entre donneurs et la RDC. Bien que cela n'ait pas toujours été le cas et que le caractère politique de l'aide ait été à l'origine d'un certain nombre de dérapages au profit des dirigeants congolais, l'intensité de ces liens tissés depuis l'arrivée au pouvoir du président Kabila doit aussi pouvoir être mise au service de l'efficacité de l'aide par la qualité du dialogue entre les donneurs et les Congolais et du transfert de connaissances lié à l'aide.

De plus, l'aide a joué un rôle dès le début du régime actuel dans la mise en œuvre de bonnes politiques économiques. Elle a été particulièrement utile dans ce pays mal gouverné depuis son indépendance dans la mesure où elle est parvenue à améliorer la politique économique, à construire les capacités et renforcer les institutions. Par exemple, l'aide a permis, en 2008-2009 et 2015, d'éviter la réduction des importations et l'arrêt de la croissance, ainsi que la crise de change qui est en RDC indissociable de l'apparition de déséquilibres persistants sur le marché de la monnaie ou sur le plan budgétaire qui entrent en conflit avec la contrainte d'un stock limité de réserves de change.

Dans ce cas, l'aide publique est l'un des facteurs susceptibles d'avoir un rôle à jouer dans la modération du cycle économique congolais. Elle a engendré un changement favorable dans la distribution des chocs réels dans le PIB. Le gouvernement congolais n'a aucune influence sur le montant d'aides que le pays reçoit chaque année ; ce sont les bailleurs des fonds internationaux, les pays riches, etc. qui en décident. Elle fait donc partie d'un concours des circonstances favorables dont la RDC a bénéficié après 2000. L'aide publique au développement nette reçue est utilisée ici pour évaluer empiriquement la contribution de la bonne fortune à la réduction de la volatilité de la production globale et de l'inflation.

3 Analyse empirique

Nous présentons dans cette partie les données et la méthodologie empirique. Nous exposons ensuite les résultats empiriques que nous analysons.

3.1 Les données

Les variables dont nous voulons expliquer le changement de volatilité sont la croissance du PIB et l'inflation congolaise. La croissance du PIB et l'inflation sont calculées en changement trimestriel en pourcentage du PIB réel et du déflateur du PIB. Ces données trimestrielles de 1991 :1 à 2013:4 sont tirées de la BCC et des indicateurs du développement dans le monde de la Banque mondiale.

Pour tester la première explication selon laquelle une meilleure conduite des politiques monétaire et budgétaire a baissé la volatilité à la fois de la croissance du PIB et de l'inflation, nous considérons les cinq variables suivantes : Taux directeur de la BCC, D(TDIR), Indice des conditions monétaires, D(ICM), Masse monétaire, D(MM), Dépenses publiques, D(PUB), et Ratio des dettes extérieures rapportées au PIB, D(DET). Ces variables sont considérées afin d'appréhender l'orientation de la politique monétaire de la BCC, c'est-à-dire savoir si l'environnement monétaire soutient ou au contraire bride l'activité économique. Comme le suggère la littérature évoquée plus tôt, le moment de la Grande Modération concorde avec certains changements importants dans la conduite de la politique monétaire. Une banque centrale plus crédible conduit certainement à réduire les erreurs d'anticipations des agents, diminuant ainsi la volatilité de l'output, alors qu'une politique monétaire moins expansionniste aura tendance à réagir plus fortement aux mouvements de l'inflation. Ces deux effets combinés pourraient donc avoir un impact notable sur la stabilité de la production et de l'inflation d'une économie. Les données du taux directeur et de la masse monétaire sont extraites de la BCC, celles des dépenses publiques et le ratio des dettes rapportées au PIB proviennent de la base de données des indicateurs du développement dans le monde de la Banque mondiale (2014), lorsqu'ils sont disponibles, ou bien de la base de données des Perspectives de l'économie mondiale du FMI. Nous avons construit l'Indice des conditions monétaires en prenant en compte le taux d'intérêt directeur de la banque centrale et le taux de change effectif nominal (en logarithme), comme chez Freedman (1994) et Montagné (2006), entre autres. Cet indicateur vise à apprécier l'orientation plus ou moins restrictive de la politique monétaire d'un pays parce qu'il exprime l'action conjointe des variations du taux d'intérêt et du taux de change sur l'inflation ou l'activité économique. L'indice se lit comme l'équivalent d'une série de taux d'intérêt nominal : une augmentation est synonyme d'un resserrement monétaire.

Pour vérifier si l'hypothèse selon laquelle la mondialisation et le décollage des grands pays émergents ont induit les effets de l'amélioration des pratiques commerciales, de l'imitation des technologies créées ailleurs dans l'économie, qui ont conduit à réduire la volatilité de la croissance du PIB et de l'inflation dans la seconde période, nous prenons en compte les quatre variables suivantes : l'indice KOF de la Mondialisation globale, D(OVGL), la sous-composante économique de l'indice KOF Mondialisation économique, D(ECCL), le pourcentage des exportations des marchandises dans le PIB, D(EXPO), et le bénéfice total tiré des ressources naturelles en pourcentage du PIB, D(RENTE).

Enfin, pour vérifier si la baisse de la volatilité de la production globale et de l'inflation peut être expliquée par un concours de circonstance (bonne fortune), ce qui signifie un changement favorable dans la distribution des chocs réels, nous utilisons les variables suivantes : Prix du cuivre, D(PCUI), Prix du pétrole brut, D(PHUI), Prix de l'étain, D(PTIN), Aide au développement ou la grande impulsion, D(AIDE), Annulation de la dette (PPTE), Nombre de guerres, D(GUER).

Notons que les données prises en compte pour les hypothèses des bonnes pratiques managériales et de la chance ont déjà été décrites.

3.2 Analyse autorégression vectorielle

Dans cette section, nous utilisons la méthode des VARs structurels pour établir une distinction entre les explications de la plus grande stabilité macroéconomique congolaise depuis le début des années 2000. Cette méthode fournit un moyen simple d'étudier l'importance des changements dans la propagation et les interactions dynamiques entre les variables (possiblement dus aux politiques monétaire et budgétaire, et l'amélioration ou aux changements structurels liés à la mondialisation) dans la réduction de la volatilité et l'importance elle-même des réductions dans la volatilité des chocs (ou chance). Notre méthode d'estimation est similaire à celle de Sims (1980) et Christiano, Eichenbaum et Evans (1998) et Ahmed, Levin et Wilson (2004), entre autres. Blanchard et Simon (2001), Stock et Watson (2002), entre autres.

Le modèle que nous utilisons est linéaire dans les variables. Ensuite, il est dynamique puisque les valeurs passées des variables influencent leurs valeurs courantes. Les mouvements d'une variable peuvent influencer directement ou indirectement les mouvements d'autres variables. Ce modèle est non contraint, c'est-à-dire qu'il n'existe aucune contrainte d'exclusion a priori d'une variable dans les différentes équations du système. De même, il n'y a pas de contraintes inter-équations portant sur les paramètres du modèle. Les deux seules contraintes a priori sont les variables retenues et le nombre de retards p. Le choix du nombre de retards est effectué sur la base des critères d'Akaike (AIC) et de Schwarz (BIC). Afin de tester la stationnarité de nos séries, nous avons utilisé le test de Dickey et Fuller augmenté (ADF) et le test de Philips et Perron (PP). Nous avions adopté une procédure usuelle qui consiste à différencier les séries non stationnaires afin de les rendre stationnaires.

Une fois estimés tous les coefficients du modèle, les fonctions de réponse impulsionnelles sont calculées. Ces fonctions décrivent le comportement d'une variable suite à des chocs dans une autre variable du système, les chocs sur les autres variables restant nuls. Cependant, étant donné que la matrice de variance-covariance des erreurs est rarement diagonale, il est nécessaire de décomposer les résidus de sorte qu'ils deviennent orthogonaux, de manière à isoler les chocs d'une variable du système (Love et Zicchino, 2006). Ce calcul est fait à travers la décomposition de Cholesky. L'hypothèse qui sous-tend la décomposition de Cholesky est celle selon laquelle les variables listées en premier dans le modèle VAR affectent celles qui interviennent par la suite aussi bien de manière contemporaine que différer, tandis que celles qui sont listées en dernier affectent les précédentes seulement en différé. En d'autres termes, les variables qui apparaissent en premier dans le système sont plus exogènes, tandis que celles qui apparaissent par la suite s'avèrent être davantage endogènes (Love et Zicchino, 2006).

Pour atteindre notre objectif, nous nous sommes concentrés sur les différentes décompositions[25] de variance car le fait de prendre toutes les variables dans leur différence originelle dans le but de les stationnariser change en fait leur sens et l'interprétation des coefficients perd également le leur.

3.2.1 Les faits concernant la réduction de volatilité

Les tableaux 1 et 2 reportent des statistiques de base sur les deux variables dont nous voulons expliquer le changement de volatilité, cinq variables utilisées pour l'explication des meilleures politiques monétaires

---

[25] La décomposition de la variance de l'erreur de prévision a pour objectif de calculer pour chacune des innovations sa contribution à la variance de l'erreur en pourcentage. Quand une innovation explique une part importante de la variance de l'erreur, on en déduit que l'économie étudiée est très sensible aux chocs affectant cette série.

et budgétaires, quatre variables pour l'explication de changement des pratiques managériales liées à mondialisation et six variables utilisées pour l'hypothèse de la bonne fortune. Toutes ces variables sont utilisées dans les trois VARs trimestriels pour les périodes avant et après 2001.

Le tableau 1 montre que le taux de croissance moyen du PIB réel est différent entre les périodes pré-2000 et post-2001 et qu'il y a eu une baisse très significative de la moyenne du taux d'inflation au cours de la seconde période. En ce qui concerne les statistiques de base sur les cinq variables utilisées dans le VAR trimestriel de la conduite des politiques monétaire et budgétaire, les moyennes du taux directeur, d'ICM et de la dette extérieure sont significativement différentes, et les moyennes des dépenses publiques et de la masse monétaire sont légèrement différentes dans les deux périodes. Quant aux statistiques sur les quatre variables impliquées dans le VAR trimestriel de changement des pratiques commerciales et managériales, on constate qu'il y a eu une augmentation globalement significative des moyennes de la mondialisation économique, de la mondialisation totale, des exportations des marchandises et du bénéfice tiré des ressources naturelles au cours de la seconde période. Enfin, pour ce qui concerne les statistiques sur les six variables utilisées dans le VAR trimestriel de la chance, on remarque qu'il a eu des hausses spectaculaires des moyennes du prix du cuivre, du prix du pétrole, du prix de l'étain et de l'aide publique au développement au cours de la seconde période. En revanche, il y a eu une baisse significative de la moyenne de la dette extérieure et de nombre de guerres civiles au cours de la seconde période.

Tableau 1 : Moyenne des variables du modèle : taux de croissance trimestriels annualisés moyens

	Moyenne		Différence
	I :1991, trimeste1-2000, trimestre 4	II : 2001, trimeste1-2013, trimestre 4	(II - I)
PIB	-5,50	5,35	10,85
Inflation	3410	39,50	-3370
Hypothèse 1 : Amélioration de la conduite de la politique macroéconomique			
Taux directeur de la BCC	65,92	32,96	-32,96
ICM	99,70	40,80	-58,89
Dépenses publiques	13,01	17,37	4,35
Masse monétaire	11,18	11,34	0,15
Dettes extérieures/PIB	180,08	76,46	-103,6
Hypothèse 2 : Changement des pratiques managériales lié à mondialisation			
Mondialisation économique	24,57	38,52	13,94
Mondialisation totale	22,26	33,46	11,19
Exportations des marchandises sur PIB	14,41	19,76	5,35
Bénéfice tiré des ressources naturelles	23,67	30,68	7,01
Hypothèse 3 : Bonne chance (concours exceptionnel de chocs favorables)			
Prix du cuivre	2138	5308	3170
Prix du pétrole brut	18,40	65,82	47,42
Prix de l'étain	5669	13429	7760
Aide au développement	3,23	17,37	14,14
Annulation de la dette	180,08	76,46	-103,6
Nombre de guerres	22,4	9,53	-12,86

Notes : 1) ICM : Indice des conditions monétaires.

2) Certaines variables sont utilisées dans plusieurs hypothèses.

Notre intérêt principal est ici les différences dans la volatilité de ces variables qui sont présentées dans le tableau 2. La réduction de l'écart-type de la croissance du PIB réel et de l'inflation a déjà été notée dans l'introduction : la Grande Modération fait référence à la baisse prononcée de la volatilité de ces variables macro (et d'autres) dans l'échantillon d'après 2001. En même temps, l'écart-type estimé de l'innovation dans le taux d'inflation dans l'échantillon d'avant 2001 est excessivement élevé que dans l'échantillon d'après 2001, ce qui suggérait que la politique monétaire était plus erratique dans la première période. De plus, les écarts-types du taux directeur, de l'ICM, des dépenses publiques, de la masse monétaire, de la dette extérieure et du bénéfice tiré des ressources naturelles ont baissé respectivement de 49 %, 49 %, 4 %, 23 %, 43 % et 49 %. En revanche, les écarts-types de la mondialisation économique, de la mondialisation totale, des exportations des marchandises, du prix du cuivre, du prix du pétrole brut, du prix de l'étain et de l'aide publique au développement ont augmenté très significativement post-2001, ce qui amène à se demander si ces variables ne pourraient pas être la source de la chance dans la seconde période.

Tableau 2. Volatilité des variables du modèle : écarts-types des taux de croissance trimestriels annualisés

	Écart-type		Différence	Volatilité (%)
	I : 1991, trimestre 1-2000, trimestre 4	II : 2001, trimeste1-2013, trimestre 4	(II - I)	
PIB	3,555	1,927	-1,628	-46
Inflation	4864	33,90	-4830	-99
Hypothèse 1 : Amélioration de la conduite de la politique macroéconomique				
Taux directeur	49,26	24,92	-24,33	-49
ICM	48,71	24,97	-23,73	-49
Dépenses publiques	4,63	4,44	-0,19	-4
Masse monétaire	5,75	4,42	-1,32	-23
Dettes extérieures, % PIB	62,83	35,32	-27,50	-43
Hypothèse 2 : Changement des pratiques managériales lié à mondialisation				
Mondialisation économique	3,40	7,89	4,48	132
Mondialisation totale	1,55	5,56	4,01	259
Exportations des marchandises sur PIB	4,41	7,38	2,97	67
Bénéfice tiré des ressources naturelles	11,19	5,70	-5,49	-49
Hypothèse 3 : Bonne chance (concours exceptionnel de chocs favorables)				
Prix du cuivre	321,14	2275	1954	608
Prix du pétrole brut	2,76	25,87	23,10	837
Prix de l'étain	297,68	6717	422,37	2156
Aide au développement	1,14	9,04	7,90	693
Annulation de la dette	62,83	35,32	-27,50	-44
Nombre de guerres	2,66	5,15	2,49	94

Notes : 1) ICM : Indice des conditions monétaires.

2) Certaines variables sont utilisées dans plusieurs hypothèses.

Les résultats de volatilité des variables du modèle (écarts-types des taux de croissance trimestriels annualisés) servent à montrer qu'il y a eu des changements substantiels à la fois dans la structure de l'économie et dans la volatilité des chocs, et par conséquent les trois hypothèses (bonne politique, bonnes pratiques et chance) semblent être des candidats viables pour expliquer la baisse de la volatilité globale.

3.2.2 Résultats des Vars structurels

Comme indiqué ci-dessus, le but de cet article est d'évaluer la contribution (1) de la conduite des politiques monétaire et budgétaire, (2) du changement des pratiques managériales liées l'intensification du commerce international (mondialisation et décollage des pays émergents) et (3) de la diminution des chocs (autrement dit, de la chance) à la baisse de la volatilité de croissance du PIB et de l'inflation.

Nous présentons d'abord les résultats des contributions simples de trois explications, avant d'évaluer la pertinence relative de chaque explication.

A. Pertinence simple de la contribution à la baisse de la volatilité du PIB

Le tableau 3 reporte la décomposition de la variance de l'erreur de prévision issue des estimations des modèles VARs de pertinence simple et la contribution des facteurs de la conduite des politiques monétaire et budgétaire, des facteurs liés à la mondialisation et des facteurs liés à la bonne fortune sur la stabilité de la croissance du PIB réel.

Tableau 3 : Décomposition de la variance de l'erreur de prévision (CPIB) : contributions des politiques monétaire et budgétaire, de la mondialisation et de la chance

Explication de la stabilité par la conduite des politiques monétaire et budgétaire						
Période	D(TDIR)	D(ICM)	D(DEPUB)	D(MM)	D(DET)	D(CPIB)
Période I	6,11	0,34	0,26	46,89	1,94	44,43
Période II	8,10	9,88	38,88	16,79	0,65	25,68

Explication de la stabilité par les bonnes pratiques					
Période	D(ECGL)	D(OVGL)	D(RENTE)	D(EXPO)	D(CPIB)
Période I	43,56	15,65	3,87	14,86	22,03
Période II	7,13	4,43	0,30	54,14	33,98

Explication de la stabilité par la diminution des chocs (la chance)							
Période	D(PCUI)	D(PHUI)	D(PTIN)	D(AIDE)	D(PPTE)	D(GUER)	D(CPIB)
Période I	18.90	53,36	10,20	1,63	1,25	6,99	4,45
Période II	38,09	5,83	8,41	1,40	1,84	19,33	22,80

Cholesky Ordering : D(CPIB)=Croissance du PIB réel. D(TDIR)=Taux directeur de la BCC, D(ICM)=Indice des conditions monétaires, D(MM)=Masse monétaire, D(PUB)=Dépenses publiques D(DET)=Ratio des dettes extérieures rapporté au PIB. D(ECCL)=Mondialisation économique, D(OVGL)=Mondialisation globale, D(RENTE)=Bénéfice total tiré des ressources naturelles en pourcentage du PIB, et D(EXPO)=Pourcentage des exportations des marchandises sur le PIB. D(PCUI)=Prix du cuivre, D(PHUI)=Prix du pétrole brut, D(PTIN)=Prix de l'étain, D(AIDE)=Aide au développement ou la grande impulsion, (PPTE)=Annulation de la dette, D(GUER)=Nombre de guerres.

D'abord, pour la pertinence simple de la contribution des politiques macroéconomiques, les résultats indiquent que la décomposition de la variance de l'erreur de la croissance de PIB est due à 44 % à ses propres innovations et à environ 47 % à celles dans la masse monétaire pour la période I : 1991:1-2000:4. Elle est expliquée à 26 % par ses propres innovations et à 74 % par des innovations dans les différentes composantes des politiques monétaire et budgétaire dont près de 39 % par celles des dépenses publiques pour la période II : 2001:1-2013:4. Ensuite, pour la pertinence simple de la contribution des bonnes pratiques liées à la mondialisation, la décomposition de la variance indique que la variance de l'erreur de prévision de la croissance est due à 22 % à ses propres innovations et à 44 % à celles de la globalisation économique, pour la période I : 1991:1-2000:4. Et elle est expliquée à 34 % par ses propres innovations et à presque 66 % par des innovations dans les différentes variables utilisées dans l'hypothèse de la mondialisation et du décollage des grands pays émergents dont les exportations des marchandises en elles-mêmes expliquent à 54 %, pour la période II : 2001:1-2013:4. Enfin, la décomposition de la variance de l'erreur de prévision du taux de croissance de PIB est expliquée à 53 % par les innovations dans les prix du pétrole, à 18 % du cuivre et à près de 5 % par ses propres innovations pour la période I : 1991:1-2000:4. Et elle est due à 23 % à ses propres innovations et à presque 77 % à des innovations dans les différentes composantes de la variable chance pour période II : 2001:1-2013:4.

Au total, l'évolution des exportations, en particulier l'augmentation des prix des produits cuprifères a été responsable d'environ trois quarts de la réduction de la volatilité de la croissance du PIB. La politique monétaire n'a été que légèrement responsable de la Grande Modération. Si les dépenses publiques ont contribué à environ un quart de la stabilité de croissance du PIB, c'est parce que les recettes des exportations des ressources naturelles ont en général augmenté les recettes publiques et induit en conséquence la consolidation budgétaire.

B. Pertinence simple de la contribution à la baisse de la volatilité de l'inflation

Jusque-là, nous avons procédé uniquement à l'examen empirique des effets de la conduite des politiques monétaire et budgétaire, des facteurs liés à la mondialisation et d'un concours des circonstances favorables sur la baisse de la volatilité de la croissance économique. Nous examinons maintenant les effets de ces trois groupes de facteurs déterminants sur la baisse de la volatilité de l'inflation.

Le tableau 4 présente les nouvelles estimations de l'impact sur l'inflation (1) de la conduite des politiques monétaire et budgétaire, (2) de changement des pratiques managériales liées à la mondialisation et au décollage des émergents, (3) de la bonne fortune. Les résultats indiquent que pour la période I : 1991:1-2000:4, la décomposition de la variance de l'erreur de prévision de l'inflation est due à 8 % à ses propres innovations et à environs 74 % à celles dans les dépenses publiques. Et, pour la période II : 2001:1-2013:4, la décomposition de la variance de l'erreur de prévision de l'inflation est due à 34 % à ses propres innovations et à 64 % à des innovations dans les différentes composantes de la politique économique dont 39 % à celles des indices des conditions monétaires. Ensuite, les résultats montrent que durant la période I : 1991:1-2000:4, la décomposition de la variance de l'erreur de prévision de l'inflation est due à 67 % à ses propres innovations et à près de 15 % à celles dans la globalisation économique. Et, pendant la période II : 2001:1-2013:4, les résultats montrent que globalement, la décomposition de la variance de l'erreur de prévision de l'inflation est due à 56 % à ses propres innovations et à 25 % à la mondialisation totale. Enfin, entre le premier trimestre 1991 et le quatrième trimestre 2000, la décomposition de la variance de l'erreur de prévision de l'inflation est due 53 % par les innovations de la variable guerre et à 1,3 % à ses propres innovations. Et, entre premier trimestre 2001 et quatrième trimestre 2013, la décomposition de la variance de l'erreur de prévision de la variable croissance du PIB est due à peu près à 15 % à ses propres innovations et à presque 75 % à des innovations dans les différentes composantes d'un concours de circonstances favorable (« alignement des planètes »).

Tableau 4 : Décomposition de la variance de l'erreur de prévision D(INFL) : contributions des politiques monétaire et budgétaire, de la mondialisation et de la chance

Explication de la stabilité par la conduite des politiques monétaire e budgétaire

Période	D(TDIR)	D(ICM)	D(DEPUB)	D(MM)	D(DET)	D(INFL)
Période I	0,50	0,11	73,64	15,80	2,08	7,84
Période II	15,12	38,51	0,60	6,27	4,98	34,49

Explication de la stabilité par les bonnes pratiques

Période	D(ECGL)	D(OVGL)	D(RENTE)	D(EXP)	D(INFL)
Période I	15,14	1,60	2,63	13,56	67,04
Période II	1,45	25,20	2,97	14,78	55,57

Explication de la stabilité par les bonnes pratiques

Période	D(PCUI)	D(PETR)	D(ETIN)	D(AIDE)	D(PPTE)	D(GUER)	D(INFL)
Période I	0,89	0,95	2,69	25,89	0,51	53,75	24,31
Période II	43,72	0,21	18,29	3,24	3,10	5,00	14,82

Cholesky Ordering : D(INFL)=Inflation. D(TDIR)=Taux directeur de la BCC, D(ICM)=Indice des conditions monétaires, D(MM)=Masse monétaire, D(PUB)=Dépenses publiques et D(DET)=Ratio des dettes extérieures rapporté au PIB. D(ECCL)=Mondialisation économique, D(OVGL)=Mondialisation globale, D(RENTE) =Bénéfice total tiré des ressources naturelles en pourcentage du PIB, D(EXPO)=Pourcentage des exportations des marchandises sur le PIB. D(PCUI)= Prix du cuivre, D(PHUI)=Prix du pétrole brut, D(PTIN)=Prix de l'étain, D(AIDE)=Aide au développement ou la grande impulsion, (PPTE)=Annulation de la dette, D(GUER)=Nombre de guerres.

Globalement, l'évolution des prix des produits miniers (cuivre et étain) et de la mondialisation ont été responsables d'environ trois quarts de la réduction de la volatilité de l'inflation. La politique monétaire a été responsable d'un quart de la Grande Modération.

Les tableaux 3 et 4 rapportent les contributions majeures de trois groupes de déterminants de la volatilité macroéconomique réduite en pertinence simple. Au regard de ces résultats, il apparaît que la « pertinence simple » de l'explication de la bonne fortune et de l'explication de la bonne pratique liée à la mondialisation expliquent pour une grande partie la baisse de la volatilité de croissance du PIB et de l'inflation en deuxième période. Cependant, l'hypothèse des meilleures politiques monétaire et budgétaire ne peut pas être exclue complètement à ce stade parce qu'une partie de la réduction de la volatilité de l'inflation est expliquée par l'indice des conditions monétaires et du taux directeur. Nous avons de ce fait besoin de tester la « pertinence relative » de chacune des trois théories, afin de pouvoir identifier l'approche théorique la « plus pertinente ».

3.2.3 Pertinence relative des contributions de chacune des trois différentes hypothèses

Nous poursuivons une autre stratégie pour mieux comprendre la cause principale dissimulée de la baisse de la volatilité du PIB et de l'inflation post 2000. Tout d'abord, nous choisissons dans chacun des trois groupes les variables qui ont le plus contribué à la baisse de la volatilité du PIB et de l'inflation au moins égale à 10 %.

Pour la baisse de la volatilité du PIB (tableaux 3) :

– l'indice des conditions monétaires (10 % de contribution), les dépenses publiques (39 % de contribution) et la masse monétaire (17 % de contribution), soit au total 66 % de contribution dans la réduction de volatilité de la croissance du PIB (cf. explication de la conduite des politiques) ;

– les exportations des marchandises (54 %), soit 54 % de contribution dans la réduction de volatilité de la croissance du PIB (cf. explication de la mondialisation) ;

– l'augmentation du prix du cuivre (38 %) et la réduction de nombre de guerres civiles, *i.e.* effets positifs après la guerre civile (19 %), soit au total 57 % de contribution dans la réduction de volatilité du PIB (cf. explication de la chance).

Pour la baisse de la volatilité de l'inflation (tableaux 4) :

– le taux directeur (15 %) et l'indice des conditions monétaires (39 %), soit 54 % de contribution dans la réduction de volatilité de l'inflation (cf. explication de la conduite des politiques) ;

– la mondialisation totale (25 %) et les exportations des marchandises (15 %), soit 40 % de contribution dans la réduction de volatilité de l'inflation (cf. explication de la mondialisation décollage des grands émergents) ;

– l'augmentation du prix du cuivre (44 %) et l'augmentation du prix de l'étain (18 %), soit 62 % de contribution dans la réduction de volatilité de l'inflation (cf. explication de la chance).

Deuxièmement, nous utilisons la même méthodologie des modèles VARs afin de quantifier la contribution relative de chaque variable dans la réduction de la volatilité de la croissance du PIB et de l'inflation. Une telle démarche permet d'identifier l'approche théorique la « plus pertinente » entre les trois. Nous utilisons la contribution des volatilités de six variables. (Indice des conditions monétaires (ICM), Dépenses publiques (DPUB), Masse monétaire (MM), Exportations des marchandises (EXPO), Prix du cuivre (PCUI) et Nombre de guerres (GUER)) et leurs propagations de manière empirique dans la réduction de la volatilité de la production globale. Enfin, nous utilisons la même méthodologie en utilisant un second modèle avec les six variables. Taux directeur (TDIR), Indice des conditions monétaires (ICM), Mondialisation totale (ECGL), Exportations des marchandises (EXPO), Prix du cuivre (PCUI) et Prix de l'étain (PTIN)) pour déterminer leurs contributions dans la réduction de la volatilité de l'inflation.

Tableau 5 : Explication de la stabilité : pertinence relative des contributions des variables utilisées pour les trois approches théoriques

Explication de la stabilité de la croissance du PIB						
Période	D(ICM)	D(DPUB)	D(MM)	D(EXPO)	D(PCUI)	D(GUER)
Période I	-	-	-	-	-	-
Période II	6,99	3,75	1,25	49,75	30,15	5,23
Explication de la stabilité de l'inflation						
Période	D(TDIR)	D(ICM)	D(ECGL)	D(EXPO)	D(PCUI)	D(PTIN)
Période I	-	-	-	-	-	-
Période II	6,11	8,57	44,36	14,78	36,89	13,97

Le tableau 5 reporte les résultats des VARs trimestriels de la période II : 20011-2013:4. L'examen du tableau 5 s'avère instructif à plus d'un titre. La baisse de la volatilité de la production globale s'explique davantage par les exportations de marchandises (49,75 %, cf. colonne 4, tableau 5) et en particulier par l'augmentation du prix du cuivre (30,15 %, cf. colonne 5, tableau 5). Ainsi, la mondialisation combinée au décollage des grands pays émergents et la bonne fortune représentent la majeure partie de la baisse de la volatilité de la croissance du PIB. Les résultats de l'inflation sont concordants à ceux de la production. Comme le montre la colonne 3 du tableau 5, 44 % de la baisse de la volatilité de l'inflation peut être expliquée par l'évolution de l'indice de la mondialisation économique. De plus, nous constatons que l'augmentation des prix du cuivre peut expliquer 30 % de la baisse de la volatilité de la croissance du PIB et environ 37 % de la réduction de la volatilité de l'inflation. Ainsi, l'intensification des échanges économiques en particulier avec les grands pays émergents (mondialisation) en induisant l'augmentation des prix du cuivre (bonne fortune) représente la majeure partie de la baisse de la volatilité de l'inflation.

4 Remarques finales

Dans cet article, nous avons entrepris ce qui, à notre connaissance, est la première étude empirique systématique de certaines des hypothèses classiques sur les causes de la Grande Modération en utilisant l'ensemble des données des politiques macroéconomiques, des facteurs de la mondialisation et des circonstances favorables à la RDC entre 1991 et 2013. Bien que notre intention ait été de nous concentrer uniquement sur un pays africain, ces données, nous permettent de replacer l'expérience de ce pays dans un pan important des travaux théoriques et empiriques consacrés aux pays les plus industrialisés, même si, bien sûr, nous reconnaissons qu'il existe nombre de questions soulevées par la nature potentiellement sélectionnée d'un pays sous-développé et la fiabilité des données. Néanmoins, étant donné les nombreux rapports et discours du FMI, de la Banque mondiale et du gouvernement congolais privilégiant principalement l'efficacité des politiques monétaire et budgétaire dans la baisse de la volatilité de la croissance du PIB et de l'inflation en RDC, un tel exercice semble être justifié. Nous avons donc tenté de faire la distinction entre une conduite de meilleurs politiques monétaire et budgétaire, des bonnes pratiques ou des changements dans la structure de l'économie liés à la mondialisation et la chance ou des changements dans les chocs pour expliquer la réduction de la volatilité de la croissance du PIB et de l'inflation congolaise au cours des 13 dernières années en utilisant des techniques VAR. Ce faisant, nous confirmons deux explications populaires de la Grande Modération, à savoir les bonnes pratiques et la bonne fortune.

Nos estimations indiquent que les exportations des marchandises ont joué un rôle important dans la réduction de la volatilité de la croissance du PIB. En particulier, nous trouvons que l'augmentation des recettes d'exportation des produits de base peut expliquer environ la moitié de la réduction de la volatilité de la croissance du PIB. À son tour, les changements liés à la mondialisation économique peuvent expliquer environ 44 % de la volatilité plus faible de l'inflation. De plus, nous constatons qu'à elle seule, l'augmentation des prix du cuivre peut expliquer 30 % de la baisse de la volatilité de la croissance du PIB et environ 37 % de la réduction de la volatilité de l'inflation. D'un autre côté, environ 1 % à 6 % de la baisse de la volatilité de la croissance du PIB peut être expliquée par les bonnes politiques monétaire et budgétaire et environ 6 % à 9 % de la baisse de la volatilité de l'inflation peut être expliquée par les bonnes politiques monétaire et budgétaire. Mais le point important est que la baisse de la volatilité de la stabilité macroéconomique ne peut pas être expliquée pour au moins à 90 % par la conduite des politiques monétaire et budgétaire. En particulier, environ 1 % à 6 % de la baisse de la volatilité de la croissance du PIB peut être expliquée par les bonnes politiques monétaire et budgétaire et environ 6 % à 9 % de la baisse de la volatilité de l'inflation peut être expliquée par les bonnes politiques monétaire et budgétaire. Ce résultat est cohérent avec notre hypothèse selon laquelle la politique monétaire n'a joué qu'un rôle mineur dans la stabilisation de la croissance du PIB et de l'inflation en RDC.

Nos résultats suggèrent qu'une crise pourrait mettre à terme la stabilité macroéconomique actuelle car il existe un lien solide entre la stabilité macroéconomique de la RDC et le boom des matières premières. On peut donc légitimement se poser la question de savoir si la baisse des recettes des exportations ne risquerait pas de faire disparaître la Grande Modération observée en RDC depuis le début des années 2000. En effet, la vulnérabilité de l'économie congolaise aux fluctuations des cours peut avoir un effet macroéconomique négatif prononcé en période de ralentissement de l'activité. Par exemple, le niveau élevé des exportations et leur concentration géographique vers la Chine, exposent la RDC aux variations des prix des matières premières et aux fluctuations économiques de ses partenaires commerciaux. Toutes choses égales par ailleurs, un ralentissement de la croissance chinoise entraînerait une baisse de la croissance congolaise. En général, si l'environnement extérieur devenait beaucoup moins propice, les perspectives à court terme de la RDC redeviendraient difficiles et seraient assombries par des aléas négatifs. La chute des cours des produits de base risquerait d'ébranler considérablement les recettes des exportations et les amortisseurs budgétaires et les volants de réserves de change tendraient à s'amenuiser. Enfin, pour une économie dollarisée comme celle de la RDC, les réserves en devises étrangères restent particulièrement faibles et sont vulnérables à la forte spécialisation de la RDC dans l'exportation de matières premières. Ces réserves sont très vulnérables à l'évolution des prix des produits de base, comme en témoigne l'expérience de 2008-2009 lorsque l'effondrement des prix des matières premières a entraîné une baisse rapide des réserves de devises étrangères.

Tout bien considéré, la mondialisation et le boom des ressources naturelles ont contribué à réduire la volatilité macroéconomique. Cela dit, les perspectives de stabilité future n'en sont pas pour autant acquises en RDC. Si la volatilité moyenne diminue depuis une décennie, cela ne signifie pas que le cycle économique ait disparu. La fin abrupte de la période de croissance forte et soutenue de la fin des années 1960 et du début des années 1970 durant le deuxième boom des matières premières après la Seconde Guerre mondiale, nous rappelle ce qu'il peut advenir si les politiques économiques ne s'attaquent pas à temps aux risques.

Références bibliographiques

ACEMOGLU, Daron, James A. ROBINSON et Thierry VERDIER (2004). "Kleptocracy and Divide-and-Rule: A Model of Personal Rule", *Journal of the European Economic Association* 2(2-3): 162-192.

AHMED, Shaghil, Andrew LEVIN, and Beth Anne WILSON (2004). "Recent US macroeconomic stability: good policies, good practices, or good luck?" *Review of economics and statistics*, *86*(3), 824-832.

ALESINA, A. N., S. OZLER, N. ROUBINI et P. SWAGEL (1992). "Political Instability and Economic Growth". NBER Working Paper, (4 173).

ARRIBAS, Iván, Francisco PEREZ, and Emili TORTOSA-AUSINA (2009). "Measuring globalization of international trade: theory and evidence". *World Development*, *37*(1), 127-145.

BAD (2013), « République démocratique du Congo ». Document de stratégie pays 2013-2017.

BARRO, Robert J. (1991). "Economic growth in a cross section of countries". *The Quarterly Journal of Economics,* 35.

BARRO, Robert J. (2000). *Les facteurs de la croissance économique.* Economica, Paris.

BCC (2015), *Rapport sur la politique monétaire en 2014*, Direction générale de la politique monétaire et des opérations bancaires, N° 009 – Février 2015.

BENATI, Luca, and Paolo Surico (2007). "Vector Autoregression Analysis and the Great Moderation". External MPC Unit Discussion *Paper No. 18.*

BERNANKE, Ben (2004). The great moderation. In *The Taylor Rule and the transformation of monetary policy.* Institutions Press Publication Hoover.

BOIVIN, Jean, and Marc P. Giannoni (2006). Has monetary policy become more effective? *The Review of Economics and Statistics*, *88*(3), 445-462.

BRUNETTI, Aymo (1997). *Politique et croissance économique : comparaison de données internationales.* Centre de développement de l'OCDE, Paris.

BURNSIDE, A. Craig, and David DOLLAR (1997). Aid spurs growth-in a sound policy environment. *Finance and Development*, *34*, 4-7.

CANOVA, Fabio, and Luca GAMBETTI (2004). On the Time Variations of US Monetary Policy: "Who is right? Money Macro and Finance" (MMF). *Research Group Conference.*

CARTIER-BRESSON, Jean (2003). Comprendre et limiter les violences. *Revue Tiers Monde*, 174(2), 249-267.

CECCHETTI, Stephen G., Alfonso FLORES-LAGUNES, and Stefan KRAUSE (2006). "Assessing the sources of changes in the volatility of real growth". NBER Working paper No. 11946.

CLARIDA, Richard, Jordi GALI, and Mark GERTLER (2000). "Monetary policy rules and macroeconomic stability: evidence and some theory". *Quarterly Journal of Economics*, 115, 147-180.

COGLEY, Timothy, and Thomas J. SARGENT (2005). "Drifts and volatilities: monetary policies and outcomes in the post WWII US". *Review of Economic dynamics*, *8*(2), 262-302.

COHEN, Daniel (2004). *La mondialisation et ses ennemis*. Grasset.

COHEN, Daniel, et Helmut Reisen (2006). « L'aide aux pays pauvres : prêts ou dons ? » *Dans La France et l'aide publique au développement.* Documentation française.

COMBES, Jean-Louis, GUILLAUMONT, Patrick, GUILLAUMONT Jeanneney, S. et Motel COMBES, Pascal (2000). « Ouverture sur l'extérieur et instabilité des taux de croissance ». *Revue française d'économie*, 15(1), 3-33.

DE VILLERS, Gauthier (2006). « La guerre dans les évolutions du Congo-Kinshasa ». *Afrique contemporaine*, *215*(3), 47-70.

DUNNING, Thad (2005). "Resource dependence, economic performance, and political stability". *Journal of Conflict Resolution*, 49(4), 451-482.

DYNAN, Karen E., Douglas W. ELMENDORF and Daniel E. SICHEL (2006). "Can financial innovation help to explain the reduced volatility of economic activity?" *Journal of Monetary Economics.*

FREEDMAN, Charles (1994), "The Use of Indicators and of the Monetary Conditions" Index in Canada, in T.J.T. Balino and C. Cottarelli (Eds.), *Frameworks for Monetary Stability – Policy Issues and Country Experiences*. IMF, Washington D.C., p. 458-476.

GALÍ, Jordi, and Luca GAMBETTI (2007). "On the Sources of the Great Moderations". Mimeo.

GELB, Alan, and Sina GRASMANN (2009). « Déjouer la malédiction pétrolière ». *Afrique contemporaine*, (1), 87-135.

GU, Jing, and Richard SCHIERE (2011). "Post-crisis Prospects for China-Africa Relations". *African Development Bank Group Working Paper Series*, No 124

GUILLAUMONT, Patrick, S. GUILLAUMONT Jeanneney and Jean-Francois BRUN (1999). "How instability lowers African growth". *Journal of African Economies*, *8*(1), 87-107.

HANSEN, Gary D., ANDRES F. Arias, and Lee E. OHANIAN (2006). "Why Have Business Cycle Fluctuations Become Less Volatile?". NBER Working Paper 12079.

HESHMATI, Almas (2006). "Measurement of a multidimensional index of globalization". *Global Economy Journal*, *6*(2), 1-30.

KAHN, James A., Margaret MCCONNELL, Gabriel PEREZ-QUIROS (2002). "On the Causes of the Increased Stability of the US Economy". Federal Reserve Bank of New York *Economic Policy Review*, 8(1), 183-202.

KALDOR, M. (1999). *New wars and old wars* : "Organized violence in a global era". Polity Press.

LIU, Zheng, Daniel F. WAGGONER, and Tao ZHA (2007). "Asymmetric expectation effects of regime shifts and the great moderation". FRB Atlanta *Working Paper* No. 2007-23.

LIU, Zheng, Daniel F. WAGGONER, and Tao ZHA (2011). Sources of macroeconomic fluctuations: "A regime-switching DSGE approach". *Quantitative Economics*, *2*(2), 251-301.

LOVE, Inessa, and Lea ZICCHINO (2006). "Financial development and dynamic investment behavior: Evidence from panel". VAR. *The Quarterly Review of Economics and Finance*, 46(2), 190-210.

MAGNIER, Julien (2009). « Pour une littérature de l'interdépendance. Littérature et renouvellements politiques en Afrique noire, à partir de Mongo Beti » (Doctoral dissertation, Université de la Sorbonne nouvelle-Paris III).

MASANGU M., Jean Claude (2009). *Pourquoi je crois au progrès de l'Afrique. Credo d'un banquier africain*. Édition Prestige communication.

MCCONNELL, M.M. and G. Perez Quiros (2000), "Output fluctuations in the United States: What has changed since the early 1980s?". *American Economic Review* 90, 1464-1476.

MONTAGNE, Fabrice, « Les indicateurs de la politique monétaire ». *Économie et Prévision* 2005/2, p. 149-155.

MOREIRA, Pinto (2015), « Renforcer la Résilience de Long Terme de la RDC: le Rôle de la Dé dollarisation, de la Prospection Artisanale et de la Diversification Économique ». *Rapport de Suivi de la Situation Économique et Financière*, Troisième édition.

NAKOV, Anton, and Andrea PESCATORI (2007). "Oil and the great moderation". *Banco de España Research Paper No. WP-0735*, 07-17.

RENARD, Mary-Françoise (2011). "China's Trade and FDI in Africa". African Development Bank Group *Working Paper Series*, 126.

ROBINSON, James A. (1999)."When is a state predatory?" *CESifo Working Paper Series* No. 178 .

SACHS, J. D., McArthur, J. W., SCHMIDT-TRAUB, G., Kruk, M., Bahadur, C., Faye, M. G. McCord (2004). "Ending Africa's Poverty Trap" in. *Brookings Papers on Economic Activity*, 1, 117-240

SIMS, Christopher A., and Tao ZHA (2006a). "Does monetary policy generate recessions?". *Macroeconomic Dynamics*, *10*(02), 231-272.

SIMS, Christopher A., and Tao ZHA (2006b). "Were there regime switches in US monetary policy?". *The American Economic Review*, 54-81.

STIROH, Kevin J. (2009). "Volatility accounting: A production perspective on increased economic stability". *Journal of the European Economic Association*, *7*(4), 671-696.

STOCK, James H., and Mark W. WATSON (2002). "Macroeconomic forecasting using diffusion indexes". *Journal of Business & Economic Statistics*, *20*(2), 147-162.

STOCK, James H., and Mark W. WATSON (2003).“Has the business cycle changed and why?” In *NBER Macroeconomics Annual 2002,* Vol. 17 (p. 159-230). MIT press.

STOCK, James H., and Mark W. WATSON (2004). “Understanding Changes in International Business Cycle Dynamics”. Princeton University, Working paper.

SUMMERS, Peter M. (2005). “What caused the Great Moderation? Some cross-country evidence”. *Economic Review-Federal Reserve Bank of Kansas City*, *90*(3), 5.

TCHETA-BAMPA, Albert (2009). « Économie politique des performances économiques durant la Guerre froide dans les pays en voie de développement ». *Revue d’Économie Politique*, 119(6), 2.

TCHETA-BAMPA, Albert (2014). « Cinq essais sur la mauvaise qualité des institutions en Afrique ». Thèse de Doctorat en Sciences Économiques, Université de Paris 1-Panthéon-Sorbonne.

TCHETA-BAMPA, Albert et Joseph Keneck-Massil (2015). “Historical Events and institutional quality in Africa: an empirical analysis”. *Journal of Comparative Economics*, (en soumission)

TCHETA-BAMPA, Albert et Oasis Kodila-Tedika (2014). “Cold War and Institutional Quality : Some Empirical Evidence”. *MPRA Paper*, 53965.

TCHETA-BAMPA, Albert et Oasis Kodila-Tedika (2016). « Dynamisation de la malédiction des ressources naturelles en Afrique sur les performances économiques : institution et guerre froide ». *Journal of African Economies*, (à apparaître).

TILLY, Charles (1985), « Warmaking and State Making as Organized Crime », in Peter B. Evans, Dietrich. Rueschemeyer and Theda Skocpol (eds.), *Bringing the State Back* in, Cambridge University Press.

TILLY, Charles (1992), *Coercion, Capital and European States*. New York: Blackwell.

TURNER, Thomas and M. Crawford Young (1985). *The Rise and Decline of the Zairian State*, University of Wisconsin Press, Madison, WI.

VERDIER, Thierry, (2010). « Ouverture, conflits et capacité étatique : une perspective d’économie politique ». *L’Actualité économique*, 86(4), 415-449.

CHAPITRE 4

DÉPENDANCE AUX RESSOURCES NATURELLES ET VULNÉRABILITÉ ÉCONOMIQUE STRUCTURELLE : LE CAS DE LA RÉPUBLIQUE DÉMOCRATIQUE DU CONGO

Christian Otchia,

Université de Kwansei Gakuin, Japon

Introduction

La République démocratique du Congo (RDC) est un important producteur et exportateur de minerais, avec le cuivre et le cobalt comme principales sources des revenus d'exportations. La RDC est responsable d'environ 3 % de la production mondiale du cuivre et de près de 50 % de celle du cobalt. On estime que la production du cuivre a augmenté de 98 500 tonnes en 2006 à 1,06 million de tonnes en 2014, et la production du cobalt a, quant à elle, atteint 75 000 tonnes en 2014 (International Monetary Fund, 2015). En plus du cuivre et du cobalt, la RDC exporte d'autres minerais tels que le tantalite (17 % de la production mondiale), le diamant (12 % de la production mondiale) et l'étain (1 % de la production mondiale). Les exportations restent par ailleurs centrées sur un nombre très restreint de produits et sont handicapées par une faible valeur ajoutée, une corruption élevée et le non-rapatriement des capitaux. Selon Otchia (2014), trois principaux produits d'exportation, notamment le cuivre, le pétrole brut et le cobalt, représentaient près de 92 % des exportations en 2012. Dans les années 2000, 90 % des exportations étaient concentrées dans seulement cinq produits et 96 % dans dix produits.

Comme la plupart des pays exportateurs des ressources naturelles, la RDC a bénéficié d'un environnement international favorable sur les années récentes, qui a été de pair avec une intensification des échanges, une accélération du processus d'industrialisation et une demande forte des matières premières par la Chine et d'autres pays émergents. Entre 2002 et 2014, la RDC a réalisé une croissance économique sans précédent. Pour la première fois dans son histoire post-indépendance, le pays a été capable de réaliser une croissance moyenne de 6 % et de maintenir une croissance économique positive pendant plus de cinq ans. Cette reprise tenait à l'amélioration des conditions de sécurité dans le pays, mais surtout à une gestion prudentielle des politiques économiques et la révision du Code minier de 2002. Pendant cette même période, les flux d'investissement étranger direct (IED) vers la RDC ont atteint un niveau record. En 2012, le pays était parmi les cinq pays ayant attiré plus de 3 milliards de dollars d'IED en provenance de l'étranger, juste après le Nigeria, le Mozambique et l'Afrique du Sud. Les entrées d'IDE en RDC ont été multipliées par plus de 500 % en 2007, soit 18 % du PIB, ce qui a conduit à une multiplication par trois du stock des entrées d'IED par rapport à 2001.

Cependant, les données historiques nous ont renseignés que les fluctuations des prix des matières premières portent énormément préjudice à l'économie et au système social de la RDC. Plus récemment, l'économie du pays ne cesse de montrer les signes du syndrome hollandais et d'une désindustrialisation. Même si, depuis 2002, le cadre macroéconomique a été maîtrisé et une politique plus prudentielle appliquée, l'économie n'a pas créé les fondations solides pour une croissance soutenue et résiliente. Plus récemment, les cours des matières premières ont connu une baisse, notamment grâce à la restructuration de l'économie de la Chine. L'indice des prix à l'exportation des minéraux est tombé à 60 % entre 2014 et 2016 (Figure 1), alors que le cuivre a subi une légère baisse d'environ 25 %. La rechute des cours a eu des conséquences palpables sur le taux de croissance de la RDC, qui est passé de 9,5 % en 2014 et 6,9 % en 2015, à 2,2 % en 2016. En même temps, le taux de change s'est déprécié de plus de 50 %, les exportations ont baissé de 21,07 %, et les importations de 28,88 %. L'inflation et les réserves d'échanges n'ont pas été épargnées. Sur le plan social, il a été observé une baisse très lente de la pauvreté et une persistance des inégalités des revenus (Otchia, 2015). Entre 2005 et 2012, la pauvreté a baissé de 71,30 % à 63,40 % sur le plan national, alors qu'elle a augmenté de 59,14 % à 76,80 % dans le Grand Kasaï. En outre, les inégalités des revenus ont augmenté de trois points. Par exemple, les 40 % des plus pauvres de la population consommaient 15,13 % de la consommation totale en 2005 alors qu'en 2015, leur part n'était que de 13,91 %.

Figure 1 : Minéraux, minerais et métaux (indice des prix)

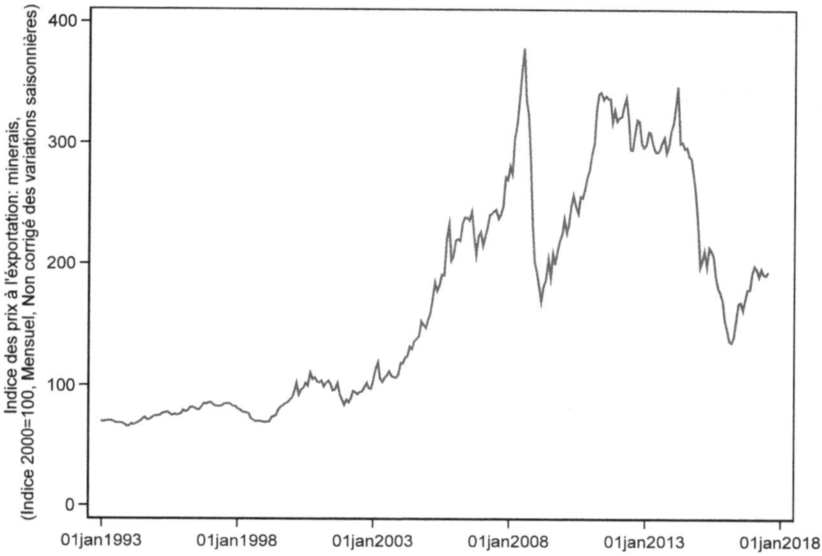

Source : Bureau américain des statistiques du travail (https://www.bls.gov/)

Dans ce contexte, mesurer les effets des fluctuations des prix des matières premières sur le changement structurel et la distribution des revenus est à la fois indispensable et urgent. La compréhension de la nature des impacts et de leurs canaux de transmission peut, à terme, permettre d'instaurer des politiques visant à mitiger les effets potentiellement négatifs du syndrome hollandais inverse. Cet article aborde cette question en deux temps. Tout d'abord, une analyse de la vulnérabilité économique de la RDC due à la dépendance des prix des ressources naturelles est présentée en simulant une baisse des prix mondiaux des minerais de 20 %. Dans un deuxième temps, une analyse spécifique est conduite sur les réponses au choc mis en exergue dans les milieux économique et politique de la RDC. Pour ce faire, nous développons un modèle d'équilibre général calculable (MEGC) et de microsimulation qui nous permettra de capter les liens entre les effets du choc au niveau macroéconomique et l'impact sur la distribution des revenus au niveau des ménages. Plus précisément, le modèle nous permet d'observer les impacts sur la production agrégée, la production sectorielle, l'emploi, le budget du gouvernement, la pauvreté et les inégalités. Nous considérons un modèle statique parfaitement adapté aux questions à l'examen, et ce, dans l'objectif d'aboutir à un résultat positif et constructif. Le modèle d'EGC capture quelques-unes des caractéristiques principales du changement structurel et des prix relatifs qui les accompagnent. À son tour, le modèle de microsimulation permet une évaluation empirique détaillée du revenu des ménages en réponse à ces changements.

Dans ce qui suit, l'article propose tout d'abord une discussion du modèle d'EGC et du modèle de microsimulation utilisés pour les simulations, ainsi que la méthode par laquelle les deux modèles qui sont combinés seront présentés (Section 1). Par la suite, nous présenterons les principales caractéristiques de l'économie de la RDC pour l'année de référence de 2013 (Section 2). Les Sections 3 et 4 traitent des résultats de deux groupes de simulation et la Section 5 conclut cette analyse.

1. Modèle d'EGC combiné à un modèle de microsimulation

Dans cette section, nous introduisons premièrement le modèle d'EGC pour la RDC. Deuxièmement, nous présentons le modèle de microsimulation pour la distribution des revenus. Enfin, nous traitons de la procédure suivie pour intégrer les deux modèles.

1.1. Structure du modèle d'EGC

Cette étude utilise un modèle d'EGC développé pour l'économie de la RDC. Ce modèle s'inspire de différents aspects des modèles d'EGC existants, notamment ceux de la famille de STAGE (McDonald, 2007), et est un mélange de plusieurs modèles théoriques dans sa conceptualisation[26]. L'une des singularités de ce modèle réside dans le fait qu'il incorpore les fonctions de demande des biens emboîtées, où les produits similaires sont combinés au niveau inférieur afin de former un bien composite (comme, par exemple, agroalimentaire, services, produits manufacturiers) ; la consommation totale de ces biens étant ensuite déterminée dans l'emboîtement supérieur de la fonction de demande sous

[26] Les détails mathématiques et la documentation du modèle sont disponibles dans McDonald and Thierfelder (2009).

une spécification de type CES-LES. La fonction de production est donnée par le même emboîtement par étapes. Le niveau inférieur combine de façon optimale les différentes composantes de la valeur ajoutée, qui, quant à elles, sont combinées à un niveau supérieur avec les intrants intermédiaires, pour former la production sectorielle. Le modèle offre également la possibilité de prendre en compte le chômage dans le marché des facteurs, car formulé et résolu comme un problème de complémentarité mixte.

1.1.1. Les échanges extérieurs

La Figure 2 présente le schéma des relations entre les prix et les détails sur les interrelations entre les différentes quantités. L'apport de ce type de modèle est la faculté du système économique à générer plusieurs types de prix suivant la loi du prix unique. Une exception à cette règle est faite pour les exportations, car le prix d'exportation spécifique (PE) d'un bien *c* n'a pas besoin d'égaler le prix de l'acheteur (PQDc). Nous considérons que les produits destinés à l'exportation (QEc) sont différents de ceux destinés à la vente locale (QDc). Cette différentiation est rendue possible grâce à l'hypothèse d'Armington de substituabilité imparfaite entre les produits destinés à l'étranger et ceux destinés au marché local. En conséquence, une fonction à élasticité de transformation constante (CET) est utilisée afin de décrire la possibilité pour un secteur de vendre sur le marché local ou sur le marché étranger. Le modèle tient compte des biens échangeables et non échangeables, ainsi que des biens produits mais pas consommés localement ou consommés mais pas produits localement. La capacité des producteurs à s'orienter entre le marché national et étranger est déterminée par le niveau d'élasticité de la CET. Si un bien n'est pas exporté, la quantité produite correspond à la quantité fournie au marché intérieur.

Figure 2 : Relations entre les prix et les quantités dans le modèle d'EGC

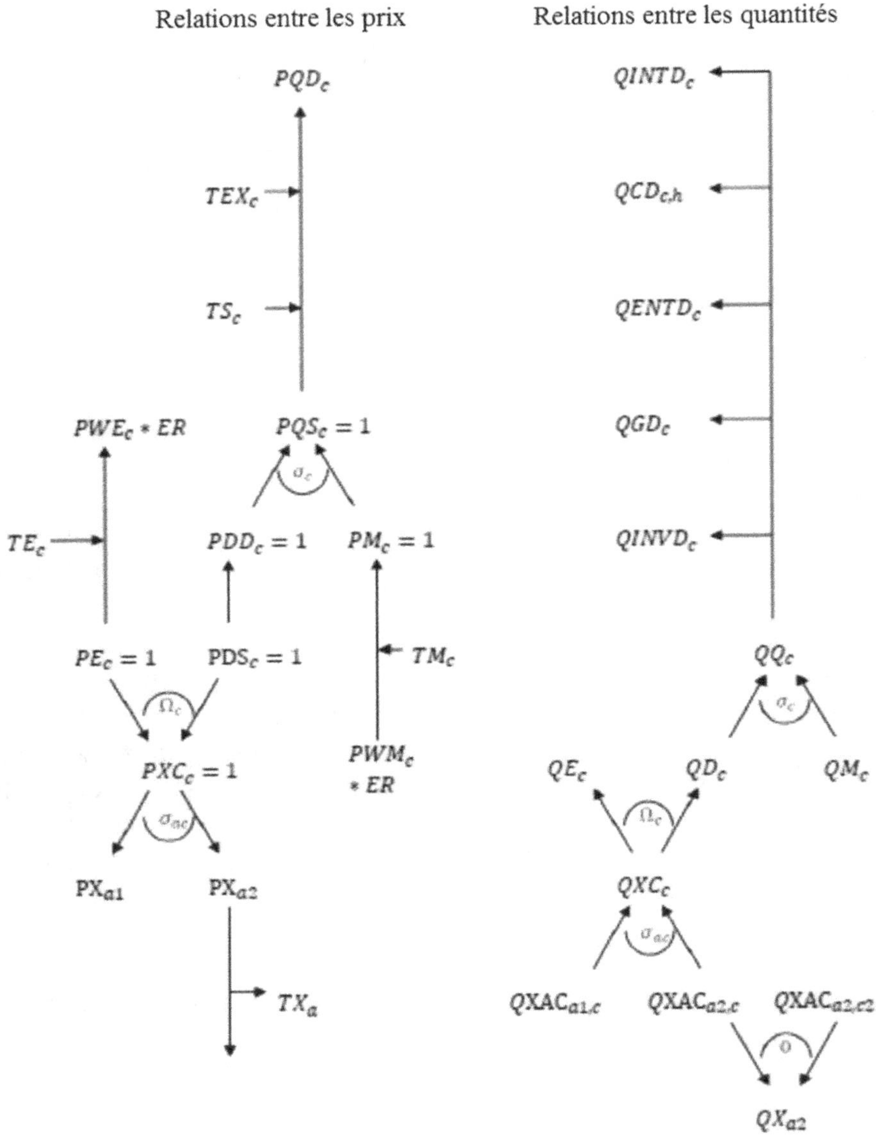

Source : McDonald et Thierfelder (2009)

Le prix à l'exportation (PEc), indiqué à gauche de la Figure 2, est déterminé par le prix du marché mondial (PWEc), le taux de change (ER), les marges commerciales et la taxe à l'exportation. L'hypothèse du petit pays est supposée pour les prix à l'export et à l'import et, par conséquent, ils sont exogènes, à savoir les niveaux d'exportation n'ont aucune influence sur le prix reçu par les exportateurs et la demande d'importation n'en a aucune sur les prix des importations (CIF). Le prix à l'importation (PMc) est déterminé par les prix mondiaux pour les importations, le taux de change, les marges commerciales et la taxe à l'importation. L'approvisionnement du marché intérieur est exprimé par une fonction à élasticité de substitution commerciale constante, permettant de déterminer une allocation optimale entre les biens importés et la production domestique. Cette fonction permet également de rendre compte du degré de substituabilité et donc du degré de différenciation des biens domestiques et importés.

1.1.2. Les prix

Dans le bloc des prix, la formation des prix est celle standard à tous les modèles d'EGC. Toutefois, la spécificité de notre modèle est qu'il inclut le concept du coût de transaction. De ce fait, le modèle d'EGC présente la particularité de comporter de nombreux prix qui permettent de retracer l'évolution du prix de production vers le prix de vente final. Le prix de l'offre composite (PDSc) est une moyenne pondérée entre la valeur de production domestique et les importations. De même, le prix du produit local (PXCc) est égal à la moyenne pondérée de la valeur des exportations et de la production locale. Les agents domestiques consomment l'offre composite (QQc) composée des biens importés et ceux produits localement. Le prix payé par les agents domestiques est égal au prix de l'offre composite incluant les taxes, les droits de douane et les marges de transactions. Deux indices des prix sont définis pour la normalisation des prix : il s'agit de celui de la consommation (CPI) et celui de la production domestique. L'indice des prix à la consommation est l'agrégation des indices de prix à la consommation pondérée par leur part dans la demande totale. L'indice des prix à la production domestique est égal à la somme pondérée des prix à la production, où les facteurs de pondération (poids) sont les parts de chaque secteur dans la production domestique.

1.1.3. La production

Notre modèle prend en compte la possibilité qu'un bien soit produit par plusieurs activités de production. Ce volet permettrait, par exemple, qu'une offre de céréales soit produite par de multiples activités. En outre, le modèle permet qu'une seule activité puisse produire plus d'un bien. Par exemple, le karité peut produire du beurre d'alimentation ou une huile végétale. La production locale (QXCc) est gouvernée par une fonction à élasticité constante des biens produits par plusieurs activités de production (QXACa, c). Ces biens sont combinés selon une fonction de type Leontief, ce qui suppose qu'ils sont combinés en proportions fixes pour générer l'output agrégé.

La production de chaque bien, quant à elle, est caractérisée par une fonction nichée, comme l'illustre la Figure 3. Étant très flexible, le processus de production combine des fonctions de production à élasticité de substitution constante à 4 niveaux. Au premier niveau de cette structure emboîtée, la technologie de production est gouvernée par une fonction CES des quantités de la valeur ajoutée et d'usage des intrants intermédiaires agrégés. Dans chaque branche domestique, les producteurs maximisent leur profit sous les contraintes imposées par la technologie et la disponibilité des facteurs de production. Le prix agrégé des produits intermédiaires est déterminé par les coefficients entrées-sorties intermédiaires, alors que l'output est l'agrégat inputs intermédiaires. La fonction de production au premier niveau est donc fortement séparable, dans la mesure où, le bien composite de facteurs primaires ne peut être substitué aux biens intermédiaires.

Figure 3 : Structure de production dans le modèle d'EGC : prix et quantités

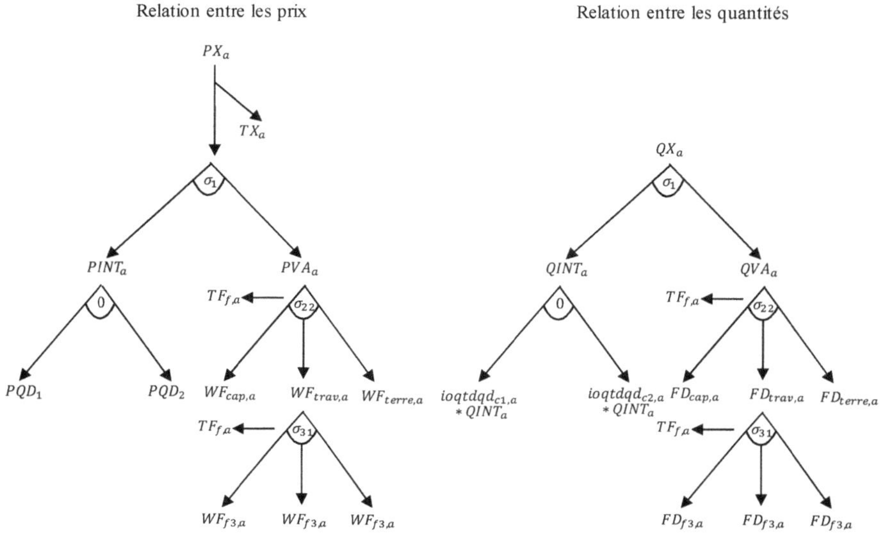

Source : McDonald and Thierfelder (2009)

Au deuxième niveau, l'agrégat inputs intermédiaires est une fonction Leontief des inputs intermédiaires désagrégés. Chaque input représente donc une part fixe des consommations intermédiaires. De plus, les producteurs n'ont pas à choisir leurs inputs entre produits domestiques et importés, puisque les inputs sont des biens composites incorporant importations et produits domestiques. À ce même niveau, la value ajoutée agrégée est donnée par un ensemble de fonctions emboîtées de type CES destinées à capter les substitutions et complémentarités entre les différents facteurs primaires de production. Ces derniers comprennent la terre, le capital et le travail. À des niveaux inférieurs, le modèle d'EGC admet que le travail désagrégé soit ensuite combiné pour produire le travail agrégé, selon une fonction CES.

Les facteurs de production présents à un même niveau du nœud sont équitablement substituables. Comme le montre la Figure 3, notre modèle assume que les différents types de travail ne sont pas substituables de la même manière. Le capital, la terre et le travail agrégé sont quant à eux considérés comme étant substituables de manière égale, selon le niveau de l'élasticité de substitution (σ_{22}). La demande de main-d'œuvre par branche d'activité est obtenue par les conditions de premier ordre du problème de maximisation des profits associée aux fonctions CES. Le taux de salaire est défini comme étant spécifique à chaque facteur de production travail mais diffère selon chaque branche d'activité. Pour une représentation réaliste du contexte de la RDC, on suppose que le marché du travail n'est pas en équilibre, étant donné le taux de salaire qui prévaut dans la solution du modèle et, par conséquent, l'offre et la demande de travail ne s'ajustent pas instantanément. Ce qui permet alors d'inclure le chômage pour le facteur travail.

1.1.4. Les institutions

Les ménages sont agrégés en un seul groupe, car l'analyse sur la distribution des revenus se fait dans le modèle de microsimulation. Les ménages reçoivent leur revenu de plusieurs sources, dont la grande partie provient de la rémunération du travail et des transferts. La rémunération des facteurs capital et travail est répartie en proportions fixes entre les détenteurs des facteurs. Les transferts comprennent ceux de l'État et du reste du monde, ainsi que des transferts entre ménages. Le revenu des ménages est utilisé pour la consommation finale, qui quant à elle est gouvernée par une fonction CES-LES. Dans cette fonction, le comportement de la consommation des ménages consiste en deux composantes : la consommation incompressible et celle discrétionnaire. La consommation incompressible représente le volume du produit que consomme le ménage pour maintenir son standard de vie, indépendamment du niveau des prix et du revenu disponible. La consommation discrétionnaire est quant à elle déterminée par le prix du produit composite et le budget de consommation résiduel du ménage, lorsqu'il a satisfait ses besoins de consommation incompressible. Les ménages maximisent leur utilité selon la fonction d'utilité de Stone et Geary. Cependant, l'introduction de la fonction d'agrégation CES permet la substitution entre les différents biens destinés à la consommation discrétionnaire au niveau supérieur de l'agrégation, et entre la consommation discrétionnaire et celle incompressible au niveau inférieur. En plus des dépenses de consommation, les ménages versent des transferts aux autres ménages. Les transferts entre les ménages sont définis en parts fixes du revenu, après avoir fait des transferts obligatoires (impôts). L'épargne des ménages est résiduelle.

Quant aux entreprises, leur consommation est fixée en quantité réelle suivant un facteur d'ajustement fixe. Il est cependant important de noter que la consommation des entreprises peut aussi varier en proportions fixes, si le facteur d'ajustement est défini comme étant flexible. Après le paiement des taxes et la déduction de l'épargne, les entreprises distribuent, à parts fixes, les profits ou dividendes aux ménages et au gouvernement. L'épargne déduite est quant à elle ensuite répartie à parts fixes entre le financement de la formation brute du capital fixe et la variation des stocks.

Le gouvernement tire son revenu de diverses taxes, auxquelles s'ajoutent les transferts provenant du reste du monde et une part des revenus du capital. Les taxes comprennent les taxes directes, les taxes indirectes nettes des subventions sur les produits, les taxes indirectes nettes des subventions sur la production, les impôts sur les exportations, et les impôts et droits sur les importations. Le gouvernement répartit son revenu entre les transferts aux entreprises, aux ménages et les dépenses publiques. Toutes ces dépenses sont fixées en terme réel. L'écart entre les dépenses et recettes donne le déficit public.

1.1.5. Épargne et investissement

L'épargne contribue à la formation du capital et à la création de la valeur ajoutée. L'ensemble de l'épargne disponible comprend l'épargne des ménages et des entreprises. Pour ces deux types d'épargnes, le modèle utilise une spécification spéciale, avec des possibilités de variation sophistiquées et dérivées en tant que parts du revenu après impôts. L'épargne disponible comprend en outre les provisions pour consommation du revenu des facteurs, le déficit ou l'excédent budgétaire du gouvernement et le solde du compte courant. À l'instar de la consommation des entreprises et de celle du gouvernement, la composition de l'investissement est fixée à celle observée en 2013, l'année de base, et n'est donc pas influencée par l'évolution des prix relatifs.

1.1.6. La fermeture du modèle

L'équilibre général est généralement atteint si tous les marchés – sauf un – sont en équilibres. Les conditions d'équilibre macroéconomiques choisies doivent refléter la politique économique du pays, ou bien le fonctionnement de l'économie locale (Décaluwé, Martens & Savard, 2001). Comme les termes de l'échange sont les canaux de transmission les plus déterminants des chocs externes, les prix internationaux des exportations et des importations sont supposés exogènes, et le taux de change réel sert de variable d'ajustement pour équilibrer le compte extérieur. Pour mieux représenter la capacité de l'État à recourir à l'aide publique étrangère pour compenser les pertes en devises, les déficits et l'épargne extérieurs sont également fixes. L'usage de ce bouclage implique que la chute des cours des matières premières qui aura un effet sur les termes de l'échange produit un grand impact sur le taux de change et, par surcroît, sur le volume des importations. Cette hypothèse implique que l'économie congolaise ne peut pas recourir à l'emprunt extérieur pour couvrir les déséquilibres intérieurs, mais doit plutôt générer des recettes d'exportation suffisantes pour procéder à l'achat des biens et services importés, ce qui est plus ou moins réaliste dans le cas de la RDC.

Pour l'équilibre du compte du gouvernement, l'épargne gouvernementale est considérée endogène, alors que tous les taux de taxes sont fixes pour les institutions domestiques non gouvernementales. Concernant l'épargne et l'investissement, le bouclage du modèle suppose que la propension marginale à épargner des institutions domestiques non gouvernementales s'ajuste à un taux uniforme. Sur ce, les épargnes du secteur privé, du gouvernement et du secteur extérieur doivent être égales à l'investissement total dans l'économie. Ce faisant, et comme l'épargne extérieure et la propension marginale à épargner des institutions domestiques non gouvernementales sont exogènes, alors l'investissement sera généralement induit par l'épargne du gouvernement. Ce bouclage reflète le mieux la vision actuelle et la nature du modèle de développement induit par l'action de l'État. En même temps, cette hypothèse est en partie conforme avec la faible participation du secteur privé dans l'investissement.

Les activités sont transformées en biens et services et les conditions d'équilibre sur le marché des biens indiquent que l'offre soit égale à la demande. Dans le marché des facteurs, l'offre spécifique à chaque facteur doit être égale à la demande agrégée de ceux de même type, plus le stock de chômeurs. La demande de capital est supposée fixe et entièrement utilisée par les différents secteurs de l'économie alors que le travail est mobile entre secteurs.

1.1.7. Calibrage du modèle d'EGC

Les données nécessaires pour le modèle d'EGC sont issues de la matrice de comptabilité sociale (MCS) représentant l'économie de la RDC en 2013. La MCS combine plusieurs sources d'information dont les comptes économiques, tels que le Tableau des ressources et emplois (TRE) et le Tableau de comptes économiques et intégrés (TCEI) et les enquêtes sur les ménages. Ces informations ont ensuite été réconciliées en utilisant les méthodes RAS et d'entropie croisée, pour produire une MCS consistante pouvant servir de base à cette étude sur l'économie de la RDC. La MCS utilisée pour le calibrage du modèle d'EGC est documentée dans Otchia (2018). Elle contient 18 comptes d'activités, 18 comptes de biens et services, et un compte regroupant les marges commerciales. Les facteurs de productions sont répartis en travail qualifié, travail non qualifié, capital, et terre. Le compte de ménages comprend un seul ménage agrégé. Les taxes et impôts sont quant à eux présentés dans cinq comptes séparés, distinguant les taxes directes, les taxes indirectes sur les produits (nettes de subventions), les taxes indirectes sur la production (nettes de subventions), les impôts sur les exportations, et les impôts et droits sur les importations.

La MCS développée pour cette étude partage les caractéristiques communes à toutes les autres MCS standard mais contient aussi ses spécificités. La structure de la matrice distingue les branches d'activités des produits, ce qui prend en compte la possibilité qu'une branche d'activités produise plusieurs biens et services et qu'un bien ou service soit produit par plusieurs branches. La MCS introduit aussi les marges commerciales qui représentent les coûts de transaction entre les producteurs et consommateurs. Cette matrice est utilisée dans la Section 2 pour présenter les caractéristiques saillantes de l'économie de la RDC.

1.2. Modèle de microsimulation

Le modèle de microsimulation, utilisé dans cette étude, est un modèle arithmétique qui sert à générer le changement dans la distribution des revenus à la suite d'un choc exogène. C'est un modèle de microsimulation qui se fonde sur le comportement des 21 454 ménages contenus dans l'enquête 1-2-3 de 2012 produite par l'Institut national de la statistique en RDC. Le modèle suppose que le bien-être des ménages dépend de leurs dotations et caractéristiques socio-économiques, de la rémunération de facteurs de production et de leur comportement quant à l'allocation des ressources sous réserve des contraintes institutionnelles (Bourguignon & Ferreira, 2005 ; Essama-Nssah *et al.*, 2007). Pour tenir compte de ces effets, le modèle de microsimulation comporte deux composantes : un modèle de participation au marché de travail et un modèle d'enveloppe du bien-être des ménages.

1.2.1. Le modèle de participation au marché de travail

Le modèle de participation au marché de travail est utilisé pour estimer l'offre du travail dans les trois segments du marché du travail. La méthodologie pour la segmentation du marché du travail suit le modèle non compétitif proposé par Magnac (1991), Savard (2003), Cogneau and Robilliard (2008), et plus récemment par Atuesta and Hewings (2012). Le modèle émet l'hypothèse qu'il incombe aux travailleurs de choisir s'ils souhaitent ou pas de participer au marché de travail, ce qui signifie qu'ils décident de participer au marché urbain formel ou à celui urbain informel, ou simplement de ne pas participer au marché de travail urbain. D'autre part, les travailleurs qui ne participent pas au marché de travail urbain peuvent décider de migrer et d'être employés dans les milieux ruraux. La décision de migrer dans d'autres marchés de travail est gouvernée par les changements des taux de salaires, obtenus à partir du modèle d'EGC. Ces variations sont utilisées pour calculer les mouvements migratoires à travers les différents marchés de travail et le changement de l'offre du travail. Celui-ci est ensuite retransmis dans le modèle d'EGC, et les variations du taux de salaire du modèle d'EGC sont utilisées pour calculer le changement de l'offre du travail et les mouvements migratoires dans les trois marchés de travail.

Le Tableau 1 présente les caractéristiques du marché de travail à l'état initial. Globalement, le secteur rural contribue pour près de 60 % à l'emploi. Ceci s'explique grâce à l'importance de l'agriculture dans l'économie de la RDC, pour laquelle la majeure partie des activités a lieu dans les milieux ruraux. Environ 7,53 % des travailleurs sont dans le secteur formel urbain, alors que 25,32 % sont dans le secteur urbain informel. La majorité des travailleurs dans le secteur formel sont des femmes et des travailleurs âgés. Les travailleurs ruraux, quant à eux, ont généralement un niveau d'éducation faible, et ont tendance à avoir plusieurs emplois en même temps. Le Tableau 1 révèle en outre que les salaires sont plus élevés dans le secteur formel urbain, suivi de celui informel et rural. Autre détail intéressant, le salaire d'acceptation des chômeurs est plus élevé que ceux des travailleurs dans les trois segments du marché d'emploi.

Tableau 1 : Caractéristiques du marché du travail en RDC

	Rural	Formel-urbain	Informel-urbain	Chômeurs
Secteurs de travail				
Salaire journalier	10.12	11.38	10.51	13.06
	(0.96)	(0.85)	(1.05)	(2.27)
Sexe masculin (%)	0.52	0.24	0.52	0.51
	(0.50)	(0.42)	(0.50)	(0.50)
Âge	34.47	41.10	36.73	30.57
	(12.49)	(10.79)	(11.37)	(10.23)
Années d'études	5.00	12.45	7.35	8.91
	(4.34)	(3.54)	(4.51)	(4.67)
Emplois multiples	0.26	0.19	0.18	
	(0.44)	(0.39)	(0.38)	
Personnes travaillant en HH	2.19	1.84	2.13	1.14
	(1.08)	(0.98)	(1.05)	(1.00)
Nombre d'enfants (< 3 ans)	0.66	0.53	0.63	0.52
	(0.78)	(0.69)	(0.75)	(0.72)
Total	60.39	7.53	25.32	6.76

Source : Élaboré par l'auteur sur base de l'enquête 1-2-3 (2012)

Pour estimer les salaires potentiels, le marché du travail et le salaire de réservation pour ceux qui décident d'être au chômage, nous utilisons le modèle de sélection de Heckman. Cette méthode est une approche statistique en deux étapes pour corriger les biais de sélection. Dans la première étape, le modèle probit bivarié de la décision conjointe de vivre dans le milieu rural ou urbain et de participer à l'un des marchés du travail ou d'être au chômage est estimé. Ensuite, le ratio de Mills pour ajuster la matrice de covariance à l'étape suivante est calculé. Les résultats des régressions du salaire potentiel sont donnés dans Otchia (2018). Étant donné les salaires potentiels, le coût d'entrée et le salaire d'acceptation, les travailleurs peuvent choisir de migrer dans les différents marchés de travail sur base des conditions suivantes (Cogneau et Robilliard, 2008 ; Savard, 2003) :

- secteur rural si $w^R > w^E$;
- chômage si $w^0 > w^E$, $w^0 > w^I$, et $w^0 > w^F - coût_f$;
- secteur informel si $w^I > w^R, w^I > w^0$, et $w^I > w^F - coût_f$; (2)
- secteur formel si $w^F - coût_f > w^R$, $w^F - coût_f > w^0$, et $w^0 > w^F - coût_f > w^I$.

Où w^R est le salaire potentiel en milieu rural pour le travailleur i ; w^0 est le salaire d'acceptation du travailleur urbain i ; w^I est le salaire potentiel du travailleur i du secteur informel ; et $w^F - coût_f$ est le salaire potentiel du travailleur i du secteur formel moins le coût d'entrée dans le secteur formel. Le concept du salaire présumé utilisé dans ce travail suit Harris and Todaro (1970), comme implémenté par Atuesta and Hewings (2012), et est calculé comme le produit du salaire urbain et de la probabilité de trouver un travail dans le milieu urbain. Enfin, l'offre du travail est la somme des offres individuelles dans chaque segment du marché de travail, pondéré par le facteur d'expansion disponible dans l'enquête des ménages. Les offres de travail vont servir comme inputs dans le modèle d'EGC.

1.2.2. Le modèle d'enveloppe du bien-être des ménages

Le modèle suppose que le choc occasionné par la chute des prix mondiaux des minerais affecte le bien-être des ménages en modifiant les prix du marché intérieur, les prix à la production et le revenu des facteurs. Cette hypothèse, à son tour, implique que les effets sur le bien-être dépendent du mode de consommation des ménages et de leur dotation en facteurs. Les changements dans le revenu provenant des facteurs de production (dF_f/F_f), les prix des produits commercialisés (dp_g/p_g) et les prix à la production (dp_{hg}/p_{hg}) du modèle d'EGC sont introduits dans le modèle de microsimulation pour déterminer le bien-être, les gains ou pertes de chacun des 21 454 ménages. La fonction de changement de bien-être de premier ordre W_h/y_h est donnée comme

$$dy_h/y_h = \sum_l \emptyset_h^f (dF_f/F_f) - \sum_g \theta_h^g (dp_g/p_g) - \sum_{hg} \theta_h^{hg} (dp_{hg}/p_{hg}) \quad (3)$$

où $\emptyset_h^f$ est la part de la catégorie du facteur de production f dans le revenu du ménage h, θ_h^g est la part du bien commercialisé g dans la dépense de consommation totale du ménage h, θ_h^{hg} est la part du bien produit pour autoconsommation g dans la dépense de consommation totale du ménage h et y_h est le revenu du ménage.

1.3. Interaction entre le modèle d'EGC et de microsimulation

Cette étude intègre le modèle EGC et le modèle de microsimulation, en utilisant une communication séquentielle à double sens, dite de haut en bas et de bas en haut (Savard, 2003). Cette méthode crée une liaison bidirectionnelle entre le modèle d'EGC et le modèle de microsimulation, qui consiste à transmettre les changements des variables macroéconomiques obtenues dans le modèle d'EGC dans le modèle de microsimulation, et de transmettre les variables sur les comportements individuels simulés dans le modèle de microsimulation dans le modèle d'EGC jusqu'à ce que le point fixe soit atteint. Cette approche commence par la résolution du modèle d'EGC et transmet sa production (variations de prix et de salaires) au modèle de microsimulation. Les changements de salaires sont d'abord envoyés au modèle de microsimulation pour estimer l'offre de travail. Une fois que la microsimulation est résolue, la production (demande de main-d'œuvre et consommation) est ramenée au modèle d'EGC, et les interactions sont réalisées jusqu'à ce que les deux modèles produisent des résultats convergents. Nous avons développé un algorithme dans lequel les itérations s'arrêtent lorsque les changements des variables demeurent suffisamment inchangés, d'une itération à une autre.

2. Structure de l'économie congolaise

Se servant de la MCS développée pour cette étude, cette section présente les caractéristiques essentielles de l'économie congolaise pour servir de guide à l'analyse des résultats des simulations. Le Tableau 2 présente les contributions sectorielles de chaque facteur des productions dans la valeur ajoutée totale. Par exemple, on observe que le secteur minier contribue le plus à la valeur ajoutée de l'économie de la RDC, représentant à peu près 24,3 % de la valeur ajoutée totale. Ce secteur est relativement intensif en capital (44,2 %) et en travail non qualifié (31,8 %). Après le secteur minier, viennent l'agriculture et les produits alimentaires transformés. Comme on peut l'imaginer, le secteur agricole est très intensif en facteur terre et en facteur travail non qualifié, ce qui réduit la contribution du facteur capital. En effet, le travail non qualifié constitue un substitut assez parfait du capital dans un secteur agricole caractérisé par les petits fermiers et une agriculture d'autosuffisance. L'industrie alimentaire comme les autres secteurs industriels (utilités et construction y compris) utilisent moins le facteur travail qualifié, à des proportions inférieures à 15 %. Finalement, il convient de noter que le facteur travail qualifié est plus concentré dans les services. Ces informations sont importantes pour l'analyse des résultats du modèle d'EGC.

Tableau 2 : Structure de la production

	Value ajoutée	Contribution			
		Capital	Travail qualifié	Travail non qualifié	Terre
griculture	17.31	9.08	12.97	17.14	60.81
oresterie	5.85	62.41	4.99	32.60	
xtraction minière	24.33	44.20	24.02	31.78	
dustrie alimentaire	14.25	74.35	6.45	19.20	
roduits textiles	2.09	70.30	6.14	23.56	
dustrie du bois	0.76	49.25	11.51	39.24	
étrole raffiné	2.68	72.27	11.34	16.39	
oduits chimiques	2.43	71.48	6.12	22.39	
oduits non métalliques	0.61	55.90	9.61	34.49	
utres industries nufacturières	3.48	80.05	8.02	11.93	
ilités	0.65	57.92	8.84	33.24	
onstruction	1.56	58.22	8.22	33.56	
ommerce	0.08	69.20	21.40	9.40	
ôtels et restaurants	1.43	82.66	10.10	7.24	
ansport	4.07	74.21	21.75	4.04	
ucation	4.94	67.62	27.44	4.94	
vices financiers	1.33	72.98	15.79	11.23	
utres services	12.16	66.33	29.68	3.99	

Source : MCS 2013

Un point essentiel dans l'analyse de la structure économique d'un pays est l'identification des secteurs clés ayant des effets d'entraînement amont et aval importants en termes de pouvoir de diffusion de l'effet d'un choc. Dans la Figure 4, nous présentons une visualisation des secteurs clés de l'économie de la RDC sur base de l'intensité pondérée liens amont et aval. Il y a six secteurs clés éparpillés entre secteur primaire et tertiaire.

Ces secteurs clés sont : agriculture, industrie alimentaire, extraction minière, commerce, transport et autres services. Cependant, parmi ces secteurs clés, l'extraction minière n'a que peu d'effets d'entraînement dans le reste de l'économie. Ceci s'explique par le fait que l'extraction minière est totalement extravertie avec peu de value ajoutée domestique. Son identification comme secteur clé est beaucoup plus due à sa taille qu'à l'intensité pure de ses liens avec le reste de l'économie. L'analyse des secteurs clés montre également le potentiel de la RDC à créer les chaînes des valeurs agricoles domestiques. En effet, l'identification de l'agriculture et l'industrie alimentaire comme secteurs clés montre qu'une stratégie de développement basée sur l'agroalimentaire aura des effets d'entraînement très larges dans le reste de l'économie. En plus, ces effets seraient amplifiés si accompagnés d'une politique commerciale et d'infrastructure efficace.

Figure 4 : Secteurs clés de l'économie congolaise

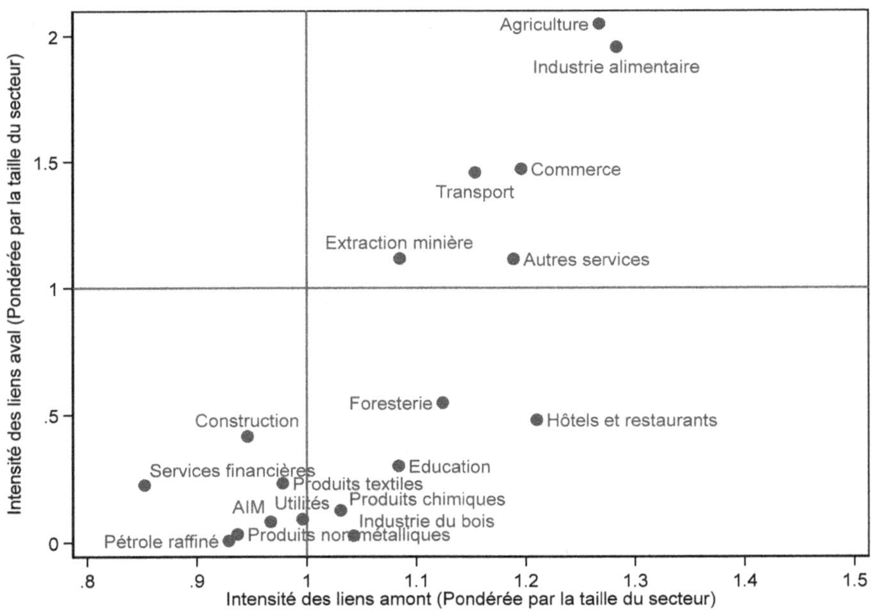

Note : AIM : Autres industries manufacturières

Source : MCS 2013

Le Tableau 3 résume la structure du commerce extérieur de la RDC. Les colonnes (1) et (2) présentent la contribution de chaque secteur aux importations totales, ainsi que la part des importations dans la production domestique. Ce deuxième indicateur mesure le degré selon lequel la production domestique est concurrencée par les importations. Les informations dans le Tableau 3 renseignent que les produits industriels constituent près de 75 % des importations de la RDC. Ceux-ci sont généralement constitués des produits alimentaires transformés (11,5 %), pétrole raffiné (19,2 %) et produits chimiques (12,3 %). On observe que le secteur minier, bien que représentant une part minime dans les importations, est le secteur qui fait le plus face à la concurrence internationale. Il est suivi par tous les produits manufacturiers, à l'exception des produits alimentaires transformés et du textile. Parmi les autres produits manufacturés très concurrencés, on observe la présence de plusieurs secteurs dont la RDC est dotée en ressources, comme le bois et le pétrole. Ceci est un signe du manque de transformation économique et du syndrome hollandais, dont on a relevé l'importance dans l'introduction. Cela indique que la RDC continue toujours à exporter des produits à faible valeur ajoutée et importe des produits similaires transformés. Cette structure demeure presque inchangée depuis l'indépendance.

Tableau 3 : Structure des échanges

	Importations	M/Q	Exportations	X/XS
	1	2	3	4
Agriculture	2.99	5.42	1.20	2.86
Foresterie	0.03	0.30	0.60	4.32
Extraction minière	4.56	100.00	92.84	100.00
Industrie alimentaire	11.49	15.37	0.34	0.65
Produits textiles	2.69	25.00	0.06	0.85
Industrie du bois	4.19	61.04	0.28	11.75
Pétrole raffiné	19.18	66.47	0.02	0.21
Produits chimiques	12.28	55.45	0.12	1.51
Produits non métalliques	3.47	56.74	0.03	1.35
Autres industries manufacturières	21.85	66.31	1.22	12.13
Utilités				
Construction	0.02	0.13	0.08	3.64
Commerce				
Hôtels et restaurants	1.66	11.66	0.07	0.77
Transport	9.75	45.03	2.35	20.81
Éducation				
Services financiers	0.50	6.12	0.63	9.91
Autres services	5.34	8.72	0.17	0.41

Note : M/Q = Importation en pourcentage de la demande domestique, X/XS = Exportation en pourcentage de la production domestique

Source : MCS 2013

La structure d'une économie peu transformée est aussi visible lorsqu'on observe les colonnes (3) et (4) sur la structure des exportations. En lisant la colonne (3) qui présente la part de chaque secteur dans les exportations totales, on observe que le secteur minier représente la quasi-totalité des exportations de la RDC, soit près de 93 %. Les parts de l'agriculture et des autres produits manufacturiers sont restées quasiment similaires à l'année 2005, par exemple. Par contre, il est intéressant de documenter le potentiel du secteur de transport dans les exportations de la RDC. Comme l'a bien démontré Otchia (2013), la RDC a un potentiel énorme dans la création des chaînes de valeurs régionales, grâce à son potentiel agricole et routier. Elle a aussi un grand potentiel d'exportation dans le domaine du transport. Ce résultat corrobore également avec notre analyse précédente sur les secteurs clés de l'économie congolaise. En effet, la colonne (4), qui présente la part des exportations dans la production totale, montre que le transport y est très intensif. Ce secteur exporte près de 21 % de sa production. Cependant, il convient de rappeler que le secteur minier est le plus intensif en export. Le ratio d'intensité des exportations de 100 % montre que la totalité de la production minière est exportée. Considérée dans son ensemble, la structure du commerce extérieur de la RDC montre que le secteur minier constitue la charnière de l'économie congolaise en termes de valeur ajoutée mais en même temps, ce secteur est très dépendant de l'extérieur. Les secteurs alimentaire et textile sont plus orientés vers le marché local et font moins face à la compétition internationale.

3. Les conséquences socio-économiques de la chute du prix des matières premières

Le reste de cette étude utilise le modèle d'EGC combiné au modèle de microsimulation décrit ci-haut, pour analyser les conséquences économiques et sociales de la chute du prix des matières premières et quelques stratégies de réponse. L'analyse s'intéresse d'abord à l'effet instantané de la baisse du prix des minerais, et les réponses en termes de politiques sont abordées dans la section suivante. Notre simulation consiste à analyser les effets d'une chute des cours mondiaux des matières premières de 20 %. Dans le modèle d'EGC, ce choc est exécuté en baissant simultanément les prix mondiaux à l'exportation et à l'importation du secteur minier.

3.1. Impact sur les variables macroéconomiques

La chute des cours des matières premières aura comme conséquence immédiate la détérioration des termes de l'échange. Le Tableau 4 indique qu'une baisse simultanée des prix mondiaux à l'exportation et à l'importation de 20 % sera accompagnée d'une baisse des termes de l'échange de 17,80 %. Les termes de l'échange ont un effet sur l'investissement, à travers le revenu et la rentabilité dans le secteur des biens d'exportation, qui se propage dans d'autres secteurs grâce aux effets multiplicateurs. Cette baisse des prix des produits échangeables par rapport aux produits non échangeables dépend généralement de la décision de consommation et d'investissement des agents économiques domestiques et étrangers. La détérioration des termes de l'échange engendre nécessairement une baisse des recettes d'exportations et des recettes gouvernementales, étant donné que près de 96 % des recettes d'exportations proviennent essentiellement des industries extractives.

Au vu de la baisse des recettes publiques, on aurait déduit intuitivement une baisse des dépenses courantes de l'État pour contenir le déficit, mais c'est l'effet contraire qui a été constaté. Étant donné que l'État maintient son train de vie en gardant la ligne des dépenses, l'épargne publique baisse de 1,4 % du PIB pendant que les recettes fiscales directes baissent de 2,9 % suite à la chute de la rentabilité des industries extractives. D'importantes conséquences sont aussi observées au niveau du secteur privé, où la consommation finale des ménages a subi une forte détérioration (-12,59 %). Cette baisse est imputable à l'augmentation générale des prix (4,2 %) et à la baisse des revenus des ménages. En outre, les investissements, financés en grande partie sur le budget de l'État, baissent significativement de 71,70 %. Cette baisse est directement attribuable au comportement du gouvernement en matière des dépenses, à la baisse de l'épargne publique (-1,40 %), à laquelle on associe une baisse de l'épargne privée (-1,60 %).

Tableau 4 : Impact de la baisse des prix mondiaux des minerais

	Simulation initiale	Analyse de sensitivité			
	S1	S1a	S1b	S1c	S1d
Fermetures macroéconomiques					
Epargne-Investissement	Inv. s'ajuste à l'épargne	Inv. fixé en parts absolues	Epargne s'ajuste à linv.	Inv. s'ajuste à l'épargne	Inv. s'ajuste à l'épargne
Gouvernment	Epargne du gouv. flexible	Epargne du gouv. flexible	Epargne du gouv. flexible	Epargne du gouv. fixé	Epargne du gouv. flexible
Variables macroéconomiques (Variation réelle)	Variation par rapport à la situation de base				
Absorption	-12.59	-12.68	-12.84	-12.65	-13.61
Consommation privée	-12.59	-13.20	-17.04	-14.16	-13.16
Investissement	-71.70	-31.97		-45.15	-85.44
Consommation publique		-6.57			0.00
Exportations	4.24	5.51	6.11	4.90	2.83
Importations	-19.17	-17.82	-17.19	-18.47	-20.69
PIB au prix du marché	-2.06	-2.01	-2.09	-2.03	-3.07
Taxes indirectes nettes	-6.05	-5.07	-4.99	-5.66	-7.38
PIB au prix des facteurs	-0.49	-0.52	-0.52	-0.48	-1.42
Rémuneration des facteurs					
Facteur travail qualifié	-0.90	-1.37	-0.49	-0.75	-3.20
Facteur travail non qualifié	-0.92	0.18	-0.58	-0.79	-3.71
Facteur capital	-5.10	-6.85	-5.06	-5.13	-10.87
Facteur terre	-15.98	-13.86	-18.82	-16.86	-21.12
Variation équivalente					
Ménage rural	-870.58	-835.53	-1172.30	-974.70	-900.97
Ménage urbain	-1585.28	-1762.52	-2172.19	-1793.45	-1653.91
Variation nominale	Variation par rapport à la situation de base				
Taux de change réel	35.50	39.60	42.20	37.80	35.90
Taux de change nominal	52.30	57.10	59.90	55.00	46.30
Indice des prix à la consommation	4.20	4.80	3.30	3.90	0.00
Termes de l'échange	-17.80	-17.80	-17.80	-17.80	-17.80
Investissement (% du PIB nominal)	-2.50	-0.30	1.50	-1.10	-3.10
Epargne privée (% du PIB nominal)	-1.60	-2.20	1.60	-1.70	-1.70
Epargne étrangère (% du PIB nominal)	0.60	0.60	0.60	0.60	0.60
Balance commerciale (% du PIB nominal)	-6.40	-7.00	-7.10	-6.70	-6.70
Epargne publique (% du PIB nominal)	-1.40	1.30	-0.80		-2.00
Recettes douanières (% du PIB nominal)	0.30	0.40	0.40	0.30	0.30
Recette fiscales directes	-2.90	-3.30	-3.30	-1.90	-3.10

Source : Modèle d'EGC et de microsimulation

En outre, la détérioration du terme de l'échange affecte les réserves d'échanges de la RDC qui sont généralement très faibles et vulnérables grâce à la forte spécialisation du pays dans les exportations de matières premières. La perte de la compétitivité extérieure a pour effet direct de détériorer la balance des transactions courantes et, par conséquent, engendre une réduction de la demande intérieure à travers une réduction des importations. On constate une baisse significative du volume des importations de tous les biens en moyenne de 19,17 %. La baisse significative des importations est attribuée à la dépendance des importations pour la consommation domestique, qui sont financées par les recettes en devises provenant des exportations. Étant donné que la RDC dépend largement des importations, ceci étant dû à l'inexistence de la production domestique, la Banque centrale (BCC) intervient généralement pour assurer l'importation des biens de nécessité[1]. Ceux-ci sont financés par les avances de la Banque centrale et ont conduit à une injection des liquidités importantes qui gênent et qui accroissent la demande sur le marché des biens et services et sur le marché de change. Cette situation contribue à augmenter la pression sur le solde du compte courant extérieur, qui se traduirait par une dépréciation du taux de change réel et, par conséquent, une hausse des prix intérieurs.

Les résultats du modèle suggèrent un impact très significatif sur le taux de change, qui se déprécie de 35,50 %. Par ailleurs, cette dépréciation incite les producteurs locaux à exporter plus en quantité afin d'être en mesure d'importer. Ce mécanisme s'explique par le fait que la RDC poursuit un régime de change flexible, l'ajustement se fait par le changement du taux de change nominal pour rétablir la balance commerciale. Comme cela devrait être le cas, les exportations augmentent légèrement de 4,24 % pour absorber les effets négatifs de la baisse des prix mondiaux des matières premières. L'analyse du commerce extérieur montre une baisse importante des importations dans tous les secteurs. L'augmentation des exportations est due à la fixité du solde commercial, dans le sens où la baisse des importations est compensée par un surplus d'exportation. Ce cas est irréalisable à l'état actuel de l'économie congolaise, caractérisé par une dominance quasi totale des exportations des minerais. Ainsi, à défaut d'une diversification de son économie, la

[1] Entre janvier 2016 et janvier 2017, par exemple, la BCC est intervenue, six fois, en vendant les réserves internationales sur le marché des changes pour contenir la dépréciation de la monnaie nationale et l'augmentation de l'inflation, après le choc de la chute des cours des produits de base (Tcheta-Bampa, Inédit).

RDC pourrait avoir recours à moyen terme à l'endettement étranger pour contenir une baisse durable des prix des minerais.

L'effet cumulé de ce choc conduit inéluctablement à une baisse effective de la production. Le PIB baisse de 2,06 %, ce qui est la résultante du ralentissement de l'activité économique et accentué par les réponses non adaptées des politiques. Le niveau de l'activité domestique baisse de 0,2 %. Cependant, cette baisse de l'activité économique a des effets plus néfastes sur les revenus des ménages. En observant la structure des revenus liés à l'emploi des facteurs de production, par exemple, on remarque que les ménages détenteurs des terres subissent une forte détérioration de leurs revenus, car la part des revenus liés à l'emploi du facteur terre chute de 15,98 %. Cette baisse est due aux secteurs non échangeables qui subissent une perte de compétitivité et donc une baisse de production et du fait que le facteur terre est fixe à court terme. Concernant le facteur capital, on observe qu'il chute de 5,10 % pendant que les salaires provenant des facteurs travail qualifié et non qualifié baissent de 0,90 et 0,92 %, respectivement. Un examen plus global du revenu total indique que la baisse simultanée des prix d'exportation et d'importation des produits miniers entraîne, comme on l'a dit plus haut, une baisse totale des revenus. Cependant, on observe que les ménages congolais voient leur revenu total baisser de 12,40 % pour les ménages ruraux et de 9,43 % pour les ménages urbains. Comme la rémunération des facteurs de production représente la principale source de revenu des ménages, on observe que le revenu des ménages ruraux est plus touché parmi les autres, à cause du facteur terre dont les rendements ont été très affectés par le choc.

Enfin, la Figure 5 présente les effets du choc sur la distribution du bien-être des ménages de la RDC, obtenus grâce au modèle de microsimulation. Cette figure rapporte la courbe de la croissance du revenu développée par Duclos and Araar (2006) et Duclos (2009). Cette courbe permet d'analyser l'impact des politiques sur les différents percentiles de la distribution de dépenses pour l'ensemble des ménages. Elle diffère de la courbe d'incidence de la pauvreté de Ravallion et Chen (2003), notamment parce qu'elle considère le taux de croissance du revenu jusqu'au *p* quantile et non au *p*-ième quantile. L'axiome de monotonicité et les critères pro-pauvres de second ordre y sont respectés (Bocanfuso *et al.*, 2009). La Figure 5 montre le caractère néfaste de la baisse des prix des minerais sur le bien-être des ménages congolais. En effet, les ménages pauvres sont les plus affectés, alors que les ménages riches voient aussi leur bien-être se détériorer mais dans une moindre mesure. La ville de Kinshasa semble être la plus affectée, suivie de la région ouest, qui, plus est, est très proche de Kinshasa.

Figure 5 : Impact sur la distribution des revenus

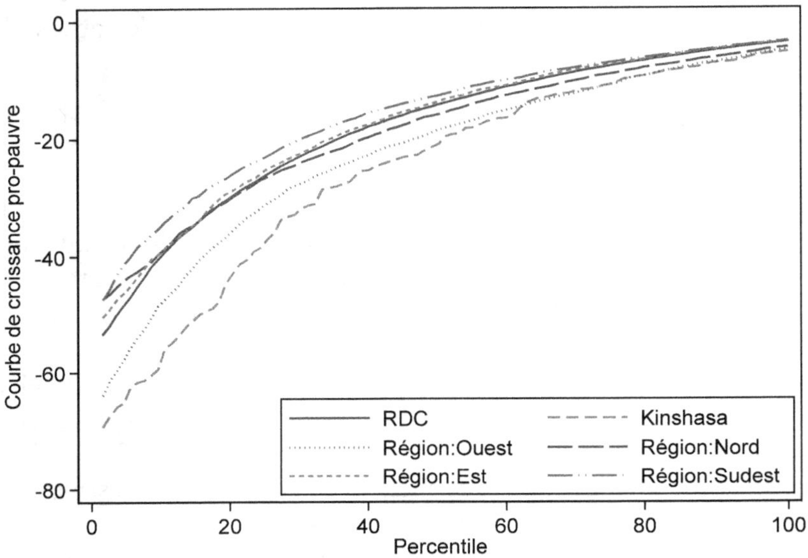

Source : Modèle d'EGC et de microsimulation

3.1. Analyse de sensibilité par rapport au bouclage macroéconomique

Comme évoqué plus haut, les simulations sur base des modèles d'EGC nécessitent les valeurs supposées pour les bouclages macroéconomiques et les comportements des paramètres. Dans le cadre de nos simulations, nous avions assumé (i) un taux de change flexible, impliquant que l'épargne étrangère est donnée de manière exogène dans le modèle ; (ii) des investissements stables, impliquant que l'épargne des institutions nationales s'ajuste de manière endogène pour équilibrer les investissements exogènes ; (iii) l'épargne publique est flexible, impliquant que le taux d'imposition sur les institutions nationales est fixe et (iv) le numéraire est l'indice des prix à la consommation, impliquant un indice des prix à la production flexible. Bien que ces fermetures tiennent compte des réponses des politiques du gouvernement et du contexte de l'étude, elles peuvent aussi influencer les résultats des simulations. En vue de valider nos résultats, une analyse de sensibilité des fermetures est donc nécessaire. Comme il est impossible de valider le modèle de la même façon que les modèles macroéconomiques en examinant la précision avec laquelle il décrit le passé, l'analyse de sensibilité est effectuée en comparant les résultats de la simulation 1 à ceux obtenus en considérant les différentes fermetures macroéconomiques.

Le Tableau 4 présente une synthèse de l'impact macroéconomique de la baisse des cours des matières premières tel que décrit dans le scénario de sensibilité. Nous avons retenu trois fermetures pour appliquer notre analyse de sensibilité. Les différentes fermetures sont données dans le Tableau 4 (S1a, S1b, S1c). À titre de comparaison, la simulation de base (S1), discutée dans la section précédente, est également affichée. Quelle que soit la fermeture macroéconomique, les effets de la chute des prix mondiaux sont qualitativement similaires. Aucun changement au niveau du signe des variables n'a été constaté, à part la rémunération du facteur travail non qualifié qui devient positive dans la simulation 1a. Cependant, on observe des variations en termes de magnitude et qui sont, dans la plupart des cas, très faibles. Comme attendu, la différence la plus marquée est attribuée au comportement de l'investissement, grâce à son rôle dans le rétablissement de l'équilibre du modèle. En outre, les magnitudes du choc sont plus importantes lorsque les investissements sont exogènes.

3.2. Analyse de sensibilité liée au marché des facteurs

Le modèle de base suppose que les facteurs de production sont mobiles entre secteurs et qu'un revenu global s'ajuste avec la demande des facteurs endogènes pour équilibrer le marché là où un montant de facteur fixe est fourni. Les taux de rente des facteurs sont propres à une activité et dépendent du revenu global, ainsi que des facteurs exogènes de distorsion entre revenus propres à une activité. Sous cette fermeture, le revenu global agit comme l'une des variables clés à travers laquelle les chocs économiques sont transmis entre les secteurs. Comme les demandes de facteurs sont endogènes, il est à prévoir un mouvement important dans l'utilisation des ressources en réponse aux chocs exogènes. Le modèle alternatif, examiné dans cette étude, suppose que le marché des facteurs est segmenté et qu'il existe un salaire propre à une activité qui équilibre le marché. Sous cette fermeture, la demande des facteurs est exogène, ce qui implique que le contenu des facteurs de la technologie de production ne change pas entre les simulations. Dans le moyen terme, il est possible que tous les facteurs de production deviennent mobiles grâce au changement structurel et s'allouent là où ils sont utilisés efficacement. Pour mesurer cet effet, nous conduisons la simulation de base (simulation 1), tout en supposant la mobilité complète de tous les facteurs de production.

Le Tableau 4 compare les changements des revenus des facteurs selon qu'ils sont fixes (simulation 1) ou mobiles (simulation 1d). Les résultats obtenus sont très proches des résultats initiaux, mais c'est plutôt les magnitudes du choc qui varient. Les effets sont amplifiés par rapport au choc à court terme en poussant à la baisse tous les prix locaux. Les variations de la rémunération des facteurs de production sont très larges dans le long terme à cause de la détérioration de l'investissement qui baisse de 85,44 %. Ces résultats sont très indicatifs et peuvent être comparés à l'évolution du taux de change de la RDC après le choc.

4. Réponses en termes de politique économique

Bien que l'objectif principal de cette étude soit les effets, sur l'économie et le bien-être, des chocs de prix des matières premières minérales, il est utile de présenter l'impact des réponses telles que préconisées par le chef des responsables publics de la RDC. Plusieurs politiques de réponses sur le taux de change ont été soulevées par le gouvernement de la RDC, en vue de faire face à la crise. Comme nous l'avons déjà indiqué, la baisse des prix mondiaux a diminué les recettes en devises de la RDC, ce qui a détérioré les termes de l'échange et explique la diminution des importations. La très forte baisse des recettes affecte le budget de l'État. Pour faire face à cette situation, le pays n'a pas hésité à demander, aux donateurs internationaux, un soutien financier d'urgence pour contenir l'inflation, qui devrait atteindre les 30 % cette année. Une autre mesure aussi évoquée a été la stricte application de la mesure du Code minier, qui oblige les entreprises minières de rapatrier, via le circuit bancaire, 40 % de revenus bruts en devises de leurs exportations. En effet, le Code minier propose deux options de rapatriement des capitaux. La première consiste en un rapatriement des recettes d'exportations à 40 %. Il s'agit du rapatriement des sociétés minières qui ont des comptes en devises, qu'on appelle comptes principaux, auprès des banques étrangères de réputation internationale qui rapatrient à partir de ce compte, 40 % des recettes d'exportation dans leurs comptes nationaux tenus en RDC. Le deuxième rapatriement comprend celui des recettes d'exportation à 100 %. C'est le rapatriement des sociétés minières qui n'ont pas de comptes, appelés comptes principaux, auprès des banques étrangères de réputation internationale et leurs clients, à partir de l'étranger, rapatrient à 100 % les recettes d'exploitations dans leurs comptes nationaux. Les conséquences de ces politiques sur l'économie et le taux de change font aujourd'hui l'objet de toutes les spéculations.

Dans cette étude, nous examinons deux types de politiques de réponses, en utilisant le modèle d'EGC de la RDC. La première consiste à augmenter l'épargne étrangère en rapatriant les revenus miniers dans le pays. Dans le modèle, nous assumons que l'épargne étrangère augmente de 50 %. Le deuxième scénario consiste à accroître les transferts au gouvernement provenant du reste du monde de 50 % également. Un bouclage consistant pour le modèle a aussi été appliqué, impliquant que les déficits sont financés par les épargnes. Pour mieux appréhender les effets de ces politiques, nous focalisons la discussion sur les effets macroéconomiques pour raison de brièveté. Les résultats des simulations sont présentés dans le Tableau 5.

Tableau 5 : Réponses en termes de politique économique

	Augmentation de l'épargne étrangère S2a	Augmentation des transferts exterieurs en faveur du gouvernement S2b
Variables macroéconomiques (Variation réelle)	Variation par rapport à la situation de base	
Absorption	0.50	0.81
Consommation privée	-0.02	-0.03
Investissement	11.77	19.11
Consommation publique		
Exportations	-0.41	-0.68
Importations	0.85	1.38
PIB au prix du marché	-0.07	-0.12
Taxes indirectes nettes	0.09	0.15
PIB au prix des facteurs	-0.09	-0.15
Rémuneration des facteurs		
Facteur travail qualifié	-0.32	-0.52
Facteur travail non qualifié	-0.20	-0.32
Facteur capital	-0.39	-0.64
Facteur terre	0.62	1.01
Variation équivalente		
Ménage rural	11.55	18.92
Ménage urbain	-15.04	-24.10
Variation nominale	Variation par rapport à la situation de base	
Taux de change réel	-0.80	-1.30
Taux de change nominal	-0.80	-1.30
Indice des prix à la consommation	-0.10	-0.20
Termes de l'échange	0.00	0.00
Investissement (% du PIB nominal)	0.50	0.80
Epargne privée (% du PIB nominal)	0.00	0.00
Epargne étrangère (% du PIB nominal)	0.50	0.90
Balance commerciale (% du PIB nominal)	0.60	0.80

Source : Modèle d'EGC et de microsimulation

4.1. Augmentation de l'épargne étrangère

Comme on peut le voir dans le Tableau 5, la réorientation des devises étrangères au profit de l'économie congolaise, qu'exerce une augmentation de l'épargne étrangère, entraine une pression sur le taux de change, qui en retour s'apprécie de 0,8 %. L'accroissement de l'épargne étrangère fait augmenter, par voie de conséquence, l'investissement total en valeur de 11,77 %. Du côté de la consommation privée, l'on observe une maigre détérioration de 0,02 %, due notamment à la baisse de la rémunération des facteurs de production, alors que l'indice composite des prix baisse de 0,10 %. Les revenus du gouvernement baissent également à cause de la réduction des revenus tarifaires, due à l'appréciation du taux de change, à la réduction des revenus des taxes directes et à la baisse de la rémunération du facteur capital.

4.2. Augmentation des transferts en faveur du gouvernement

Cette mesure a un impact qualitatif très semblable à celui de la mesure précédente, et les mécanismes sont identiques. Ils partagent en commun le fait d'affecter l'économie locale en termes de revenus du gouvernement et du taux de change. Ici, nous augmentons les revenus de l'État grâce à une entrée des devises étrangères, mais en supposant que l'État répartisse ses dépenses en fonction de ses besoins en consommation et en investissement. Dans l'ensemble, on observe une amélioration significative de l'investissement, grâce à la hausse des revenus du gouvernement. Globalement, la hausse des dépenses publiques conduit à la hausse des importations, qui augmentent de 1,38 %. Les exportations par contre baissent de 0,68 %, alors que le taux de change réel s'apprécie de 1,30 % pour garantir l'équilibre du compte extérieur, conformément au bouclage du modèle. La consommation privée enregistre une baisse marginale de 0,03 %. Compte tenu de la baisse des prix des produits locaux (0,20 %), cette plus faible diminution de la demande privée ne peut résulter que de la baisse de leurs revenus. La diminution des revenus des ménages est attribuable à la baisse de la rémunération des facteurs de production. L'effet initial sur les revenus des facteurs est le même que dans le cas d'une augmentation de l'épargne étrangère discutée précédemment. En outre, une analyse plus approfondie indique que le rendement du facteur capital baisse significativement de 0,64 %, ce qui creuse un écart significatif avec le facteur travail non qualifié, qui chute de 0,52 %. Un écart assez large a aussi été observé entre la rémunération du facteur travail qualifié et non qualifié.

5. Conclusion

La récente baisse des prix mondiaux des matières premières due notamment à la restructuration de l'économie de la Chine a montré, encore une fois, la vulnérabilité économique structurelle des pays dépendant des exportations des matières premières. En vue de contribuer à la littérature portant sur la vulnérabilité économique des pays riches en minerais, cet article a développé un modèle d'EGC combiné à un modèle de microsimulation pour la RDC en vue de mesurer l'impact d'une baisse des prix mondiaux des minerais sur le bien-être. Cette modélisation permet d'analyser les effets à court et à moyen terme, ainsi que les impacts sur la distribution des revenus au niveau des ménages. Les résultats indiquent que la baisse des prix mondiaux, enregistrée depuis 2014, a eu un effet substantiel sur la croissance et le bien-être des ménages. Les villes qui dépendent des importations ont été les plus affectées. Les résultats des simulations indiquent, par ailleurs, que les mesures de rapatriement des bénéfices par les entreprises minières ont seulement un effet mimine et temporaire sur le taux de change.

Références bibliographiques

ATUESTA Laura and Geoffrey J. D. HEWINGS (2012). "Economic welfare analysis of the legalization of drugs : A CGE microsimulation model for colombia." *Economic Systems Research* 25 (2):190-211. doi: 10.1080/09535314.2012.728130.

BOURGUIGNON François and F. H. G. FERREIRA (2005). "Decomposing Changes in the Distribution of Household Incomes : Methodological Aspects." *The Microeconomics of Income Distribution Dynamics in East Asia and Latin America*, edited by F. Bourguignon, H. G. Ferreira and N. Lustig. New York: Oxford University Press.

COGNEAU Denis and Anne-Sophie ROBILLIARD (2008). "Simulating Targeted policies with Macro Impacts : Poverty Alleviation Policies in Madagascar." *The impact of macroeconomic policies on poverty and income distribution: Macro-micro evaluation techniques and tools*, edited by François Bourguignon, Maurizio Bussolo and Luiz A. Pereira da Silva. Houndmills: Palgrave Macmillan and the World Bank.

DÉCALUWÉ B., A. MARTENS and L. SAVARD (2001). *La politique économique du développement et les modèles d'équilibre général calculable*. Montréal : Presses de l'Université de Montréal.

DUCLOS J.-Y. and A. ARAAR (2006). *Poverty and Equity Measurement, Policy, and Estimation with DAD*. Berlin and Ottawa: Springer and IDRC.

DUCLOS Jean-Yves (2009). "What is 'Pro-Poor'?" *Social Choice and Welfare*, 32 (1):37-58. doi: 10.1007/s00355-008-0308-x.

ESSAMA-NSSAH B., Delfin S. Go, Marna KEARNEY, Vijdan KORMAN, Sherman ROBINSON and Karen THIERFELDER (2007). *Economy-wide and Distributional Impacts of an Oil Price Shock on the South African Economy, Policy Research Working Paper 4354.* The World Bank and Institute of Development Studies (IDS), Sussex University.

HARRIS J. and M. TODARO (1970). "Migration, Unemployment and Development : A Two-Sector Analysis." *The American Economic Review*, 60:126-42.

FONDS MONÉTAIRE INTERNATIONAL (2015). *Democratic Republic of the Congo: Selected issues, IMF Country Report No. 15/281.*

MAGNAC Thierry (1991). "Segmented or Competitive Labor Markets." *Econometrica* 59 (1):165-87. doi: 10.2307/2938245.

MCDONALD S. (2007). *A Static Applied General Equilibrium Model: Technical Documentation STAGE Version 1: July 2007 DRAFT, Tech. rep. Department of Economics & Strategy.* UK : Oxford Brookes University.

OTCHIA Christian S. (2013). "How could Industrial Structure Guide the Choice of Development Strategy? A Field of Influence Analysis for the Democratic

Republic of Congo." *The International Journal of Economic Policy Studies,* 8 89-112.

OTCHIA Christian S. (2015). "Mining-based growth and productive transformation in the Democratic Republic of Congo: What can an African lion learn from an Asian tiger?" *Resources Policy,* 45 (0): 227-38. doi: http://dx.doi.org/10.1016/j.resourpol.2015.06.003.

OTCHIA Christian S. (2018, Forthcoming). "Domestic Agricultural Value Chain Development and Pro-Poor Growth: A CGE Microsimulation Application for the Democratic Republic of Congo." *Review of Development Economics.*

SAVARD L. (2003). *Poverty and income distribution in a CGE-household micro-simulation model: Top/dowm/bottom-up approach, Cahiers de recherche 0343* : CIRPEE.

TCHETA-BAMPA Albert, Inédit. « Balance courante, réserves internationales et intervention de la Banque centrale de la République démocratique du Congo sur le marché des changes. La leçon de l'expérience récente de dépréciation du franc congolais », édité par le Centre d'économie de la Sorbonne-CES, Université Paris 1 Sorbonne.

CHAPITRE 5

CROISSANCE PRO-PAUVRES EN RÉPUBLIQUE DÉMOCRATIQUE DU CONGO

Oasis Kodila-Tedika

Université de Kinshasa, RDC

et

Akhenaton Izu-Makongo

Université de Kinshasa, RDC

Introduction

Les chiffres de la croissance africaine subsaharienne sont intéressants. Par exemple, entre 2000-2010, cette croissance a été incontestablement soutenue, autour de 5 et 6 % du PIB en moyenne. En réalité, le retournement de la tendance a été constaté depuis le milieu de la décennie 90 (Pinkovskiy et Sala-i-Martin, 2014). Théoriquement, cette croissance devrait donc avoir de l'incidence sur le taux de pauvreté (Dollar et Kraay, 2002 ; Ravallion, 2004 ; Kraay, 2006 ; Dollar *et al.*, 2016). Concrètement, cette impressionnante croissance (Young, 2012) a contribué positivement à la réduction de la pauvreté (Pinkovskiy et Sala-i-Martin, 2014). L'élasticité se situe selon les pays de 0,8 à 2 (c'est-à-dire une hausse du revenu moyen de 10 % se traduit par une diminution de 8 à 20 % de la proportion de personnes vivant sous le seuil de pauvreté) (Jacquemot, 2012a). Des études, comme celles de Kodila Tedika *et al.* (2016) ou de Shimeles et Ncube (2015), par exemple, se sont intéressées à la classe moyenne africaine, qui suppose une croissance et, dans une certaine mesure, une sortie de la pauvreté, et montrent une augmentation de cette classe.

Pourtant, dès lors qu'on considère les pays pris individuellement, il n'est pas évident de vérifier l'effet *trickle down*. La croissance économique burkinabé a été pro-pauvres, dans la mesure où les pauvres ont été proportionnellement moins affectés que les non-pauvres par la baisse des dépenses et des capacités. Au niveau national et dans le secteur rural, l'hypothèse d'une croissance monétaire pro-pauvres en termes absolus n'est pas vérifiée, alors qu'un consensus semble prévaloir quant au caractère anti-pauvre de la croissance monétaire dans les villes, en termes absolus et relatifs (Lachaud, 2007). Mokaddem et Boulila (2011) trouvent que pour les pays de la région du Moyen-Orient et de l'Afrique du Nord (la Tunisie, l'Algérie, le Maroc, l'Égypte, l'Iran, la Turquie, la Jordanie, la Mauritanie et le Yémen), il est difficile pour la période de 1990-2004 de se prononcer sur la nature de la croissance, notamment dans le cas du Yémen, du Maroc et de l'Égypte. Daouda (2013) montre que la croissance économique nigérienne est pro-pauvre, sauf dans les villes. En outre, ses simulations pour réduire de 50 % la pauvreté montrent que le Niger ne pourra parvenir à un tel but qu'en maintenant un taux de croissance annuel de 10,5 %, et ce, seulement pour l'horizon 2020. Ncube *et al.* (2014), dans une étude prospective, montrent qu'il est impossible à l'Afrique d'éliminer l'extrême pauvreté d'ici 2030. Et parmi les pays qui tireront vers le bas, il y a entre autres la République démocratique du Congo (RDC désormais).

La dynamique de la croissance économique en RDC est sans conteste. Depuis 2002, ce pays connaît une croissance considérable : le taux de croissance moyen a été de 6,43 % entre 2002 et 2014. En dépit de ces performances, les résultats de la pauvreté sont remarquablement importants (Kodila Tedika, 2010). Le rapport 1-2-3 de 2012 nous éclaire sur deux réalités : lorsqu'on se réfère au seuil de pauvreté monétaire, l'on trouve un taux de pauvreté de 63,4 % alors qu'à la question « êtes-vous pauvres ? », l'on trouve qu'il y a 72 % des pauvres (Akhenaton Izu, 2016). De manière subjective comme objective, on se rend compte que ce taux est très élevé. La question fondamentale à laquelle nous tentons de répondre est : quelle est la relation entre cette pauvreté et cette dynamique de croissance ? Autrement dit, quelle est l'incidence de cette croissance sur la pauvreté ? Présente-t-elle quelle nature ?

Cet article vient donc nourrir le débat sur l'impact de la croissance sur la pauvreté en RDC, et, par ricochet, la littérature sur le débat relatif aux effets de la croissance et de la redistribution sur la pauvreté, particulièrement pour les pays individuellement pris de l'Afrique, qui n'ont suffisamment pas retenu l'attention de la part des chercheurs (Fambon, 2005). La suite s'organise de la manière suivante : la deuxième section présente la mesure de la croissance pro-pauvre. Il s'agit là d'expliquer notre approche méthodologique pour décider de la nature de la croissance en RDC. La section troisième présente les données. Les résultats de notre recherche sont présentés dans la Section 4. Enfin, nous tirons une conclusion.

2. Cadre conceptuel et méthodologique

Mesurer la croissance pro-pauvre, c'est se servir d'un indice qui synthétise l'ensemble d'informations permettant de dire si la croissance a été favorable aux pauvres ou non. Boccanfuso et Ménard (2009) nous proposent trois étapes avant de mesurer la croissance pro-pauvres : i. Choisir un indicateur de bien-être : les revenus ou les dépenses sont deux indicateurs capables de fournir une mesure monétaire du bien-être économique. Toutefois, les études privilégient souvent les dépenses comme indicateurs de bien-être pour deux raisons. Premièrement, du côté conceptuel, la théorie du revenu permanent nous mentionne que les dépenses sont une meilleure approximation des revenus à long terme et, de ce fait, caractérise assez bien le niveau de vie des ménages. Deuxièmement, du côté empirique, les dépenses sont mesurées avec une plus grande précision que les revenus ; ii. Définir le seuil de pauvreté qui permet de séparer les pauvres des non-pauvres ; iii. Utiliser une ou plusieurs mesures de la croissance pro-pauvres permettant d'obtenir la répartition de la pauvreté pour l'ensemble de la population ou pour différents sous-groupes.

2.1. Méthode de décomposition de Datt et Ravallion

Kakwani et Subbarao (1990) et Jain et Tendulkar (1990) ont initié la littérature de la décomposition du changement de la pauvreté en effet de la croissance et des inégalités. Depuis, cette littérature s'est développée pour proposer plusieurs types de décomposition. Les plus utilisées sont celles de la décomposition statique de Kakwani (1993), de décomposition dynamique de Datt et Ravallion (1992) et celle de Kakwani (1997). Nous retenons ici l'approche de Datt et Ravallion (1992).

Cette approche quantifie l'importance de la croissance et des inégalités en une décomposition pour le changement de la pauvreté entre deux périodes (t) et ($t + n$). On établit donc une composante notée ($G(t, t$

+ *n, r)*) pour la croissance et une composante de la distribution formulée (*D(t, t + n, r)*). Contrairement à d'autres approches, Datt et Ravallion (1992) introduisent un résidu R(*t, t + n, r)*), où (*r*) représente la période de référence. Ce résidu qui appréhende l'interaction entre les effets de croissance et ceux de redistribution.

Partons d'un indice de pauvreté à la période *t* :

$$P_t = P\left(\frac{s}{u_t}, L_t\right) \qquad (1)$$

Où *s* est le seuil de pauvreté,$u_t$le revenu moyen (dépense moyenne) et *L* est un vecteur de paramètres qui définit la courbe de Lorenz à la période *t*.

La composante croissance d'un changement dans l'indice de pauvreté entre les deux périodes est donnée comme la variation dans la pauvreté résultant du changement du revenu moyen, la courbe de Lorenz étant maintenue constante à *Lr*. On a :

$$G(t, t+\ n, r) = P\left(\frac{s}{u_t+n}, L_t\right) -\ P\left(\frac{s}{u_t}, L_t\right) \qquad (2)$$

On considère le plus souvent une égalité entre *r* et *t*.

On calcule la composante distribution comme un changement dans l'indice de pauvreté entre *t* et *t* + *n* dû à la variation de la courbe de Lorenz, en maintenant constant le revenu moyen à la période de référence à u_r. Ceci se formule comme suit :

$$D(t, t+\ n, r) = P\left(\frac{s}{u_r}, L_{t+n}\right) -\ P\left(\frac{s}{u_r}, L_t\right) \qquad (3)$$

D'où la variation dans la pauvreté peut s'écrire de la manière suivante :

$$P_{t+n} - P_t = G(t, t+\ n, r) + D(t, t+\ n, r) + R(t, t+\ n, r) \quad (4)$$

Le principal inconvénient de cette approche est la présence du résidu dont l'ampleur peut se révéler parfois très importante. Cette situation signifie que les effets des variables/composantes non prises en compte par cette méthode peuvent contribuer à expliquer une bonne part de la variation de la pauvreté alors que cette dernière devrait être traduite soit en effet de croissance, soit en effet de redistribution. Le résidu disparaît seulement si le revenu moyen ou la courbe de Lorenz sont inchangés dans la période de la décomposition. En plus, cette approche diffère notamment de celle de Kakwani (1997) par son asymétrie, résultante de sa sensibilité à la période de référence.

2.2. L'indice de croissance pro-pauvres

Kakwani et Pernia (2000) démontrent que l'élasticité totale de la pauvreté, notée δ, peut être exprimée en fonction de l'élasticité croissance de la pauvreté (η) ; l'élasticité de la pauvreté par rapport à l'indicateur de l'inégalité (ν) et l'élasticité de l'inégalité par rapport à la croissance (κ).

$$\delta = \eta + \nu \; x \; \kappa \qquad (5)$$

Cette formulation permet de distinguer trois effets : effet de croissance pure, effet d'inégalité et effet de Kuznets. On constate le premier effet lorsque l'élasticité croissance de la pauvreté saisit l'incidence d'une croissance de 1 % du revenu moyen sur la réduction de la pauvreté lorsque la distribution est maintenue constante. Le deuxième effet est observé lorsque l'élasticité de la pauvreté par rapport à l'inégalité capture l'effet d'une augmentation de 1 % de l'indicateur de l'inégalité sur la pauvreté lorsque l'on maintient inchangée la croissance. Dans le cas de l'effet Kuznets, l'élasticité de l'inégalité par rapport à la croissance mesure la variation en pourcentage de la mesure de l'inégalité suite à une augmentation de 1 % du taux de croissance.

Ces différentes élasticités ont conduit Kakwani et Pernia (2000) à mettre sur pied l'indice de croissance pro-pauvres, noté ϕ. Il est défini comme suit :

$$\phi = \frac{\delta}{\eta} \, (6)$$

Il s'agit du ratio entre la réduction totale de la pauvreté et la réduction de la pauvreté obtenue en supposant l'absence de changement dans la distribution des revenus.

Si $\phi > 1$, la distribution des fruits de la croissance s'est faite en faveur des pauvres et cela conduit à une diminution des inégalités (croissance pro-pauvres). Si $0 < \phi < 1$, la distribution des fruits de la croissance économique s'est faite en défaveur des pauvres, mas elle réduit l'incidence de la pauvreté (croissance faiblement pro-pauvres). Si $\phi < 0$, la croissance économique augmente les inégalités (croissance anti-pauvres).

2.3. Taux de croissance équivalent à la pauvreté

Cette mesure a été proposée par Kakwani *et al.* (2002) afin de pallier le non-respect de l'axiome de monotonicité et tenir compte du taux de croissance réel de l'économie. Ce taux prend en considération à la fois l'ampleur de la croissance et la manière dont les bénéfices de la croissance sont redistribués entre pauvres et non-pauvres. Il est obtenu par la formule suivante :

$$\gamma^* = \phi\gamma \quad (7)$$

Où $\gamma = dLn(\mu)$ est le taux de croissance des revenus moyens. Il s'agit du taux de croissance γ^*, qui génèrerait le même niveau de réduction de la pauvreté que le taux actuel γ, en présence d'un processus de croissance non accompagné d'un changement quelconque d'inégalité (tous les individus obtiennent le même bénéfice proportionnel de la croissance). Si $\gamma^* < 0$, la croissance est appauvrissante. Si $0 < \gamma^* < \gamma$, la croissance est de type *trickle down*, l'indice de pauvreté baisse mais faiblement parce que les inégalités augmentent. Si$\gamma^* \geq \gamma$, la croissance est pro-pauvres.

2.4. Courbe d'incidence de la croissance

Elle a été proposée par Ravallion et Chen (2003). Cette courbe représente le taux de croissance du revenu (consommation) par habitant de chaque percentile le long de la courbe de distribution du revenu entre deux périodes $t-1$ et t. La courbe d'incidence de la croissance est dérivée à partir des conditions de dominance stochastique de premier ordre. Parmi les indices de pauvreté disponibles, celui de Watts (1968) a été retenu car il satisfait les axiomes standards associés aux mesures de pauvreté. La mesure se définit par

$$g_t(p) = \left[\frac{Y_t}{Y_{t-1}}\right] - 1$$

avec $g_t(p)$, le taux de croissance du revenu (dépenses) et $Y_t(p)$ du p-ième percentile entre $t-1$ et t. La courbe représente les centiles de la population sur un intervalle de 1 à 100 ordonnés par le revenu (dépenses) sur l'axe des abscisses et le taux de croissance annuel du revenu par habitant du centile correspondant en ordonnée.

Si les taux de croissance $g_t(p)$sont tous positifs pour tous les percentiles, il y a dominance stochastique de premier ordre de la distribution de t par rapport à celle de $t - 1$. La croissance se révèle donc pro-pauvre en termes absolus. Par contre, si la courbe change de signes, autrement dit, si la dominance de premier ordre est violée, il est alors impossible de conclure sur la seule base de la mesure.

La courbe d'incidence de la croissance permet également d'estimer la croissance pro-pauvre en termes relatifs en analysant sa pente. Si $g_t(p)$ est une fonction décroissante (croissante) à travers le temps pour tout p, alors les inégalités diminuent (respectivement augmentent) à travers le temps pour toutes les mesures qui satisfont le principe de transfert. La croissance est ainsi pro-pauvre (respectivement pro-riche) en termes relatifs.

2. Données

Dans les lignes qui suivent, nous analyserons la variation de la pauvreté en RDC entre 2004 et 2014, en milieu urbain et en milieu rural. La pauvreté a été estimée, dans le cadre de ce travail, à partir de l'approche des revenus, mais étant donné que les revenus des ménages sont une variable difficilement saisissable, elle a été approchée par les dépenses annuelles des ménages.

En ce qui concerne les seuils de pauvreté, il a été retenu deux seuils de pauvreté monétaire englobant le seuil alimentaire et celui non alimentaire tirés à partir de l'enquête 1-2-3 de 2012. Le seuil de pauvreté monétaire, qui couvre le besoin essentiel d'un adulte aussi en alimentaire qu'en d'autres biens et services, est évalué à 869 210,30 francs congolais par équivalent adulte pour le milieu urbain et 579 248,50 FC pour le milieu rural.

Les variables qui ont été sollicitées dans cette section sont tirées des différentes bases des données des enquêtes 1-2-3 réalisées pour les deux périodes 2004-2005 et 2011-2012. À l'instar des travaux d'Ehrhart (2009) et Griffoni (2005), nous nous sommes servis du logiciel DAD4 en vue d'effectuer la décomposition de Datt et Ravallion (1992).

Le Tableau 1 présente les dépenses de consommation et le niveau d'inégalité de la RDC. De manière générale, on constate que cette République a enregistré une augmentation des dépenses de consommation ; ce qui traduit la présence d'une croissance économique. Toutefois, cette croissance semble être plus vigoureuse dans le milieu rural que dans celui urbain.

Qui plus est, cette croissance évolue parallèlement avec les inégalités. En effet, on constate que le pays est devenu davantage inégalitaire qu'à la sortie de la période de transition politique. Ceci indique les richesses créées qui ont été capturées par une certaine élite, principalement politique. Concrètement à la situation des dépenses de consommation biaisée en faveur du milieu urbain, les inégalités ont crû à 100 % dans le milieu rural.

Tableau 1. Dépense moyenne de consommation et niveau d'inégalité (indice de Gini)

Milieu	**Dépense moyenne de consommation**			**Niveau d'inégalité (indice de Gini)**		
	2004-2005	2011-2012	Variation (%)	2004-2005	2011-2012	Variation (%)
Rural	299 879	423 191	41,12	0,321	0,6417	99,9
Urbain	610 757	683 891	11,97	0,382	0,597	56,28
Pays	465 906	565 288	21,33	0,3999	0,639	59,78

Source : Nos calculs

4. Résultats

4.1. Courbes d'incidence croissance

Le premier outil d'analyse de la croissance pro-pauvres qui a été retenu dans le cadre de ce travail, c'est la courbe d'incidence croissance proposée par Ravallion et Chen (2003). Elle représente le taux de croissance du revenu (consommation) par habitant de chaque percentile le long de la courbe de distribution du revenu entre deux périodes $t - 1$ et t.

Figure 1. Courbes d'incidence croissance du milieu urbain et du milieu rural

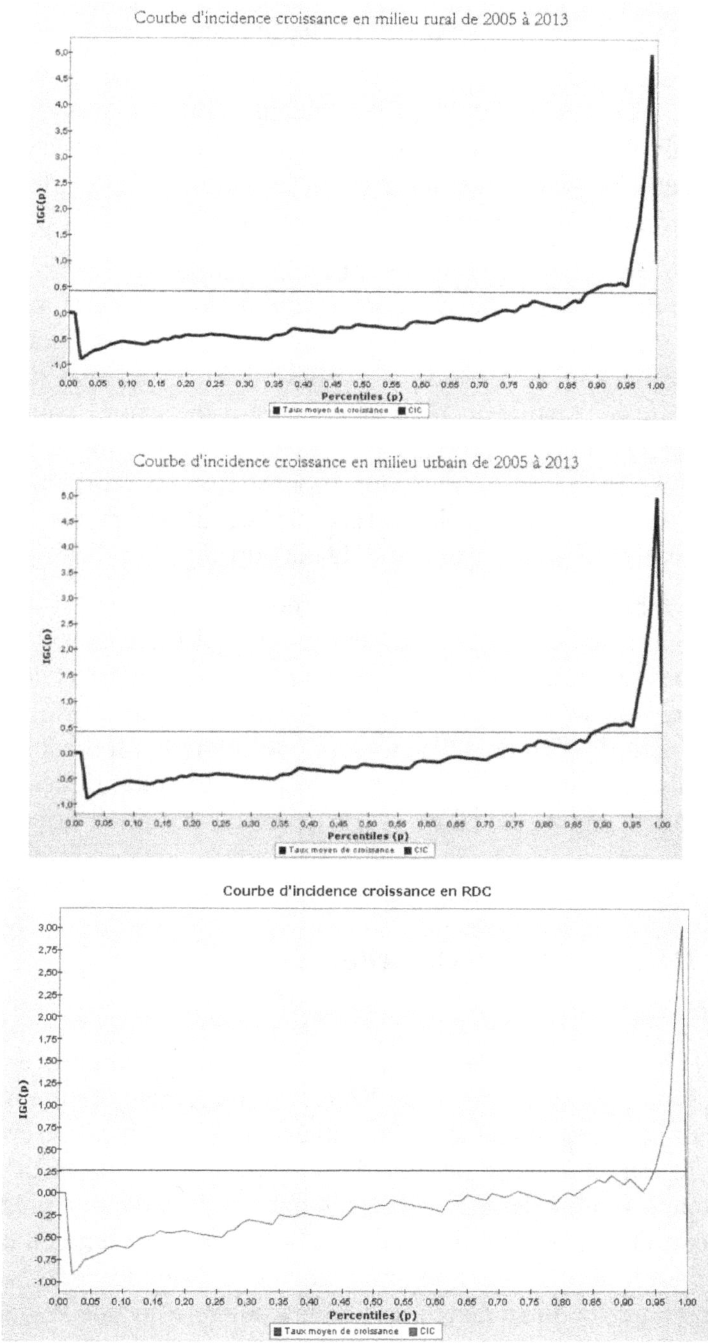

De ce graphique se déduit qu'en milieu rural, l'évolution de l'indicateur de bien-être social (dépenses annuelles des ménages) ne nous permet pas de conclure de la nature « pro-pauvres » de la croissance en termes absolus tout au long de la période d'analyse puisque les taux de croissance $g_t(p)$ changent de signe, c'est-à-dire que pour certains centiles, $g_t(p)$ est positif alors qu'il est négatif pour d'autres centiles. Par ailleurs, l'évolution de l'indicateur montre que la croissance profite seulement aux 27 % les plus riches (pour les centiles compris entre 73 % et 100 %) comme l'indique la pente de la courbe.

Il s'ensuit de ce graphique qu'en milieu urbain, l'évolution de l'indicateur de bien-être social (dépenses annuelles des ménages) ne nous permet pas de conclure de la nature « pro-pauvres » de la croissance en termes absolus tout au long de la période d'étude puisque les taux de croissance $g_t(p)$ changent de signe, c'est-à-dire que pour certains centiles, $g_t(p)$ est positif alors qu'il est négatif pour d'autres centiles. Par ailleurs, l'évolution de l'indicateur montre que la croissance profite seulement aux 8 % les plus riches (pour les centiles compris entre 92 % et 100 %) comme l'indique la pente de la courbe.

La combinaison de ces deux précédentes courbes aboutit à une courbe d'incidence croissance où l'évolution de l'indicateur de bien-être social (dépenses annuelles des ménages) ne nous permet pas de conclure de la nature « pro-pauvres » de la croissance en termes absolus tout au long de la période d'étude. Cependant, l'évolution de l'indicateur montre que la croissance profite seulement aux 18 % les plus riches (pour les centiles compris entre 82 % et 100 %) comme l'indique la pente de la courbe.

4.2. Décomposition et élasticités

Le Tableau 2 décrit l'ampleur des effets d'inégalité et de croissance sur la variation de la pauvreté en RDC. Premièrement, cette analyse ne semble pas solidement soutenir l'hypothèse d'un processus de croissance pro-pauvres au cours de la période d'enquêtes. En effet, l'élasticité totale de pauvreté – somme des effets de croissance et d'inégalité – présente des signes positifs. Autrement dit, les deux effets, pris globalement, n'ont pas contribué à réduire la pauvreté simultanément. Dans les détails, pour le milieu rural, l'effet dû au facteur croissance suggère qu'une augmentation de 1 % des dépenses de consommation induit une baisse de 14,93 % du ratio de pauvreté. L'élasticité totale de pauvreté étant de 0,06, ceci se traduit par une augmentation de 1 % de dépenses qui est associée à une augmentation de l'incidence de pauvreté de l'ordre de 6,18 %. On en déduit que l'incidence de la croissance pro-pauvres est négative et inférieure à l'unité, soit -0,41. Ce résultat suggère donc que la croissance en RDC profite davantage aux nantis qu'aux démunis. Ce caractère anti-pauvre vient du fait que le taux de croissance effectif en termes de réduction de pauvreté est inférieur aux taux de croissance actuel.

Tableau 2. Résumé des élasticités de la pauvreté et des indices de la croissance pro-pauvres

Milieu	Élasticité totale de pauvreté	Éléments explicatifs		Indice de croissance pro-pauvres	Taux de croissance d'équivalent pauvreté
		Facteur croissance	Facteur inégalité		
Rural	0,06 (0,01)	-0.15 (0.03)	0.15 (0,01)	-0.41	-2.47
Urbain	0,10 (0,01)	-0.05 (0.02)	0,13 (0.01)	-2,01	-12.04
National	0.097 (0,04)	-0.08 (0,012)	0.17 (0.01)	-1.145	-6.84

Au niveau urbain, la situation est pire. La pauvreté augmente de 9,62 %. La croissance économique prise individuellement diminue de 4,77 % la pauvreté en milieu urbain, avec un indice de croissance pro-pauvres de -2,01. Plusieurs éléments pourraient expliquer que la vie dans les milieux ruraux soit meilleure. Premièrement, l'exode rural pousse une bonne partie de la population à venir s'installer dans le milieu urbain, avec un faible capital humain. Ce qui n'entraîne pas à la hausse le gain de productivité, mais réduit le salaire d'un ménage urbain. Deuxièmement, s'il est vrai que l'effet positif de la redistribution est palpé dans les milieux urbains que ruraux, confirmé par l'évolution de Gini, le milieu rural est encore caractérisé par la « solidarité africaine ». La troisième explication tient à l'effet de la croissance. C'est dans le milieu rural que les dépenses de consommation ont fortement augmenté, avec un écart de variation de l'ordre de 29,15 %. Le facteur croissance a davantage impacté les zones rurales que les milieux urbains.

5. Conclusion

Cet article tente de comprendre l'incidence de la croissance économique de la République démocratique du Congo sur l'évolution récente de la pauvreté. Les résultats obtenus ne semblent pas légitimer l'hypothèse de croissance pro-pauvres. Les élasticités totales de pauvreté présentent un signe positif et avec des coefficients faibles. En outre, les inégalités sont très importantes que les effets de la croissance sur le ratio de pauvreté.

Ces conclusions appellent au moins deux suggestions : il s'avère indispensable à la République démocratique du Congo d'impulser sa croissance, en la rendant davantage soutenable et forte avec un contenu en empliu non négligeable. Deuxièmement, l'ère est venue pour que ce pays imagine une politique distributive efficace et efficiente.

Références bibliographiques

DAOUDA, Y. H. (2013). « La croissance économique est-elle pro-pauvres au Niger? » *African Development Review*, 25(2), 203-214.

DOLLAR, D. & KRAAY, A. (2002). "Growth Is Good for the Poor", *Journal of Economic Growth* 7(3), 195-225.

DOLLAR, D., KLEINEBERg, T. & KRAAY, A. (2016). "Growth still is good for the poor", *European Economic Review* 81(C), 68-85.

EHRHART, C. (2009), « La croissance a-t-elle été favorable aux pauvres en Égypte sur la période 1990-2004 ? » Université Rennes 2, CRESS-Lessor.

FAMBON, S. (2005), « Croissance économique, pauvreté et inégalité des revenus au Cameroun », *Revue d'économie du développement* 13(1), 91-122.

GRIFFONI (2005), « Croissance économique et pauvreté : une application de l'indice de "croissance pro-pauvre" au cas du Maroc entre 1985 et 1999 », CEFI.

IZU, A. (2016), « Fort de sa vigueur, qu'en est-il de l'inclusivité de la croissance en RDC ? » Online at http://mpra.ub.uni-muenchen.de/68868.

JACQUEMOT, P. (2012), « L'émergence de classes moyennes en Afrique : Miroir de la croissance et des inégalités sociales », *Afrique contemporaine*, 244(4), p. 124-125. DOI : 10.3917/afco.244.0124

JAIN, L. R et TENDULKAR, S. D. (1990), "Role of growth and distribution in the observed change in Headcount Ratio measure of poverty: A decomposition exercise for India", *Indian Economic Review*, Vol. XXV, No.2, p. 165-205

KAKWANI, N. (1993), "Poverty and Economic Growth with Application to Côte d'Ivoire, *Review of Income and Wealth"*, 39, p. 121-39.

KAKWANI, N. (1997), "On Measuring Growth and Inequality Components of Poverty with Application to Thailand", Discussion Paper, School of Economics, The University of New South Wales.

KAKWANI, N. et PERNIA, E. (2001). "What is Pro-Poor Growth?" *Asian Development Review*, 18, p. 1-16.

KAKWANI, N., KHANDKER, S. et Son, H. H. (2002), "Poverty Equivalent Growth Rate: With Applications to Korea and Thailand", mimeo, World Bank, Washington DC.

KODILA TEDIKA, O. (2010), « Pauvreté en République démocratique du Congo : un rapide état des lieux », *Congo Economic Review*, Working Paper n° 01/10.

KODILA TEDIKA, O., ASONGU, S. and MUKENDI K., J. (2016), "Middle class in Africa: Determinants and Consequences", *International Economic Journal*, DOI: 10.1080/10168737.2016.1204340.

KODILA TEDIKA, O. et MBALA, A. (2016), Taille de la classe moyenne en RDC : analyse par l'approche non monétaire, mimeo.

KODILA TEDIKA, O. et MBALA, A. (2016), Taille de la classe moyenne en RDC : Une analyse par l'approche monétaire, mimeo.

KRAAY, A. (2006), "When is growth pro-poor? Evidence from a panel of countries", *Journal of Development Economics*, 80(1), 198-227.

LACHAUD, J.-P. (2007). « La mesure de la croissance pro-pauvres au Burkina Faso : espace de l'utilité ou des capacités ? » *Revue d'économie du développement*, 15(1), 5-44.

MOKADDEM, L. et BOULILA, G. (2011). « Croissance pro-pauvres dans des pays du Moyen-Orient et de l'Afrique du Nord », *Revue d'économie du développement* 19(1), 77-105.

NCUBE, M., BRIXIOVA, Z. & BICABA, Z. (2014). "Can Dreams Come True? Eliminating Extreme Poverty in Africa by 2030", IZA Discussion Papers 8120, Institute for the Study of Labor (IZA).

PINKOVSKIY, M. and SALA-I-MARTIN, X. (2014), "Africa is on time", *Journal of Economic Growth*, 19(3), 311-338, September.

RAVALLION, M, et CHEN, S. (2003). "Measuring Pro-Poor Growth", World Bank, Policy Research Working Paper # 2666.

RAVALLION, M. (2004), "Defining Pro-Poor Growth: A Response to Kakwani", International Poverty Center, United Nations Development Programme, One Pager 4, November, Washington.

SHIMELES, A. & NCUBE, M. (2015), "The Making of the Middle-Class in Africa: Evidence from DHS Data", The *Journal of Development Studies*, 51(2), 178-193.

WATTS, H. (1968). "An Economic Definition of Poverty", *in* D. P. Moynihan (Eds), *On Understanding Poverty*, Basic Books, New York.

YOUNG, A. (2012), "The African Growth Miracle", *Journal of Political Economy* 120: 696-739

Chapitre 6

Rente minière et illusion des performances économiques en RDC : Nécessité d'une gouvernance orientée vers la transformation des structures économiques

Antoine BATAMBA Balembu,

Université de Kinshasa

Introduction

L'une des constatations majeures relatives à l'évolution de l'économie congolaise postcoloniale est le faible rythme de croissance (économique) sur une longue période, soit une moyenne de 1,5 % au bout de 55 ans[2]. Situation d'autant plus préoccupante que ce taux de croissance économique équivaut juste à la moitié du taux de la croissance démographique, oscillant autour de 3 % l'an.

Cette évolution (de la croissance économique) peut être subdivisée en deux épisodes ou cycles (périodes plus ou moins longues) de croissance, celui de 1966-1974 et celui de 2001-2015, entrecoupés par des courtes phases de stagnation – récession – croissante entre 1975 et 1989, suivies par la décennie de régression (dépression), 1990-2001.

Le moins qu'on puisse relever, c'est le fait qu'à ces deux cycles de croissance sont curieusement associés plusieurs faits similaires, en l'occurrence : (i) le boom minier ; (ii) l'environnement sociopolitique post-conflit ; (iii) la mise en œuvre d'un programme de stabilisation macroéconomique appuyé par les partenaires au développement et enfin ; (iv) les revers économiques consécutifs au déficit de gouvernance : effets néfastes liés aux mesures de Zaïrianisation pour le premier cycle et déficit de la gouvernance minière liée au second cycle.

---

[2] Le PIB constant (base 2005) a pratiquement doublé de 1960 à 2015, étant passé de près de 15,080 milliards USD à 29,8 milliards (Statistiques internationales de l'Université de Sherbrooke, Perspective Monde).

Une analyse minutieuse du premier fait révèle par ailleurs qu'autant les booms miniers ont induit la croissance économique, via la relance ou l'expansion du secteur minier, autant le pays n'a pas su capitaliser les effets positifs générés par les dynamiques du secteur minier, c'est-à-dire n'a pu les (effets bénéfiques du boom) faire pérenniser au-delà de la durée du boom.

Cela est perceptible entre autres à travers le revirement de la situation économique observé à la fin du boom minier perceptible à travers : la révision à la baisse de taux de croissance économique, l'éclatement de la stabilité macroéconomique…

La répétition de ces tendances : boom minier – croissance économique – stabilité économique – chute des cours – revirement économique (ralentissement de la croissance conjuguée à l'éclatement de la stabilité économique) au point d'en faire des faits stylisés pour le processus de la croissance économique, incite à s'interroger sur la nature, la substance, voire ses liens effectifs avec les politiques publiques.

La présente communication se propose justement d'approfondir les questions relatives aux enjeux et portée de la gouvernance minière en RDC. À cet effet, elle tente de répondre aux questions ci-après :

1) Comment l'économie congolaise se comporte-t-elle face à la dynamique du secteur minier généralement impulsée par la conjoncture économique internationale ? En d'autres termes, les politiques publiques congolaises exercent-elles une influence sur l'évolution de son secteur minier ou au contraire, elles sont les reflets de la trajectoire de l'économie minière internationale ?

2) Quels sont les problèmes et contraintes qui entravent la gouvernance minière en RDC ?

3) Que faudrait-il envisager par la RDC pour mettre le secteur minier au service du développement national ?

Elle repose sur la considération centrale selon laquelle en l'absence d'une politique minière définissant clairement les objectifs sectoriels (sentiers de croissance du secteur), spécifiant les stratégies (instruments) adéquates à mettre en œuvre pour orienter les investissements et opérateurs miniers vers des cibles économico-financières, sociales et environnementales prédéterminées et enfin, prévoyant une affectation judicieuse de la rente minière allouée au secteur public, il serait très difficile pour l'économie nationale de tirer profit du boom minier, en particulier, et de capitaliser de l'exploitation des ressources minières, voire des ressources naturelles, en général.

Considérant que la RDC ne dispose pas de politique minière cohérente, la présente étude postule que l'économie congolaise n'influe nullement sur l'évolution de son secteur minier, au contraire, elle subit régulièrement les effets de la dynamique dudit secteur.

D'autre part, dans un contexte marqué par le déficit de gouvernance minière, le secteur minier ne peut que contribuer faiblement ou insuffisamment aux performances économiques du pays.

La mise du secteur minier au service du développement national, défi, enjeu et pari d'une gouvernance minière du développement, requiert la redéfinition de la politique minière assortie de l'amélioration de la gouvernance minière, à travers, la révision des cadres législatif et réglementaire, le renforcement des capacités des services publics, la rénovation des mécanismes de taxation et de perception des revenus miniers.

L'objectif général de la présente communication est d'interpeller l'opinion et le monde scientifiques sur la nécessité de repenser la politique minière, mieux la stratégie de gestion des ressources minières en fonction des enjeux économiques du moment : croissance inclusive et développement durable.

De manière spécifique, la communication se propose de (i) dégager les déterminants actuels de l'interaction entre l'économie minière et les performances économiques (de l'économie publique) en RDC ; (ii) identifier et souligner les facteurs explicatifs du déficit de gouvernance minière en RDC ainsi que les goulots d'étranglement ; (iii) esquisser les fondements de base ainsi que les axes stratégiques d'une politique minière porteuse de croissance économique inclusive et de développement national.

Dans cette perspective, notre communication est structurée en trois points : (i) quelques considérations conceptuelles et théoriques sur l'interaction entre secteur minier et développement ; (ii) gouvernance minière et performances économiques de la RDC de 2002 à 2014 : quelles leçons retenir ? et (iii) vers une gouvernance minière porteuse de croissance et de développement.

1. INTERACTION ENTRE SECTEUR MINIER ET DÉVELOPPEMENT : THÉORIES ET FAITS

Dans la tentative de l'explication du rôle du secteur minier dans le développement des nations : deux thèses s'affrontent : celle relative au rôle moteur du secteur minier dans la croissance économique et le développement des nations ainsi que celle liée à la malédiction des ressources naturelles.

1.1. Rôle moteur des ressources minières dans la croissance économique

Les ressources minières jouent un rôle primordial dans l'économie mondiale et, particulièrement dans les économies des pays en développement où elles contribuent de manière substantielle dans la création des emplois, dans la croissance économique, dans l'apport en devises ainsi que dans le développement des infrastructures de base.

- Ressources minières : importante source d'approvisionnement de l'industrie et du secteur énergétique (cas d'aluminium et cuivre utilisés dans la fabrication des fils pour transporter le courant électrique) ;
- Secteur minier, vecteur de la croissance économique : l'exploitation minière est susceptible d'affecter sensiblement la situation économique et sociale d'une région ou d'un pays en ce qu'elle peut assurer (i) des possibilités importantes d'emplois supplémentaires ; (ii) la formation de la main-d'œuvre locale avec un effet d'osmose sur l'ensemble de la population locale et (iii) des investissements dans l'infrastructure, les biens et services publics de base (eau, transport, énergie) (Kunanayagam R., McMahon G., Sheldon C., Strongman J. et Weber-Fahr M., 2000).

Cela est d'autant plus vrai que les nouvelles activités économiques sus-citées par la présence de l'exploitation minière – tant en amont qu'en aval – vont à leur tour permettre à l'économie nationale de générer de nouveaux revenus, offrir de nouvelles opportunités de création d'emplois et élargir l'assiette fiscale de l'économie nationale et, partant, accroître les possibilités d'interventions publiques[3].

Des pays développés comme le Canada, l'Australie, la Russie, la Norvège… doivent en partie leur essor économique à la présence d'abondantes ressources naturelles qu'ils ont réussi à exploiter à bon escient.

Dans les pays grands producteurs miniers africains, le secteur extractif participe en moyenne à concurrence de $\pm$ 15 % dans la formation du PIB. Sa part atteint environ 70 % dans l'approvisionnement des pays en devises et sa contribution oscille autour de 25 % dans le financement du budget de l'État. Il importe de souligner que la situation des différents pays demeure très hétérogène concernant l'apport du secteur minier dans la formation des différents agrégats économiques.

Seulement, dans les faits, ces importants atouts du secteur minier sus-évoqués sont quelque peu contrariés par quelques problèmes et contraintes qui semblent à ce jour entraver durablement son essor au point de réduire significativement sa contribution dans le développement des pays. Parmi ces problèmes et contraintes figurent principalement : (i) un capital financier important pour réaliser les investissements nécessaires à l'exploitation minière ; (ii) la tendance à la monopolisation de l'industrie minière – dominée par quelques seniors et/ou juniors – réduisant la marge de manœuvre des États dans la conduite de politique minière ; (iii) les fluctuations de cours des matières premières exposant les pays aux crises économiques…

Ces contraintes expliquent en partie le fait qu'en dépit des opportunités socio-économiques en termes de dotation en ressources minières dont jouissent certaines économies, leur situation en termes de développement effectif n'est pas forcément reluisante, comme le souligne la thèse de la malédiction des ressources naturelles (minières).

1.2. De la malédiction des ressources minières

Le concept « malédiction des ressources minières » désigne ou met en exergue le paradoxe ayant prévalu au cours des années 1960 selon lequel les pays en voie de développement dotés des ressources naturelles

---

[3] Cette thèse est toutefois nuancée et remise en cause par un groupe d'auteurs qui considèrent que l'économie minière dans les pays en développement, généralement impulsée de l'intérieur, entretient très peu de relations avec l'économie locale et s'apparente à ce qu'on peut qualifier d'économie d'enclave ou ilots de développement.

réussissent moins bien que ceux (pays) faiblement dotés en ressources (Auty Richard cité par Standing André et Van Ruuren, 2006).

Cette thèse « de la malédiction des ressources naturelles », non seulement, demeure toujours d'actualité mais également et surtout, elle s'est au fil des années nourrie de la conjugaison de plusieurs facteurs qui semblent aujourd'hui consolider son emprise sur certaines économies africaines.

À côté du syndrome hollandais, « dutch desease », le phénomène relatif à la malédiction des ressources naturelles résulte de la conjugaison de facteurs ci-après : (i) l'économie de pillage des ressources mise en place dans les pays en développement par les puissances coloniales ; (ii) le système d'exploitation des économies en développement par les Entreprises Multinationales ; (iii) les effets pervers du capitalisme vorace pratiqué par certaines puissances économiques et ; (iv) les effets néfastes de la corruption des élites politiques africaines (Batamba, 2015).

Ainsi, de manière synthétique, la malédiction des ressources naturelles dans le pays en développement, perceptible à travers le fait que ces dernières (lesdites ressources) n'enrichissent pas forcément les économies en développement, tient aussi bien à la fragilité des économies en développement face à la volatilité des cours des matières premières *dutch desease* qu'à la prédation des différents acteurs de tous bords (tant privés, étatiques, nationaux qu'internationaux) attirés par la rente liée à ces ressources.

La gouvernance minière congolaise semble se retrouver dans cette dernière situation comme on peut le voir dans le point suivant.

2. RELANCE MINIÈRE ET PERFORMANCES ÉCONOMIQUES ENTRE 2002 ET 2015 : SIMPLE COÏNCIDENCE OU RÉSULTAT D'UNE POLITIQUE ÉCONOMIQUE ?

2.1. Aperçu et évolution du secteur minier en RDC

Qualifiée de scandale géologique, la République démocratique du Congo figure parmi les pays les mieux dotés en ressources minières de la planète, et ce, « aussi bien du point de vue de la variété, de la qualité que de la quantité de ses minerais dont certains sont considérés comme stratégiques » (Observatoire Jules Fontaine Sambwa, 2001 ; Mazalto,

CAMI). Aussi, le secteur minier occupe-t-il une place prépondérante dans l'économie congolaise.

À cet effet, il importe de souligner qu'après avoir joué un rôle moteur dans la croissance économique de la RDC, ce secteur s'est littéralement effondré au cours des années 90 et s'est progressivement reconstitué depuis la promulgation du nouveau cadre juridique et réglementaire conjuguée à la pacification du pays ainsi qu'à la stabilisation du cadre macroéconomique ayant permis d'attirer d'importants IDE (environ 10 milliards USD avaient été investis dans le secteur depuis 2002).

4 phases importantes peuvent être distinguées dans l'évolution de l'économie minière congolaise :

- 1920-1967 : phase de naissance, de formation ou de constitution
  - ✓ Vague d'investissements belges attirés par la législation minière très incitative, et destinés à assurer la mise en valeur de la colonie, exploiter les ressources naturelles et approvisionner l'économie métropolitaine en matières primaires ;
  - ✓ Production minière du cuivre évaluée à 100 000 t en 1928 et ses exportations représentèrent 50 % des exportations totales en 1928 (Nyembo Shabani, 1975).
- 1967-1992 : phase de consolidation
  - ✓ Étatisation de la gestion de l'exploitation minière ;
  - ✓ Extension des capacités productives, consolidation du poids du secteur minier dans l'économie (450 000 t de cuivre produit et exporté, part des exportations minières : 80 % des exportations totales, 40 % du budget de l'État financés par les recettes générées par le secteur…) ;
  - ✓ Megestion précipita la faillite des entreprises (publiques) minières.
- 1992-2002 : phase de déclin
  - ✓ Effondrement du secteur minier (l'éboulement des mines de Kamoto qui précipita l'effondrement de la Gécamines) ;
  - ✓ Chute spectaculaire de la production minière (la production du cuivre tomba à moins de 50 000 tonnes et le relais fut pris par le diamant) ;

- ✓ Informalisation de l'exploitation minière.

- 2002-à ce jour : phase de la renaissance
  - ✓ Promulgation du Code minier en 2002 consacrant la libéralisation de l'exploitation minière ;
  - ✓ Afflux d'IDE : 10 milliards USD investis dans le secteur ;
  - ✓ Relance minière : la production du cuivre atteint 1 million de tonnes en 2014 (plus du double du pic de décennie 80) ;
  - ✓ Le poids du secteur minier devient démesuré (90 % des recettes d'exportation, 25 % du PIB, moins de 30 % des recettes publiques).

2.2. Relation entre évolution du secteur minier et performances des politiques publiques en RDC

De 1970 à ce jour, la croissance économique est étroitement corrélée aux performances du secteur minier, comme nous montre le Tableau ci-dessous relatif à la confrontation entre la courbe de taux de croissance économique et celle du taux de croissance de la valeur ajoutée minière.

En effet, ce graphique révèle qu'à chaque fléchissement de la courbe de la VAM correspond une baisse de la courbe de la croissance économique mais de même amplitude, tout comme chaque redressement de la courbe de la croissance de la VAM s'accompagne d'une montée, moins proportionnelle, certes, de la courbe de la croissance économique.

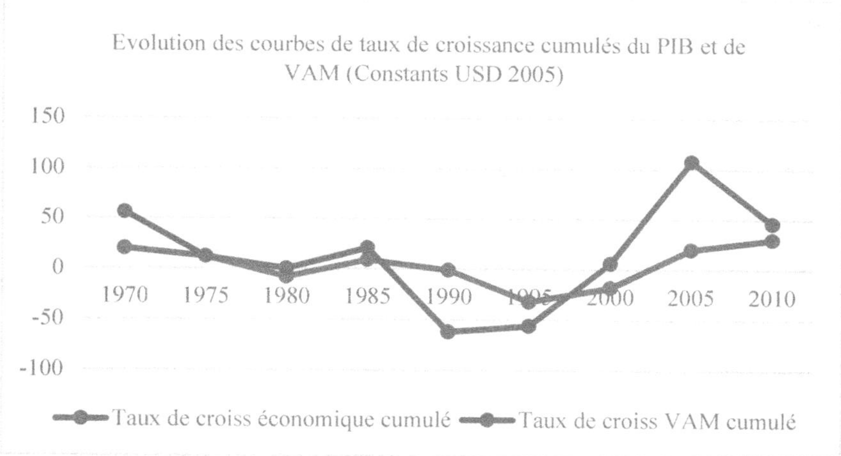

Il s'ensuit que la croissance économique congolaise est largement tributaire de la dynamique du secteur minier. Cette situation a été constamment observée au cours de ces dernières années où le secteur minier intervient dans la croissance économique à concurrence de 40 % (Banque mondiale, 2014 ; FMI, 2015 et BCC, 2013).

Les résultats de l'estimation d'un modèle VAR mettant en relation le PIB, la corruption, l'instabilité politique, la valeur minière, les dépenses publiques (financées par les recettes minières), l'ouverture économique (pour les données de la RDC allant de 1980 à 2012) (Batamba B. A., 2015) corroborent cette tendance ou cette réalité.

Tout en soulignant l'incidence positive de la VAM sur la croissance économique, ces résultats précisent en outre que l'apport du secteur minier (ainsi que celui des autres variables) sur la croissance économique est fortement inhibé, atténué, voire étouffé, par la corruption et l'instabilité politique.

L'effet pervers de la corruption sur la gouvernance minière ne se réduit pas à sa nocivité sur la croissance mais embrasse également d'autres aspects des performances, tels ceux liés au rendement de mobilisation des recettes publiques. Le tableau comparatif ci-dessous peut nous donner une idée sur l'incidence négative du déficit de la gouvernance minière, particulièrement sur le rendement de la mobilisation des recettes générées par le secteur minier.

Tableau 1. Situation comparative de contribution du secteur minier dans les recettes publiques entre 1985-1990 et 2007-2012

	1985-1990	2007-2012
PIB en USD courants	8 364 160 432	13 475 760 000
Exportations totales en USD courants	2 843 814 547	7 313 240 000
Exportations minières en USD courants	2 220 450 398	6 490 090 000
Recettes publiques en USD courants	1 011 226 996	3 534 353 000
Recettes publiques minières en USD courants	402 316 117	260 128 400
Part des export. minières dans les export. totales en USD courants	79,08	88,74
Part de Rec. publiques minières dans les export. minières en %	17,89	4,01
Part des recettes minières dans les recettes publiques en %	39,78	7,36

Source : Élaboré sur la base des données de la Banque centrale du Congo, Rapports annuels 1990 et 2012, Étude SÉNAT, Rapports ITIE 2008-2012

Ce tableau révèle qu'en dépit de la multiplication des recettes d'exportations minières par trois, la contribution du secteur minier dans le financement du budget de l'État a sensiblement baissé, passant de 402 millions USD entre 1986-1990 à 260 millions USD entre 2007-2011, soit une diminution de près de 40 %.

La contribution fiscale du secteur minier qui avait représenté 40 % du total des recettes publiques et 18 % de la valeur des exportations minières entre 1985-1990 ne valait plus que respectivement 10 % des recettes publiques et 4 % des exportations minières entre 2007 et 2012.

Par ailleurs, la corruption dans le secteur minier :

(i) qui se manifeste à travers les conflits d'intérêts et trafic d'influence (parrainage des opérateurs miniers et auto-attribution des droits miniers : acteurs politiques), le détournement des ressources générées par le secteur minier (SG, ministres, responsables et agents des régies financières) ainsi que la concussion de la part des fonctionnaires d'administration minière (agent et cadres de l'AM) ;

(ii) affecte négativement la qualité de la gouvernance minière en empêchant une bonne application de la loi minière (non-respect des dispositions financières, sociales et environnementales) et en rendant opaque le processus des droits miniers (tous les contrats miniers ont été négociés de manière opaque) et ;

(iii) entraîne le bradage du patrimoine minier, les contre-performances économiques et sociales du pays (faible mobilisation des recettes publiques, faibles effets d'entraînement, insuffisance des prestations sociales des entreprises minières, affaiblissement de l'administration minière) (DPEM, CEEC, DG, DM, CAMI).

Bref, elle réduit de manière significative l'apport du secteur minier dans le processus de croissance économique et de la réduction de la pauvreté.

Il s'ensuit que l'exploitation minière n'a profité que très faiblement à l'économie congolaise. La RDC n'a pas su capitaliser pour la deuxième fois les effets bénéfiques attendus du boom minier qui, selon certaines prévisions pessimistes, tendrait vers la fin, à la suite de la révision à la baisse des perspectives de croissance de l'économie chinoise devenue depuis peu grande importatrice des matières premières.

Cela est d'autant plus déplorable que certaines entreprises minières qui avaient indûment tiré profit de ce boom ne sont pas prêtes à accompagner la RDC pendant ces moments difficiles, elles commenceraient progressivement à désinvestir en RDC.

Cette situation risque de nous ramener à la situation des années 70 où certaines multinationales s'étaient retirées après la chute des cours du cuivre intervenue en 1974 (Tenke Fungurume, Sodimiza...). La situation aurait été très catastrophique à l'époque, n'eût été le fait que l'exploitation minière fût essentiellement contrôlée par le secteur public.

Aujourd'hui, il y a lieu de craindre l'effet d'enlisement du secteur minier consécutif à un retrait massif des investisseurs privés en cas de la persistance de la morosité (sombres perspectives) de la conjoncture économique internationale.

2. 3. Quelques leçons à tirer

S'inspirant de l'évolution de l'économie congolaise, notamment de sa forte dépendance à l'égard de l'économie minière, il y a lieu de tirer les considérations ci-après :

(i) La situation de la RDC s'apparente plus à celle d'une économie qui, faute d'une stratégie de développement susceptible de lui permettre d'anticiper sur le cours des événements, subit passivement les effets (bénéfiques ou contrecoups) de la trajectoire de l'économie minière internationale.

Le fait que la croissance économique est tirée de la dynamique d'un secteur échappant totalement au contrôle des politiques publiques, il y a lieu pour les Congolais de s'interroger sur l'opportunité de s'en féliciter.

(ii) Le pilotage à vue de l'économie nationale, perceptible à travers l'absence d'une politique minière définissant de manière claire les objectifs assignés à ce secteur, dans l'optique d'en faire un levier pour la transformation structurelle de l'économie, ne fait que conforter cette vue. Ainsi, la consommation au quotidien de la rente minière, du reste insuffisamment mobilisée, ne fait que limiter la portée du secteur minier (de sa relance) sur les performances de politiques publiques.

(iii) Par ailleurs, le déficit de la gouvernance minière, gangrénée par la corruption et inhibée par les dysfonctionnements des services publics, réduit systématiquement les capacités des pouvoirs publics de mener une politique minière orientée vers la promotion de la croissance économique soutenue et inclusive via une transformation progressive des structures économiques.

(iv) Le secteur minier se trouve aujourd'hui confronté aux problèmes et contraintes spécifiques, en l'occurrence, (i) la forte dépendance extérieure de l'industrie minière tant du point de vue de provenance des capitaux investis que de la destination de la production qui réduit sensiblement la marge de manœuvre du gouvernement d'initier une stratégie minière orientée vers la satisfaction des besoins du développement endogène ; (ii) la faible valorisation des produits miniers ; (iii) le problème d'approvisionnement en énergie électrique et (iv) le problème d'évacuation des produits miniers.

Ces considérations constituent des défis majeurs à relever pour mettre le secteur minier au service du développement de la RDC.

3. STRATÉGIE ALTERNATIVE DE L'EXPLOITATION MINIÈRE EN RDC : REDIMENSIONNER LE SECTEUR MINIER ET AMÉLIORER LA GOUVERNANCE MINIÈRE

L'idée défendue dans cette réflexion n'est nullement de suggérer à l'économie congolaise de renoncer aux avantages liés à la dotation naturelle mais de mettre en place des mécanismes pouvant lui permettre de tirer le meilleur parti possible de son immense potentiel minier.

Partant des considérations relevées ci-dessus, pour mettre les ressources minières au service du développement national, l'économie congolaise devrait répondre aux questions ci-après :

- Quelles sont les principales cibles (objectifs stratégiques) en matière de développement ?
- Quelle est la place du secteur minier dans cette stratégie globale du développement ? ou en d'autres mots, dans quelle mesure le secteur minier contribuera-t-il dans l'atteinte de ces cibles ?
- Quelles actions entreprendre à cet effet ?

Ce qui reviendrait à chercher des voies et moyens pour relever les défis susmentionnés, en l'occurrence : (i) repenser la stratégie de développement du pays ; (ii) redéfinir la stratégie d'exploitation minière ; (iii) améliorer la gouvernance des ressources minières et (iv) résorber les goulots d'étranglement du secteur minier.

3.1. De la nouvelle stratégie de développement

La nouvelle stratégie du développement, orientée vers la restructuration de l'économie congolaise, devrait :

- Se départir de la vision court « termiste » de la gestion de l'économie, c'est-à-dire privilégier une approche de long terme dans la prise de décisions économiques, et ce, en vue de favoriser la transformation des structures économiques ;

- Opter et mettre en place des mécanismes de diversification économique, diversification (sectorielle et géographique) de sources de croissance ;
- Accélérer le processus d'intégration économique interne (interprovinciale) tout en se préoccupant de l'intégration régionale ;
- Assigner à chaque secteur un rôle et une mission bien précis en vue de l'atteinte des principales cibles retenues par la stratégie.

3.2. De la redéfinition de stratégie d'exploitation minière

Pour contribuer à la restructuration de l'économie nationale, le secteur minier devrait jouer le rôle et les missions ci-après :

- Continuer à assurer l'approvisionner de l'économie nationale en devises ;
- Fournir des matières premières à l'économie nationale :
- • Voir comment transformer le cuivre en fils électriques pour accélérer l'électrification du pays ;
- • Étudier la faisabilité de démarrer l'exploitation des minerais de fer pour la fabrication des lignes des chemins de fer… ;
- • Voir comment développer d'autres filières de constructions métalliques à partir des métaux ferreux ou non ferreux ;
- Assurer le financement de développement d'autres secteurs. Étudier les possibilités de lever des fonds garantis par les réserves minières certifiées et les affecter au financement des secteurs productifs ou des projets d'infrastructures de base dans l'optique de diversification économique.

3.3. De l'amélioration de la gouvernance minière

Pour améliorer la qualité de la gouvernance minière, l'État devrait notamment :

- Combattre les pratiques corruptives dans le secteur minier (bradage du patrimoine minier, fraude et évasion fiscales, détournement des revenus générés par l'exploitation minière…) en instaurant des mécanismes efficaces de sensibilisation des acteurs, de détection des abus ou pratiques perverses assortis des mesures de répression des acteurs mis en cause et enfin, en assainissant le secteur minier par la révisitation du Code minier assortie de publication des mesures d'application claires des dispositions importantes du Code minier ;
- Renforcer les capacités organisationnelles, techniques et humaines des principaux services impliqués dans la gestion du secteur minier, et ce, en :

• Dotant les Directions techniques du ministère des Mines des équipements adéquats pour leur permettre de remplir leurs missions.

Ainsi, la Direction de géologie devrait être suffisamment outillée pour procéder à l'exploration des minerais ainsi qu'à l'estimation des réserves des différents gisements dans l'optique d'une certification des réserves minérales du pays ;

La DPEM devrait également être équipée des matériels adéquats pour procéder aux audits environnementaux selon les normes…

• Modernisant les différents postes frontaliers en les dotant des ponts-bascules et laboratoires d'analyses spéciales des substances minérales en vue de déterminer les tonnages exportés ainsi que les teneurs des principales substances minérales contenues dans les produits exportés ;

- Mettre en place un guichet unique pour l'évaluation et de perception des redevances ainsi que de la fiscalité minière.

3.4. De la résorption des goulots d'étranglement

La levée des contraintes entravant l'essor du secteur minier requiert la mise en œuvre des actions destinées à :

- Valoriser les produits miniers (créer ou prolonger la chaîne de valeur pour les produits miniers) ;
- Couvrir le besoin énergétique du secteur minier en lui assurant une offre suffisante aussi quantitativement que qualitativement ;
- Accompagner les entreprises dans la mise en œuvre d'une politique efficace de commercialisation des produits miniers.

4. Conclusion

Au terme de cette petite réflexion qui se veut une interpellation de l'élite congolaise sur la nouvelle attitude à adopter face à l'économie minière, on a, dans un premier temps, souligné les limites du système actuel d'exploitation de nos ressources minières dont la conséquence est le faible apport du secteur minier dans l'économie en dépit de l'illusion des performances de l'économie publique que laissent miroiter les effets du boom minier.

Partant de la considération selon laquelle, en l'absence d'une stratégie de développement national reposant sur une définition claire des objectifs sectoriels et sur la redéfinition des rôles et missions à assigner à chaque secteur, il serait difficile pour la RDC de capitaliser les effets liés à l'essor spontané de ses différents secteurs porteurs.

Aussi, l'étude suggère-t-elle dans l'optique de mettre le secteur minier au service du développement de repenser la politique minière en requalifiant son rôle (fournisseur de matières premières pour l'industrie nationale et pourvoyeur de fonds pour financer la relance et le développement des autres secteurs porteurs telle l'agriculture, en plus de son rôle classique de pourvoyeur de devises à l'économie nationale). Un tel pari ne peut être gagné sans l'amélioration de la gouvernance minière (en termes de l'assainissement du secteur des pratiques perverses dont la corruption, et de modernisation de l'administration minière assortie d'une amélioration des conditions de travail) ainsi que de la résorption des goulots d'étranglement (contraintes entravant le bon fonctionnement) du secteur minier.

Références bibliographiques

BATAMBA Antoine, (2015). «Corruption et gouvernance minière en RDC », thèse de doctorat, faculté des sciences économiques, Université de Kinshasa.

BANQUE MONDIALE RDC (2008). *Bonne gouvernance dans le secteur minier comme facteur de croissance économique en RDC*, Rapport n° 43402 ZR.

MARYSE, Stefaan (2014). *Les « trous noirs » de la rente minière en RDC*, Maryse (Stefaan) et Tshimanga (Claudine), Harmattan, Musée royal d'Afrique centrale, n° 84.

BANQUE CENTRALE DU CONGO (2014). *Rapports annuels 2000-2013.*

BANQUE MONDIALE (2015). *Rapports de suivi de la situation économique et financière en République démocratique du Congo,* 2012-2015.

PNUD/RDC (2015). *Rapport national sur le développement humain 2014 : Cohésion nationale pour l'émergence de la République démocratique du Congo, Kinshasa.*

CHAPITRE 7

CROISSANCE ÉCONOMIQUE EN RDC : RÉALITÉ ET PERFORMANCE COMPARATIVE

Jean-Claude Maswana

Université de Tsukuba

Introduction

La croissance économique est pour un pays un enjeu de première importance, car c'est elle qui déclenche le processus menant à l'amélioration du niveau de vie des ménages. Naturellement, la croissance économique est souvent considérée comme une référence en matière d'évaluation de la performance des gouvernements, s'agissant de développement économique. Malgré une telle importance, il se peut qu'un pays enregistre des taux de croissance élevés à court terme, sans que le développement économique ne s'ensuive. En d'autres mots, à court terme, on peut avoir une croissance économique sans le développement ou le bien-être espéré.

Il va sans dire que la croissance économique reste un des concepts sujet à des débats, voire des confusions, autant parmi les économistes que le grand public. La croissance économique, faut-il le rappeler, se manifeste par une variation significative et durable de la production de biens et de services (Perroux, 1966). Elle s'accompagne de progrès économiques variables et est réalisée dans des changements de structure. En pratique, l'indicateur le plus utilisé pour mesurer la croissance économique est la variation annuelle du prix constant du marché du produit intérieur brut (PIB).

Ce qu'il faut surtout savoir sur le PIB, c'est que c'est un instrument de mesure comptable et statistique de l'activité économique basée sur la richesse produite dans un pays. Ainsi, la croissance du PIB est souvent considérée comme une représentation simplificatrice de la richesse du pays. Or, ce n'est pas « la richesse du pays », ni rien d'autre. Comme on aura à le montrer plus loin, il est maintenant largement admis qu'une performance macroéconomique favorable est une condition nécessaire, mais pas suffisante pour le bien-être collectif. À côté des raisons techniques, le PIB peut ne pas refléter la richesse produite, du simple fait de la confusion entretenue dans le langage courant. En effet, Simon Kuznets, considéré comme le créateur du concept du PIB, insiste sur le fait que, contrairement au langage habituel qui tend très souvent à les considérer de façon interchangeable, la variation du PIB à court terme, désignant l'expansion économique, ainsi qu'à long terme où il signifie la croissance économique, sont certes liés mais bien différents. Cette différence est surtout importante dans la formulation des politiques économiques dans le contexte des pays en développement.

L'un des messages du présent chapitre est que, conçu au départ comme un instrument de comptabilité nationale ayant pour but de mesurer l'activité économique, le PIB ne cesse d'être confondu avec la réalité économique de richesse. Comme tout instrument de mesure, il existe des conditions sous lesquelles la fiabilité de l'instrument peut se perdre. En outre, ce chapitre rappelle le simple fait que les effets de la richesse créée par une nation sur les ménages sont liés aux sources des variations du PIB à court et à long terme, en plus des effets du changement structurel de l'économie. Depuis le milieu de la décennie 2000, l'économie de la RDC a connu un taux d'expansion économique élevé, grâce à la bonne tenue des cours des principaux minerais d'exportation sur le marché mondial. En effet, la RDC est relativement abondante en ressources naturelles, lesquelles ont connu une très forte demande de la Chine, entre autres. Cependant, alors qu'une telle performance s'est poursuivie, ses effets sur le niveau de vie, qu'ils soient mesurés par la consommation, l'emploi ou le revenu des ménages, ont à peine été remarqués. Visiblement, la croissance économique enregistrée était déconnectée des composantes du niveau de vie, tels l'emploi, le revenu moyen, ainsi de suite ; c'est qui explique aussi les déconvenues sur le développement économique de la RDC par rapport à certains pays d'Asie, alors qu'elle avait pourtant des conditions initiales similaires en 1960.

Afin de mieux comprendre les causes de ce décalage, ce chapitre propose une discussion non technique destinée au grand public. L'objectif du chapitre n'est pas de revenir de façon exhaustive sur des causes de la débâcle économique de la RDC. La démarche adoptée ici consiste plutôt à survoler certains faits épars de la performance économique de la RDC, à la lumière de quelques pays d'Asie qui partageaient les mêmes conditions initiales avec elle dans les années 1960 et à essayer de tirer des leçons utiles pour le design d'une série de stratégies intelligentes et pragmatiques. Le chapitre examine également les conditions dans lesquelles la croissance économique peut ne pas affecter le bien-être. Elle peut en effet être trompeuse, surtout lorsqu'elle est alimentée par les prix des produits de base.

Après cette introduction, la section suivante dresse un survol des concepts du PIB, son calcul ainsi que ses limites. La Section 3 porte sur la croissance économique, la distinction entre expansion et croissance économique, avant de discuter des déterminants de la croissance ainsi que des changements structurels. La Section 4 présente la performance économique de la RDC à la lumière des expériences de quelques pays d'Asie. Enfin, quelques pistes de politiques économiques sont brièvement présentées à la dernière section.

2. Produit intérieur brut (PIB) : son expansion et croissance

2.1. Concept du PIB et ses limites

Avant de passer en revue les déterminants de la croissance économique, il sied de présenter le Produit intérieur brut (PIB), l'instrument de la comptabilité nationale dont la variation sert de mesure statistique de la croissance économique. Ce qu'il faut savoir sur le PIB, c'est surtout que c'est un concept comptable et statistique, créé grâce à l'économiste américain Simon Kuznets (1901-1985 – prix Nobel, 1971). En 1932, le Congrès américain sollicita Kuznets afin qu'il mette sur pied une comptabilité nationale, initialement dans le but de mesurer l'effet de la Grande Dépression sur l'économie américaine ; c'est ainsi que nous disposons de cet instrument de mesure de l'activité économique. Le PIB est une mesure de la valeur au prix du marché de la totalité des biens et services produits sur le territoire d'un pays au cours d'une période de temps.

Il existe plusieurs approches équivalentes pour comptabiliser le PIB, dont les plus importantes sont la méthode par la production, par les revenus et par la dépense. Seules la première et la dernière retiendront notre attention. L'approche de la production part de la conception, selon laquelle une économie riche (richesse entendue dans le sens de bien-être) est une société qui produit. Partant de cette conception, on peut mesurer la richesse économique à partir de la production. Ainsi, le PIB peut être obtenu en faisant le décompte des biens et services produits sur le territoire et de la valeur ajoutée dégagée par cette production. Le PIB correspond donc à la somme des valeurs ajoutées produites par les agents économiques résidant sur le territoire national en un an. Il faudra tout de suite souligner que l'usage courant qui consiste à se référer au PIB comme la « richesse nationale » n'est pas conceptuellement correct, d'autant plus que l'idée de « richesse » reflète un stock, alors que le PIB est un flux, c'est-à-dire de l'argent dépensé dans une durée. Cela n'a pas de rapport avec la richesse nationale, qui serait la somme de nos actifs (Atlantico, 2017).

Concernant l'approche par les dépenses, il s'agit de comptabiliser toutes les dépenses pour les biens et services finaux par les résidents, sur une période donnée. Concrètement, le PIB, c'est simplement l'addition de la consommation (C), de l'investissement (I), de la dépense publique (G), plus la balance commerciale (X – M, les exportations moins les importations). Le PIB est désigné par l'équation suivante :

$$C + I + G + (X - M) \qquad (1)$$

Il faut préciser que la consommation désigne les achats de biens et services par les ménages, alors que l'investissement représente les achats de biens d'équipement et de structures par les entreprises (par exemple, les machines, les usines, etc.). En plus, la dépense publique capte les dépenses de tous les pouvoirs publics, tandis que la balance commerciale prend en compte les exportations diminuées des importations.

Comme tout indicateur statistique, le PIB est basé sur des conventions comptables et il présente donc un certain nombre de limites. Les ajustements qui ont cours lors du calcul du PIB suivent des principes divers, dont certaines statistiques, économiques purement comptables. Aussi, la fiabilité de l'indicateur ainsi obtenue n'est jamais assurée d'avance. Ces chiffres peuvent à diverses étapes être sujets à des manipulations. Ces dernières peuvent facilement échapper aux vérifications d'usage des comptes nationaux. Toutes ces distorsions sont particulièrement difficiles à détecter et à corriger, surtout dans un état en faillite.

Par ailleurs, pour des raisons pratiques, le PIB ne prend pas en compte, ou mesure mal une partie, parfois importante, de l'activité économique. C'est le cas de l'économie informelle et de l'économie souterraine (voire criminelle). On peut aussi relever le fait qu'à côté de certaines activités économiques que le PIB ne mesure pas, il représente une moyenne, ce qui ne prend pas en compte les inégalités dans la participation à la production ou à la consommation. Ainsi, il a très souvent été constaté que dans le contexte des pays dépendant de l'extraction minière, quand le PIB augmente, la pollution aussi et, par conséquent, le niveau du bien-être baisse.

Il faut signaler aussi que par son mode de calcul, les effets comptables affectent parfois l'expansion du PIB sans que cela indique un effet de richesse. C'est le cas de la dépense publique, lorsque la méthode comptable change ou que les chiffres comportent des erreurs ou simplement font l'objet d'une manipulation intentionnelle. En outre, toutes choses égales par ailleurs, si la dépense publique augmente, le PIB aussi. Cette augmentation ne tient pas compte de ce sur quoi cette dépense publique porte et surtout si elle améliore les facteurs de production.

Considérons les dépenses publiques (comme le G dans la formule de calcul du PIB de l'équation 1 ci-dessus) liées au personnel politique, lesquelles sont prédominantes en RDC. Alors que les dépenses publiques en faveur des députés, du gouvernement et de la présidence augmentent le PIB, on sait que celles-ci n'affectent presque pas la capacité des facteurs de production. Il en va de même des dépenses publiques dans les opérations de répression policière contre les citoyens ordinaires qui exigent la démocratie, des institutions stables et, paradoxalement, l'amélioration du bien-être. De telles dépenses sont captées positivement dans le calcul du PIB, bien que les dégâts humains ainsi que la réduction du bien-être qu'elles occasionnent sont clairement ressentis au niveau des ménages.

On sait aussi que le calcul du PIB laisse de côté la question du stock de ressources. Comme on peut s'y attendre, les ressources naturelles ne sont pas directement comptabilisées ou incluses dans le PIB, ni dans les évaluations économiques. Les matières premières n'ont aucune valeur en soi dans leur état naturel. Cependant, leur valeur est déterminée par le coût d'extraction, de raffinage, de transport et ainsi de suite. Ces ressources constituent un stimulant pour le développement économique. Toutefois, même si dans le langage courant on fait allusion à ces ressources naturelles à travers des expressions telles que le « Congo est un pays riche », ce n'est pas une richesse au sens économique du terme. Ainsi, les pays immensément riches en ressources naturelles, comme la RDC, ont du mal à décoller économiquement. En revanche, les pays pauvres en ressources naturelles comme le Japon, par exemple, se placent parmi les grandes puissances économiques du monde avec le rythme de la croissance soutenue économiquement.

D'un autre côté, le PIB ne prend pas en compte dans son calcul des éléments qui sont nuisibles au bien-être de la population. Il s'agit notamment des externalités négatives. Dans le même ordre d'idées, les conditions dans lesquelles l'extraction de certains minerais se déroule en RDC (violence, viol, travail des mineurs, conditions de travail infra-humaines, dégradation de l'environnement, etc.) contribuent à réduire le niveau du bien-être plutôt qu'à son amélioration. On pourrait aussi ajouter le fait que le PIB enregistre comme positives, les activités affairistes des différents groupes armés à l'est de la RDC, incluant ainsi les viols et violences via les dépenses médicales qui en sont induites.

Pour ce qui est des exportations, on peut observer aussi certaines limites dans le contenu du PIB. Ainsi, on peut enregistrer une hausse du PIB sans que la valeur attendue de ces exportations ne revienne au pays sous forme de revenus additionnels et mobilisables, pour financer les facteurs de production requis pour les années à venir. Dans un tel scénario, on aura augmenté un chiffre de la comptabilité nationale de l'année en cours, sans effet d'entraînement sur le PIB de l'année suivante. En guise d'illustration de ce mécanisme par lequel les revenus d'exportation ne retournent pas dans l'économie congolaise, on sait que derrière ces exportations minières se trouvent des firmes étrangères et que le secteur minier est, de par sa nature, à capital intensif. La saisie comptable au niveau du PIB ne veut pas dire que les retombées des rentes tirées par la RDC de ces exportations influencent les facteurs du bien-être. À titre illustratif, la Banque mondiale (2015) observe que :

« La RDC est un cas à part par rapport au reste du monde en combinant l'un des plus hauts niveaux de rente par rapport au PIB du secteur des ressources naturelles et l'un des plus bas niveaux de recettes. Avec la "rente", on veut dire ce que les sociétés gagnent (chiffre d'affaires moins amortissement des investissements et coûts de production) dans les secteurs pétrolier, du gaz naturel, du charbon, des mines et du bois. Cette rente est de 36 % du PIB en 2012 ou bien 9,88 milliards de $. Or, les autorités congolaises recouvraient en 2012 seulement 14,4 % du PIB ou bien 3,95 milliards de $ de recettes. En comparaison avec les pays qui ont la même rente en pourcentage du PIB, la RDC devrait avoir des recettes autour de 32,25 % du PIB, ce qui est de 8,88 milliards de $. Donc, l'État congolais rate autour de 5 milliards de

$ de recettes dans le secteur des ressources naturelles pour l'année 2012 seulement.

Une autre étude du FMI, publiée en octobre 2015, notait que le taux de redevance, disons le loyer que les sociétés doivent payer à l'État pour exploiter les concessions, sur le cuivre, était de 2 % en RDC contre 4 % en Indonésie, 6 % en Zambie et jusqu'à 14 % au Chili (Extrait de Busselen, 2018). »

Sur ce sujet, un responsable de la Gécamines notait que, depuis 2002, « les différents partenaires de la Gécamines ont exporté pour plus de 48 milliards de dollars et l'État a reçu en net moins de 3 milliards de dollars. Or, le Code minier prescrit un rapatriement obligatoire de 40 % des recettes des exportations ». Ce qui voudrait dire qu'au lieu des 3 milliards de dollars, il devrait y avoir 19,2 milliards de dollars qui auraient dû rester en RDC, sous forme d'investissements ou d'acomptes dans des banques congolaises. Dans un tel contexte, le calcul du PIB de l'économie congolaise est loin de refléter la réalité économique que cet indicateur est censé mesurer.

Enfin, on pourra s'accorder avec Méda (2008), en ceci, que le PIB peut être considéré comme un bon indicateur de la production économique, mais il ne rend compte qu'imparfaitement du niveau de bien-être de la population ou du degré de réussite d'un pays en matière de développement. Il va de soi que certaines de ces limites du PIB affectent aussi la qualité de la croissance économique à court et à long terme.

2.2. Expansion et croissance économique

Pour une économie donnée, il y a une relation constante entre la quantité de travail et de capital mis en œuvre, et la production obtenue. Les économistes mettent en équation le lien existant entre les facteurs de production, les inputs (le travail L et le capital K) et la production réalisée, la production ou output Y. La croissance de la production (Y) s'expliquerait en partie par l'accroissement des quantités de facteurs de production mises en œuvre, c'est-à-dire l'accroissement des quantités de capital (K) et de travail (L) utilisées. Plus formellement, on peut ainsi écrire que $Y = f(K, L)$, c'est-à-dire que la production (P) est fonction de la quantité de capital (*K*) et de travail (*L*) dont dispose l'économie (la fonction *f* étant différente pour chaque économie).

Pour rappel, le facteur travail est constitué par la population active (la population en âge de travail et désirant travailler), laquelle dépend de la démographie. L'accroissement démographique favorise la croissance économique par l'augmentation de la production et par l'élargissement de la demande (effet quantitatif). L'autre aspect, consiste en la qualité du travail, qui est elle aussi importante : degré de qualification de la main-d'œuvre, niveau d'éducation, adéquation formation/emploi (effet qualitatif). Par ailleurs, le facteur capital se compose du stock des machines, bâtiments, installations, c'est-à-dire des équipements en général. Il faut aussi signaler que l'on distingue le capital fixe du capital circulant. Le capital fixe participe à plusieurs cycles de production et son acquisition se fait grâce à l'investissement, alors que le renouvellement est réalisé grâce à l'amortissement. Quant au capital circulant, il est constitué des matières premières qui disparaissent au cours du processus de production. Comme on peut le constater, ces capitaux sont essentiellement physiques, matériels. En général, leur accroissement dépend essentiellement de l'épargne des ménages et l'investissement des entreprises. Notons que l'investissement à son tour dépend de l'intermédiation financière. En effet, le système bancaire et financier permet de mobiliser l'épargne et de mettre à la disposition des entreprises, les moyens de financement nécessaires pour les investissements. Ainsi, l'intermédiation financière joue un rôle crucial, en permettant la mobilisation des ressources sans lesquelles la présence de la main-d'œuvre (facteur travail) seule ne peut soutenir la croissance économique.

Contrairement au langage courant où on emploie souvent le terme de « croissance » dans le cadre d'évolutions du PIB à court terme, les économistes distinguent le concept de « croissance » et celui de l'« expansion », terme qui indique une phase d'accélération dans un cycle économique. Dès le départ, le créateur de la comptabilité nationale, principalement du PIB, Kuznets (1962) insiste sur la distinction entre la quantité et la qualité de la croissance, entre le long et le court terme. Ceci est d'autant plus nécessaire que le cycle économique est ponctué de périodes d'accélération et de ralentissement, voire de crises. Les épisodes d'accélération de court terme représentent l'expansion économique, celle-ci caractérisant une augmentation de la production sur une courte période du fait, soit des évolutions monétaires ou des fluctuations conjoncturelles liées aux agrégats du PIB.

En revanche, la croissance économique est conventionnellement définie comme l'accroissement durable des facteurs de production (capital, travail et productivité). Simon Kuznets le dit si bien lors de son discours de réception du Prix Nobel en décembre 1971 : « La croissance économique d'un pays peut être définie comme une hausse de long terme de sa capacité d'offrir à sa population une gamme sans cesse élargie de biens économiques. » De cette perspective découlent deux caractéristiques importantes liées à la croissance économique. Primo, l'idée d'une amélioration de l'accès aux biens économiques tend à suggérer une hausse du niveau de vie de la population ; ce qui fait de la croissance économique un synonyme de bien-être et de progrès socio-économique. Secundo, la croissance économique est associée à une transformation irréversible des facteurs de production, notamment le travail, capital et productivité globale. Ainsi, à long terme, on devrait assister à l'amélioration auto-entretenue et durable des performances et des indicateurs (dont certaines composantes du PIB telles que la consommation, investissement, épargne, dépenses publiques) d'une économie.

De par les fluctuations qui caractérisent les agrégats tels que la consommation, les dépenses publiques, les niveaux de prix, le taux de change, etc., les interventions des pouvoirs publics sont très souvent nécessaires afin de les rendre stables. Ces interventions sont généralement formulées sous forme de politiques de stabilisation. Celles-ci comprennent les mesures fiscales et les dépenses ; (les variations des taux d'intérêt et de la masse monétaire) sont liées aux politiques monétaire et budgétaire, qui traitent des fluctuations économiques à court terme (IMF, 2009). Cela nécessite des politiques structurelles. Par exemple, lorsque les prix augmentent trop vite (inflation), les décideurs peuvent réduire la demande. De même, pendant les périodes de difficultés économiques, les gouvernements peuvent mettre en place certaines actions pour encourager les dépenses, appelées politiques de gestion de la demande ou de stabilisation.

Le taux d'intérêt, l'accès au crédit ainsi que la stabilité du système financier sont importants. Pour stabiliser une économie, les pouvoirs publics et le secteur privé (les entreprises) doivent collaborer. Lorsque les autorités monétaires doivent assurer la stabilité monétaire et de change, le taux d'intérêt doit être maintenu à des niveaux qui permettent l'accès au crédit par les entreprises. Le crédit (la dette) est en fait l'essence de l'activité économique à court terme. Le crédit/dette déclenche le financement du capital roulant et de la consommation, ce qui facilite les ajustements de la demande et de l'offre. La stabilité du système bancaire est ainsi cruciale. Si le niveau de l'épargne n'est pas suffisant pour couvrir le besoin de financement, les pouvoirs publics doivent veiller et s'assurer que le crédit soit créé jusqu'à un certain seuil qui ne déstabilise pas le système bancaire. S'il y a stabilité financière et que les banques sont disposées à prêter, les entreprises seront plus enclines à investir et l'investissement augmentera la demande globale et par ricochet, le niveau de l'emploi. Miskin (2004) affirme qu'un système financier sous-développé est l'une des raisons pour lesquelles les pays en développement ou en transition ont de faibles taux de croissance.

Bien que les politiques de stabilisation soient importantes, les problèmes d'une économie sont souvent plus profonds, ce qui veut dire structurels. À long terme, les systèmes financiers affectent les activités entrepreneuriales menant à une amélioration de la productivité de quatre manières (King et Levine, 1993). Le système financier joue un rôle essentiel en ceci qu'il permet à la fois d'évaluer les meilleurs projets proposés par les entrepreneurs potentiels, en même temps qu'il facilite la mobilisation de financement des projets sélectionnés. On pourra aussi ajouter le fait que le système financier permet aux investisseurs de diversifier les risques associés aux activités innovantes. En somme, s'il y a une expansion ou croissance économique, on doit assister à des améliorations significatives des indicateurs, comme l'accès au crédit par les entreprises ou le volume du crédit au secteur privé, la réglementation améliorée du secteur financier, ainsi que les mécanismes de redistribution de crédit par secteurs voire industries prioritaires.

Concernant les mécanismes de redistribution des revenus, il sied de signaler que les pouvoirs publics ont différents choix d'approches : soit par une redistribution sous forme de la dépense ou de l'investissement, ou encore par une dépense/investissement privé ou public. Faut-il un investissement sur le capital physique ou humain ? Faut-il une redistribution aux ménages (modèle libyen ou Arabie saoudite, notamment) ou sous forme d'emplois (modèle chinois) ou de compétences (éducation et formation sur le tas, comme dans le cas coréen ou japonais, par exemple) ?

Enfin, il faudra observer qu'au-delà des politiques redistributives, les pouvoirs publics en RDC préfèrent se concentrer sur les politiques de stabilisation. Comme on le sait, la réalisation macroéconomique est la seule performance que revendiquent pratiquement tous les gouvernements congolais depuis 2001. Contrairement à cette concentration sur l'expansion économique, comme on le verra plus tard, les politiques visant la croissance économique et les changements structurels ont soit été absentes ou inefficaces.

3. Sources et manifestations de la croissance économique

3.1. Explications théoriques

Une des questions les plus discutées de la science économique est celle des origines du phénomène long de croissance économique. Qu'est-ce qui rend l'accroissement des capacités de production irréversible ? La réponse à cette question a, en effet, des implications importantes en matière de politique économique, surtout concernant la formulation de celles des pays en développement.

En se référant à l'équation (2) ci-dessus, il est apparu que la contribution des facteurs capital (K) et travail (L) ne permet de rendre compte que d'une faible part de la croissance économique observée. Les économistes attribuent la part inexpliquée de la croissance au « progrès technique ». Celui-ci recouvre tous les éléments qui, à quantité de facteurs inchangés, permettent d'obtenir un résultat productif plus efficace, une production supérieure, c'est-à-dire d'améliorer la productivité globale des facteurs (PGF) de production. Plus spécifiquement, les facteurs qui affectent la PGF sont entre autres, les connaissances scientifiques accrues, le savoir-faire amélioré, l'expérience, l'accroissement de la qualification de la main-d'œuvre, des technologies plus efficaces, de bonnes institutions, etc. Le progrès technique, en améliorant la productivité globale des facteurs de production, est donc la source la plus importante de la croissance économique.

Comme on peut le constater, la croissance économique (entendue comme une augmentation durable de la production) peut se réaliser à travers deux manières : soit par l'augmentation des facteurs de production (facteur travail et facteur capital) – on parle dans ce cas d'une croissance extensive, soit par l'amélioration de l'efficacité des facteurs de production. Sa dynamique repose donc sur des gains de productivité, on parle dans ce cas d'une croissance intensive. Une croissance extensive se traduira par des créations d'emplois, ce qui n'est pas souvent le cas si la croissance économique est intensive. Une autre observation à retenir est qu'il y a aussi l'intensité des facteurs de production (travail, capital, productivité/technologie) du/des secteurs contributeur/s à la valeur ajoutée. Par exemple, le secteur minier est généralement à capital intensif en plus d'être faiblement intégré dans les autres secteurs où prédominent les facteurs abondants tel le travail, surtout le travail agricole.

Les contraintes que posent ces deux facteurs (K et L) ainsi que les stratégies de leur amélioration, suscitent moins de débats entre les économistes et décideurs économiques. Cependant, l'origine du progrès technique, la plus importante source de la croissance économique, reste le sujet d'une controverse au cours des soixante dernières années. Le progrès technique, est-il un facteur exogène, extérieur au champ de l'activité économique, ou au contraire un facteur endogène de la croissance, produit par elle et permettant en retour de la renforcer ? Deux thèses s'affrontent sur cette question. Le modèle exogène et l'endogène.

Certains économistes (généralement associés à l'économiste américain Robert Solow et regroupés sous l'école de pensée néoclassique ou modèle de croissance exogène) partent de l'idée selon laquelle toutes les économies ont accès au même fond de connaissances, de sorte que l'accumulation de capital serait cruciale et centrale pour le taux de croissance d'un pays. Ces économistes supposaient aussi une diminution des rendements marginaux du facteur capital ainsi que des rendements constants. En outre, ces modèles de croissance exogènes impliquent que la croissance de toute économie dépend de trois facteurs, le taux d'épargne, la croissance démographique et le taux de dépréciation. En outre, tout facteur augmentant le taux d'épargne, diminuant la croissance de la population ou réduisant le taux de dépréciation de l'économie, augmente la croissance économique.

Dans le modèle de croissance exogène, la croissance de long terme ne peut provenir que du progrès technique (et non plus de l'accumulation du capital). Étant donné que le changement technologique est supposé survenir en dehors de l'économie, le modèle de croissance exogène limite le rôle de l'État aux investissements de base liés aux facteurs de productions travail et capital. Et ce, malgré le fait que le progrès technique était la source la plus importante de la croissance économique. En d'autres termes, même si le progrès technique est perçu comme la source la plus importante de la croissance économique, l'État n'a pas de contrôle sur ses déterminants (les connaissances scientifiques accrues, le savoir-faire amélioré, l'expérience, l'accroissement de la qualification de la main-d'œuvre, des technologies plus efficaces, de bonnes institutions, etc.). Ces déterminants arrivent comme par hasard et l'État ne devrait donc pas s'en préoccuper.

D'autres économistes (représentés par l'économiste américain Paul Romer) soutiennent le modèle de croissance endogène. En effet, ils se fondent sur l'hypothèse que la croissance génère par elle-même le progrès technique. Ainsi, il n'y a plus de fatalité des rendements décroissants : la croissance engendre un progrès technique qui permet que ces rendements demeurent constants. À travers le progrès technique, la croissance constitue un processus qui s'auto-entretient. L'originalité des propositions de ces modelés de croissance endogène, consiste en l'importance majeure accordée aux externalités positives générées par le progrès technique. En effet, celui-ci génère d'importantes externalités positives (explications) sur la croissance ; les rendements ne sont donc pas décroissants. Ces capitaux nécessitent l'intervention de l'État, car ce sont des biens collectifs pour lesquels le marché est inefficace pour les produire en quantités suffisantes. Selon la théorie de la croissance endogène, la connaissance technologique était elle-même une sorte de capital, car elle modifiait la productivité de celui-ci.

Le progrès technique est aussi perçu comme du capital technologique. Ainsi, pour qu'il y ait croissance, c'est-à-dire augmentation durable et auto-entretenue du PIB, il faut ajouter aux capitaux physiques, précédemment définis comme les bâtiments et machines, d'autres formes des capitaux, notamment :

1) Le capital humain comme stock de connaissances et de qualifications de la main-d'œuvre qui permet d'accroître la productivité du facteur travail, donc de produire plus, avec autant de facteurs de production. Par ailleurs, certaines études empiriques incluent des aspects tels que l'esprit d'entreprise dans le concept de capital humain. L'entrepreneuriat est un élément qui, de nos jours, est devenu clé. En effet, pour que les investissements soient bien utilisés et profitent au pays, il faut que la population ait l'esprit d'entreprise et que l'État ne décourage pas l'innovation, qu'il ne taxe pas trop ceux qui prennent des risques. Contrairement au capital physique, le capital de connaissances ne souffre pas de rendements marginaux décroissants, au contraire, la connaissance est un apport inestimable ayant la qualité unique de fournir des rendements croissants en raison de ses effets d'entraînement.

2) Le capital public : stock d'infrastructures publiques comme les routes, aéroports, réseau ferré, réseau électrique, d'égouts, fibre optique, etc. qui permettent la circulation efficace des marchandises (matières premières et produits finis) et des informations indispensables à la croissance.

3) Le capital institutionnel : le cadre institutionnel détermine les règles du jeu, les priorités, ainsi que les mécanismes d'interactions entre secteurs économiques. Plus spécifiquement, le capital institutionnel peut regrouper ainsi les règles et institutions qui permettent ou facilitent les activités économiques de production : monnaie, droit civil et des affaires, propriété privée, protection sociale, État de droit, etc. Douglass North (Lauréat du Prix Nobel d'économie 1993), quant à lui, a montré l'importance du cadre institutionnel dans le processus de croissance – par exemple, la qualité de la gestion des administrations publiques et la capacité des structures politiques à résister à la corruption. Il inclut également une protection rigoureuse des brevets protégeant l'innovation qui sont, selon North (1990), des incitations fortes à l'initiative et au dynamisme économique, donc à la croissance de l'économie. Enfin, le cadre institutionnel est particulièrement important quant à la distribution des revenus.

L'extension du facteur capital jusqu'à la qualité humaine, les infrastructures ainsi que les institutions implique, surtout pour les pays en développement, que l'on ne peut pas prétendre enregistrer une croissance économique (dans son vrai entendement d'un phénomène durable) sans observer à la fois un effort d'investissement visant l'amélioration de ces trois ressorts de la croissance. Par exemple, plus on produit, plus on apprend à produire de manière plus efficace et on devient plus compétent. La formation du personnel permet d'améliorer le capital humain qui sera alors plus productif. Les compétences ainsi acquises favorisent la productivité du travailleur et partant, de l'entreprise. Les décisions qui déterminent la productivité (et la rentabilité) des entreprises relèvent en définitive de la responsabilité de leurs dirigeants. Cela dit, les décisions de la direction et les conséquences de ces décisions sont conditionnées par les gouvernements – à la fois par la multitude de « règles » dans lesquelles les organisations doivent opérer, et par les comportements fiscaux et financiers des gouvernements.

Au-delà, les interventions des pouvoirs publics, combinées avec les initiatives propres des entreprises, doivent créer une synergie qui, à son tour, permet d'influencer les changements dans les dotations des facteurs, comme l'amélioration technologique. Ce sont des améliorations des facteurs de production qui finalement conduisent aux changements de la structure de production et de la composition du commerce extérieur.

3.2. Transformation structurelle

Comme on l'a précédemment souligné, d'après Perroux (1966), la croissance économique s'accompagne de progrès économiques variables et est réalisée dans des changements de structure. Plus précisément, elle « s'opère *dans* et *par* des changements de structures » (p. 240). En termes simples, le changement structurel se produit lorsque l'économie passe des secteurs à faible valeur ajoutée à ceux à forte valeur ajoutée. Par exemple, l'île Maurice est passée d'une économie dominée par la canne à sucre (agriculture) à la fabrication de produits pharmaceutiques, agroalimentaires ainsi que les services financiers.

Cette transformation structurelle implique le transfert de la main-d'œuvre d'un secteur agricole, par exemple, déjà efficace vers un autre secteur, par exemple, la manufacture, plus productif et à forte intensité de main-d'œuvre. Il faut noter que la part de l'emploi dans le secteur manufacturier est restée inchangée autour de 12 % sur la période 2005-2015, contre une moyenne de 80 % dans le secteur agricole, selon les statistiques de la Banque mondiale. Une fois que la fabrication augmentera son échelle de production, on peut s'attendre à un développement plus général des services, ainsi que de l'agriculture. De telles transformations structurelles ou industrielles soutiennent et rendent la croissance économique auto-entretenue à long terme et se traduisent par une plus grande inclusivité.

Le problème dans le cas de la RDC est qu'aucun des secteurs n'est devenu plus productif. Les industries manufacturières et de services sont encore extrêmement mauvaises dans ce qu'elles font. Cela signifie que lorsque les travailleurs se déplacent de la campagne vers les villes, ils réduisent la productivité et les salaires.

La discussion ci-dessus nous amène à la question de la structure sectorielle de la croissance économique et des stratégies de développement poursuivies par la RDC. Quelques points peuvent être soulevés à cet égard. Le manque de cette transformation structurelle peut être observé dans le Tableau 1, lequel montre que malgré le taux élevé de croissance économique, la part de l'industrie manufacturière est restée virtuellement inchangée, autour de 18 % alors que celle de l'industrie extractive est passée de 29 à 41 %. On peut aussi constater la forte hausse des activités extractives, qui passe de près de 29 % à 41 % du PIB de 2005 à 2015. Cependant, on observe une évolution inverse de la part des services et du secteur agricole. Par rapport au soubassement théorique revu ci-dessus, on peut déduire que le modèle de ce changement structurel n'est pas conductif à un changement irréversible de la structure du PIB et au développement économique espéré.

Table 1 : PIB par branche d'activité économique (% du total)

	2005	2010	2015
Agriculture	**22.3**	**22.4**	**19.7**
Industrie	**32.9**	**40.5**	**44.8**
Activités extractives, élect.	28.9	36.3	41.2
Activités de fabrication	**17.0**	**17.0**	**18.4**
Construction	3.9	4.2	3.6
Services	**44.9**	**37.0**	**35.5**
Commerce, restaurants	14.1	11.1	11.3
Transport, communications	14.3	11.2	10.9
Autres activités	16.5	14.7	13.3

Table 2 : PIB par catégories de dépenses (en % du total)

	2000	2005	2010	2015
Dépenses de consommation finale	89.7	94.6	79.7	84.3
Dépenses de consommation des ménages	87.6	87.7	70.1	69.9
Dépenses de cons. des administrations publiques	2.1	6.9	9.7	14.4
Formation brute de capital	14.4	11.8	28.8	19.6
Formation brute de capital fixe	14.4	11.7	28.7	19.4
Variations de stocks	0.0	0.1	0.1	0.2
Exportations de biens et services	11.4	22.9	41.1	27.7
Importations de biens et services	15.6	29.4	49.6	31.6

Depuis le début des années 1960, le rattrapage économique par les pays en développement s'est souvent accompagné d'un transfert massif des travailleurs du secteur agricole vers la manufacture, en même temps que celle-ci devenait plus productive. Sur cette base, on peut affirmer que, dans le contexte de la RDC, les activités de fabrication ne sont pas devenues plus efficaces et que l'économie nationale n'arrive pas à déplacer les ressources vers des industries plus créatrices de valeur. Le taux de participation à la main-d'œuvre (en pourcentage de la population en âge de travailler) est demeuré constant autour de 73 % sur la période 2005-2015, selon les chiffres de la Banque mondiale. Ce qui est plus inquiétant est le fait que les nouveaux investissements continuent de se concentrer sur les mines, ce qui aboutit au renforcement de la spécialisation dans un secteur à faible effet d'entraînement. Les conséquences en sont multiples et vont au-delà, jusqu'à affecter d'autres moteurs de la croissance. Par exemple, toute la formation technique que reçoivent les jeunes Congolais ne correspond pas aux investissements au capital intensif entrant ; ce type d'investissement nécessitant une main-d'œuvre non qualifiée locale. De même, les activités de recherche et développement n'ont aucun sens, dès lors que la méthode d'exploitation du cuivre n'évolue pas à la même vitesse que l'assemblage d'un appareil iPhone, par exemple. Le résultat est une croissance rapide mais irrégulière.

Une autre interprétation de cette dynamique de transformation structurelle est que manifestement l'économie ne génère pas de nouvelles connaissances, puisque celles-ci ne peuvent pas rester oisives. Elles se manifestent, soit par l'apparition de nouveaux produits, soit par des produits à plus forte valeur ajoutée, et partant des produits qui rémunèrent plus ; ce qui conduit à des salaires moyens élevés ainsi que de l'épargne et une consommation accrue (Liu et Lin, 2005). La dynamique de la structure de l'économie congolaise est une des raisons de la croissance sans amélioration des salaires que l'on observe. Plus important encore, l'apparition de nouveaux produits, ou de nouvelles gammes de ceux existants, vont transparaître aussi au niveau de la composition des produits des exportations. Ainsi, le pays passerait d'une prédominance des exportations intensives en ressources naturelles, aux exportations à forte intensité de main-d'œuvre, puis vers les exportations intensives en technologie et en connaissances.

Les changements dans les catégories d'exportations vers des contenus exigeant la créativité humaine, offrent plus d'opportunités d'apprentissage. En effet, exporter un produit brut comme, par exemple, les mangues, dont la qualité ou teneur est déterminée par la nature, rapporte très peu de connaissances. En revanche, exporter du jus, par exemple, va pousser une entreprise ou un pays à faire face à des produits concurrents. La pression de la concurrence est un stimulant important vers des améliorations plus poussées. Une telle pression est réduite, voire inexistante, pour les produits primaires, du fait qu'il n'incorpore pratiquement pas le fruit de la créativité humaine. De même, les importations des pièces détachées pour le besoin d'assemblage local, apportent aussi plus de connaissances que les produits de consommation finis, ce qui peut inciter l'exportateur à imiter la concurrence ou améliorer son produit sur le marché international. Bref, les opportunités d'apprentissage sont énormes pour certaines structures du commerce international, surtout pour les produits industriels.

Réinvestir dans l'effort industriel est préférable du fait que l'industrie offre une productivité élevée, capable d'absorber un grand nombre de travailleurs modérément qualifiés. Comme corollaire, les investissements et technologies étrangères derrière une croissance économique basée sur les cours des matières premières sont naturellement un processus « extérieur » très peu connecté au « domestique ». Dans ce contexte, les externalités positives attendues dans les autres secteurs ne peuvent se manifester que si les revenus ainsi générés sont réinvestis dans des secteurs porteurs, avec lesquels le pays disposerait d'avantages comparatifs ou compétitifs. Bien évidemment, de tels réinvestissements ne sont possibles que dans un climat des affaires favorable.

Outre la corruption générale et l'insécurité juridique, un certain nombre de facteurs spécifiques ont réduit la compétitivité du climat d'investissement en RDC, notamment : des services douaniers inefficaces, une administration fiscale non transparente et arbitraire, un marché du travail rigide. Cela réduit la possibilité pour la RDC de s'insérer dans les chaînes d'approvisionnement mondiales liées aux processus de fabrication à forte intensité de main-d'œuvre, en raison également de l'augmentation des goulots d'étranglement liés aux infrastructures de transport et d'électricité et des lois et règlements d'investissement non compétitifs.

4. Performance économique de la RDC : une perspective comparée (Corée et Chine)

Cette Section commence en plaçant les performances de croissance de la RDC dans une perspective comparative vis-à-vis de quelques pays d'Asie. La discussion ne se limite qu'à présenter quelques discussions sur les performances des pays d'Asie, sans les analyser au fond. Au travers de la lecture comparative qu'il entreprend, il se propose plutôt d'éclairer le rôle joué par le contexte international et l'incapacité d'agir dans laquelle les gouvernements successifs en RDC ont plongé et continuent de plonger l'économie congolaise.

Le premier constat à établir est que le taux de croissance économique de la RDC est très volatil, ce qui reflète la non-maîtrise dans la conduite de la politique économique en la matière. Le résultat sur les indicateurs pertinents du développement tel le revenu moyen par habitant est d'autant plus inquiétant lorsque l'on jette un coup d'œil sur le tableau.

Table 3 : Taux de croissance du revenu national brut par habitant (en %)

2005	2006	2007	2008	2009	2010	2011	2012	2013	2014	2015
1.5	3.0	2.2	-0.3	2.5	3.3	2.5	3.4	-0.8	6.45	5.3

Alors que le PIB par habitant de la RDC se retrouve en dessous de son niveau de 1960, la moyenne des pays à faibles revenus est 4,3 fois supérieure à son niveau de 1960, à côté d'un niveau 8,8 fois supérieur à son niveau de 1960 pour l'Afrique subsaharienne contre un niveau de 14 fois supérieur pour l'Asie du Sud. Parmi les pays dont le PIB par habitant était au même niveau, voire inférieur, que celui de la RDC en 1960 et qui ont réalisé des performances exceptionnelles, figurent la Corée (dont le PIB est à 132 fois à supérieur son niveau de 1960), la Thaïlande (dont le PIB est à 45 fois supérieur à son niveau de 1960), la Chine (dont le PIB est à 46,7 fois supérieur à son niveau de 1960) ainsi que la Malaisie (dont le PIB est à 27 fois supérieur son niveau de 1960).

Figure 1

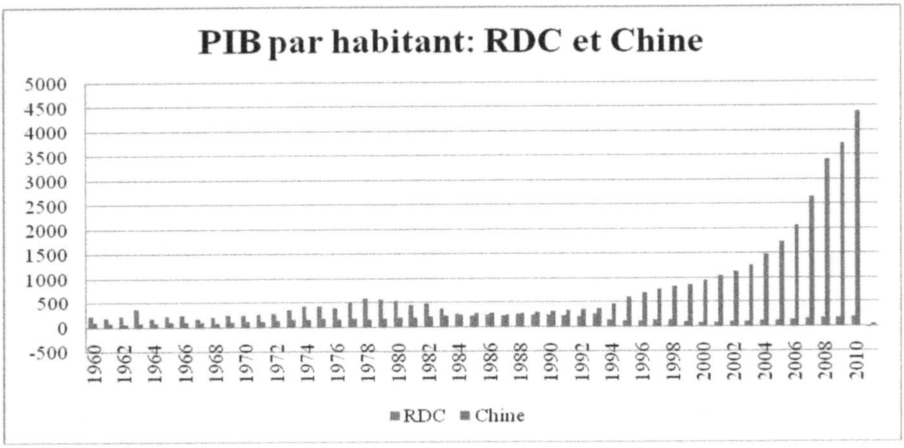

Figure 2

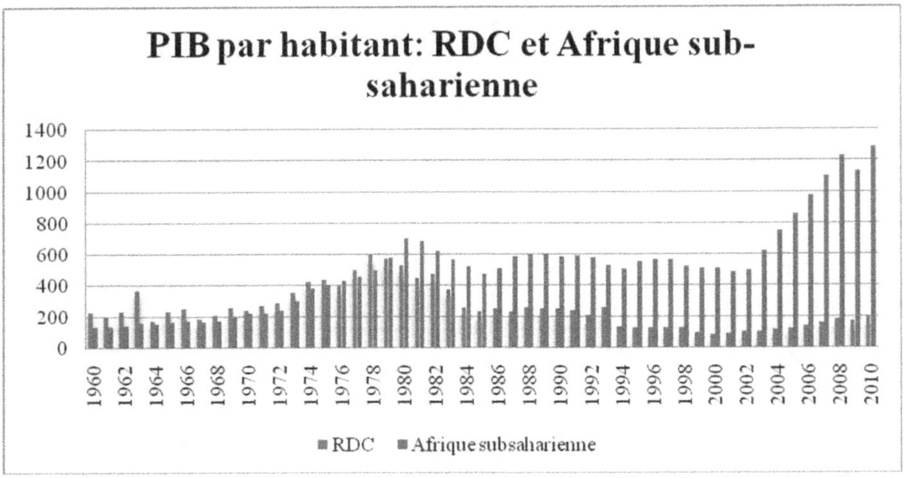

Depuis 1960, la RDC a suivi les étapes de la lente mais inexorable descente aux enfers qui caractérise le mode de production essentiellement axé sur l'extraction minière, et ce en dehors de toute considération sociale et humaine. En effet, loin d'être un accident de parcours, l'absence d'une orientation économique claire, a exposé le pays aux chocs extérieurs sans le doter des moyens de créer une dynamique économique de résilience sur le plan domestique. Les récessions de 1967, 1970-71, 1974-75, 1980-82, 1991-93 et 2001-02 furent à chaque fois tendanciellement dévastatrices pour la RDC, et cela, dans un contexte de déclin constant du taux de croissance moyen de l'économie congolaise, décennie après décennie. Néanmoins, on peut constater que chaque crise semblait être une opportunité pour la Thaïlande, alors que ces crises internationales étaient toutes fatales à la RDC.

Expliquer pourquoi les réactions aux crises étaient différentes en RDC et en Thaïlande, et surtout pourquoi de tels changements se sont produits dans un ordre et aux rythmes si différents dans les deux pays, est une tâche trop complexe pour le cadre restreint d'une note de discussion. Par ailleurs, comme on peut le constater dans la Figure ci-dessous, la RDC avait un PIB par habitant de 220 $ US en 1969 contre 99 $ US pour la Thaïlande. 50 ans après, la Thaïlande a su multiplier son niveau par un facteur de 47 pour atteindre 4 700 $ US. Cependant, la RDC n'a pas fait mieux que de reculer. Tout en évitant d'entrer dans des détails techniques, il est frappant de constater la divergence de tendances lorsque l'on observe les évolutions du PIB de ces deux pays face aux grands changements structuraux de l'économie mondiale, telle que représentée par les crises internationales récentes.

On peut facilement constater que le PIB par habitant de la RDC a reçu un coup fatal au milieu des années 1970, visiblement à la suite du choc pétrolier de 1973 et des effets de la zaïrianisation. Par la suite, le PIB de la Thaïlande dépassera celui de la RDC vers 1978-1979, ce qui équivaut au deuxième choc pétrolier. La première crise du commerce mondial de 1982-1983 va légèrement affecter la Thaïlande qui en profitera pour reprendre, avec des taux de croissance de 11 % en moyenne, et ce, jusque dans la moitié des années 1990. Cependant, la RDC ne se remettra pas de cette série de chocs. Lorsque l'on observe les données macroéconomiques de ces pays, on constate clairement trois choses : à chaque crise, la Thaïlande changeait la composition de son industrie ; chaque changement industriel engendrait un changement du contenu des filières d'éducation ; enfin, en réponse à chaque crise, avaient lieu certaines innovations en matière de politique économique et d'organisation de la production au centre de laquelle les PME prenaient davantage une place importante. Juste pour insister sur ce dernier point, depuis la colonisation, c'est essentiellement de grosses entreprises du type Gécamines, MIBA, ONATRA, qui constituent encore l'ossature de l'économie. Ces grosses machines étaient toutes plus grandes que les PME coréennes nées dans les années 1960 et qui ont grandi pour fournir au monde des conglomérats.

Figure 3

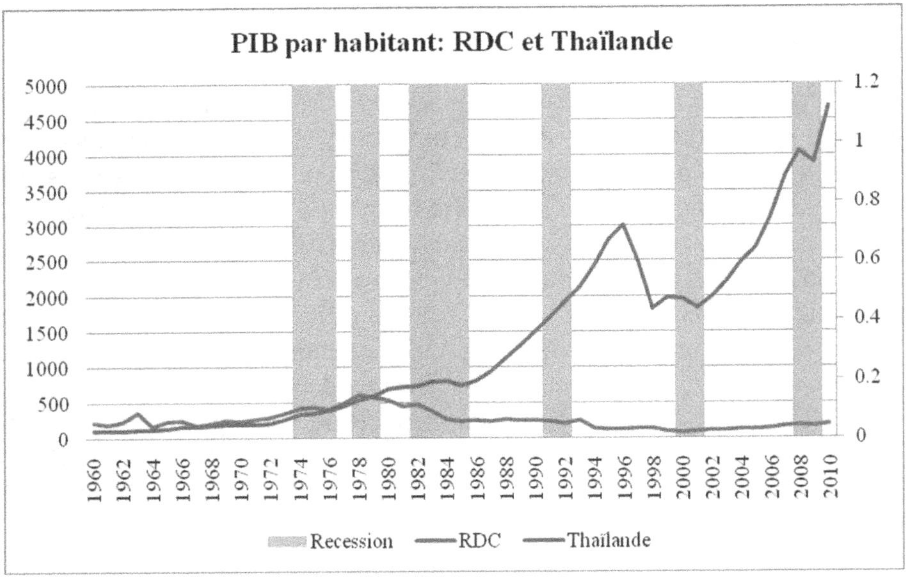

Visiblement, la RDC a l'incapacité à voir en ces crises des opportunités que la Thaïlande, elle, n'a cessé de saisir. Cela résulte sans doute du refus de sortir des chemins battus, ce qui à son tour découle du refus d'innover les politiques et les pratiques économiques. Au bout du compte, c'est l'absence d'une culture de l'expérimentation, laquelle est en fait le vrai socle du progrès industriel, qu'il faut aussi situer ces rendez-vous manqués face aux opportunités que présentaient les changements de l'économie internationale, ainsi que du mode de production industriel.

Cela conduit la RDC à connaître une régression très marquée sur le terrain industriel. En 1965, le secteur industriel de la RDC contribuait à plus de 30 % au PIB national, contre 20 % pour le secteur agricole et près de 50 % pour les services. En 2009, la contribution de l'industrie au PIB oscillait autour de 22 %. La mauvaise gestion et son corollaire de gaspillage de ressources d'investissements n'ont pas contribué à la compétitivité et à la modernisation de l'industrie congolaise. En revanche, d'autres pays en développement, comme la Thaïlande, dépendaient plus du secteur agricole en 1960.

Figure 4

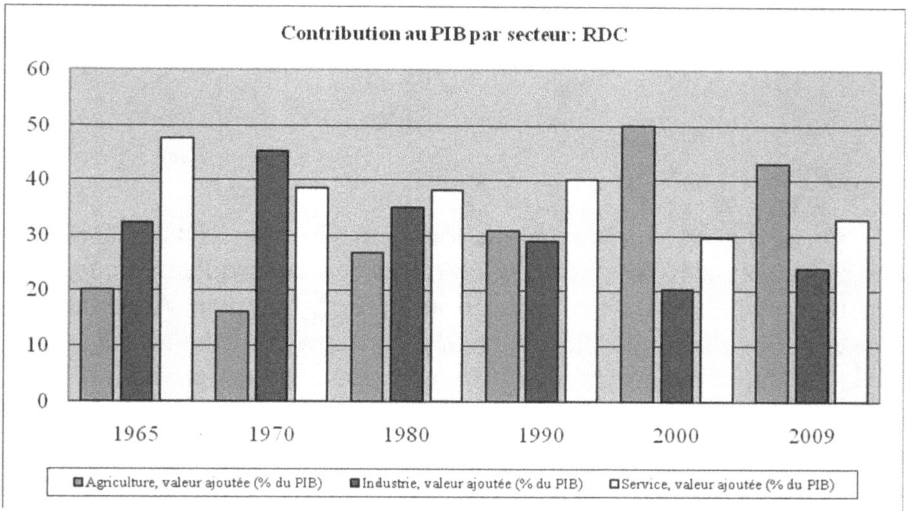

Comme on peut le constater dans la Figure suivante, la Thaïlande a su garder la contribution du secteur service, tout en réduisant la part de l'agriculture, et surtout doubler la contribution de l'industrie. En suivant un modèle quasi idéal de changement structurel de son économie, elle a su assurer une croissance moins volatile que la RDC. Et comme nous l'avons souligné précédemment, ceci a permis à la Thaïlande non seulement de dépasser le PIB par habitant de la RDC, mais surtout d'élever le niveau de vie moyen pour atteindre un niveau 20 fois celui de la RDC sur une période de quatre décennies (99 $ US en 1960 et 4 700 $ US en 2010).

Figure 5

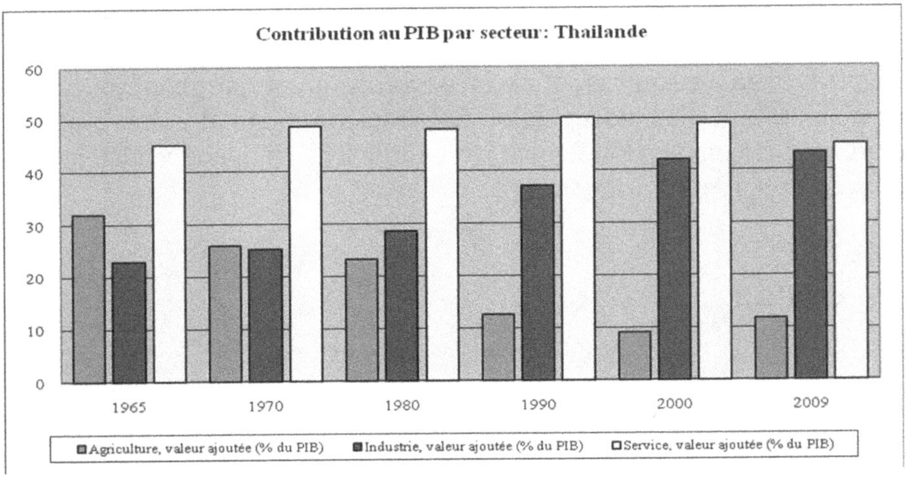

On peut aussi voir combien le fossé qui sépare la RDC de la plupart des pays sous-développés s'est élargi et les conséquences que cette situation peut avoir sur l'accumulation du capital humain. Ainsi, la table 3 montre l'évolution du PIB de la RDC par rapport à d'autres régions ou pays, par décennie depuis 1970, en y ajoutant une projection de la décennie prochaine (sur la base des données du FMI)[4]. On peut aisément donc constater que la part du PIB de la RDC représentait 0,36 % du PIB mondial dans la décennie 1970-1980, c'est-à-dire une part deux fois plus élevée que celle de la Thaïlande et supérieure à celle du Nigeria, mais qui continuait de baisser. Même en supposant que le taux de croissance actuel est de 6 % dans la décennie 2011-2020, la part de la RDC dans le PIB du monde va rester au mieux à son niveau actuel.

[4] World Economic Outlook, April 2011.

Table 4 : Part du PIB réel de la RDC dans le PIB mondial

(Année de base = 2005, Moyenne de 10 ans, en %)

	Décennies				
	1971-1980	1981-1990	1991-2000	2001-2010	2011-20*
Asie (moins le Japon)	5,85	7,57	10,87	14,81	21,32
Corée du Sud	0,65	1,01	1,58	1,90	2,06
Malaisie	0,11	0,16	0,25	0,30	0,36
Thaïlande	0,17	0,25	0,39	0,41	0,47
Afrique Subsaharienne	1,74	1,56	1,34	1,44	1,75
Afrique Sub-saha. (moins Afr. Sud)	1,14	0,99	0,85	0,95	1,22
Côte d'Ivoire	0,05	0,05	0,04	0,04	0,04
Ghana	0,02	0,02	0,02	0,02	0,04
Kenya	0,03	0,04	0,04	0,04	0,05
Nigeria	0,22	0,17	0,19	0,21	0,28
RDC	**0,36**	**0,28**	**0,15**	**0,11**	**0,11**

(*) Projections

Lorsque l'on sait que la fuite des cerveaux s'explique principalement par la divergence croissante des niveaux de vie, on peut aisément imaginer la conséquence de ces évolutions (voir Table 3), sur ce qui risquera d'être à la base de l'échec des stratégies d'accumulation du capital humain. La conséquence sur la productivité ne peut que perpétuer la fragilité de ce facteur longtemps reconnu comme étant l'un des déterminants de la débâcle économique en RDC. Ceci a été confirmé par divers travaux empiriques. On retiendra, par exemple, que les études sur la comptabilité de croissance en RDC ou en Afrique (Ndulu et O'Connell, 2000 ; Akitoby et Cinyabuguma, 2004 ; Maswana, 2007), arrivent à situer la source du faible taux de croissance économique au niveau de l'absence des gains de productivité ou de leur croissance négative, surtout à partir de la seconde moitié des années 1970. À propos des déterminants de la croissance de long terme en RDC, il faut signaler que la contribution du facteur travail à la croissance est très élevée. En RDC, entre 1960-2002 la contribution du facteur travail a été de 1,6 % et celle du capital de 1,1 % (Tahari *et al.*, 2004).

Au-delà des raisons purement macroéconomiques, d'autres explications ont été avancées, notamment l'absence de volonté politique, aux incohérences politiques, en passant par la mégestion et le déficit des compétences à plusieurs niveaux. D'autres explications concurrentes attribuent les turbulences de l'économie congolaise au manque de capitaux. Mais la plupart de ces approches omettent d'analyser les transformations objectives de la mondialisation du capital et les changements technologiques en cours. Occulter ces transformations équivaut à une réflexion partant de prémisses incomplètes, ce qui mène forcément à des conclusions de politique économique inappropriées, qui ne conduisent ni à une amélioration de la compétitivité ni au rattrapage économique.

De ce qui précède, il sied premièrement de souligner que le système de production mondiale est de plus en plus dominé par la fragmentation industrielle. Des pays se spécialisent dans quelques étapes de la longue chaîne d'approvisionnement production transfrontalière, plutôt que dans la maîtrise de tout le processus de production. Bien évidemment, les pays qui émergent de nos jours se spécialisent dans l'intégration au sein de ces chaînes mondiales de production. D'ailleurs, le succès de la Chine et d'autres dragons d'Asie, reste largement associé à cette approche moderne d'industrialisation. Ce qui est très frappant est que ces transformations ont touché, et continuent de le faire, des secteurs autres que ceux dans lesquels la RDC a ses avantages comparatifs, à savoir les mines et autres matières premières. Pour rappel, l'industrie minière ne peut pas développer l'homme du XXIe siècle comme il a développé son ancêtre au XIXe siècle. Intensive en capital, cette industrie a besoin pour fonctionner, d'une masse importante d'importations (qui déséquilibre la balance commerciale). Sans ce modèle industriel d'assemblage-montage, connecté à la chaîne d'approvisionnement mondiale, la RDC se marginalise du progrès technologique qui se déroule au XXIe siècle.

Deuxièmement, les changements technologiques avec les technologies de l'information et communication (TIC) offrent des perspectives énormes de croissance pour les pays en développement, mais requièrent une main-d'œuvre qualifiée et constamment recyclable. Ces deux aspects ne sont possibles qu'avec un système d'éducation privilégiant les sciences et technologies et demeurant proche des entreprises, ainsi qu'avec des sources d'innovation au niveau international. La structure des exportations actuelles de la RDC n'offre pas les avantages attendus des expériences de croissance économique tirées des exportations. Les exportations actuelles de la RDC couvrent un large éventail de produits primaires allant du cuivre à d'autres métaux à forte demande principalement par la Chine. Mais les importations incluent toujours des ordinateurs de la dernière génération, des voitures, des machines-outils sophistiquées ou de nouveaux produits pharmaceutiques, dont les contenus technologiques ne cessent d'inclure de nouvelles fonctions. Pour interpréter ce qui se passe en RDC, il suffit d'analyser la composition des importations-exportations et constater combien la brèche technologique s'élargit, entraînant ainsi le déficit commercial qui ne peut que s'accroître. Enfin, malgré la forte croissance des exportations due au cours du cuivre qui a presque triplé depuis 2002 (Figure 6), la condition de la balance des paiements de la RDC ne s'est pas améliorée, comme on peut l'observer du côté de la Chine ou du Viêtnam, par exemple.

Figure 6

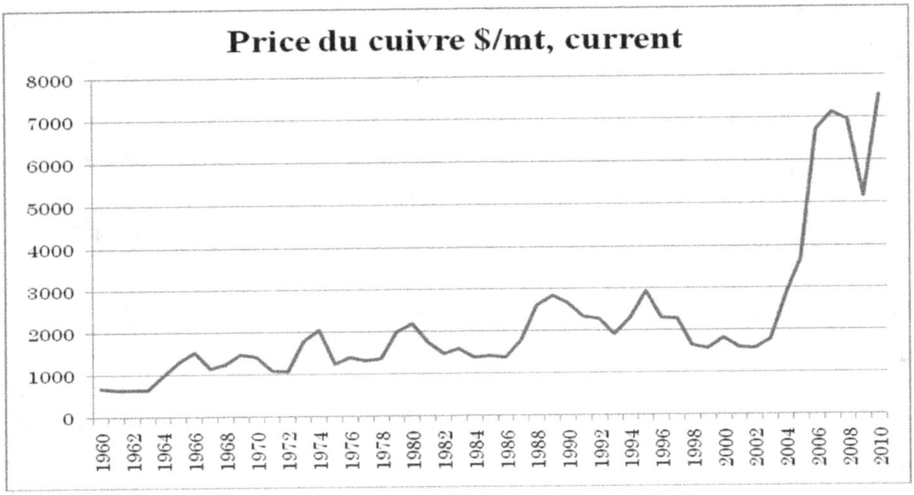

Price du cuivre $/mt, current
8000
7000
6000
5000
4000
3000
2000
1000
0
1960
1962
1964
1966
1968
1970
1972
1974
1976
1978
1980
1982
1984
1986
1988
1990
1992
1994
1996
1998
2000
2002
2004
2006
2008
2010

Table 5. RDC : Performance commerciale et avantage comparatif (2009, en milliers $ US)

	(Code HS*) Catégories de produits	Exportations en valeur	% du total des exportations	% des exportations dans le total du monde	Part des 3 premiers produits exportés (%)	Balance nette	Avantage comparatif (Indice de Balassa)
	Exportations totales	2 635 764	100	0,02	53,1	170 745	
1	(26) Minerais et scories	958 400	36,36	0,89	99,3	957 193	40
2	(74) Cuivre et dérivés	527 792	20,02	0,52	96,7	520 542	23,6
3	(27) Pétrole et minéraux	471 878	17,9	0,03	99,3	341 741	1,4

*HS = Système de nomenclature du Système Harmonisé.

Source : UN COMTRADE, 2011 ; calcul de l'auteur

La part des produits d'exportation classifiés comme technologiques dans les exportations de la RDC, représente à peine 0,1 % en 2009 contre 61,5 % pour les produits primaires et 36,3 % pour les produits intermédiaires, 0,4 % pour les biens d'équipements et 0,3 % pour les biens de consommation. Une telle structure dénote une économie où le rôle du travailleur ne dépasse pas le rôle d'exécutant manuel. On sait pourtant que la seule façon pour des pays pauvres d'accumuler le capital humain est de faire participer la main-d'œuvre au processus de production des biens technologiques et de capital (équipements). Contrairement à des idées reçues, le passage à ces étapes de production avancées ne nécessite pas une capacité d'innovation, mais plutôt une capacité d'imitation (*i.e.*, Fafchamps, 2000), qui permet de bien saisir des avantages compétitifs sur la chaîne des valeurs mondiales. Des pays comme la Chine ou le Viêtnam, continuent de démontrer que l'imitation (Minniti et Lévesque, 2010 ; Maswana, 2011) est la clé du processus d'accumulation du capital humain, à l'heure de la mondialisation, dominée par une compétitivité qui ne repose désormais plus essentiellement sur l'économie de la connaissance. Dans un article récent publié par la Banque africaine de développement (BAD), l'auteur de ce chapitre présente le rôle stratégique que l'imitation technologique avait joué au démarrage des pays émergents d'Asie (Maswana, 2018).

Table 6. Composition des exportations de la RDC

Exportations en valeur (000 $ US)	% des produits *High-Tech*	% des produits primaires	% des produits intermédiaires	% des machines et équipements	% des produits de consommation
2,760,126	0,1	61,7	36,3	0,4	0,3

Source : UN COMTRADE, 2015 ; calcul de l'auteur.

Les tentatives d'attirer des nouveaux types d'investissements directs externes (IDE), centrés sur les secteurs d'exportation et sur l'utilisation de la force de travail à bas prix, ne mèneront à rien tant que la productivité de la main-d'œuvre ne sera pas compétitive. La conséquence inéluctable est que la spécialisation des exportations congolaises, axées autour du cuivre et autres minerais (Table 6), n'accroît pas la base d'une accumulation du capital physique, encore moins humain. Ainsi, en plus du décalage technologique grandissant, le pays fait face à un type de croissance insoutenable, puisque dénué aussi de deux autres déterminants classiques de la croissance, que sont le capital physique et humain. Ainsi, l'un des objectifs de la nouvelle approche économique devrait aligner les IDE (Investissements directs étrangers) à l'apprentissage, aux compétences ainsi qu'aux autres principales priorités locales.

Considérons juste le satisfecit affiché par les différents gouvernements de la RDC et le gouvernement actuel sur ce taux de croissance de 6-7 % en moyenne, sur la période 2005-2014, qui est présenté comme un progrès économique. Ces gouvernements n'arrivaient même pas à satisfaire leurs créanciers et n'approchaient pas les objectifs agréés avec les institutions internationales qu'au prix d'un coût social énorme. Dans l'un des rapports établis par une mission d'évaluation du FMI en mars 2011 (IMF, 2011), on peut clairement lire la triste réalité selon laquelle l'équilibre budgétaire a été amélioré et a débouché sur un excédent de 0,9 % du PIB grâce à des réductions en investissements publics, ainsi qu'une baisse des paiements relatifs aux arriérés des salaires à la fin de l'année. Ce n'est que de cette façon que les autorités congolaises arrivent à observer les critères de réalisation quantitatifs agréés dans le cadre du programme appuyé par le FMI.

Puisque de tels subterfuges de gestion économique sont maintes fois répétés, on comprend pourquoi, malgré des taux de croissance du PIB depuis 2005, ni l'emploi, ni la productivité, et encore moins le taux d'épargne ou d'investissement propre n'ont été comptabilisés : ces indicateurs ne se sont pas améliorés. Normalement, avec des taux de croissance moyens de plus de 5 %, le taux d'accumulation du capital, ainsi que la productivité devraient également être tirés vers le haut.

5. Engager l'avenir autrement

Un message que l'on peut déceler en filigrane des lignes précédentes, est que malgré des taux de croissance parfois élevés enregistrés par la RDC au cours de la dernière décennie, les signes généralement associés au phénomène long de croissance économique n'ont pas été au rendez-vous. Au contraire, l'économie congolaise a été enfermée dans une croissance très volatile, non maîtrisée, et liée aux aléas du marché mondial des matières premières. Il n'y a pas eu, et il n'y a toujours pas, de trace d'une maîtrise par l'État congolais de l'instrument régulateur qu'est la politique économique. Or, là où elle existe, cette dernière permet, non seulement de stabiliser les éléments de la conjoncture, mais aussi et surtout de corriger les inefficacités structurelles inhérentes aux économies en développement.

Faut-il encore le rappeler, la seule performance qui vaille la peine et qu'attendent les populations reste le développement, ce qui est associé bien évidemment à son bien-être. Ainsi, la croissance économique est une étape sociale nécessaire pour un pays en développement, mais elle n'est pas suffisante et, à la limite, ne veut pas dire grand-chose pour les populations marginalisées du circuit de l'économie moderne. L'expansion économique, traduite par des taux élevés des variations du PIB, ne peut contribuer à préparer le bien-être à long terme que sous certaines conditions. Il faudra, par exemple, que les agents économiques participent effectivement à la création des valeurs ajoutées au cours du processus de production et que la redistribution se fasse par des salaires décents. Ou encore, il faudra que les revenus générés soient redistribués directement aux ménages (ou à la majorité d'entre eux) sous forme d'assistance socio-économique, d'allégements fiscaux ou d'un filet de protection sociale. Sans de tels mécanismes, le taux de croissance du PIB reste en réalité une performance purement comptable, et de ce fait, une illusion de prospérité. Pire encore, très souvent, de tels taux de croissance sans effet sur le ménage moyen, peuvent cacher des atteintes importantes au bien-être, voire la diminution de celui-ci.

Par conséquent, même si les chiffres comptables ont des valeurs numériques comparables, des taux d'expansion économique élevés ne doivent pas automatiquement être interprétés comme des performances économiques comme celles enregistrées sous d'autres latitudes.

En s'inspirant des performances économiques récentes des pays asiatiques, on peut se dire qu'il est possible de réussir une véritable croissance économique en RDC, si, et seulement si, des efforts et investissements sont engagés au niveau des ressorts de la croissance revus précédemment. Pour cela, il faudra un état d'esprit nouveau et réceptif aux idées nouvelles, ainsi qu'à l'expérimentation de nouvelles stratégies industrielles ; ces dernières doivent s'appuyer sur les technologies comme les TIC, afin de répondre aux mutations de l'économie mondiale, dans le but ultime de développer une compétitivité dans la petite manufacture (textile et filage, bicyclette, assemblage d'appareils électroniques, micro-sidérurgie, infrastructures de télécommunication, etc.)

En outre, il faudra porter une attention politique particulière à un certain nombre de secteurs clés (biotechnologie, agro-industrie, tourisme, petite manufacture) présentant un potentiel de croissance élevé et capables de stimuler la productivité. À cet égard, il est essentiel de mettre sur pied des incubateurs de startups, hébergés dans les zones franches urbaines, afin d'accompagner les projets de création d'entreprises. Certaines de ces zones devront être spécialisées dans le montage/assemblage des petits engins de transport et appareils électroniques et les produits biotechnologiques.

Quelles que soient les urgences à court terme, la politique économique ne devrait pas sacrifier l'investissement pour préserver les ressources naturelles pour les générations futures ainsi que l'effort dans les facteurs qui assureront le maintien et la viabilité des facteurs de production, ainsi que des compétences de demain. À défaut des politiques de croissance économique, la RDC est arrivée à une situation de stabilité économique artificiellement maintenue et qui s'écroule à la vague du moindre choc. Il est de nos jours admis que les investissements dans le capital institutionnel sont essentiels, notamment les externalités positives qu'il génère ainsi que, et surtout, pour les transformations de la structure de l'économie qu'il déclenche. Aussi, il est impérieux de renforcer les institutions, assainir le climat des affaires par une lutte exemplaire contre la corruption et les crimes écologiques.

On retiendra que la capacité de l'État congolais à agir est contrainte par la faiblesse institutionnelle, notamment les déficits de gouvernance, de transparence ainsi que de vision sur le long terme. Ces déficits de gouvernance se traduisent aussi par la multiplication des contrats léonins et anarchiques en matière des ressources naturelles du pays ; ce qui affecte les équilibres écologiques et représente un danger quant aux droits des générations futures. Aussi, répondre à ce défi exige l'abandon de l'économie de rente (extraction minière, hydrocarbures, transferts de la diaspora, aides extérieures, etc.), la mise en place d'une politique industrielle favorisant une économie pleinement productive et diversifiée utilisant à la fois toutes les potentialités humaines de la RDC ainsi que toutes ses ressources naturelles de manière écologiquement responsable, l'adoption des modes de production respectueux de l'environnement ainsi que le recours aux technologies nouvelles. Il en va de soi que l'homme congolais ne doit plus demeurer un consommateur des produits et technologies compatibles avec l'écologie mais plutôt producteurs et innovateurs.

Il sied de rappeler d'abord que dans les économies d'aujourd'hui, fondées sur la connaissance, l'accès à une éducation de qualité et les chances de développement sont les deux faces d'une même médaille. Aussi, les approches stratégiques clés à poursuivre, devraient inclure des dispositions visant à offrir des conditions susceptibles d'attirer des individus (nationaux ou étrangers) pourvus de talents exceptionnels et de les retenir en RDC. Il est essentiel de doter les travailleurs d'une gamme de compétences plus élevées au niveau de l'entreprise et d'encourager l'esprit d'excellence et de mérite, en plus de la promotion des aptitudes à la pensée conceptuelle et créative, ainsi que les habiletés de recherche. Il faudra capitaliser sur les compétences ainsi que les ressources de la diaspora, en encourageant des groupes de travail virtuels au sein des agences publiques et des entreprises. Plus particulièrement en rapport avec l'entrepreneuriat, il faudra s'assurer que les taxes et frais douaniers ne sont pas trop élevés pour décourager la mise à contribution des ressources de la diaspora.

L'importation des technologies étrangères est également essentielle dans l'environnement mondial actuel. L'acquisition de brevets ou de logiciels peut également permettre d'accroître la production par unité de facteur, en utilisant de nouveau des procédés de fabrication (par exemple, les TIC). À cet égard, il faudra introduire un régime fiscal concurrentiel qui incite les entreprises à imiter et à adopter les technologies étrangères, dans les limites du respect des droits de propriété intellectuelle. Par ailleurs, il est nécessaire de promouvoir l'imitation des technologies tombées dans le domaine public à travers l'organisation de compétitions fréquentes dans différents domaines.

Il faut soutenir les entreprises qui se distinguent et atteignent des cibles de performance préétablies avec l'État, en leur apportant, par exemple, une assistance technique sur les standards sanitaires et phytosanitaires, les obstacles techniques au commerce, les licences d'importation, ainsi de suite. Pour ce faire, il faut porter l'attention non pas sur la réduction de la probabilité d'échec au minimum, mais sur la réduction du coût de l'échec. Selon Ravi Menon, ministre du Commerce et de l'Industrie de Singapour, « ce qui distingue une bonne politique industrielle de soutien aux entreprises, ce n'est pas la capacité de choisir les plus performants, mais le courage politique de laisser partir les moins performants » (Menon, 2010). C'est donc dans ce choix cornélien de laisser partir les « médiocres » qu'intervient la qualité des décideurs politiques.

Un défi majeur au Congo reste de convaincre les acteurs politiques que les politiques gouvernementales minent les perspectives de développement du pays. La primauté du droit doit être irréprochable et il ne doit pas y avoir de place pour des décisions arbitraires qui favorisent un groupe par rapport à un autre ou qui varient d'une personne à l'autre. La RDC est à la croisée des chemins. Si nous ne corrigeons pas notre trajectoire, nous serons incapables de continuer à améliorer le niveau de vie de notre population. Cependant, si nous redoublons d'efforts pour stimuler l'amélioration de la productivité et investir dans l'éducation pour favoriser une main-d'œuvre bien formée, permettant d'adopter/imiter les technologies disponibles à travers le monde, l'économie congolaise peut devenir concurrentielle sur le plan international. Enfin, il y a le besoin d'une refondation éthique qui doit nous guider et donner un sens à la marche de ce peuple ardent, déterminé, par le labeur, à bâtir un pays plus beau.

Références bibliographiques

AKITOBY B. and CINYABUGUMA M. (2004). "Sources of growth in the Democractic Republic of the Congo: a cointegration approach". *IMF working paper* 04/114. Washington DC : International monetary fund.

BANQUE MONDIALE. (2015). « Le rapport de suivi de la situation économique et financière de la RDC » publié en septembre 2015 par la Banque mondiale (BM).

BUSSELEN T. (2018). « Qui sont les vrais pilleurs de l'Afrique et du Congo ? ». 20 Jan. 2018. https://www.investigaction.net/fr/qui-sont-les-vrais-pilleurs-de-lafrique-et-du-congo/

FMI (2011). *Country Report* No. 11/190; "Democratic Republic of the Congo and the IMF". Updated July 20, 2011.

IMF (2009). « Qu'est-ce que la politique budgétaire ? ». *F & D*, juin 2009.

KING, R. et LEVINE R. (1993). "Finance, entrepreneurship, and growth". Theory and evidence, *Journal of Monetary Economics*. 32, North Holland, p. 513-542.

KUZNETS S. (1962). "The Sources of Economic Growth Challenge". *Taylor & Francis Journals*. vol. 10 (7), pages 44-46, April.

MASWANA J.-C. (2007). "On the determinants of the Congolese economic Growth". Proceeding for the 2007 Annual Conference of the World Association of Political Economy, Shimane University, October.

MASWANA J.-C. (2011). "Emerging Patterns of Sino-African Trade and Potentials for Enterprise Development in Africa". Background Study for the China-DAC Study Group, African Union Conference on Enterprise Development and Economic Transformation, Addis-Abeba, Feb. 16-17, Enterprise Development and Economic Transformation, Addis-Abeba, Feb. 16-17.

MEDA D. (2008). *Au-delà du PIB. Pour une autre mesure de la richesse.* Paris : Flammarion, Champs-Actuel.

MINNITI M. and LÉVESQUE M. (2011). "Entrepreneurial types and economic growth". *Journal of Business Venturing*. 2010, vol. 25, issue 3, 305-314.

MISHKIN S. F. (2004). *The Economics of Money, Banking and Financial Marktes*. 7th Edition, Columbia University, p. 188.

MOINESCU B. G. and CODIRLASU, A. (2011). "Lending, economic growth and nonperforming loans: empirical evidences from the new EU member states". Disponible sur : http://finsys.rau.ro/docs/wp-lending_economic_growth.pdf.

NORTH D.C. (1990). *Institutions, Institutional Change and Economic Performance*, Cambridge University Press.

O'CONNELL S. A. and B. J. NDULU (2000). "Africa's Growth Experience : A Focus on Sources of Growth". *Working Paper Series*, African Economic Research Consortium.

PERROUX F. (1966). « Les blocages de la croissance et du développement. La croissance, le développement, les progrès, le progrès (définitions) ». *Revue Tiers Monde*, *26*, 239-250.

CHAPITRE 8

MODÈLES DE CROISSANCE : POURQUOI ILS NE CONVIENNENT PAS AUX PAYS LES MOINS AVANCÉS

Guy Pierre Kabemba Luembe[1]

Chercheur indépendant, Kinshasa, RDC

Introduction

Une idée existe sur les approches en termes de croissance et de développement : la croissance s'adresserait aux pays avancés et le développement au reste des pays. Zarra-Nezhad et Hosainpour (2011) établissent que de façon générale les modèles de croissance modernes ne s'appliquent pas aux pays pauvres. Un certain nombre d'indices permettent de remettre en question la pertinence des modèles de croissance évoqués par ces auteurs à l'analyse des économies les moins avancées. En premier, le lieu et le moment d'apparition des modèles mathématiques de croissance : aux alentours du Krach de 1929, avec Ramsey (1928) suivi de Harrod (1939) et Domar (1947) qui ont développé des modèles d'inspiration Keynésienne. Ensuite les déclarations des auteurs dans la conceptualisation de leurs modèles. Quelques-uns avancent comme, par exemple, Romer (1986, p. 1003) que le niveau de production par tête n'a pas besoin de converger entre pays, Lucas (1988, p. 39) que les économies initialement pauvres le resteront relativement, Jones (1995, p. 777-778) que la partie du monde qui croît en repoussant sa frontière de production est potentiellement l'unité d'observation pour les modèles de croissance. Enfin, il y a l'apparition de ce que nous qualifions de *modèles de croissance duale*[2].

---

[1] Avec nos remerciements aux Professeurs Jean-Claude MASWANA et Christian OTCHIA pour leurs remarques très utiles sur l'article. Les éventuelles imperfections qui persisteraient ne sauraient leur être attribuées.

[2] Contraction de « modèle de croissance d'une économie duale ».

Les modèles *duale* se veulent être des modèles de développement adressés aux pays les moins avancés, sont inspirés de l'approche duale de l'économie et sont des modèles de croissance à part entière. L'approche en termes d'économie duale est abordée, par exemple, par Lewis (1954) ainsi que Ranis et Fei (1959). Notons que les modèles de croissance duale ne sont pas passés en revue par Zarra-Nezhad et Hosainpour (2011) et pourtant, il s'agit bien de modèle de croissance par le simple fait qu'ils abordent dans leur expression mathématique la croissance des indicateurs de dimension (revenu, population, progrès technique, etc.). De ce point de vue, la seule approche dualiste de l'économie des pays les moins avancés qui présente ces derniers comme étant dominés par deux secteurs (subsistance et capitaliste) ne suffit pas à retirer aux modèles de croissance duale leur qualité de modèle de croissance. Parmi les modèles de croissance inspirés de l'approche duale, on peut citer, par exemple, les modèles de Jorgenson (1961) ou Vollrath (2009). Jorgenson (1961) propose une « théorie du développement » dans le but de combler le gap entre théories de la croissance (pour pays développés) et théories du développement (pour pays moins avancés).

Afin d'évaluer l'applicabilité des modèles de croissance aux pays les moins avancés, deux conditions ont été examinées : l'utilité des modèles de croissance vis-à-vis des pays avancés (condition nécessaire) et leur adéquation (ou applicabilité) vis-à-vis des pays les moins avancés (condition suffisante). Pour ce qui est de l'utilité des modèles, la philosophie des sciences est indiquée dans le cas présent pour au moins deux raisons. Premièrement, elle permet d'établir les fondements de la théorie sur la croissance. Par exemple, Van den Berg (2014) montre que le courant dominant de l'économie post-keynésienne (théorie sur la croissance en particulier) a été moins suscité par les scientifiques que par les intérêts des milieux financiers. Deuxièmement, elle permet de juger de la cohérence des développements de ladite théorie, et partant, permet d'évaluer la cohérence des modèles de croissance. Pack (1994) évalue l'avancée théorique apportée par la théorie sur la croissance endogène (considérée comme un tout cohérent). La relecture de l'échantillon théorique de Zarra-Nezhad et Hosainpour (2011) constitue une condition nécessaire théorique. En effet, les estimations empiriques des modèles concernés n'étant pas passées en revue, les conclusions à cette étape n'ont pu être avancées qu'en termes de cohérence théorique des modèles de croissance non duale.

Concernant l'évaluation de l'applicabilité des modèles aux pays les moins avancés, deux aspects ont été confrontés aux réalités des pays concernés : les « hypothèses cruciales » des modèles et la structure des économies. Ensuite ont été pris en compte les aspects pertinents de l'approche duale de l'économie des pays pauvres, telle que le rapport à l'ouverture et au commerce ainsi qu'à la terre ; ceci afin de vérifier dans quelle mesure les modèles non duale et les modèles *duale* considérés ensembles demeurent faiblement pertinents pour les pays les moins avancés. Concernant les hypothèses cruciales, il n'a pas été question de vérifier si elles aboutissent à des conclusions incorrectes pour les pays les moins avancés mais si ces hypothèses gênent l'application de ces modèles à ces pays du point de vue des états de leur structure économique. Des éléments sur la caractérisation de la structure et du système des économies sont fournis par Heilbroner (1999). Enfin, une dernière évaluation a été effectuée sur la base d'une approche pertinente pour les pays les moins avancés, à savoir le changement structurel de Rostow (1959) et le changement de système de Heilbroner (1999), en tenant compte des corrections méthodologiques et conceptuelles effectuées par Itagaki (1963).

La structure de l'article est la suivante : le point 2 présente la méthodologie et les concepts en donnant des indications sur l'échantillon des modèles de croissance passés en revue, le processus de l'évaluation de l'utilité des modèles à travers la philosophie des sciences et le mode d'évaluation de leur applicabilité suivant le passage en revue de leurs hypothèses cruciales et des caractéristiques des phases des systèmes économiques. Le point 3 se rapporte à l'application de la théorie de Kuhn (concernant le développement scientifique) sur la genèse des modèles de croissance ainsi que leur développement, tout ceci en mettant en lumière la question à laquelle ils ont tenté de répondre dès leur apparition (modèles classiques) jusqu'à leurs développements récents (modèles de croissance endogène en passant par les modèles néoclassiques). Le point 4 constitue une analyse de l'applicabilité des modèles de croissance relativement aux phases des systèmes économiques dont la structure se rapporte à l'économie de subsistance (l'agriculture), au commerce international, à l'industrie et à la finance. Il est aussi abordé dans ce point le rôle de l'approche en termes d'économie duale pour les modèles de croissance. Enfin, la conclusion générale constitue une mise au point finale avec perspective recherche.

1. Méthodologie et concepts

L'approche de Kuhn (1970) appliquée se décline en quatre points : (1) l'identification de l'anomalie dans les faits observés vis-à-vis du paradigme existant et suscitant la reconsidération de ce dernier, (2) la réponse de la communauté scientifique à la crise suscitée par l'anomalie observée (soit à travers la résolution de la crise, soit l'émergence d'un nouveau paradigme, soit encore la relégation de la résolution de la crise aux futures générations des scientifiques) ; (3) la mise en lumière de la « normalité » de la théorie de la croissance dans sa démarche de résolution de ladite crise ainsi que la prévisibilité de l'issue de la crise, (4) la caractérisation de la démarche de résolution de la crise soit en « résolution d'énigme » soit en « révolution scientifique ». De cette façon, le « test de cohérence » appliqué se présente comme suit : si le développement scientifique des modèles de croissances s'avère être la résolution d'une énigme qui leur a donné naissance à la suite de l'économie classique, alors il y a cohérence. Si par contre un nouveau paradigme a émergé avec l'apparition des modèles de croissance et l'économie néoclassique, alors il y a eu révolution scientifique.

Pour ce qui est de l'applicabilité des modèles de croissance aux pays avancés ou moins avancés, il a été question d'évaluer la vraisemblance de (1) leurs hypothèses « cruciales » au regard des caractéristiques y relatives du niveau de développement considéré ainsi que (2) leur conception même et l'expression mathématique des modèles relativement au niveau d'évolution des économies (systèmes) considérées. Solow (1956, p. 1) écrit : « l'art de théoriser avec succès est d'émettre des hypothèses simplificatrices dans ce sens que les résultats finaux n'y soient pas sensibles. Une hypothèse cruciale est une hypothèse sur laquelle les conclusions dépendent sensiblement ; et il est important que les hypothèses cruciales soient raisonnablement réalistes. » Dans un premier temps, il a été question de relever des hypothèses « cruciales » qui renvoient à des caractéristiques irréalistes ou inadaptées dans le contexte des pays les moins avancés mais vraisemblables pour les pays développés. En second lieu, la sensibilité des conclusions des modèles au caractère irréaliste de ces hypothèses a été évaluée. Le ciblage des hypothèses est tiré de la revue des modèles de croissance[3] et concerne l'emploi et l'identité épargne – investissement.

Afin de confronter conception des modèles et structure des économies, les caractéristiques de ces dernières sont tirées de l'approche du développement économique en termes d'évolution des structures. Cette approche est inspirée des classifications de Rostow (1959) pour le stage pré capitalistique (économie traditionnelle ou de subsistance) et de Heilbroner (1999) enrichie par Snodgrass (1990) pour le stage capitaliste. Snodgrass (1990, p. 5, p. 16) met en lumière ce qui peut être considéré de Heilbroner (1999) comme phases du capitalisme ; de sa lecture, on peut distinguer trois phases dans le stage capitaliste : le capitalisme basé sur le commerce (de 1450 à 1750), l'industrie (de 1750 à 1870) et enfin la finance (de 1880 – à ce jour). À cet effet, les caractéristiques que les pays les moins avancés et les pays développés n'ont pas en partage et qui peuvent être sensibles aux hypothèses et/ou à l'expression mathématique des modèles de croissance ont été par conséquent cherchées dans les activités de subsistance (généralement l'agriculture), le commerce international, l'industrie et la finance. En plus des caractéristiques du système, les déclarations des auteurs sur le niveau de performance de la contrée à laquelle s'adressent les modèles ont été passées en revue.

Il a été utilisé l'échantillon théorique de Zarra-Nezhad et Hosainpour (2011), c'est-à-dire les articles sur les modèles théoriques au nombre de 28 et non ceux sur l'estimation de ces modèles. La conséquence d'une telle sélection, c'est que les résultats de l'évaluation faite ne donnent que les causes théoriques sur le niveau d'applicabilité des modèles de croissance suivant le niveau de développement de l'économie considérée. Les causes relatives à l'application proprement dite des modèles, par exemple, la conception des tests, la disponibilité ou la qualité des données, etc., n'ont pas été abordées. Elles peuvent donc constituer des éléments à décharge à une éventuelle faible applicabilité. Dans cet ordre d'idée, notons l'exception de Zarra-Nezhad et Hosainpour (2011) sur l'applicabilité des modèles de croissance aux pays moins avancés : le modèle de Solow (1956) augmenté par Mankiw *et al.* (1992). Ce modèle se réfère à un test empirique, lequel n'entre pas dans le cadre de ce travail. Pour des critiques sur ce modèle, voir, par exemple, Temple (1998) ou

[3] Disponible en annexe de l'article original.

Hamiltona et Monteagudob (1998). Les travaux de Sheshinski de 1967 ainsi que d'Aghion et Howitt de 1994 n'ont pas été passés en revue. Cet état de choses ne change pas sensiblement les résultats obtenus.

Avant de poursuivre, il convient de préciser le sens de certains termes utilisés. Modèle est entendu comme une représentation simplifiée de la réalité économique, en l'occurrence la croissance d'un indicateur de dimension, le plus souvent le revenu comme variable expliquée ; il sera alors évoqué le modèle de croissance. Notons que l'échantillon utilisé est constitué de modèles mathématiques de la croissance. La réalité économique inclut l'état de la structure économique. Les modèles de croissance duale sont ceux qui tiennent compte de la différence technologique[4] des secteurs d'une économie et les modèles de croissance non duale sont tous les autres. Le développement économique est considéré comme le processus par lequel une entité sociale plus ou moins grande (région, pays, ville, etc.) s'éloigne de la tradition et/ou du commandement comme mode d'organisation des activités visant la satisfaction des besoins et qu'elle met progressivement en place un système compatible avec ses propres aspirations existentielles[5]. Le système économique est entendu comme un ensemble de règles, de lois, de coutumes et principes qui gouvernent l'opération économique. La structure se réfère quant à elle aux éléments qui permettent la réalisation de l'activité économique ainsi que l'importance relative de chacun d'eux dans la structure dépendamment du système en place.

La revue méthodologique et conceptuelle d'Itagaki (1963) sur Rostow (1959) permet d'apporter quelques clarifications sur les notions de système et de structure. Le changement de système préside au changement de structure et donc de « stage de développement ». Un changement structurel étant donné un même système constitue un changement de phase ou de sous-stages[6]. De ce point de vue, les 5 « stages » de Rostow peuvent être réduits à maximum 3 (économie

---

[4] La revue d'Itagaki (1968) sur l'approche en termes d'économie duale permet de se rendre compte que l'économie duale se réduise finalement en économie sectorielle dont les secteurs n'ont de différence que la technologie : économie traditionnelle et économie moderne (capitaliste).

[5] Un essai sur l'extension de cette définition du développement économique sera effectué dans un autre article.

[6] Consécutif à des changements mineurs du système.

traditionnelle, économie transitoire et économie moderne industrielle) ou à minimum 2 (économie traditionnelle et économie industrielle). De même, les « stages » capitalistes de Heilbroner (1999) constituent en réalité des phases du capitalisme. Par ailleurs, pour Itagaki, les choix des politiques [de développement] concernent le changement de stage et les choix stratégiques concernent les changements de phase. L'objectif politique serait de réaliser le changement de stage le plus efficace à travers le changement de système ; l'objectif stratégique serait celui d'effectuer le bon changement de phase étant donné le même système. De ce point de vue, la politique se rapporte à un système de valeurs (choix pratiques) et la stratégie à un système de jugements techniques (choix techniques). Ainsi, le système de valeurs inclut celui des choix techniques.

2. Apparition et évolution des modèles de croissance

2.1. Contexte d'apparition

L'idée dominante jusqu'à la crise financière qui a frappé les États-Unis en 1929 et qui a suscité l'intérêt pour la croissance économique était que l'économie continuerait de croître indéfiniment, l'offre créant sa propre demande : il suffisait alors de produire pour vendre puisque l'économie était florissante. En effet, la non moins célèbre loi de Say (1826, p. 176, p. 183) qui stipule que « [...] c'est la production qui ouvre des débouchés aux produits. » Renchérissant ainsi sur le « laissez – faire » peut décrire le courant de pensée dominant jusqu'au krach de 1929. D'autres formulations de la loi de Say existent. Notamment celles de Mill (1808, p. 81) et Ricardo (2004, p. 365) qui ont écrit respectivement : « La production de produits de base crée, et est la seule cause universelle qui crée le marché pour les produits créés » et « Maintenant que je pense que la demande ne dépend que de l'offre, les moyens [machines] d'obtenir l'abondance des produits de base ne peuvent jamais être autrement que bénéfique. » Ceci constitue une négligence manifeste du volet demande dans un marché, contrairement aux développements de Say lui-même.

Say (1826) nuance donc sa loi et explicite la dépendance étroite entre offre et demande en disant que « [...] des marchandises qui ne se vendent pas, ou qui se vendent à perte, excèdent la somme des besoins qu'on a de ces marchandises, soit parce qu'on en a produit des quantités trop considérables, soit plutôt parce que d'autres productions ont souffert. Certains produits surabondent, parce que d'autres sont venus à manquer. » Say (1826, p. 184). Pour Say (1826, p. 176, p. 183), « Il est bon de remarquer qu'un produit terminé offre, dès cet instant, un débouché à d'autres produits pour tout le montant de sa valeur. En effet, lorsque le dernier producteur a terminé un produit, son plus grand désir est de le vendre, pour que la valeur de ce produit ne chôme pas entre ses mains. Mais il n'est pas moins empressé de se défaire de l'argent que lui procure sa vente, pour que la valeur de l'argent ne chôme pas non plus. Or, on ne peut se défaire de son argent qu'en demandant à acheter un produit quelconque. On voit donc que le fait seul de la formation d'un produit ouvre, dès l'instant même, un débouché à d'autres produits ».

Cette nuance concernant la demande sera ignorée ou considérée comme négligeable au point d'éclipser les vues de Karl Marx ou de Thomas Malthus jusqu'à la grande dépression. À ce propos, Keynes (2008, p. 29) écrit : « L'idée que nous pouvons négliger en toute sécurité la fonction de demande agrégée est fondamentale dans l'économie ricardienne, qui sous-tend ce qui nous a été enseigné pendant plus d'un siècle. [...] La grande énigme de la demande effective avec laquelle Malthus a lutté disparut de la littérature économique. Vous ne la trouverez pas mentionnée dans l'ensemble des œuvres de Marshall, Edgeworth et du professeur Pigou, dans les mains desquelles la théorie classique a atteint sa maturité. »[7]. Et (Domar, 1947, p. 34) de renchérir : « Notre confortable croyance dans l'efficacité de la Loi de Say a été fortement secouée durant les cinquante dernières années. Aussi bien les événements que les discussions ont montré que l'offre ne crée pas automatiquement sa propre demande. Une partie du revenu généré par le processus productif pourrait ne pas y retourner ; cette partie est épargnée et

---

[7] La négligence de l'interdépendance entre offre et demande dans la pensée économique classique poussera sans doute Keynes (2008: 28) à développer son concept de « demande effective » (demande anticipée) dont il résume l'analyse en ces termes : « Cette analyse nous fournit une explication du paradoxe de la pauvreté en milieu d'abondance. La simple existence d'une insuffisance de la demande effective peut conduire et conduira souvent à l'augmentation de l'emploi jusqu'à un arrêt avant que le niveau de plein emploi n'ait été atteint. »

stockée. » La grande dépression aura été l'élément majeur ayant suscité l'analyse keynésienne avec ses développements futurs.

Ce qui aura été retenu, c'est l'optimisme de Say (1826, p. 188-189) lorsqu'il avance que « [...] chacun est intéressé à la prospérité de tous, et que la prospérité d'un genre d'individus est favorable à la prospérité de tous les autres. [...] Que feraient un actif manufacturier, un habile négociant dans une ville mal peuplée et mal civilisée de certaines portions de l'Espagne ou de la Pologne ? Quoiqu'il n'y rencontrât, il y vendrait peu, parce qu'on y produit peu ; tandis qu'à Paris, à Amsterdam, à Londres, malgré la concurrence de cent marchands comme lui, il pourra faire d'immenses affaires ». Il généralise sa réflexion dans ces termes : « C'est par une distinction futile qu'on classe les nations en nations agricoles, manufacturières et commerçantes. Si une nation réussit dans l'agriculture, c'est une raison pour que ses manufactures et son commerce prospèrent ; si ses manufactures et son commerce sont florissants, son agriculture s'en trouvera mieux. Une nation, par rapport à sa voisine, est dans le même cas qu'une province par rapport à une autre province, qu'une ville par rapport aux campagnes : elle est intéressée à les voir prospérer, et assurée de profiter de leur opulence ».

Cependant, de la réserve ou des doutes émergèrent de la communauté scientifique quant à l'optimisme véhiculé par le laisser-faire, et ces réserves se justifieront avec la crise qui s'ensuivra. En voulant répondre à la question de savoir quel montant de son revenu une nation devrait épargner, Ramsey (1928, p. 2) s'interroge en réalité sur ce qui pourrait freiner l'accroissement de la jouissance procurée par la consommation, considérant alors le côté demande du marché. Il avance : « [...] l'augmentation du taux de jouissance avec le montant du capital peut [...] s'arrêter pour deux raisons. Il pourrait, en premier lieu, arriver qu'une nouvelle augmentation du capital ne nous permette pas d'augmenter notre revenu ou nos loisirs ; ou, d'autre part, nous aurions atteint le taux maximal concevable de jouissance, et on n'aurait donc aucune utilité à tirer de plus [de l'accroissement] du revenu ou du loisir. » Le krach de 1929 aura fini de justifier le doute de Ramsey (1928) et poussera, avec la grande dépression qui s'est ensuivie ainsi que son cortège de désillusion Keynes, à développer si pas la nuance de Say citée plus haut, du moins l'exception à sa loi.

Le passage même de l'économie classique à l'économie néoclassique paraît trouver son origine dans le besoin d'« expliquer » la crise économique inattendue du fait de l'optimisme ambiant véhiculée par les économistes. Comme le remarque Snodgrass (1990, p. 41), « John Maynard Keynes a observé un monde malade de la dépression généralisée qui a presque ruiné le commerce et a apporté des nations au bord de la faillite. Les exportations ont diminué, les banques nationales ont échoué, les pays avancés ont abandonné l'étalon-or, les dettes étrangères sont restées impayées, et les travailleurs ont souffert du chômage de masse. Le résultat en Europe a été une tendance marquée vers les formes dictatoriales de gouvernement, comme en Allemagne, en Italie, en Autriche et en Roumanie. Les nations les moins favorisées, notamment l'Allemagne, l'Italie et le Japon, se sont lancées dans l'expansion territoriale ». Hicks (1937, p. 155), en comparant l'économie classique et la « Théorie générale » de Keynes conclut que les deux ne sont pas bien différentes et qu'il s'agit des deux aspects d'un même combat, la théorie classique étudiant les fluctuations industrielles alors que la Théorie générale de l'emploi est en réalité l'Économie de la dépression.

2.2. Évolution

Il peut être aisément montré de quelle façon les modèles de croissance ont, au fil de leur développement, toujours tenté d'améliorer l'analyse visant à mettre en lumière les conditions dans lesquelles une économie déjà florissante pourrait continuer d'augmenter sa production (dans le long terme). À travers une série de relâchement d'hypothèses de différents modèles et d'élargissement des explications des causes de la croissance, il apparaît que la question fondamentale est restée la même : une économie prospère peut-elle continuer d'accroître sa production dans le long terme ? Si non pourquoi ? Si oui comment ? En outre, il s'est agi d'un processus cumulatif, ce qui relève de ce que Kuhn qualifie de « résolution d'énigme » – différente de ce qu'il considère comme relevant de révolution scientifique (non cumulative, elle) – où il y a des recoupements ainsi que des parallélismes entre différents modèles de croissance ; ils ne sont pas irréconciliables dans leur conception (comme ce serait le cas pour une révolution scientifique). Une revue détaillée des hypothèses des modèles non duale est présentée dans l'annexe A : *Développement « normal » des modèles de croissance* de l'article original. Néanmoins, les principales hypothèses et objets de ces modèles peuvent être résumés comme suit :

1. Substitution des facteurs au sein des modèles de croissance néoclassiques : alors qu'ils ne l'étaient pas avec Harrod (1939) et Domar (1947), les facteurs de production deviennent substituables avec le modèle de Solow (1956), Solow (1957), Swan (1956), Cass, D. (1965), Koopmans (1965), Cass (1972) et d'autres s'étant inspiré de Solow ;
2. Les rendements d'échelle des facteurs : des modèles néoclassiques aux modèles de croissance endogènes, ils cessent d'être décroissants pour devenir croissants, avec la prise en compte de la connaissance pour expliquer le changement technologique, toutes choses restant égales par ailleurs – voir les modèles de Arrow (1962), Uzawa (1965), Romer (1986), Romer (1987), Lucas (1988), Romer (1986), Rebelo (1991), Segerstrom (1998), Aghion et Howitt (1998) ;
3. Les effets d'échelle de la R&D[8] sur la croissance sont traités différemment dans les modèles de croissance endogène : ils peuvent être positifs, négatifs, nuls ou disparaître asymptotiquement – Jones (1995), Peretto (1998), Young (1998), Howitt (1999), Dinopoulos et Thompson (1999), Peretto et Smulders (2002) ;
4. Différentes approches dans la prise en compte de l'innovation dans les modèles endogènes : innovation horizontale – modèles de Romer (1990), ou verticale – voir les modèles de Grossman et Helpman (1991), Aghion et Howitt (1992), Kortum (1997) ;
5. La prise en compte ou pas de la structure du marché – Peretto et Smulders (2002).

Il ressort de cette revue que du premier au dernier modèle de croissance considéré, en passant par les modèles néoclassiques et les modèles endogènes, il n'est de rupture qu'en termes d'hypothèse de modèle ; et de l'économie classique aux modèles néoclassiques, il n'y a apparemment comme différence que la formulation mathématique de la pensée classique du laisser-faire, laquelle formulation se traduit en termes de modèles (mathématique) de croissance, Keynes ayant balisé le chemin.

[8] Recherche et Développement.

Ceci vient confirmer la pensée de Hicks (1937) : entre l'économie classique et l'économie néoclassique, même combat. Il convient aussi d'évoquer l'hypothèse de plein emploi dans l'évolution des modèles de croissance. Cette hypothèse apparaît clairement en tant qu'hypothèse de modèle ou alors comme situation au cœur de la discussion sur les conditions à son accession ou de son éloignement ou encore comme condition d'équilibre pour ce qui est du marché du travail. Il peut être montré que cette hypothèse, retenue dans au moins 82 %[9] des modèles présentés par Zarra-Nezhad et Hosainpour (2011), plutôt que d'avoir disparu avec l'économie classique, aura survécu dans l'économie néoclassique ainsi que dans les modèles de croissance endogène. Voir plus de détails en annexe B de l'article original : *L'Hypothèse de plein emploi*.

2.3. Conclusion partielle

Au sens de Kuhn, l'anomalie ayant favorisé l'émergence des modèles de croissance aura été en majeure partie la dépression ayant frappé le monde capitaliste dans les années 1930 ou dans une certaine mesure, la possibilité qu'elle se produisit. Cette anomalie est relative à la pensée courante d'une croissance garantie par le « laisser-faire ». L'éventualité que l'anomalie apparaisse a été envisagée par Ramsey (1928). La réponse de la communauté scientifique suite à l'éventualité et au constat de la réalisation de l'anomalie a consisté dans la reconsidération de la loi de Say en particulier en développant sa nuance grâce notamment aux travaux de Ramsey et de Keynes. Il s'est agi de la résolution de la crise dans la science économique suscitée par l'échec de sa capacité de prévision de la dépression. Un processus cumulatif s'en est suivi dans le sens d'améliorer toujours la réponse donnée dès le début de la résolution de la crise. Processus cumulatif mais sans rupture fondamentale avec le courant économique dominant avant la crise. Il ne s'est pas agi d'un changement de paradigme au sens de Kuhn (1970) ; des hypothèses et d'autres ont été levées, de nouveaux aspects de la question abordés mais toujours dans le même cadre théorique, bref une démarche de « résolution d'énigmes ».

[9] Dont au moins 64,3 % sur le facteur travail et 17,9 % sur le facteur capital, le choix ou pas dépendant de l'aspect que les uns et autres (auteurs) voulaient préciser sur les modèles de croissance.

Le caractère normal de la théorie sur la croissance a permis de confirmer son utilité pour les pays avancés. La question que posent ces modèles aura demeuré autour du maintien d'une économie florissante ou encore comment se rapprocher de la situation idéale ou ultime d'une économie : plein emploi d'une part et croissance ou état stationnaire d'autre part. En passant de l'économie classique à l'économie néoclassique, des modèles de croissance se rattachant aux deux, aux modèles de croissance endogène, il n'y a pas de rupture telle qu'on ne soit pas en mesure d'établir de parallélisme. Ce qui est caractéristique de ce que Kuhn qualifie de « science normale ». Pour qu'il soit affirmé que les modèles de croissance ont été conçus pour les contrées les plus avancées économiquement, la condition nécessaire serait que la question et/ou l'événement « anormal » ayant suscité la conception des modèles de croissance aient émergé dans des économies déjà développées et qu'au courant de leur développement, les modèles de croissance ne se soient pas écartés de cette question de départ. La condition suffisante serait de montrer qu'il ne serait pas possible que la question de départ ait émergé à un autre moment qu'avec le laisser-faire.

2.4. Discussion

Il y a eu plusieurs crises économiques et financières avant le krach de 1929. Cependant, elles ne pouvaient être cataloguées en « crise » (au sens de Kuhn) qu'en se basant sur un cadre théorique ayant tendance à ne pas les prévoir, ce qui était le cas pendant le *laisser-faire* : le courant de la pensée dominante était celui de performances économiques toujours florissantes en Europe entre les débuts des XIXe et XXe siècles. C'est durant cette même période que survient ce qui peut être considéré comme l'éventualité d'une crise économique avec ce que nous avons qualifié de « nuance de Say ». La crise se réalisera effectivement au début du XXe siècle avec le krach. Concernant la période précédant le XIXe siècle, les préoccupations étaient autres. La question de la croissance ne pouvait être posée parce que le cadre théorique n'était pas prêt. En effet, comme le fait remarquer Snodgrass (1990, p. 9), les philosophes qui se sont intéressés à l'activité économique ayant comme motivation la richesse du monde n'apparaissent que bien plus tard après l'histoire, la philosophie, la science, la politique, l'art, l'habileté politique ; ces philosophes apparaissent dans la deuxième moitié du XVIIIe siècle, avec le travail d'Adam Smith.

3. Structures des économies et modèles de croissance

3.1. Déclaration des auteurs

Les déclarations des auteurs de l'échantillon des modèles de croissance non duale se rapportent essentiellement aux conditions initiales des pays, à la convergence, au transfert de technologie et à l'innovation. Ils font on ne peut plus implicitement état de l'impossibilité de leurs modèles à orienter en termes de politique de changement structurel. Autrement dit, la convergence évoquée ne s'adresse pas aux stages de développement mais aux phases des stages similaires, ceci tout en gardant à l'esprit que des structures et performance y relative correspondent à des systèmes similaires. Romer (1986, p. 1003) fait sauter la convergence de la production par tête prédite par les modèles néoclassiques, ceci en rendant endogène le changement technologique : « le niveau de la production par tête dans différents pays n'a pas besoin de converger ; la croissance peut demeurer lente dans les pays moins développés et peut ne pas avoir lieu du tout. Ces résultats ne dépendent d'aucun type de changement technologique spécifié de façon exogène ou des différences entre pays. […] Ce qui est crucial pour tous ces résultats est l'écart par rapport à l'hypothèse habituelle de rendements d'échelle décroissants. »

Lucas (1988, p. 39) entrevoit déjà la limite des modèles de croissance à expliquer les problèmes des pays au revenu le plus faible lorsqu'il écrit concernant sa courbe de planification capital physique – capital humain : « Le système va converger vers cette courbe, à partir d'une configuration initiale des stocks de capital, mais le point particulier auquel il converge dépendra des conditions initiales. Les économies qui sont initialement pauvres le resteront relativement, puisque leur taux de croissance du revenu de long terme sera le même que celui des économies initialement (et en permanence) les plus riches ». Aussi, Jones (1995 : p. 777-778) abonde dans le même sens lorsqu'il écrit à propos de son propre modèle qu'il « […] décrit la croissance économique d'une entité qui dépend de la création de nouvelles idées pour la croissance. Dans ce sens, il est plus raisonnable d'appliquer ce modèle aux économies avancées qu'aux économies dont la croissance dépend du transfert d'idées existantes à travers les pays. » Et d'ajouter que « Le monde (ou au moins la partie du monde qui croît en repoussant la frontière technologique) est potentiellement l'unité d'observation la plus appropriée. »

Aghion et Howitt (1998, p. 65) écrivent aussi à propos des modèles de croissance que leurs « [...] fortes hypothèses excluent d'importants phénomènes. Par exemple, ils ratent les stades de développement dans lesquels les ressources sont progressivement réaffectées de l'agriculture au secteur manufacturier et ensuite aux services. L'économie est toujours un modèle réduit de ce qu'il était il y a des années, et peu importe jusqu'où il s'est déjà développé, ses perspectives de développement futur sont toujours une version miniature de ce qu'elles étaient il y a des années. » Ce qui veut dire que les modèles de croissance s'intéressent moins aux stades de développement qu'à l'état dit « développé » d'une contrée. Ces auteurs ignorent cependant le modèle de Matsuyama (1992) qui s'intéresse à la transition d'une économie agricole vers une économie industrialisée ; il ne s'agit clairement pas de la situation d'un des pays les moins avancés. En effet, Matsuyama (1992, p. 319) écrit de son modèle qu'il fournit : « [...] une formalisation de la sagesse conventionnelle, qui affirme que la révolution agricole est une condition préalable à la révolution industrielle. » Aussi, Matsuyama (1992, p. 321) considère que tous les consommateurs ont un revenu suffisant pour se procurer le produit agricole de subsistance.

Grossman et Helpman (1991) reviennent avec force détail sur l'innovation dans son rôle important pour l'accumulation du capital et par conséquent de la croissance. Ils l'inscrivent dans le contexte d'apparition de la théorie de la croissance endogène : plus de deux cents ans après la révolution industrielle (en Europe et ses ramifications), l'investissement en capital n'a pas cessé malgré les rendements d'échelle prétendument décroissants de l'économie néoclassique. « Plus de 200 ans après la révolution industrielle » (p. 4) circonscrit quelque peu implicitement l'analyse sur les pays industrialisés, pays aux revenus les plus élevés. Kortum (1997) oriente son article vers la recherche industrielle, la brevetabilité et la croissance de la productivité. Il part des observations faites sur l'économie américaine. Il essaie d'expliquer le comportement à long terme de l'emploi dans la recherche. À part les USA, ses résultats sont corroborés dans d'autres pays à revenus élevés. Les pays industriels correspondant aux pays aux revenus les plus élevés, il peut être conclu qu'implicitement, le modèle de Kortum, en partant des observations sur l'industrie, une des principales caractéristiques des pays riches et en corroborant l'estimation de son modèle sur les résultats obtenus pour d'autres pays similaires, s'intéresse aux pays à revenu élevé.

3.2. Industrie et capital

Le capital physique nous permet de caractériser une économie industrielle et une économie non industrielle, ce qui est trivial. Il n'est pas besoin de démontrer que, des modèles de croissance néoclassiques aux modèles endogènes, le capital physique est omniprésent lorsqu'il faut évoquer la fonction de production. Et quand il est question de simplifier les modèles, on passe au capital par tête. L'importance du capital se remarque par les nombreux aspects abordés dans la théorie sur la croissance : sentier d'accumulation du capital, suraccumulation du capital, la règle d'or, etc. sans parler du mot « capitalisme » lui-même. Le capital humain (modèles de croissance endogène) vient, lui, en appui du capital physique à travers l'innovation, la recherche et développement, etc. Le capital est donc une des pièces maîtresses caractéristiques de la structure des économies avancées. Le fait qu'il se présente en proportion bien modeste dans d'autres économies traduit le fait que le système est différent dans les économies les moins avancées au point où l'industrie ne sait pas dominer la structure. Il apparaît donc problématique d'appliquer des modèles conçus pour des structures capitalistiques à des économies dont les structures ne le sont que faiblement.

En 2013, la part des exportations des pays les moins avancés dans les exportations des produits manufacturés dans le monde n'était que 0,3 % selon le rapport de l'UNIDO[10] (2016, p. 188). En comparant les données de l'UN-OHRLLS[11] et de l'UNIDO (2016, p. 221-222), les pays les moins avancés correspondent presque exactement aux pays les moins

[10] United Nations Industrial Development Organization.
[11] United Nations – Office of the High Representative for the Least developed countries.

industrialisés, la différence se trouvant au niveau du Samoa (absent du rapport UN-OHRLLS) et de la République du Congo (classée par l'UNIDO comme d'autres pays en développement, avant dernière catégorie). Ce qui est ici considéré comme pays les moins industrialisés est tout simplement renseigné par l'UNIDO comme pays les moins avancés, aucune mention faite du mot industrie en les nommant, contrairement aux pays industrialisés et pays en voie d'industrialisation. Par ailleurs, contrairement aux critères de classification d'un pays parmi les pays les moins avancés, les Nations Unies n'ont pas établi de critère pour désigner un pays comme étant développé ou en développement (United Nation Statistics Division, 2016) ; l'industrie caractérise donc de façon acceptable les pays dits avancés au point même où l'économie néoclassique a abandonné la terre comme facteur de production. Il apparaît donc très problématique d'appliquer les modèles de croissance non duale à des économies non industrielles, à moins de les appliquer au seul secteur capitaliste.

3.3. Hypothèse de plein emploi

Le plein emploi évoqué dans les modèles de croissance non duale ne tient pas compte de la précarité de l'emploi. Les données sur l'emploi à travers le monde suggèrent que l'hypothèse de plein emploi soit plausible autant pour les pays avancés que pour les pays les moins avancés. Il semble même que moins un pays est développé moins le chômage y est élevé. En se basant sur les World Development Indicators 2017 de la Banque mondiale, il peut être établi que le taux moyen de chômage entre 1991 et 2013 est de 5,04 % dans les pays à faible revenu, 5,71 % pour les revenus moyens inférieurs, 5,87 % pour les revenus moyens, 5,99 % pour les revenus moyens supérieurs et 7,37 % pour les pays à revenu élevé. Avec des taux de pauvreté[12] très prononcés dans les pays les moins avancés, le « plein emploi » y constaté est constitué en grande partie d'emplois précaires. Ceci pose un problème en termes de planification à

[12] Pour l'UN-OHRLLS (2015), entre 2001 et 2013, le taux de pauvreté monétaire dans les pays les moins avancés serait de près de 50 % de la population, avec des pics à 88 % pour la République démocratique du Congo (RDC) ou encore 84 % au Liberia, contre une moyenne mondiale de 11 %. Pour les pays les moins avancés, cela veut dire qu'au moins 50 % de la population n'a pas la possibilité d'arbitrer entre épargne/investissement et consommation.

l'aide des modèles de croissance qui ignorent la qualité de l'emploi, comparativement aux pays les plus avancés où la précarité (approchée par l'incidence de la pauvreté) est moins prononcée. La question de chômage déguisé est aussi problématique.

La structure des économies les moins avancées est telle que l'emploi y est concentré dans le secteur agricole. Aussi, du fait de l'exigence des modèles de croissance, l'économie est censée se situer sur sa frontière de production. De ce point de vue, la notion de chômage déguisé n'est pas négligeable lors de l'application d'un modèle de croissance à une structure non capitaliste. Pour un ensemble de 31 pays à faible revenu, les données[13] éparses pour à peine 9 d'entre eux (19 observations) font état d'un taux moyen d'emploi dans l'agriculture de 67,67 % entre 1993 et 2012 ; 47 % pour les revenus moyens inférieurs (moyenne 2005 et 2010), 39 % pour les revenus intermédiaires (moyenne 2005 et 2010), 37 % pour les revenus moyens supérieurs (moyenne de 1991 à 2015) et 4,36 % pour les revenus élevés (moyenne de 1991 à 2015). Noter que, afin de rencontrer la frontière de production et éviter une éventuelle erreur de mesure sur variable explicative dans les modèles de croissance, ces taux d'emploi auraient besoin d'être ajustés à l'aide des taux de chômage déguisés évoqués par Rodan (1956) pour le secteur agricole et Lewis (1954, p. 141) dans d'autres secteurs de subsistance (petits commerçants, transporteurs de bagages, employés par prestige, emploi de charité, etc.).

3.4. Terre

3.4.1. Modèles de croissance non duale

La considération de la terre comme facteur à offre fixe et donc exclu des modèles de croissance ne résiste pas à la confrontation avec les données. Lorsque la terre est prise en compte par Swan (1956, p. 340) et Rebelo (1991) elle est évoquée comme facteur à offre fixe et donc non pertinent pour la croissance. On peut supposer que Romer (1986, p. 1014) évoque implicitement la terre dans son facteur composite de production à

[13] Données constituées par l'auteur à l'aide des World Development Indicator 2017 de la Banque mondiale.

offre fixe. Il serait plutôt pertinent de prendre en compte la valeur de l'étendue des terres exploitées, qui peut varier. En adoptant la perspective de Rostow (1959) sur les stages de la croissance, il apparaît que l'agriculture et par conséquent la terre et autres éléments « naturels » (précipitations, fertilité des sols, etc.) occupent une place cruciale pour les pays les moins avancés. Rien que concernant les variations des terres exploitées, la FAO[14] (2012, p. 38) établit qu'entre 1961 et 2010, l'expansion des terres arables contribue à au moins 20 % de l'accroissement de la production végétale dans toutes les régions du monde à l'exception de l'Asie du Sud. Notons qu'aussi bien les zones de pêche que les terres pâturables pourraient être prises en compte.

Alors que l'absence de ce facteur de production est plutôt acceptable bien que pouvant générer des « paradoxes » dans l'estimation des modèles de croissance pour les pays avancés, elle se commue en défaut de spécification de modèle pour les pays pauvres avec nécessairement un biais important sur l'omission d'une variable indépendante majeure (la terre) lors de l'estimation du modèle. Aussi, en prenant en compte l'emploi agricole et en excluant le facteur de production y relatif (la terre) de la fonction de production des modèles de croissance, il y a une erreur de mesure sur la variable emploi (laquelle erreur peut être source d'endogénéité) ainsi qu'une erreur de mesure dans la variable production. En effet, cette dernière prend en compte le revenu généré par un facteur de production omis du modèle. La terre permet aussi d'éclairer certains faits « incompris » par l'économie néoclassique. À cet effet, Ryan-Collins (2017) montre que la « négligence » de la terre comme facteur de production ou mesure de la richesse permet d'expliquer en partie l'énigme de la productivité dans un pays développé tel que le Royaume-Uni : pourquoi la productivité (et les revenus moyens correspondants) semble statique alors que la richesse augmente ?...

3.4.2. Prise en compte de la terre

Les modèles de croissance qui prennent en compte la terre sont plutôt rares comparativement aux modèles non *duale* et n'apportent pas toujours des précisions (suffisantes) en termes de changement structurel. Ces

[14] Food and Agriculture Organization.

modèles peuvent être regroupés dans l'une des deux catégories proposées de modèle de croissance : les modèles de croissance non duale et les modèles de croissance duale. Les premiers considèrent la terre comme faisant partie de la richesse d'une économie et non comme un facteur de production à proprement parler ; voir, par exemple, les modèles de Nichols (1970) ainsi que de Drazen et Eckstein (1988). Les conclusions de ces modèles se traduisent en termes de comportement vis-à-vis de l'épargne et du type d'épargne. Les seconds s'inspirent de l'approche en termes d'économie duale et considèrent la terre comme facteur à offre fixe avec des implications économétriques déjà évoquées[15]. Les modèles de Jorgenson (1961) et Vollrath (2009) peuvent être cités. Cependant, il s'agit plutôt de tentative de retracer le sentier déjà emprunté par les économies aujourd'hui avancées. Itagaki (1968) montre que la colonisation est le facteur historique indispensable à l'émergence des économies duales et des sociétés plurielles, et que le changement de système (transformation ou révolution) est nécessaire afin de se départir d'une économie duale.

Concernant les modèles non *duale*, Nichols (1970), en intégrant la terre dans un modèle de croissance néoclassique, aboutit aux résultats que : (1) le sentier de consommation maximale ne peut être atteint ; (2) le taux de l'accumulation du capital dépend négativement et du taux de croissance d'équilibre et de la part relative (de la valeur) des terres dans le revenu national, ce qui explique la préférence pour l'acquisition des terres plutôt que l'accumulation du capital dans certains pays pauvres ; ce qui est en concordance avec Rosenzweig (2001) pour qui le manque de marché de crédit et assurance en milieux ruraux des pays pauvres se traduit dans l'épargne en termes de stock d'actifs, par ailleurs inefficace pour lisser la consommation[16]. Drazen et Eckstein (1988) concluent que, concernant le secteur agricole, le passage d'un marché non compétitif du travail et de la terre à un marché compétitif, peut conduire à moins d'épargne (investissement) en capital physique et par conséquent à la réduction du revenu de long terme. En supposant que les produits agricoles et manufacturés sont parfaitement substituables, Drazen et

[15] Voir le point 3.4.1. Modèles de croissance non duale.

[16] Puisque pour Nichols (1970), dans les pays à rente élevée de la terre, l'épargne peut exister en termes d'acquisition des terres, l'implication politique qu'il en tire pour favoriser l'accumulation du capital réside dans l'augmentation de la taxe sur la rente sans compter avec tout ce que cela impliquerait pour des ménages pauvres…

Eckstein traitent moins le cas d'un pays pauvre que d'un pays avancé où l'ensemble de l'économie, y compris le secteur rural (agriculture), est industrialisé.

Il n'y a pas que les modèles de croissance duale qui tentent de retracer le sentier de développement emprunté par les économies aujourd'hui avancées. Ces approches, comme les modèles de croissance duale, ignorent le fondement colonial de la pluralité sociale et de l'économie duale évoquées par Itagaki (1968). Ainsi, par exemple, Lewis (1954) s'intéresse plutôt à l'offre de la main-d'œuvre agricole et de son transfert vers le secteur industriel, même si la dualité du système envisagé nécessite la prise en compte de la terre. Ranis et Fei (1961) quant à eux, comme Rostow (1959), essaient d'expliquer le sentier de développement déjà emprunté par les économies avancées. Ranis et Fei (1961, p. 548-549) avancent clairement qu'ils s'intéressent en premier aux pays pauvres en ressources naturelles (terres arables) et qui ont tendance, en termes d'affectation de la main-d'œuvre, à s'industrialiser comparativement à ceux qui en sont richement dotés et qui ont, eux, tendance à maintenir une économie dominée par l'agriculture. Dans ses illustrations, Rostow (1959, p. 7) se base sur des pays comme la Grande-Bretagne, les États-Unis, l'Allemagne, la Russie, la Suède, etc. qui sont des régions n'ayant pas connu de colonisation du type de celle qu'a connue l'Afrique subsaharienne, par exemple.

Les approches de Ranis et Fei, Vollrath, Jorgenson et ainsi que d'autres approches similaires réduisent les mécanismes à la base du changement structurel essentiellement à la taille de la population, au progrès technique et aux termes de l'échange entre les deux principaux secteurs de leurs modèles. Aussi, considérer l'utilisation d'une quantité fixe de la terre suppose que l'on se trouve dans le cas d'une économie faiblement dotée dans cette ressource, ce qui n'est pas le cas de bon nombre de pays pauvres. De ce point de vue, leurs approches s'apparentent à une lecture des tendances plutôt que sur celle des causes fondamentales de cette croissance. Ceci, tout comme le dit Pack (1994, p. 55) à propos des modèles de croissance endogène : comparativement aux modèles de croissance néoclassique, ils demeurent une riche expansion de la théorie sur la croissance sans pour autant fournir un puissant cadre de réflexion sur le réel phénomène de la croissance.

Cependant, l'approche de Rostow (1959) a le mérite d'aborder des éléments de système sans pour autant apporter plus de lumière sur les mécanismes de changement de système.

À propos de la lecture des tendances, la simulation de Vollrath (2009, p. 304-306) avec des rendements d'échelle décroissants de l'innovation montre qu'il faut 600 périodes pour passer d'une économie de subsistance (agricole) à une économie manufacturière via une économie à deux secteurs. Les 600 périodes historiques ne correspondent vraisemblablement ni à des mois moins encore à des jours mais au moins à des années. Considérer, par exemple, 1870, l'année de la fin du capitalisme basé sur l'industrie d'après Heilbroner (1999) et retrancher 600 ans, on tombe à l'an 1270, période transitoire entre la fin du féodalisme (vers 1100) et le début du capitalisme basé sur le commerce, soit le passage d'un système à un autre. Or, le changement de système aura été assez complexe à travers des phénomènes comme la Renaissance, la révolution scientifique, l'émergence des États-Nations, l'exploration et la Réforme protestante, tel que montré par Heilbroner (1999). Il paraît donc bien réducteur de ne considérer, comme Vollrath (2009), que l'innovation et la fertilité dans la population comme présidant à des changements économiques systémiques et structurels sur une période de près de 600 ans.

3.5. Finance

La clarification qu'il est question d'apporter concerne : (1) le lien entre les fonctions du système financier et les modèles de croissance ; (2) en quoi la présence ou l'absence de ces fonctions gênerait l'application des modèles de croissance à la situation des pays les moins avancés. Pour ce qui est des fonctions du système financier, les classifications de Nunnenkkamp *et al.* (2016) ainsi que de Huebner (1910) sur la bourse des valeurs, et celles de King et Levine (1993) peuvent être considérées. Intuitivement, le lien entre les modèles de croissance et les fonctions du système financier se trouvent au niveau de la transformation de l'épargne en investissement à laquelle se réfère l'identité épargne – investissement relevé dans les modèles de croissance non duale. Cette hypothèse s'y trouve vérifiée ou supposée vérifiée à au moins 93 % des modèles non *duale* renseignés par Zarra-Nezhad et Hosainpour (2011). Malgré les insuffisances des systèmes financiers dans les pays les moins avancés, il n'en demeure pas moins que l'hypothèse y soit vraisemblable. Dès lors, il n'y a pas de difficulté se rapportant à l'application des modèles de croissance non duale aux pays les moins avancés, relativement aux fonctions des marchés financiers.

3.5.1. Théorie

Noter que, d'une part l'hypothèse de l'identité épargne-investissement suppose que la transformation de l'épargne en investissement soit fluide et complète, et d'autre part l'épargne n'a pas d'effet sur l'investissement en soi. Concernant la fluidité de la transformation épargne-investissement, Huebner (1910) distingue quatre fonctions de la bourse des valeurs : (1) promotion de l'entrepreneuriat dans le transfert rapide des titres et obligations de main en main ; (2) direction du flux des capitaux des endroits les moins profitables à ceux les plus profitables ; (3) « baromètre des futures conditions des affaires » en fournissant un registre des valeurs prospectives des titres qui seront profitables dans l'avenir ; (4) complément au marché monétaire[17]. Il peut être ajouté la gestion du risque lié à l'innovation en entrepreneuriat évoquée par King et Levine (1993). Ces deux auteurs établissent aussi que le développement du système financier a (plutôt) un effet positif non directement sur l'investissement mais plutôt sur la productivité de l'investissement, et, par ricochet, sur la croissance ; une idée déjà évoquée par Deaton (1989, p. 87) pour qui, au regard du lien avec l'investissement, l'accumulation du capital est moins cruciale dans les modèles de croissance que l'amélioration de la productivité.

Les insuffisances des systèmes financiers des pays les moins avancés ainsi que celles de quelques intervenants (entreprises et ménages) dans les marchés financiers des pays les moins avancés peuvent supposer un manque de fluidité dans la transformation de l'épargne en investissement et par conséquent des faibles taux d'investissement. Nunnenkkamp *et al.* (2016) montrent que les pays les plus pauvres ont les systèmes financiers les moins développés, du point de vue de la taille des institutions, du taux

[17] Les actions et obligations peuvent servir de garantie pour les prêts.

d'utilisation par les agents économiques et de la capacité d'intermédiation. Fiestas et Sinha (2011) répertorient deux groupes de contraintes liées à l'investissement dans les pays les moins avancés : celles liées au climat des investissements et celles liées à l'accès au capital. Concernant l'épargne des ménages dans les pays pauvres, Deaton (1989, p. 91) avance qu'elle ne signifie pas nécessairement investissement, d'autant qu'elle peut être constituée afin de lisser la consommation face aux revenus volatils et imprévisibles et aider à assurer le niveau de vie des personnes pauvres dont la vie est difficile et incertaine. Par ailleurs, dans une certaine mesure comme le montre Afzal (2007), même dans les pays en développement, épargne ne veut pas dire nécessairement investissement.

En prenant aussi en compte l'épargne des entreprises sans compter les investissements directs étrangers, se trouve renforcée l'idée selon laquelle, alors que la disponibilité de l'épargne pour l'investissement ferait défaut dans les pays les moins avancés du fait de la faiblesse des revenus dans les pays développés, il existerait de bien meilleures possibilités de choix entre consommation et épargne/investissement (accumulation du capital) dans la production, lesquelles possibilités conduiraient à une plus grande tendance à l'investissement de l'épargne. Cette idée est contredite par les données. Concernant l'épargne des entreprises, il conviendrait de prendre en considération l'assiette réelle de l'épargne suivant la participation ou pas à l'international de la contrée moins avancée dans les entreprises et/ou celle des entreprises étrangères dans un pays pauvre. En effet, Vitali, Glattfelder et Battiston (2011) montrent que sur un échantillon de près de 30 millions d'acteurs économiques (privés physiques ou personnes morales) à travers le monde (190 pays), près de 40 % de l'ensemble est contrôlé par 147 multinationales. De ces 147 multinationales, 75 % sont des intermédiaires financiers. S'il ne faut considérer que les gains, le top 50 de ces multinationales, par ailleurs à 94 % constitué des pays développés, détient toujours près de 40 % des revenus.

Au moins 54 % des modèles de l'échantillon de départ de 28 modèles adoptent l'hypothèse de l'identité épargne-investissement et au moins 39 % la laissent supposer. Cette hypothèse est bien plus marquée (100 % des modèles du sous-échantillon de départ) dans les modèles néoclassiques que dans les modèles de croissance endogène (au moins 38 %) puisque les premiers s'intéressent bien plus à l'accumulation du capital physique avec un lien direct avec l'épargne et l'investissement, alors que pour les modèles de croissance endogène, il s'agit plus d'améliorer les modèles néoclassiques en expliquant le changement technologique dans les modèles. C'est ainsi qu'en passant des modèles néoclassiques aux modèles endogènes en technologie, l'on suppose un *ceteris paribus* concernant l'identité épargne-investissement étant donné que ce qui change fondamentalement entre les deux types de modèles c'est l'explication du changement technologique comme variable endogène. Les données font état, de façon générale, d'une relation positive entre niveau de revenu par pays et taux d'épargne ; l'épargne est donc disponible. Aussi, la comparaison entre épargne du revenu et formation brute du capital fait état d'une tendance à l'égalisation indifféremment du niveau de développement des pays ; ce qui veut dire que l'épargne a tendance à être complètement réinvestie.

3.5.2. Données

Il peut être distingué trois sources détentrices de l'épargne qui peuvent contribuer à l'investissement : les ménages, les entreprises et le gouvernement pour l'épargne domestique ou le reste du monde dans le cadre du marché international des capitaux. Dans le processus de transformation de l'épargne en investissement, nous distinguons quatre conditions minimales : (1) l'existence, (2) la disponibilité/accès (à travers le système financier, notamment) et (3) la suffisance. Pour ce qui est de l'existence même de l'épargne, en considérant la période de 1980 à 2012 pour laquelle les données d'épargne sont disponibles pour les pays au revenu le plus faible, le taux d'épargne[18] est compris entre 8,55 % en 1980 et 23,14 % en 2012 pour les pays les moins avancés et par ailleurs, le plus bas par groupe des pays jusqu'en 2008. Soit un taux positif renseignant l'existence de l'épargne. Voir le *Graphique 1* sur l'évolution du taux d'épargne par niveau de revenu.

[18] Épargne brute en pourcentage du Produit national brut.

Graphique 1 Taux d'épargne brute et niveau de revenu [1]

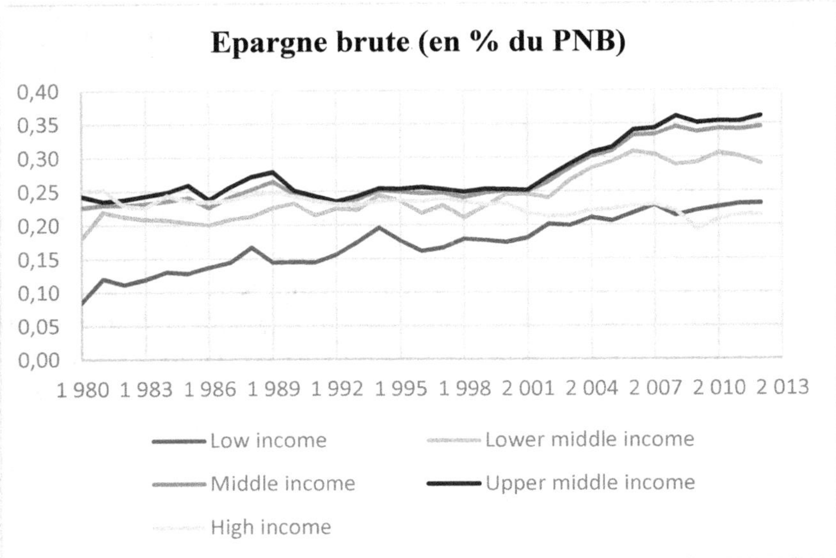

La question de la disponibilité et d'accès à l'épargne pour des fins d'investissement renvoie aux contraintes d'accès au financement pour les entreprises dans les pays les moins avancés. Il est question de savoir si l'épargne est susceptible de se transformer aussi facilement en investissement dans les pays les moins avancés que dans les pays riches. Un indicateur à ce sujet est le taux de formation de capital brut rapporté à l'épargne brute. Il résulte de l'évolution de cet indicateur entre 1982 et 2012 que les pays les moins avancés réinvestiraient plus qu'ils n'épargneraient, ce qui témoigne du *gap de financement* reconnu pour ces pays comme on peut le supposer dans le *Graphique 2* et le tableau[19] suivant :

[19] Sources : Tableau réalisé par l'auteur sur base des World Development Indicator 2017 de la Banque mondiale. Les données sur l'épargne brute et la formation brute du capital brut en dollars courants sont obtenues à partir des taux d'épargne brute et formation brute du capital en pourcentage du PIB ainsi que du PIB en dollars courants. Logarithme de la formation brute du capital utilisé afin d'aérer le graphique.

Niveau de revenu et formation brute du capital	
Niveau de revenu des pays	Formation brute du capital en pourcentage de l'Épargne brute (1982 à 2012)
Revenu élevé	101,73 %
Revenus moyens supérieurs	98,86 %
Revenus moyens	99,35 %
Revenus moyens inférieurs	101,29 %
Revenu faible	109,22 %

Graphique 2. Rapport Formation brute du capital et Épargne brute[1]

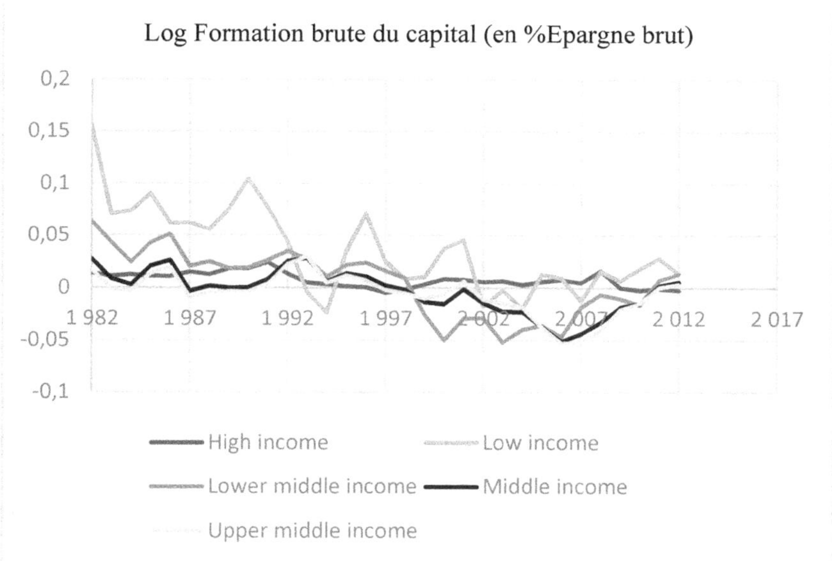

Pour ce qui est de la suffisance de l'épargne pour l'investissement, ça renvoie à l'optimalité de l'épargne pour les pays les moins avancés, ce qui n'entre pas dans le cadre de cette étude. Cependant, on peut remarquer une tendance à l'égalisation de l'épargne brute à l'investissement brut comme pour rencontrer au fil du temps l'hypothèse d'égalité entre investissement et épargne dans les modèles de croissance.

3.6. Commerce et ouverture

L'ouverture ou pas d'une économie est cruciale pour le développement. Les modèles de croissance duale n'en tiennent pas compte et les modèles *duale* précisent à peine la situation fermée des économies considérées. Le commerce international s'inscrit dans un cadre général qui est celui de l'intégration internationale des marchés (biens et services, capitaux), des systèmes monétaires et de la relocalisation (investissement direct étranger). Ce dernier point est, par exemple, évoqué par Lewis (1954, p. 160) lorsqu'il cite l'« importation » de capitaliste parmi les sources de l'émergence du capitalisme. À part peut-être Grossman et Helpman (1991, p. 144-176, p. 237-257) qui, apparemment pour des raisons de modélisation et non de qualification du niveau de développement de l'économie, analysent comment le commerce international peut influencer une petite économie sans qu'elle ne s'y intéresse au départ et le cas d'une grande économie avec possibilité de mener une politique relative au capital humain, l'innovation et par conséquent la croissance, aucun des modèles de l'échantillon n'aborde la sensibilité d'un pays pauvre au commerce international. Pour ce qui est des modèles *duale*, Jorgenson (1961, p. 313) considère vraisemblable le cas d'une économie duale fermée au commerce international ou avec un commerce équilibré à l'international.

L'existence même des systèmes monétaires ne paraît pas être une exigence absolue pour le développement d'une économie. En termes d'options stratégiques, la théorie des avantages comparatifs ne paraît recommandable que pour des économies au niveau de développement similaire. Pour ce qui est des systèmes monétaires, sur un échantillon de 414 sociétés sur dix mille ans, Turchin *et al.* (2017) montrent que leur existence est la plus faiblement corrélée dans l'évolution des principales composantes de l'organisation sociale. Concernant l'importance de la considération du commerce, Lewis (1954, p. 184-186, p. 191, p. 188-189) montre que la loi des avantages comparatifs est autant un argument pour le protectionnisme d'une économie moins avancée qu'elle est un motif pour le libre-échange pour les pays avancés et que l'échange ne serait « bénéfique » qu'entre économies similaires. Krugman (1979) conçoit un modèle de commerce international, avec transfert de technologie du nord au sud. Ce modèle aboutit à entre autres conclusions que : pour les pays développés, le maintien du revenu réel global est sujet à l'innovation continuelle et au maintien du monopole sur les nouveaux produits. Dans les pays les moins avancés, le succès dans l'adoption de nouvelles technologies peut aggraver le sort des travailleurs des pays développés.

Pour ce qui est de la relocalisation, plusieurs arguments penchent en faveur d'un certain protectionnisme des pays les moins avancés vis-à-vis des pays développés. Ces aspects, bien qu'importants pour l'analyse des pays les moins avancés, ne sont pris en compte dans aucun des modèles de croissance (duale ou non duale) passés en revue[20]. Pour Lewis (1954, p. 149-150), le niveau de salaire, élément crucial dans le développement du secteur capitaliste, dépend du revenu de subsistance dans le secteur agricole, les « impérialistes » (d'après ses termes) détenteurs des capitaux tendent à empêcher l'amélioration de la productivité dans ce secteur, pourtant cette amélioration est importante dans le processus de développement. Comme le montrent Agosin et Meyer (2000), les effets de l'investissement direct étranger (IDE) sur les investissements nationaux dans les pays pauvres ou en développement ne sont en aucun cas toujours favorables et que les politiques simplistes vers l'IDE sont peu susceptibles d'être optimales. Morrisey et Udomkerdmongkol (2011) arrivent à la conclusion que l'augmentation de l'IDE capitaliste dans les pays en développement peut avoir le plus grand effet sur la réduction de l'investissement privé (mais augmentation de l'investissement total) dans des régimes politiquement stables.

3.7. Conclusion partielle

Si peu d'auteurs d'articles (21 % de l'échantillon au moins) sur les modèles de croissance non duale annoncent eux-mêmes l'orientation de leurs modèles aux pays développés, l'ensemble des modèles paraît s'intéresser intrinsèquement à ces pays à en juger :

- la vraisemblance de l'hypothèse de plein emploi indifféremment du niveau de développement, la non-prise en compte de la précarité de l'emploi et du chômage déguisé suivant Rodan (1956)

[20] Même si Lucas (1988) aborde le commerce international dans le cadre du « développement économique », il ne tient pas compte de la problématique des investissements directs étrangers.

et Lewis (1954) particulièrement prononcée pour les pays les moins avancés ;

- les faits, la correspondance entre niveau d'industrialisation et niveau de développement, et, dans les modèles de croissance, l'importance prononcée de l'accumulation du capital physique et du capital humain en appui du premier à travers l'innovation/la R&D ;
- la non-prise en compte de la terre dans l'expression de la croissance des modèles de l'échantillon malgré l'apport non négligeable des variations de son exploitation dans la production ;
- la non-prise en compte de la sensibilité des pays les moins avancés à l'ouverture ou à la fermeture au commerce international ou à l'investissement direct étranger.

Notons qu'il n'a été trouvé aucune preuve sur la sensibilité intrinsèque du niveau de développement du secteur financier avec l'applicabilité des modèles de croissance.

Le contrôle effectué pour lever l'éventuel défaut de spécification en intégrant la terre dans les modèles de croissance de façon à éliminer le biais sur la mesure de l'emploi et en prenant en compte le commerce international, les modèles de croissance, à la lumière des modèles d'économie duale se réduisent à l'analyse des tendances sans mettre en lumière les causes fondamentales du changement structurel pour les pays les moins avancés ou déjà réalisé pour les pays développés. Concernant l'approche en termes d'économie duale, elle s'apparente pour Itagaki (1968, p. 145-146) bien plus à une approche historique (le passé) ou à la limite sectorielle (dualité technologique), alors qu'en plus elle devrait être théorique expliquant le présent, et assortie d'options politiques (futur). Dans cette optique, l'approche des stages de la croissance de Rostow (1959), par ailleurs engagée révèle ses limites en termes théoriques étant donné le peu d'explications données en termes de changement de système devant présider au passage de la structure à dominance « traditionnelle » à une structure moderne de l'économie. Cependant, sans intégrer la terre, les modèles de croissance non duale peuvent être appliqués aux secteurs capitalistes des pays pauvres, constitués d'investissements directs étrangers ou pas.

4. Conclusion générale

Le phénomène de la croissance (du revenu) peut être observable dans tous les pays indifféremment du niveau de développement, il n'est cependant pas indifféremment pertinent suivant le niveau de développement. Par conséquent, l'observation de ce phénomène ainsi que l'existence des modèles de croissance, outil d'observation, sont utiles, voire cruciales pour les pays avancés et il en est autrement pour les pays les moins avancés. Le krach de 1929 aura été imputable aux imperfections du système de marché et aura suscité le passage de l'économie classique à l'émergence des modèles néoclassiques de croissance et par la suite celle des modèles endogènes. Le problème que connaissent les pays pauvres est imputable aux difficultés de changement structurel devant conduire à l'établissement d'un système et d'une structure économiques performants. Le développement des modèles de croissance inspirés de l'approche de l'économie en termes duaux, même s'il pourrait quelque peu relever l'applicabilité des modèles de croissance (classique, néoclassique et endogène) relatifs aux pays les moins avancés, il n'en demeure pas moins que ces modèles d'économie duale ne mettent pas en lumière les causes fondamentales du changement structurel des économies et ne se limitent qu'à expliquer les mécanismes de fonctionnement des économies étant donné l'état du système.

Des pistes de recherche s'orienteraient dans la conception d'une approche de développement économique incluant, comme Itagaki (1968) le montre, l'histoire, la théorie et l'option politiques. L'histoire et la théorie permettraient de comprendre les mécanismes de changement de système et de structure. Les options politiques permettraient d'établir des politiques de développement basées sur le changement de système et de structure. Zarra-Nezhad et Hosainpour (2011) arrivent à une conclusion comparable en considérant l'aspect système. De façon moins claire en termes de changement de système et de structure, ces auteurs considèrent la religion (pourvoyeuse de système de valeurs pouvant être utile à la performance économique), comme aspect culturel important que les modèles de croissance devraient prendre en compte. Par ailleurs, la présente étude s'est limitée à repasser en revue les modèles théoriques de croissance sans pour autant analyser différents tests de ces modèles. Une piste d'étude consiste dans la relecture de l'échantillon empirique de

Zarra-Nezhad et Hosainpour (2011) sur l'estimation des modèles de croissance. Aussi, la ségrégation pays avancés/ pays moins avancés a été quasi permanente dans l'analyse sans pour autant tenir compte des pays à niveau de développement intermédiaire. Par conséquent, d'autres analyses peuvent être menées dans le sens d'évaluer la pertinence des modèles de croissance pour ces pays.

Références bibliographiques

AGHION, P. and HOWITT, P. (a) (1992). A Model of Growth Through Creative Destruction. *Econometrica, 60*(2), 323-351. doi: 10.3386/w3223

-------------------------------- (b) (1998). Endogeneous Growth Theory. *Cambridge: MIT Press*

AGOSIN, M. R. and MAYER, R. (2000). *Foreign Investment in Developing countries. Does it Crowd in Domestic investment?. Discussion paper.* United Nations Conference on Trade and Development. http://unctad.org/en/docs/dp_146.en.pdf

ARROW, K. J. (1962). The Economic Implications of Learning by Doing. *The Review of Economic Studies*, *29*(3), 155-173.

CASS, D. (a) (1965). Optimum Growth in an Aggregative Model of Capital Accumulation. *The Revieuw of Economic Studies, 32*(3), 233-240. https://www.jstor.org/stable/2295827

---------- (b) (1972). On Capital Overaccumulation in the Aggregative, Neoclassical Model of Economic Growth: A Complete Characterization. *Journal of Economic Theory, 4*(2), 200-223. http://piketty.pse.ens.fr/files/Cass1972.pdf

DEATON, A. (1989). *Saving in Developing Countries : Theory and Review (English).* Washington, D. C. : The World Bank. http://documents.worldbank.org/curated/en/144881468767068958/Saving-in-developing-countries-theory-and-review

DRAZEN, A. and ECKSTEIN, Z. (1986, October). *On the Organization of Rural Markets and the Process of Economic development. Seminar paper N° 365.* Institute of International Economic Studies.

DINOPOULOS, E. and THOMPSON, P. (1999). Scale effects in Schumpeterian models of growth. *Journal of Evolutionary Economics, 9*(2), 157-185.

DOMAR, E. D. (1947). Expansion and Employment. *American Economic Review. 37*(1), 34-35. http://piketty.pse.ens.fr/files/Domar1947.pdf

FOOD AND AGRICULTURE ORGANIZATION (2012). *FAO Statistical PocketBook.*

GROSSMAN, G. M. and HELPMAN, E. (1991). *Innovation and Growth in the Global Economy.* Cambridge: MIT Press.

HAMILTONA, J. D. and MONTEAGUDOB, J. (1998). The augmented Solow model and the productivity slowdown. *Journal of Monetary Economics, 42*(3), 495-509.

HARROD, R. F. (1939). An Essay in Dynamic Theory. *The Economic Journal, 49*(193), 14-33. http://piketty.pse.ens.fr/files/Harrod1939.pdf

HEILBRONER, R. L. (1999). *The Worldly Philosophers: The lives, times, and ideas of the great economic thinkers* (Seventh revised edition). New York: Touchstone.

HICKS, J. D. (1937). Mr Keynes and the "Classics"; A Suggested Interpretation. *Econometrica,* *5*(2), 147-159. http://public.econ.duke.edu/~kdh9/Courses/Graduate%20Macro%20History/Readings-1/Hicks_Mr.%20Keynes%20and%20the%20Classics.pdf

HOWITT, P. (1999). Steady Endogenous Growth with Population and R & D Inputs Growing. *The Journal of Political Economy, 107*(4), 715-730. https://www.jstor.org/stable/10.1086/250076

ITAGAKI, Y. (a) (1963). Criticism of Rostow's Stage Approach: the concepts of stage, system and type. *The Developing Economies, 1*(1), 1-17.

---------- (b) (1968). A Review of the concept of "Dual Economy". *The Developing Economies, 6*(2), 143-157.

JONES, C. I. (1995). R & D-Based Models of Economic Growth. *The Journal of Political Economy, 103*(4), 759-784. https://www.jstor.org/stable/2138581

JoRGENSON, D. W. (1961). The Development of a Dual Economy. *The Economic Journal, 71*(282), 309-334. https://www.jstor.org/stable/2228770

KEYNES, J. M. (2008). *The General Theory of Employment, Interest and Money.* New Delhi, India: Atlantic.

KOOPMANS, T. C. (1965). *On the Concept of Optimal Economic growth* (in Academiae Scientiarum Scripta Varia 28, 1). New Haven : Yale University. https://classes.soe.ucsc.edu/ams290/Fall2008/Koopmans%201965.pdf

KORTUM, S. S. (1997). Research, Patenting, and Technological Change. *Econometrica, 65*(6), 1389-1419. https://www.jstor.org/stable/2171741

KUHN, T. S. (1970). *The Structure of Scientific Revolutions* (Second edition, enlarged). London: The University of Chicago Press.

LEWIS, A. (1954). Economic Development with Unlimited Supplies of Labour. *Manchester School of Economic and Social Studies, 22*(2), 139-191.

LUCAS, Jr., R. E. (1988). On the Mechanics of Economic development. *Journal of Monetary Economics, 22*(1): 3-42. https://www.parisschoolofeconomics.eu/docs/darcillon-thibault/lucasmechanicseconomicgrowth.pdf

MANKIW, G., ROMER, D. and WEIL, D. N. (1992). A Contribution to the Empirics of Economic Growth. *The Quaterly Journal of Economics, 107*(2), 407-437. https://eml.berkeley.edu/~dromer/papers/MRW_QJE1992.pdf

MILL, J. (1808). *Commerce Defended* (Second edition). London: C. and R. Baldwin.

MORRISEY, O. et UDOMKERDMONGKOL, M. (2011). Governance, Private Investment and Foreign Direct Investment in Developing Countries. *World Development* *40*(3), 437-445. https://pdfs.semanticscholar.org/4aaf/2d64c244ec81f938e2b58c740240487c9a2c.pdf

NICHOLS, D. A. (1970). Land and Economic Growth. *The American Economic Review, 60*(3), 332-340.

NUNNENKAMP, P., KRIEGER-BODEN, C. and GÖRG, H. (2016). Poor countries have the least-developed financial systems – that has to change.

https://www.weforum.org/agenda/2016/08/poor-countries-have-the-least-developed-financial-systems-that-has-to-change
PERETTO, P. (1998). Technological Change and Population Growth. *Journal of Economic Growth, 3*(4), 238-311. doi : 10.1023/A :1009799405456.
PERETTO, P. and SMULDERS, J. A. (2002). Technological distance, growth and scale effects, *Economic Journal, 112*(482), 603-624.
RANIS, G. and FEI, J. C. H. (1961). A Theory of Economic Development. *The American Economic Review, 51*(4), 533-565.
RAMSEY, F. P. (1928). A Mathematical Theory of Saving. *The Economic Journal, 38*(152), 543-559. http://piketty.pse.ens.fr/files/Ramsey1928.pdf
REBELO, S. (1991). Long-Run Policy Analysis and Long-Run Growth. *The Journal of Political Economy, 99*(3), 500-521. http://www.dklevine.com/archive/refs42114.pdf
RICARDO, D. (2004). On the Principles of Political Economy and Taxation. In Saffra, P. and Dobb, M. H. *The Works and Correspondance of David Ricardo* (Volume 1, p. 66-493). Indianapolis : Liberty Found.
RODAN, P. N. R. (1956). *Disguised Unemployment and Under-employment in agriculture*. Center of International Studies, Massachusetts Institute of Technologies.
ROMER, P. M. (a) (1986). Increasing Returns and Long-Run Growth. *The Journal of Political Economy, 94*(5), 1002-1037. http://citeseerx.ist.psu.edu/viewdoc/download?doi=10.1.1.589.3348&rep=rep1&type=pdf
---------------- (b) (1987). Growth Based on Increasing Returns Due to Specialization. *The American Economic Review, 77*(2), 56-62.
---------------- (c) (1990). Endogenous Technological Change. *Journal of Political Economy, 98*(5), 71-102. http://www.jstor.org/stable/2937632
ROSTOW, W. W. (1959). The Stages of Economic Growth. *The Economic History Review, New Series, 12*(1), 1-16. http://www.jstor.org/stable/2591077
RYANS-COLLINS, J. (2017). *How Land Disappeared from Economic Theory.* http://www.evonomics.com/josh-ryan-collins-land-economic-theory/
SAY, J. B. (1826). *Traité d'Économie Politique* (Cinquième édition). Paris : Rapilly.
SEGERSTROM, P. S. (1998). Endogenous Growth Without Scale Effects. *The American Economic Review, 88*(5), 1290-1310.
SNODGRASS, M. E. (1990). *The Worldly Philosophers, Notes*. Lincoln: Cliffs notes, Inc.
SOLOW, R. M. (a) (1956). A Contribution to the Theory of Economic Growth. *The Quarterly Journal of Economics, 70*(1), 65-94. http://www.jstor.org/stable/1884513
---------------- (b) (1957). Technical Change and the Aggregate Production Function. *The Review of Economics and Statistics, 39*(3), 312-320. http://www.jstor.org/stable/1926047

SWAN, T. W. (1956). Economic growth and capital accumulation. *The Economic Record, 32*(2), 334-361.

TEMPLE, J. R. W. (1998). Robustness Tests of the Augmented Solow Model. *Journal of Applied Econometrics, 13*(4), 361-375. http://www.jstor.org/stable/223186

TURCHIN, P., Currie, T. E., Whitehouse, H., François, P., Feeney, K., Mullins, D., Spencer, C. (2017). Quantitative historical analysis uncovers a single dimension of complexity that structures global variation in human social organization. *Proceedings of the National Academy of Sciences.* https://doi.org/10.1073/pnas.1708800115

UNITED NATIONS STATISTICS DIVISION. (2016). Composition of macro geographical (continental) regions, geographical sub-regions, and selected economic and other groupings (footnote B). http://unstats.un.org/unsd/methods/m49/m49regin.htm#developed

UNITED NATIONS INDUSTRIAL DEVELOPMENT ORGANIZATION (2016). *Industrial Development Report 2016.* https://www.unido.org/sites/default/files/2015-12/EBOOK_IDR2016_FULLREPORT_0.pdf

UNITED NATIONS – Office of the High Representative for the Least developed countries, Landlock developing countries and Small island developing states. (2015). *Criteria for Identification and Graduation of LDCs.* http://unohrlls.org/about-ldcs/criteria-for-ldcs/

UZAWA, H. (1965). Optimum Technical Change in An Aggregative Model of Economic Growth. *International Economic Review, 6*(1), 18-31. https://www.jstor.org/stable/2525621

VAN DEN BERG, H. (2014). Growth theory after Keynes, part II : 75 years of obstruction by the mainstream economics culture. *The Journal of Philosophical economics, 7*(2), 1-26. http://jpe.ro/pdf.php?id=6300

VITALI, S., GLATTFELDER, and J. B., BATTISTON, S. (2011). *The network of global corporate control.* ETH Zurich. https://doi.org/10.1371/journal.pone.0025995

VOLLRATH, D. (2009). The Dual Economy in Long-run Development. *Journal of Economic Growth, 14*(4), 287-312. https://doi.org/10.1007/s10887-009-9045-y

YOUNG, A. (1998). Growth without Scale Effects. *Journal of Political Economy, 106*(1), 41-63. https://doi.org/10.1086/250002

ZARRA-NEZHAD, M. and HOSAINPOUR, F. (2011). Review of Growth Models in Less Developed Countries. *The International Journal of Applied Economics and Finance*, *5*(1), 1-17. http://dx.doi.org/10.3923/ijaef.2011.1.17

CHAPITRE 9

LA PERTINENCE DE L'EFFET PASS-THROUGH : FAUT-IL REVISITER LE RÉGIME DE LA POLITIQUE MONÉTAIRE ?

Christian P. Pinshi,

Université de Kinshasa, RDC

et

Emmanuel Sungani

Université de Kinshasa, RDC

1. Introduction

La relation étroite entre le taux de change et l'inflation a longtemps été au centre des débats macroéconomiques. Le regain d'intérêt porté à cette relation fait suite à la transition vers le régime de change flottant qui n'a pas joué son rôle prévu d'équilibrage des balances des paiements ; les balances commerciales des principales nations impliquées dans le commerce n'ont tout simplement pas répondu, selon les attentes, aux appréciations et dépréciations de la monnaie et la flexibilité du taux de change n'a pas conféré à la politique monétaire l'autonomie espérée comme à la Friedman. Cela a conduit à s'intéresser au degré de transmission des variations du taux de change nominal sur le niveau général des prix, c'est ce que la théorie économique appelle sous le nom du « pass-through ».

Le concept de « pass-through » signifie le niveau avec lequel les changements dans le taux de change sont transmis aux prix des biens commerciaux exprimés en monnaie domestique. Goldberg and Knetter (1997) définissent le pass through du taux de change comme : [the] « percentage change in the local currency import prices resulting from a one per cent change in the exchange rate between the exporting and the importing countries ». Similairement, le « pass-through » du taux de change peut être défini comme le changement dans les prix des biens domestiques en monnaie nationale résultant de la variation de 1 % du taux de change. Une autre manière, comme vue par Mumtaz *et al.* (2006), est de définir le « pass-through » comme le changement en pourcentage des prix, en monnaie domestique, des biens importés à la suite d'une variation de 1 % du taux de change entre les pays importateur et exportateur. C'est qui peut statistiquement être représenté comme l'élasticité des prix à l'importation à un changement du taux de change. La définition peut également être étendue des prix à l'importation aux prix à la production et à la consommation, lesquels finiront par affecter le niveau général des prix dans l'économie. Cette extension est encore plus importante dans le cas des pays où la grande majorité des biens consommés et des biens intermédiaires entrant dans la production sont importés.

Le « pass-through » est dit *« complet »* quand une appréciation (ou dépréciation) en termes de pourcentage d'une devise étrangère entraîne une augmentation (ou diminution) d'un pourcentage égal du prix d'un bien importé (évalué en devise du pays de destination). De la même façon, on définit un « pass-through *» « partiel* ou *incomplet »* lorsque la réaction du prix est inférieure au pourcentage donné par le taux de change. Les évidences empiriques ont montré que, dans une économie ouverte, les variations du taux de change se transmettent dans la plupart des cas de façon partielle et différée dans le temps aux prix domestiques.

Il est important de mesurer le degré du « pass-through » et d'évaluer sa dynamique, car il constitue un élément important dans la formulation de la conduite de la politique monétaire, particulièrement pour les pays dépendants des importations. Le climat de forte inflation amène la banque centrale à se soucier davantage des effets possibles des variations du taux de change nominal que de l'inflation. En particulier, elle s'inquiète de la formation possible d'un cercle vicieux en vertu duquel une forte dépréciation alimenterait l'inflation et accentuerait les attentes d'une hausse de l'inflation dans l'avenir ou d'une hausse anticipée de l'inflation. Cette situation a tendance à engendrer une spirale inflationniste. Quand l'effet « pass-through » est significatif, le régime de change accorde encore moins d'autonomie à la politique monétaire et le ciblage d'objectifs intermédiaires tend à devenir hybride et/ou souple (surveiller au même titre le taux de change et le taux d'inflation en poursuivant implicitement un objectif non déclaré du taux de change pour s'assurer de la réalisation de la cible d'inflation). Le taux de change semble s'imposer comme principal canal de transmission de la politique monétaire. C'est particulièrement le cas des pays à fort taux de dollarisation comme la République démocratique du Congo (RDC).

Effet, la RDC a adopté le régime de change flottant en 2001 et depuis la monnaie a connu une dépréciation continue impliquant une réaction à la hausse du niveau des prix dans une économie fortement dépendante des importations du fait de la faiblesse de la production domestique. Néanmoins, entre 2010 et 2015, le pays a connu une relative stabilité du taux de change (autour de 920 CDF/USD en moyenne) et un niveau faible d'inflation (1,4 % en moyenne entre 2012 et 2015). Cependant, il s'avère que le taux de change s'est déprécié de 32,2 % entre fin 2015 et juin 2017 se traduisant par des tensions inflationnistes (inflation de 25,04 % en 2016 et de 38,2 % au premier trimestre 2017) étant donné que la forte dépréciation monétaire est la servante d'une inflation élevée (Reinhart et Rogoff, 2009). Cette situation fait suite, d'une part, à un contexte international peu favorable marquée par la faiblesse des cours des matières premières et l'atonie de la demande mondiale pour les produits dont dépendent les exportations du pays entraînant une chute importante de l'offre des devises dans l'économie et, d'autre part, à une augmentation de la masse monétaire impulsée en grande partie par la détérioration de la position nette du gouvernement.

Cette situation marque l'intérêt, dans un contexte de forte pression sur le taux de change et de forte tension inflationniste, de s'interroger sur l'effet des variations du taux de change sur le niveau général des prix.

Le présent travail est une contribution à l'analyse de l'effet « pass-through » en RDC. L'idée dominante est de mesurer le degré de répercussion des variations du taux de change sur la variation du niveau général des prix dans ce contexte d'instabilité macroéconomique défavorable à l'économie congolaise. En effet un degré fort et/ou faible du « pass-through » prônerait que les variations du taux de change ont plus/moins d'effets sur l'inflation. Cela pourrait modifier les prévisions de la banque centrale concernant la réaction future de l'inflation, lesquelles prévisions sont décisives pour les tactiques de la politique monétaire.

Ce travail est organisé de la manière suivante : la deuxième section passe en revue la littérature sur le degré de transmission des variations du taux de change sur l'inflation, la troisième fournit un bref aperçu de la relation entre le taux de change et l'inflation en RDC, la quatrième Section aborde la démarche méthodologique utilisée pour répondre à la problématique du travail et, enfin, la dernière Section présente les résultats trouvés.

2. Revue de la littérature

2.1. Les canaux de transmission du taux de change aux prix à la consommation

Il y a deux grands canaux par lesquels le « pass-through » du taux de change est transmis aux prix à la consommation : les canaux directs et les canaux indirects (Laflèche, 1996). Les mouvements du taux de change peuvent directement affecter les prix domestiques à travers le changement dans les prix des produits finis importés et des intrants importés. En effet, l'appréciation de la monnaie conduit à une diminution des prix des biens finis et intrants importés. Similairement, la dépréciation de la monnaie conduit à un renchérissement des prix des produits finis importés, lequel se répercutera sur les prix à la consommation. La dépréciation de la monnaie cause également un renchérissement des prix des intrants importés, ce qui augmente le coût marginal pour les producteurs. Ainsi, cela conduit à des prix des biens domestiques plus élevés.

Par contre, l'effet indirect du taux de change sur les prix domestiques apparaît lorsque la monnaie se déprécie, les prix des biens domestiques deviennent relativement moins chers pour les non-résidents toutes choses égales par ailleurs. Cela peut conduire à une hausse des exportations et une augmentation de la demande agrégée impliquant une augmentation des prix domestiques. L'accroissement de la demande de produits domestiques entraîne aussi une augmentation de la demande de main-d'œuvre et, peut-être, des hausses de salaire qui seront, à leur tour, répercutées sur les prix.

Le graphique ci-dessous fournit une illustration du mécanisme de transmission du « pass-through ».

Graphique 2.1 : Canaux de transmission d'une dépréciation de la monnaie aux prix à la consommation

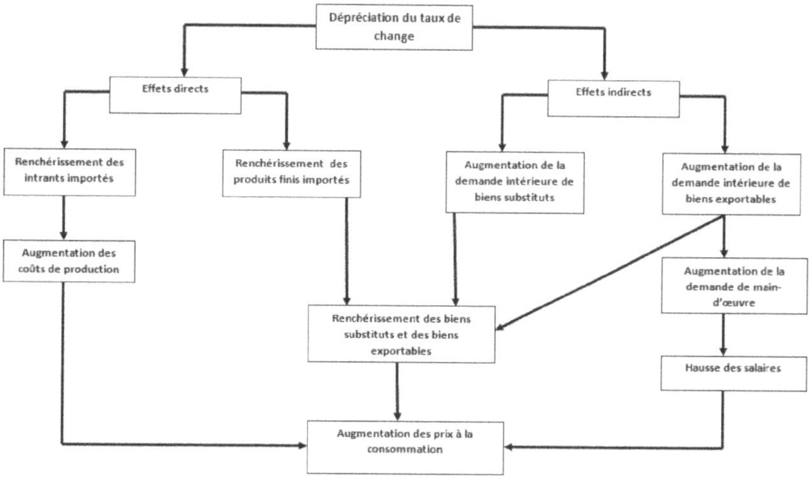

Source : Adapté de Laflèche (1996).

2.2. Les déterminants du « pass-through »

Le degré du « pass-through » est influencé par les facteurs suivants :

- *L'environnement inflationniste* : l'analyse est d'ordre macroéconomique et l'accent est mis sur la crédibilité et l'efficacité de la politique monétaire à maintenir un taux d'inflation bas qui conduit les firmes à anticiper la non-persistance de tout choc négatif du taux de change sur l'inflation et par conséquent elles ne répercutent pas directement sur leur prix l'effet taux de change. Taylor (2000) a été l'un des premiers à formuler explicitement l'hypothèse que le passage à une faible inflation ait réduit le degré de transmission des variations du taux de change aux prix intérieurs.
- *Le régime du taux de change* : dans un régime de taux de change flexible, une faible transmission des variations du taux de change

aux prix peut contribuer à stabiliser la production et l'inflation. Devereux (2010) montre que dans une petite économie ouverte présentant un degré élevé de transmission des variations du taux de change aux prix, l'arbitrage entre la volatilité de la production (ou de la consommation) et la volatilité de l'inflation est prononcé quelle que soit la règle de politique monétaire. Une politique qui cherche à stabiliser la production engendre une volatilité élevée du taux de change et, partant, une volatilité marquée de l'inflation. Mais si les variations du taux de change ne se répercutent que lentement sur l'inflation, cet arbitrage est beaucoup moins prononcé.

- *Autres facteurs* : le taux de change réel (en cas de surévaluation de la monnaie domestique), l'activité économique (période de récession), les rigidités nominales et l'ajustement lent des prix à la consommation peuvent rendre les prix intérieurs moins réactifs aux variations de taux de change, la structure et le degré de concurrence sur les marchés des biens, le déséquilibre de la balance des paiements, etc.

2.3. Revue empirique

Une littérature abondante existe sur la relation entre le taux de change et les prix, la plupart des études empiriques, focalisés sur les pays développés, ont trouvé un niveau faible et décroissant du « pass-through » depuis les années 1990 (de Bandt et Razifindrabe, 2014).

McCarthy (1999), examine le « pass-through » du taux de change et des prix à l'importation sur les prix domestiques pour plusieurs économies industrialisées (États-Unis, Japon, Allemagne, France, Royaume-Uni, Belgique, Pays-Bas, Suède et Suisse) à l'aide d'un modèle VAR. Il observe que la réponse impulsionnelle et la décomposition de la variance estimées après la période post-Bretton Woods indiquent que l'effet des facteurs externes sur l'inflation domestique est très modeste dans la plupart des pays examinés, y compris aux États-Unis.

De Bandt *et al.* (2007), étudient la question de la répercussion à court et à long terme des variations du taux de change sur les prix d'importations dans les pays de la zone euro. En utilisant la cointégration sur données de panel, ils trouvent que la phase d'appréciation de l'euro permet de retrouver une relation de long terme entre le taux de change et les prix d'importation.

Bouakez et Rebei (2008) ont plutôt recours à un modèle structurel d'équilibre général dynamique pour estimer le degré de « pass-through » au Canada. Ils constatent que l'incidence des variations du taux de change sur les prix canadiens à l'importation est restée assez stable, mais que leur effet sur les prix à la consommation a baissé ces dernières années. Des simulations montrent que cette réduction tient largement au changement de régime de politique monétaire.

An L. et Wang J. (2011), estiment le « pass-through » du taux de change aux prix à l'importation, à la production et à la consommation pour 9 pays de l'OCDE en utilisant un modèle SVAR. Ils trouvent que le « pass-through » du taux de change est inférieur à l'unité à court et à long terme. Parmi les trois indices des prix, le « pass-through » est plus élevé pour les prix à l'importation et plus faible pour les prix à la consommation. En outre, un plus grand degré de « pass-through » est trouvé dans les économies de petite taille, ayant une part importante d'importation, un taux de change plus persistant, une politique monétaire plus volatile et un taux d'inflation élevé.

Wattanakoon P. (2013), examine le degré avec lequel le taux de change affecte les prix domestiques pour le cas de la Thaïlande, sur la période 2000-2011, à l'aide d'un modèle standard d'Engle-Granger. Le principal résultat est que, inévitablement, un changement du taux de change affectera l'inflation de manière incomplète. Il trouve un degré de « pass-through » égal à 0,02 % à court terme et 0,4 % à long terme. Ce faible degré de « pass-through », particulièrement à court terme, est peut-être expliqué par la réaction non accommodante à l'inflation du gouvernement afin de préserver le pouvoir d'achat.

Ponomarev *et al.* (2014), estiment l'effet à court et long terme du « pass-through » du taux de change aux prix en Russie, sur la période 2000-2012, en utilisant un modèle à correction d'erreur. Les résultats montrent que l'effet « pass-through » est incomplet et statistiquement significatif à court et à moyen terme et le degré de « pass-through » correspond plus au cas des pays émergents. En outre, les résultats montrent un effet asymétrique du « pass-through » pour tous les indices des prix utilisés impliquant qu'une dépréciation conduit à une augmentation des prix mais qu'une appréciation n'entraîne pas une chute des prix.

Depuis les années 2000, les études sur le « pass-through » du taux de change furent étendues aux économies en développement, particulièrement d'Afrique Subsaharienne. Cependant, les résultats tendent à être mitigés malgré le fait que beaucoup d'entre elles suggèrent un faible degré « pass-through » (Jouini et Barhoumi, 2008).

Choudhri et Hakura (2001), étudient un échantillon de 71 pays, incluant les économies émergentes et en développement, et confirment l'existence d'une forte corrélation entre le « pass-through » du taux de change et un environnement fortement inflationniste. Ils trouvent une élasticité nulle du « pass-through » du taux de change à l'inflation au Bahreïn, Singapour, Canada et Finlande. Pour les pays d'Afrique Subsaharienne, ils trouvent un degré de « pass-through » du taux de change de 0.09 pour le Kenya, 0.14 pour le Ghana, 0.02 pour l'Afrique du Sud, 0.06 pour le Zimbabwe, 0.16 pour le Burkina Faso et nul pour la Tunisie et l'Éthiopie.

Zouheir A. et I. M. Sghaier (2012), analysent la relation entre le taux de change nominal et les prix dans le cadre de la conduite de la politique monétaire en Tunisie et au Maroc, en utilisant les méthodes d'Edwards (2006) et de Gerlach et Gerlach-Kristen (2006). Deux résultats découlent des tests économétriques : En premier lieu, il n'y a pas d'évidence d'une transmission statistiquement significative des variations du taux de change nominal aux prix. En se référant à l'approche d'Edwards, en Tunisie et au Maroc, le taux de change nominal n'est pas un outil d'ajustement des effets inflationnistes des chocs. En deuxième lieu, les variations du taux de change nominal ne constituent pas une source de perturbation de l'objectif final de maîtrise de l'inflation, poursuivi par les autorités tunisiennes et marocaines.

Mordi N. O. et Adebiyi A. (2012) utilisent un modèle DSGE pour estimer l'effet « pass-through » du taux de change au prix au Nigeria en utilisant des données trimestrielles sur la période 1980-1998. Ils trouvent une réponse positive et significative à court terme de l'inflation à un choc sur le taux de change. Le « pass-through » est incomplet et son coefficient est faible. Ce faible degré de « pass-through » est attribué, en partie, à l'inflation faible, stable et prévisible résultant de l'amélioration de la crédibilité de la politique monétaire.

Loloh W. (2014), estime l'impact du « pass-through » des mouvements du taux de change sur les prix domestiques au Ghana, sur la période 1994-2012, en utilisant un VAR récursif. Les résultats montrent que l'effet d'un choc du taux de change nominal sur les prix domestiques est incomplet, généralement modeste et s'estompe entre 18 et 24 mois, mais cet effet se fait plus sentir les 12 premiers mois. En général, l'impact d'un choc du taux de change sur l'indice des prix à la consommation est plus faible que sur les prix des biens non alimentaires. En outre, des évidences sont trouvées en faveur de l'hypothèse de Taylor selon laquelle le « pass-through » du taux de change est positivement corrélé avec le niveau d'inflation.

À l'inverse, certains résultats empiriques ont démontré l'existence d'un degré de « pass-through » relativement élevé dans les économies d'Afrique Subsaharienne.

Kiptui *et al.* (2005) examinent la relation entre le taux de change et le niveau des prix au Kenya, sur la période 1972-2002, à l'aide d'un modèle VAR. Ils trouvent une large élasticité du « pass-through » du taux de change à l'inflation expliquant pour 46 % la variance de l'inflation durant la période.

Razafimahefa (2012), examine le « pass-through » dans les économies d'Afrique subsaharienne. Les résultats montrent que pour les économies du Marché commun de l'Afrique de l'Est et d'Afrique australe (COMESA) avec un niveau d'inflation élevé, le « pass-through » est 25 % à 50 % supérieur que dans les économies de la Zone monétaire ouest-africaine (WAMZ), de l'Union économique et monétaire de l'Afrique de l'Ouest (UEMOA) et de la Communauté économique et monétaire d'Afrique centrale (CEMAC), où le niveau d'inflation est faible.

Bangura M. *et al.* (2012) utilisent un modèle VAR structurel pour l'économie de Sierra Leone afin d'estimer le « pass-through » du taux de change aux prix à la consommation. Le modèle tient compte des caractéristiques clés de l'économie, notamment sa forte dépendance à l'afflux des capitaux étrangers dans un contexte de ciblage monétaire. Les résultats montrent que le « pass-through » du taux de change est incomplet, significatif et élevé (atteignant près de 50 %). Cela suggère que la dépréciation du taux de change est une source importante de l'inflation en Sierra Leone.

Luyinduladio M. (2012), examine pour le cas de la République démocratique du Congo le « pass-through » sur la période 2002-2007. À l'aide d'un modèle VAR, il établit la relation entre les réactions de l'indice général des prix à la consommation et de l'indice du prix de l'essence suite aux innovations du taux de change. Les résultats de l'analyse empirique montrent que les innovations sur le taux de change entraînent une réponse forte sur l'indice des prix à la consommation (expliquant 52 % de sa variance) et l'indice des prix de l'essence (expliquant 11 % de sa variance) au cours de la période.

Lariau *et al.* (2016), estiment le « pass-through » en Angola et au Nigeria. Bien que les deux pays partagent la même dépendance aux exportations de pétrole, les résultats trouvés diffèrent. Pour l'Angola, le degré de « pass-through » du taux de change aux prix est élevé à long terme, quoiqu'il ait diminué ces récentes années reflétant le processus de dé-dollarisation de l'économie. Par contre, pour le Nigeria, il n'y a pas de relation stable à long terme entre le taux de change et les prix, et les changements du taux de change n'ont pas un effet « pass-through » significatif sur l'inflation. Néanmoins, l'effet « pass-through » sur l'inflation sous-jacente est significatif.

3. Bref aperçu de la relation taux de change et inflation en RDC

Depuis 2001, la politique monétaire de la Banque centrale du Congo a connu des mutations structurelles importantes visant l'amélioration de son efficacité. Ces réformes ont concerné principalement les cadres de conception et opérationnel ainsi que le dispositif de surveillance de la politique monétaire. Ces mutations ont notamment concerné la réforme de la réglementation de change.

En effet, afin d'éliminer les distorsions prévalant sur le marché des changes, lesquelles déstabilisaient la monnaie locale, le régime de change flottant a été adopté et la réglementation de change a été libéralisée en 2001. Ces mesures, soutenues par une réforme de la politique budgétaire, ont permis de réduire considérablement le rythme de dépréciation monétaire.

Comme le montre le graphique 3.1, la dépréciation a été la tendance du taux de change nominal sur le long terme. Cependant, cette dépréciation à long terme ne s'est pas effectuée de façon régulière mais a procédé par paliers, des phases de stabilisation du taux de change ayant été suivies des dépréciations. L'implication de cette tendance à la dépréciation pour le « pass-through » du taux de change aux prix domestiques est que ces derniers augmenteraient étant donné qu'il faut plus de Francs congolais pour acheter la même quantité des biens et services importés.

Graphique 3.1 : Évolution du taux de change nominal (CDF/USD) et de l'inflation en RDC de 2002 à 2016

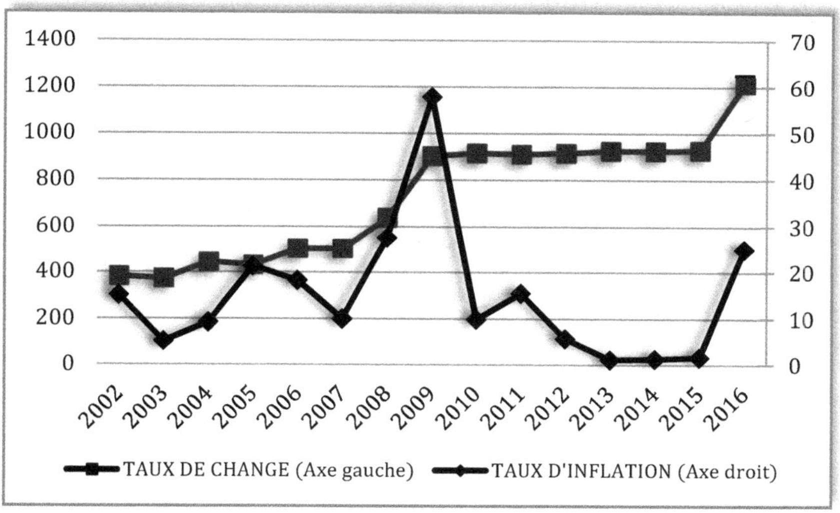

Source : BCC.

Trois sous-périodes peuvent caractériser l'évolution du taux de change et de l'inflation entre 2002 et 2016 :

- De 2002 à 2009 : les fluctuations du taux de change ont significativement augmenté impliquant également une volatilité élevée de l'inflation. Pour illustration, le taux de change est passé de 382 CDF le dollar US à 903 CDF entre 2002 et 2009, soit une dépréciation de 57,6 %, correspondant à une inflation de 15,03 % et 57,79 % respectivement.
- De 2010 à 2015 : période de relative stabilité du cadre macroéconomique marquée par une réduction significative des fluctuations du taux de change et une désinflation. Le taux de change est passé de 915 CDF le dollar à 928 CDF entre 2010 et 2015, soit une dépréciation de 1,37 %, correspondant à une inflation moyenne de 5,8 %.

- Depuis 2016 : retour de l'instabilité et de la forte variation du taux de change impliquant un niveau d'inflation élevé. Entre 2015 et 2016, le taux de change est passé de 928 à 1 216, soit une dépréciation de 23,6 %, et le niveau d'inflation en 2016 s'est élevé à 25,04 %.

4. Données et Méthodologie

4.1. Données

Nous utilisons des statistiques mensuelles couvrant la période de janvier 2002 à mars 2017, publiées par la Banque centrale du Congo. Nous choisissons l'indice des prix à la consommation (dont la variation donne l'inflation) et le taux de change nominal (cours moyen interbancaire).

4.2. Méthodologie

Il se dégage de la revue de littérature empirique et de la question à laquelle nous nous proposons de répondre que le comportement du taux d'inflation π_t est une fonction des fluctuations du taux de change e_t. Sous la forme log-linéaire, elle se formule alors comme suit :

$$\pi_t = \psi_o + \psi_1 e_t + u_t \quad (4.1)$$

Où le coefficient $\psi_1 (> 0)$ est une élasticité mesurant l'effet d'une variation unitaire de e_t sur π_t, ψ_o est l'ordonnée à l'origine et u_t est le terme de l'erreur.

Le coefficient ψ_1, lorsqu'il est statistiquement significatif, est une indication de l'existence d'une relation de long terme entre les deux variables et que celles-ci ont une tendance stochastique commune dont la caractéristique fondamentale est que le résidu $\hat{u}_t$ qui en résulte est stationnaire. En d'autres termes, la relation (4.1) est supposée être une relation coïntégrante.

4.2.2. Test de cointégration : Approche d'Engle-Granger

Afin de tester l'existence d'une cointégration entre les deux séries, nous recourons au test de cointégration Dickey-Fuller augmenté d'Engle-Granger, ou test EG-DFA (Stock et Watson, 2012).

$$\Delta \hat{u}_t = \xi \Delta \hat{u}_{t-1} + \sum_{j=1}^{k} \beta_j \, \Delta \hat{u}_{t-1} + \omega_t \quad (4.2)$$

Où $\hat{u}_t$est le résidu après estimation de la relation de long terme et k est le décalage choisi suivant les critères d'Akaike et Schwartz. L'existence d'une relation de long terme ouvre la voie à l'estimation du modèle à correction d'erreur (MCE).

4.2.3. Modèle à correction d'erreur

Afin d'analyser les répercussions à court et long terme des variations du taux de change sur le comportement de l'inflation (*pass-through*) on peut utiliser un MCE.

Si toutes les conditions ci-haut sont vérifiées et que les taux d'inflation et le taux de change partagent une tendance stochastique commune c'est-à-dire qu'ils sont cointégrés, le MCE décrivant la relation entre les deux séries s'écrit :

$$\Delta \pi_t = a + \gamma \Delta e_t - \delta \pi_{t-1} + \beta e_{t-1} + \mu_t \quad (4.3)$$

Avec : $a > 0$; $\gamma > 0$; $\delta < 0$; $\beta > 0$

Cette spécification est une formulation à la Banerjee et Hendry (1992). Le paramètre γ représente la dynamique du « pass-through » de court terme[21] et le paramètre βcaractérise l'équilibre du « pass-through » de long terme. Le paramètre δ est le coefficient de correction d'erreur. Ce paramètre δ indique la vitesse d'ajustement de π_t vers son niveau d'équilibre, c'est-à-dire la façon dont l'inflation s'ajuste lorsqu'il y a un déséquilibre sur le marché de change. En outre $\left|{}^{1}/_{\delta}\right|$ représente la durée selon laquelle l'instabilité macroéconomique est entièrement résorbée

[21] Ceci représente l'élasticité de court terme. C'est-à-dire les répercussions à court terme des variations du taux de change sur l'inflation.

après avoir ajusté le déséquilibre sur le marché de change. Le paramètre a est la constante.

5. Résultats

Cette Section discute les résultats trouvés sur l'analyse du « pass-through » en RDC. Le premier point présente le test de cointégration d'Engel-Granger, ensuite le point 2 discute sur la dynamique de l'effet « pass-through ».

5.1. Test de cointégration

La relation de long terme[22] entre le taux d'inflation et le taux de change en RDCo se définit comme suit étant donné la non-stationnarité du taux de change et du taux d'inflation, d'une part, et la stationnarité du résidu (Tableau 5.1), d'autre part.

$\pi_t = 3{,}24 + 1{,}66\, e_t$ (0,13) (0,02)

Tableau 5.1. Application du test d'EG-DFA aux résidus $\hat{u}_t$ de la relation			
Statistique : -9,44			
Résidus $\hat{u}_t$	*seuil de significativité*		
	1 %	*5 %*	*10 %*
	-4,01	*-3,44*	*-3,14*

Source : les auteurs.

[22] Où les (...) sont les erreurs standards robustes.

5.2. Dynamique de l'effet pass-through

En vertu des résultats trouvés ci-haut, le modèle à correction d'erreur est utilisé pour analyser l'effet « pass-through ». La relation dynamique dont les résultats, avec les erreurs standard robustes ( ), sont présentés ci-après :

$$\Delta\pi_t = \underset{(0,04)}{0,23} + \underset{(0,03)}{0,38}\,\Delta e_t - \underset{(0,01)}{0,08}\,\pi_{t-1} + \underset{(0,02)}{0,13}\,e_{t-1}$$

Le degré du « pass-through » est de 0,38 à court terme, ce qui implique qu'une augmentation du taux de change, c'est-à-dire une dépréciation[23] de 1 % s'accompagne d'une augmentation du taux d'inflation de 0,38 %. Le degré de répercussion à court terme est moyen et sensible. Ceci est une bonne information pour la conduite de la politique monétaire dans ses prévisions de l'inflation. Toutefois, il faut signaler qu'à court terme il y a d'autres variables qui influent sur le comportement à la hausse du taux d'inflation (la constante (0,23) donne un résultat fiable).

Le degré du « pass-through » à long terme est de1,66 (0,13/0,08) impliquant qu'une dépréciation de 1 % augmentera à long terme le niveau de l'inflation à 1,66 %. Ceci montre qu'à long terme le taux d'inflation répond plus que proportionnellement aux variations du taux de change. Cette forte élasticité de long terme entre l'inflation et le taux de change amène à penser que le cadre analytique de la politique monétaire en RDC doit accorder une attention spéciale à la prévision et au ciblage du taux de change, car le degré du « pass-through » est très élevé.

Le coefficient de correction d'erreur où la force de rappel est de – 0,08 implique que, si au cours de la période précédente le niveau de l'inflation était supérieur de 1 % à ce que prédit le rapport d'équilibre à long terme, il y aurait un ajustement tendant à réduire le niveau de

---

[23] L'analyse se fait par la cotation à l'incertain ce qui implique qu'une augmentation du taux de change est une dépréciation du taux de change et une diminution est une appréciation.

l'inflation de 0,08 % pendant cette période pour rétablir la relation d'équilibre à long terme entre l'inflation et le taux de change.

Il en résulte que l'instabilité macroéconomique pourrait être entièrement résorbée au bout de ($\left|1/_{-0,08}\right|$) 12 mois et 2 semaines après avoir ajusté le déséquilibre sur le marché des changes à moins qu'aucun autre choc ne vienne rallonger cette durée. En effet, ceci montre le grand problème auquel est confrontée l'économie congolaise. Cette résorption de l'instabilité des prix est non seulement longue mais elle dépend de la vitesse à laquelle les politiques macroéconomiques ajusteront le déséquilibre sur le marché des changes.

Ainsi, en RDC le degré du « pass-through » est important, son ampleur constitue une réflexion de base pour la conduite de la politique monétaire. Ceci doit éveiller l'attention de la banque centrale dans un environnement d'une forte dollarisation, avec un fort degré du « pass-through » et surtout appeler au renforcement de la discipline budgétaire. En effet dans un environnement dollarisé, le risque d'un mélange de transformation d'une instabilité du taux de change en crise monétaire et, *in fine*, en crise bancaire est important.

6. Conclusion

Ce papier a pour objectif d'analyser la relation entre le taux de change et l'inflation en RDC, plus particulièrement de mesurer le degré du « pass-through » du taux de change à l'inflation sur la période allant de janvier 2002 à mars 2017. Le but étant de dégager les implications pour la conduite de la politique monétaire dans un contexte de reprise de l'instabilité macroéconomique depuis 2016.

Les résultats ont suggéré que le degré du « pass-through » est assez élevé à court (0,38 %) et long terme (1,66 %) et l'ajustement vers l'équilibre prendra du temps (12 mois et 2 semaines). Cette situation d'un « pass-through » « plus que complet », étant donné que les variations excessives du taux de change seront plus que proportionnellement transmises au niveau général des prix sur le long terme, met en lumière la vulnérabilité de l'économie congolaise aux chocs exogènes et affecte négativement la crédibilité de la politique monétaire à maintenir, sur la durée, un régime de faible inflation.

Cette analyse amène à repenser les régimes (objectifs intermédiaires) de la politique monétaire, en adoptant un ciblage hybride (objectif monétaire quantitatif et ciblage du taux de change tout en restant au régime des changes flottant. C'est ce que nous appelons un ciblage implicite et souple du taux de change) étant donné un degré élevé du pass-through. Cette adoption influencerait fortement la prévision de l'inflation et la conduite de la politique monétaire.

Quatre recommandations se dégagent de cette analyse : (i) enrichir le cadre analytique de la politique monétaire par l'adoption d'un cadre d'analyse approfondie des évolutions du taux de change (considérer également le retour à l'ancrage implicite et souple au taux de change) en vue d'orienter la prévision de l'inflation et le futur sur les tactiques de la politique monétaire ; (ii) veiller aux respects des règles relatives à l'indépendance de la Banque centrale et à l'interdiction du financement monétaire des déficits de l'État et renforcer la surveillance bancaire, etc.) étant donné l'importance du mécanisme « Monnaie → Change → Prix → système bancaire » dans l'économie congolaise ; (iii) continuer à mener des politiques visant à améliorer la base productive domestique (réformes structurelles accélérerant la diversification de l'économie) en vue de réduire le niveau élevé des importations, lesquelles politiques contribuant à réduire le degré élevé du « pass-through » ; (iv) poursuivre les mesures de dé-dollarisation notamment le développement d'un marché domestique des titres, à commencer par celui des titres du trésor.

Annexes

Relation étroite entre le taux d'inflation et le taux de change

Si l'on teste la relation de long terme entre les variables (cf. Test de cointégration), la cointégration indique bien une relation positive entre le taux d'inflation et le taux de change. Le graphique 7.1 illustre la relation positive et intime entre le taux d'inflation et le taux de change.

Graphique 7.1 : Relation entre le taux d'inflation (en logarithme) e le taux de change (en logarithme)

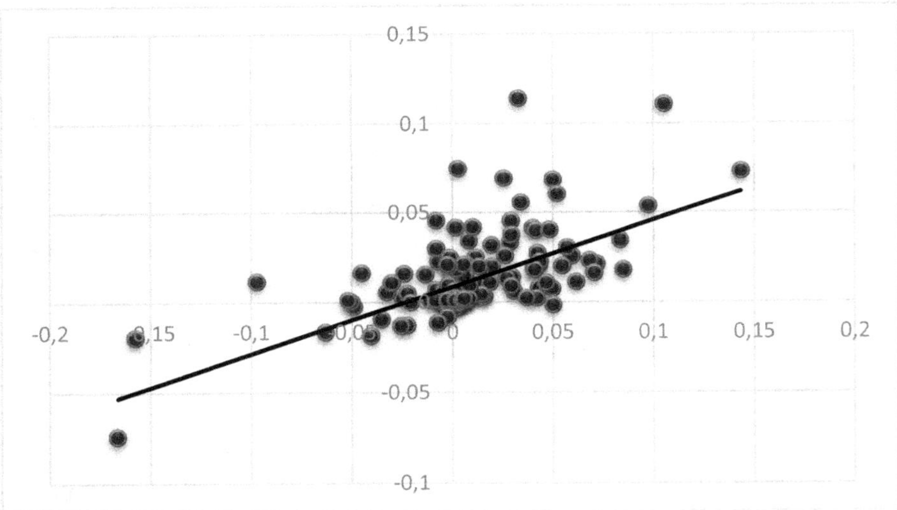

Source : BCC, calcul des auteurs.

Stationnarité

Le taux d'inflation et le taux de change sont non stationnaires en niveau mais intégrés d'ordre 1.

Tableau 7.1. Application du test de Dickey-Fuller (processus DS, sans tendance ni constante)		
	Statistique du test de Dickey-Fuller	
Variables	*en niveau*	*en différence première*
π	*-1,24 (-3,43)*	*-8,53 (-3,43)*
e	*-1,59 (-3,43)*	*-12,54 (-3,44)*
Les valeurs () sont les valeurs critiques de Mackinnon au seuil de 5 %		

Source : les auteurs.

Test de Ljung-Box

La corrélation sérielle des résidus remet en cause la fiabilité des séries temporelles, il est utile de vérifier le comportement des résidus. Il faudrait se rassurer que les résidus se comportent bien, c'est-à-dire, répartis autour d'une moyenne de zéro de façon aléatoire (processus bruit blanc). Le test de Ljung-Box (1978) est l'un de test le plus connu pour diagnostiquer sur l'absence d'une corrélation sérielle des résidus.

La statistique du test s'écrit :

$$LB(K) = T(T+2)\sum_{k=1}^{K}\frac{\widehat{\rho_{k(\widehat{\mu_t})}}^{2}}{T-K}$$

Sous l'hypothèse nulle d'absence de corrélation sérielle des résidus :

$$\hat{\rho}_{1(\widehat{\mu_t})} = \hat{\rho}_{2(\widehat{\mu_t})} = \cdots = \hat{\rho}_{k(\widehat{\mu_t})} = 0$$

Le test de Ljung-Box d'absence de corrélation sérielle des résidus est effectué pour un nombre de retards maximal K égale à 17. Le test montre graphiquement (Tableau 7.2) que la corrélation sérielle des résidus estimés se situe à l'intérieur de l'intervalle de confiance, ce qui semble indiquer que les résidus ne présentent pas de corrélation sérielle et la probabilité attachée à la statistique du test de Ljung-Box (6,033) vaut 0,993 supérieure au seuil statistique de 0,05. En conséquence, l'hypothèse nulle d'absence de corrélation sérielle est acceptée.

Tableau 7.2 : Test de Ljung-Box

Sample: 2002M01 2017M03
Included observations: 180

Autocorrelation	Partial Correlation		AC	PAC	Q-Stat	Prob
.|. |	.|. |	1	0.069	0.069	0.866	0.352
.|. |	.|. |	2	0.052	0.048	1.365	0.505
.|* |	.|* |	3	0.091	0.085	2.897	0.408
.|. |	.|. |	4	0.017	0.003	2.950	0.566
.|. |	.|. |	5	-0.002	-0.012	2.951	0.707
.|. |	.|. |	6	0.052	0.045	3.455	0.750
.|. |	.|. |	7	0.062	0.056	4.179	0.759
.|. |	.|. |	8	0.065	0.056	4.976	0.760
.|. |	.|. |	9	0.054	0.035	5.541	0.785
.|. |	.|. |	10	0.023	0.003	5.647	0.844
.|. |	.|. |	11	0.033	0.019	5.860	0.882
.|. |	.|. |	12	0.004	-0.009	5.864	0.923
.|. |	.|. |	13	-0.010	-0.018	5.882	0.950
.|. |	.|. |	14	-0.018	-0.028	5.942	0.968
.|. |	.|. |	15	-0.002	-0.008	5.943	0.981
.|. |	.|. |	16	0.009	0.005	5.958	0.989
.|. |	.|. |	17	0.019	0.015	6.033	0.993

Source : calcul des auteurs.

Références Bibliographiques

AN, L. et WANG, J. (2011). "Exchange Rate Pass-through : Evidence Based on Vector Autoregression with Sign Restrictions". *Globalization and Monetary Policy Institute, Working Paper No. 70,* Federal Reserve Bank of Dallas, 34. http://www.dallasfed.org/assets/documents/institute/ wpapers/2011/0070.pdf

BANGURA, M., CAULKER, E. et PESSIMA, S. (2012). "Exchange rate Pass-through to inflation in Sierra Leone: a Structural Vector Autoregressive Approach". *Journal of Monetary and Economic Integration,* Volume.(12), 93-123.

BANERJEE, A. et HENDRY, D. V. (1992). "Testing integration and cointegration: an overview". *Oxford bulletin of economicsc and statistics.* volume (54), 225-255. https://dxdoi.org/10.1111/j.1468-0084.1992.tb00001.x

BOUAKEZ, H. et REBEI, N. (2008). "Has exchange rate pass-through really declined? Evidence from Canada". *Journal of International Economics,* Elsevier, vol. 75(2), 249-267. https://ideas.repec.org/a/eee/inecon/ v75y2008i2p249-267

CHOUDHRI, F. H. et HAKURA, D. S. (2001). "Exchange Rate Pass-Through to Domestic Prices: Does Inflationary Environment Matter?". *Working Paper, 01(194),* International Monetary Fund. https://www.imf.org/ external/pubs/ft/wp/2001/wp01194.pdf

De BANDT, O., BANERJEE, A. et KOZLUK, T. (2007). "Measuring long-run exchange rate pass-through". *Note d'études et de recherche (*173), Banque de France, https ://www.banque-france.fr/sites/default/files/medias/documents/document-de-travail_173_2007.pdf

De BANDT, O. et RAZAFINDRABE, T. (2014). "Exchange rate pass-through to import prices in the Euro-area: A multi-currency investigation". *International Economics,* (138), CEPII research center 63-77. https ://ideas.repec.org/ a/cii/cepiie/2014-q2-138-4.html

DEVEREUX, M. (2010). « Politique monétaire, flexibilité du taux de change et transmission des variations du taux de change ». https ://www.banque ducanada.ca/wp-content/uploads/2010/08/devereux-f.pdf

GOLDBERG, P. et KNETTER, M. (1997). "Goods Prices and Exchange Rates: What Have We Learned ?". *Journal of Economic Literature, volume* (35), 1243-92.

JOUINI, J. et BARHOUMI, K. (2008). "Revisiting the decline in the exchange rate pass-through: further evidence from developing countries". *Economics Bulletin, AccessEcon,* volume (3), 20. 1-10 http://economics bulletin.vanderbilt.edu/2008/volume3/EB-07C20152A.pdf

KIPTUI M., NDOLO D. et KAMINCHIA S. (2005). "Exchange rate pass-through: to what extent do exchange rate fluctuations affect import prices and inflation in Kenya". *WorkingPaper,* Central Bank of Kenya.

LAFLÈCHE, T. (1996). "The Impact of Exchange Rate Movements on Consumer Prices". *Review Winter* 1996-1997, Bank of Canada, 21-32.

LARIAU, A., EL SAID, M. et TAKEBE, M. (2016). An Assessment of the Exchange Rate Pass-Through in Angola and Nigeria, *IMF Working Paper,* (16)191. 31.

LJUNG, G. M. et BOX, G. P. E. (1978). "On a Measure of Lack of Fit in time Series Models". *Biometrika,* Vol. (65), No. 2 297-303. doi: 10.2307/2335207.

LOLOH, W. (2014). "Exchange rate pass-through in Ghana". *Working Paper,* WP/BOG-2014/03, Bank of Ghana.23.

LUYINDULADIO, M. (2012), Degré de répercussion du Taux de change sur l'Inflation en République démocratique du Congo de 2002 à 2007, *MPRA Paper* No. 21970. 12. http://mpra.ub.uni-muenchen.de/21970/

MCCARTHY, J. (1999). "Pass-through of exchange rates and import prices to domestic inflation in some industrialized economies". *BIS Working Paper,* (79). https://www.bis.org/publ/work79.pdf

MORDI, N. O. et ADEBIYI, A. (2012). "A dynamic stochastic general equilibrium (DSGE) model of exchange rate pass-through to domestic inflation in Nigeria". *Working paper, Research Department,* Central Bank of Nigeria.

MUMTAZ, H., OOMEN, D., et WANG, J. (2006). "Exchange rate pass -through into UK Import Prices". *Working Paper* No: 312. Bank of England.

PONOMAREV, Y, TRUNIN, P. et ULUYKAEV, A. (2014). "Exchange Rate Pass-through in Russia". *Working paper,* Gaidar Institute for Economic Policy (Moscow), 21.

RAZAFIMAHEFA, I. F. (2012). "Exchange Rate Pass-Through in Sub-Saharan African Economics and its Determinants". *IMF Working Paper* (12)141.23.

REINHART, C. M. et ROGOFF, K. (2010). *Cette fois, c'est différent : Huit siècles de folie financière* (première édition). Paris : Pearson.

STOCK, J. et WATSON, M. (2012). « *Principes d'économétrie* ». (troisième édition). Paris : Pearson.

TAYLOR, J. B. (2000). "Low Inflation, Pass-Through, and the Pricing Power of Firms". *European Economic Review,* June, volume (44), issue 7.

WATTANAKOON, P. (2013). "Exchange Rate Pass-through and Inflation in Thailand". *Thammasat Economic Journal,* Volume, (31), no. 2, 65-75.

ZOUHEIR, A. et SGHAIER, I. M. (2012). « Transmission des variations du taux de change aux prix : évidence empirique pour la Tunisie et le Maroc ». *Global Journal of Management and Business Research,* Volume (12), Issue 2 Version 1.0., 77-88.

CHAPITRE 10

LES TRAVAILLEURS MIGRANTS : UN ATOUT OU UNE MENACE POUR LE MARCHÉ CONGOLAIS DU TRAVAIL ?

Joël Munkeni Mafuku,

Université de Kinshasa, RDC

1. Introduction

La faiblesse de migrations à l'échelle nationale, évaluée à 18,4 % pour l'ensemble de la RDC selon l'enquête 1-2-3 (RDC, MINISTÈRE DU PLAN 2014) avec respectivement 18,6 % et 18,2 % en milieu urbain et rural, les écarts de taux de salarisation du point de vue sectoriel (10,4 % dans le secteur informel minier contre 4,8 % pour le commerce) et du point de vue spatial (5,8 % à Kinshasa contre 7,3 % ailleurs) laissent penser que les marchés du travail nationaux sont relativement fermés. De ce fait, on peut être amené à croire que les migrations ont un effet minimal sur les salaires et l'emploi. Mais ce n'est pas ce que ressentent les populations. Dans certaines provinces, beaucoup considèrent l'immigration comme le plus grand problème actuel et rendent les immigrés responsables de la baisse des salaires et de la montée du chômage. C'est la raison pour laquelle les cadres originaires d'autres provinces sont le plus souvent mal accueillis dans les provinces comme celles du Katanga ou du Kongo Central.

Il faut donc examiner l'évolution réelle de flux migratoires avant d'évoquer leur incidence sur l'emploi. Il est connu que le nombre de migrants internes n'a pas beaucoup augmenté en RDC ces dernières années, d'après les résultats de l'enquête susmentionnée. Près de la moitié de cas enregistrés (soit 47,3 %) s'expliquent par la nécessité de regroupement familial. Le reste est imputable à une mobilité accrue des jeunes à la recherche d'une vie meilleure en milieu urbain. Les déplacés de guerre ne constituent, quant à eux, qu'une infime partie de ces migrants (soit 7,5 %). Dans cette vague d'immigration, commencée depuis le début des années 2000, les résultats de l'enquête 1-2-3 indiquent seulement 8,9 % de déplacements liés à la recherche d'un emploi. D'autres immigrés viennent de l'extérieur. Leur portion est cependant trop faible, selon le rapport de l'enquête 1-2-3 de 2012 celle-ci ne se situe qu'à hauteur de 1,3 % du total de personnes interrogées.

L'objectif visé dans ce papier est de faire une analyse exhaustive du marché du travail en RDC en mettant à contribution le flux de migrants comme facteurs d'augmentation de l'offre, en vue d'en détecter l'impact sur le chômage et le salaire. Les hypothèses de travail à faire valoir à cet effet sont les suivantes : (1) un flux élevé des migrants contribue à accroître l'offre de travail en RDC avec un impact réel sur le chômage qui doit en principe augmenter et les salaires qui sont appelés à être revus à la baisse, (2) puisque le chômage doit augmenter, du fait de l'arrivée massive des migrants, il s'ensuit généralement une baisse des salaires conformément à la loi de l'offre et de la demande qui doit jouer dans ce cas.

De ce qui précède, ce travail doit répondre à deux questions principales que sont : (1) les migrations créent-elles ou détruisent-elles les emplois ? (2) Comment l'État peut-il mettre en place une politique d'emplois susceptibles de canaliser et de tirer profit des migrations pour mieux réguler le marché du travail ?

Pour atteindre les objectifs fixés, on va s'appuyer sur une méthode statistique déductive. Celle-ci va consister à prélever les données nécessaires sur le marché de l'emploi (offre, demande, salaire) et sur les flux migratoires, à les traiter et à les analyser pour atteindre les résultats escomptés.

Ceux-ci sont déclinés comme suit : (1) une présentation théorique exhaustive du marché de travail est faite, (2) une analyse fouillée de l'impact des flux migratoires sur le marché du travail congolais est produite et a permis de tirer les conséquences en termes de chômage et de salaire, et (3) une identification des erreurs commises par le gouvernement est réalisée et sert de sous bassement à la formulation des recommandations pour améliorer le fonctionnement du marché par la suite.

2. ANALYSE ET DESCRIPTION

2.1 LE MARCHÉ DU TRAVAIL EN ANALYSE ÉCONOMIQUE

a) Généralités sur le marché du travail

En théorie économique (voir Blanchard Olivier et Cohen Daniel 2010), le travail (main-d'œuvre, force de travail) s'est mué aussi en une catégorie marchande et fait l'objet de la relation marchande entre ses offreurs (les employés ou la population active) et ses demandeurs (les employeurs ou propriétaires des unités de production). L'offre et la demande du travail comme de toute autre marchandise se rejoignent aussi en un lieu appelé marché, et pour le cas en examen ici, il s'agit du marché du travail. Comme dans tout marché qui se respecte, cette offre et cette demande du travail sont régulées par un prix qu'on appelle salaire. De ce fait, la loi de l'offre et de la demande doit, toute chose restant égale, s'appliquer autant dans ce type de marché. Ainsi donc, tout accroissement de l'offre du travail va entraîner la baisse des salaires. Il en sera de même d'une demande trop élevée du travail qui risque de faire monter le niveau des salaires. Dans ce marché, comme partout ailleurs, l'égalité entre l'offre et la demande entraîne l'équilibre du marché. À ce point d'équilibre correspondent une quantité de travail et un taux de salaire d'équilibre.

Il y a ainsi trois conditions essentielles pour l'existence et le fonctionnement du marché du travail : (i) l'existence de l'offre de travail par les demandeurs d'emploi ; (ii) l'existence de la demande de travail par les offreurs d'emploi ; et (iii) enfin la rencontre de ces deux composantes en un « lieu » physique ou non. Ce lieu est celui de leur expression symétrique. Cette expression est matérialisée par la fixation d'un prix (le salaire) qui met les deux parties d'accord pour opérer la transaction (le genre de travail à effectuer) qui fait l'objet de ce marché.

Selon Kabeya T (2014), comme tout autre marché, le marché du travail a ses règles de fonctionnement générales et spécifiques dans l'économie où il se situe. Il a progressivement développé ses indicateurs et instruments de mesure. Des raffinements, méthodes et variables de désagrégation, extensions des concepts, indicateurs et instruments de mesure et des modes de calcul ont été développés, revus et réadaptés, contextualisés, avec l'objectif global d'établir des normes dont le respect est « surveillé » par des organisations internationales avec un certain nombre d'objectifs.

b) détermination de l'équilibre du marché du travail

La détermination de l'équilibre dans un marché de travail a été largement commentée par Blanchard Olivier et Cohen Daniel (2010), on y revient ici de manière synthétique. D'après les deux auteurs précités, les salaires, qui constituent le prix dans un marché du travail, peuvent être déterminée de plusieurs façons dont : (i) par les négociations collectives entre les entrepreneurs et les syndicats, (ii) par une négociation entre l'employeur et le salarié et (iii) par l'employeur seul.

Le pouvoir de négociation d'un travailleur dépend de la difficulté de l'entreprise de lui trouver un remplaçant en cas de départ et de la facilité avec laquelle il peut trouver un autre emploi. Le salaire nominal dépend, quant à lui, de trois facteurs que sont : (i) le niveau des prix anticipé, (ii) le taux de chômage et (iii) une variable composite qui représente tous les autres facteurs non cités ailleurs. Le niveau anticipé des prix permet de déterminer le salaire lorsque les prix réels ne sont pas encore connus. Une augmentation des prix anticipés peut entraîner la baisse du salaire nominal. Le taux de chômage est également déterminant pour le salaire, dans ce sens qu'une hausse du taux de chômage entraîne une baisse du niveau des salaires. Un fort taux de chômage peut également affaiblir le pouvoir de négociation des salaires. Le troisième facteur, qui comprend tous les autres facteurs, contribue également à la hausse ou à la baisse des salaires selon les cas. L'équilibre se fait également par la détermination des prix. Dans le cas d'espèce, on met à contribution la fonction de production.

Cet équilibre est atteint lorsque le taux de chômage qui apparaît au sein de l'économie est une résultante de l'égalité entre le salaire réel choisi lors de la détermination des salaires et le salaire induit par les prix. Le taux de chômage d'équilibre est aussi appelé taux de chômage structurel ou taux de chômage naturel.

c) politique de l'emploi et migration mondiale

De nombreux auteurs comme Edwards B. (2015) soutiennent que « *l'emploi salarié (travail rémunéré hors du secteur agricole) est l'objectif ultime de la politique de l'emploi, mais les entreprises familiales fournissent l'essentiel des nouveaux emplois »*. Ce qui laisse présager déjà que les politiques d'emploi, telles que menées dans la plupart des pays et ceux de l'Afrique subsaharienne en particulier, sont inefficaces et ne parviennent donc pas à atteindre l'objectif ultime susmentionné. En d'autres termes, la création des emplois est laissée à la merci du secteur privé qui en fait à sa guise. C'est-à-dire au détriment de la qualité (emplois non décents et mal ou pas du tout rémunérés) et de la quantité (insuffisant pour atteindre les objectifs du millénaire pour le développement en termes de réduction de la pauvreté).

Selon ÖZDEM Çaglar (2015), de 1990 à 2010, le nombre des migrants est passé de 90 à 21millions au niveau mondial soit 3 % de la population mondiale. Plusieurs pays à croissance rapide (comme la Malaisie et la Turquie) sont devenus de destinations régionales tant pour les réfugiés que pour les chercheurs de l'emploi. Toujours d'après l'auteur précité, l'incidence de ces migrations sur l'emploi s'apprécie selon le niveau de qualification des migrants. Chez les immigrés des pays de l'OCDE, ces qualifications sont catégorisées à trois niveaux, à savoir : tertiaire (30 %), secondaire (36 %) et primaire (34 %). Par rapport aux nationaux, il y a toujours des perdants, des gagnants ou des non touchés.

2.2 ANALYSE DE L'IMPACT DE LA MIGRATION SUR LE MARCHÉ DU TRAVAIL EN RDC

a) Évolution du marché du travail en RDC de 2000 à 2013

Pendant la période susmentionnée, le marché du travail en RDC est caractérisé, à en croire le Tableau N° 1 en annexe, par une présence massive de personnes déplacées ou migrants dont les points culminants se situent en 2003, mais aussi entre 2012 et 2013. Ces mouvements migratoires ne semblent pas impacter le rythme d'évolution de la population active. Il en est de même du chômage, des salaires et du ratio qui établit le lien entre la population active et l'emploi. Ce dernier ratio reste quasi stable pendant toute la période. Les données du Tableau montrent, par ailleurs, que le marché congolais n'est pas en équilibre pendant la période couverte, bien qu'il s'en approche.

Une illustration parfaite des arguments sus-évoqués se trouve présentée dans le graphique ci-après. La grande leçon qu'il y a à tirer de ce graphique, c'est la non-dépendance des salaires (qui évoluent en dents de scie) vis-à-vis du rythme de l'évolution de composantes du marché du travail (dont le ratio de parité serait resté linéaire).

Graphique N° 1 : Salaire et ratio emploi/population active

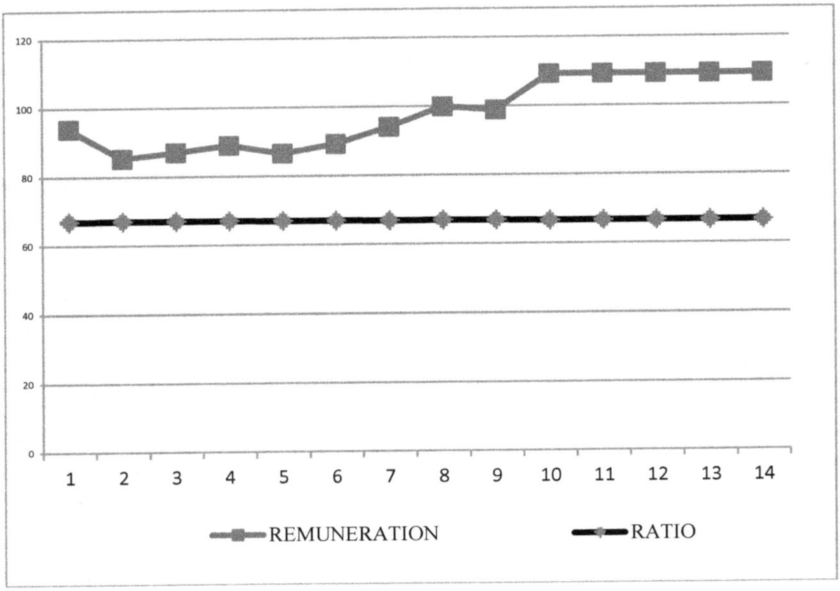

Source : l'auteur sur base des données de la Banque mondiale.

b) migration et marché du travail en RDC

Le graphique ci-dessous indique une entrée progressive des individus sur le marché du travail avec en substance une présence quasi progressive des déplacés.

GRAPHIQUE N° 2 : migration et indicateurs du marché du travail en RDC

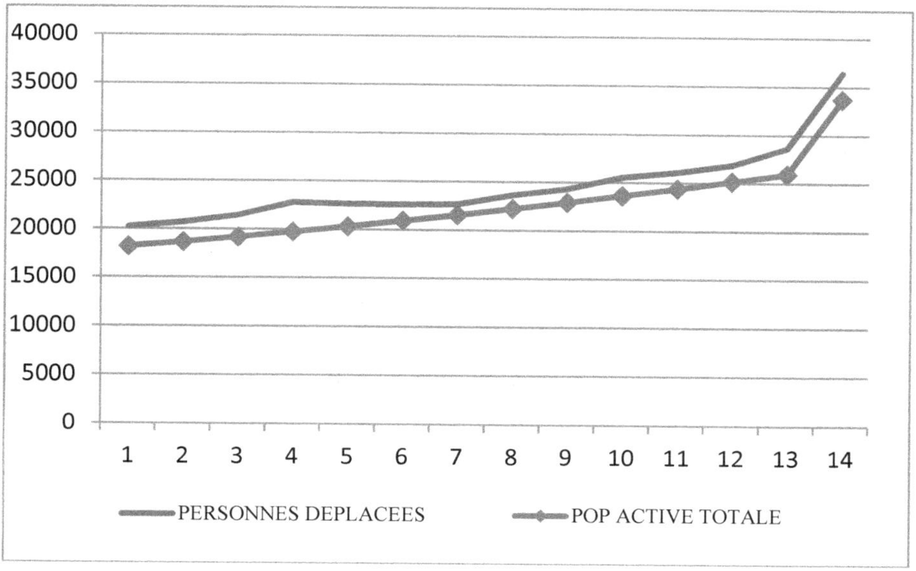

Source : l'auteur sur base des données de la Banque mondiale.

Province ou d'un lieu de résidence à un autre. Cet afflux des migrants est devenu recrudescent à partir de 2011, sans qu'il ne s'ensuive des modifications substantielles des indicateurs du marché : le salaire et le chômage en particulier.

2.3 MIGRATION, POLITIQUE DU TRAVAIL EN RDC ET SES CONSÉQUENCES SUR LE MARCHÉ

L'orientation du gouvernement congolais est de baser sa politique de l'emploi sur la réalisation des Objectifs du Millénaire pour le Développement (OMD) et la promotion du secteur privé. Cette stratégie est censée induire la création d'emplois directs et indirects en quantité et en qualité. À première vue, cette politique n'est pas censée orienter ou canaliser les migrations. Les objectifs assignés n'ont pas été atteints en termes de création et de réduction de la pauvreté nécessaires à l'atteinte des ODD. Aucun résultat ne montre que le gouvernement a mené une politique de stabilisation ou de la protection de l'emploi face à l'immigration. Ce qui est grave pour un pays en proie à des conflits armés de tout genre et à tout moment. Des erreurs de gestion de la politique ont été sûrement commises. Dans le cadre de ce papier, on va les situer aussi bien du point de vue de la planification et de la gestion de la politique des emplois en RDC.

a) du point de la planification de la création des emplois

Il nous revient que plus au moins trois types d'erreurs de planification du rythme de création des emplois auraient été commises, dont voici les condensés :

(i) Le gouvernement a adopté dans les calculs un contenu chômage, celui du BIT, non adapté au contexte congolais. Ce qui a en définitive gonflé inutilement le nombre d'emplois offerts, tout en affichant un taux de chômage proche de son niveau d'équilibre. Ceci laisse apparaître une économie congolaise en plein emploi d'utilisation du capital humain, suscité par des indicateurs largement hypothétiques et contraires au vécu quotidien du Congolais moyen.

(ii) Le gouvernement a laissé croire au public que sa croissance était incluive. Ce qui lui a permis de fermer les yeux face aux migrations récurrentes, considérées comme étant sans danger pour les emplois locaux. Si cet argument est défendable au vu de l'évolution des faits, il n'a par contre pas de rapport avec la politique de croissance inclusive prônée par le gouvernement. Ceci est dû au fait qu'on a associé de manière abusive une création douteuse des emplois (calculée selon les critères du BIT et non conformes à la réalité congolaise) à la réduction de la pauvreté, pour faire croire à tout prix à l'existence de cette croissance inclusive. Cette argumentation est au mieux ambigu et au pire trompeuse. Ambigu parce que la base de calcul, comme on l'a déjà dit, n'est pas correcte. Trompeuse à cause de l'existence de plusieurs emplois indécents qui pullulent la sphère sociale congolaise, tout en aggravant la pauvreté. Les chiffres de création d'emplois proviennent de l'enquête 1-2-3 de 2012. La plupart des emplois créés proviennent du secteur informel avec toutes les conséquences que l'on sait sur la qualité et le niveau des salaires. Ces emplois ont également une existence indépendante de la politique gouvernementale en la matière.

(iii) Un autre cas, qui apparaît aussi triste que les précédents, provient du fait que le gouvernement a fixé de manière arbitraire l'offre du travail à 1 000 0000 d'emplois à créer chaque année (RDC, ministère du Plan 2011). Cette planification volontariste du rythme de création d'emplois a vite tourné court, étant donné qu'elle n'était basée sur aucune étude de faisabilité. Cela signifie que dans les circonstances actuelles, l'objectif affiché dans le DSCRP et le PAP-R de réduire le taux de sous-emploi de 70 % à environ 60 % de la population active est sérieusement compromis.

b) du point de la gestion de la politique d'emplois

La gestion de la politique d'emplois s'est butée à quatre cas de mauvaise application dont voici les traits caractéristiques :

(i) La politique a mis en avant-plan la facilitation de l'accès aux avantages du code des investissements aux projets créateurs d'emplois, sans en fixer les modalités pratiques ou définir le contenu ou le type de projets concernés. Ce qui n'a pas permis l'implantation d'un nombre élevé des entreprises pour permettre d'occasionner une demande accrue de travail.

(ii) Il était également question d'intégrer un poids significatif au contenu « emplois » dans l'octroi des marchés publics, ce qui n'a pas été chose faite compte tenu du manque de critères objectifs dans l'exécution des contrats liés à ces fameux marchés, si bien qu'à l'heure actuelle personne n'est en mesure de donner une indication précise du nombre de demandes de travail intervenues par ce canal.

(iii) Le gouvernement avait prévu également de procéder à la levée des contraintes institutionnelles au développement de l'entreprise privée pour permettre à celle-ci de créer plus d'emplois. Il s'est avéré malheureusement que les pouvoirs publics se sont eux-mêmes érigés en apôtre des tracasseries administratives en maintenant une multitude de taxes et de services opérationnels dans différents endroits où se tiennent les transactions (ports, douanes, routes d'intérêt national, aéroports, gares, marchés, etc.),

(iv) La non-adaptation du système de formation aux besoins réels des entreprises a fait que l'inadéquation entre la formation et l'emploi occupé persiste. Ainsi, à l'heure actuelle, il y a beaucoup de professionnels sans branches (les historiens sans sites historiques) et des branches sans professionnels (les exploitants agricoles sans un nombre suffisant d'agronomes).

3. PERSPECTIVES

Dans son prochain plan stratégique de développement (RDC, ministère du Plan, 2016) le pays fonde son développement sur trois étapes que sont : (i) pays à revenu intermédiaire d'ici 2020 grâce à la transformation de l'agriculture, (ii) pays émergent de 2020 à 2030 grâce à une industrialisation croissante, et (iii) pays développé entre 2030 et 2050, grâce à une société des connaissances. De ce fait, les perspectives du marché de l'emploi seront, à notre avis, fonction de ces trois étapes de développement que nous réduisons à deux. En voici les principaux traits caractéristiques :

3.1 À COURT TERME : La RDC, pays à revenus intermédiaires

Pour faire de la RDC un pays à revenu intermédiaire, les actions visant à stimuler la demande des biens et services telle que la mise en place d'une politique monétaire accommodante sont à recommander. Une fois la demande des biens et services boostée, des investissements supplémentaires seront nécessaires pour ajuster l'offre à la demande et absorber de ce fait toute la main-d'œuvre disponible, y compris celle des migrants. Un appui au secteur privé de la part du gouvernement, sous quelque forme que ce soit (crédit à l'économie, amélioration de la gouvernance du pays, réhabilitation des infrastructures, révision du code des investissements, amélioration du climat des affaires…), s'avère nécessaire. Il pourra favoriser un nombre plus grand d'entreprises en vue de booster la création des emplois. Car comme l'a dit EDWARD B. (2015) : « *De l'existence d'entreprises plus grandes et d'un nombre supérieur d'entrepreneurs locaux dépend l'amélioration du niveau de vie de millions de personnes qui ont besoin d'un emploi régulier actuellement et à l'avenir* ».

Il y a lieu de noter aussi que la création des conditions nécessaires à l'épanouissement des emplois passe finalement par l'intégration de la politique d'emplois dans un vaste programme de réformes, en vue d'en garantir les chances de succès. Ceci est d'autant vrai que, comme l'a si bien souligné BERGER H. et Cie (2014), « *une réforme globale est une des clés de la réussite, ne régler les problèmes que partiellement peut aggraver la situation* ».

3.2. À LONG TERME : La RDC pays émergent

Pour devenir « émergente » et développée plus tard, la RDC a besoin de disposer d'une industrie robuste et d'un capital humain de qualité. Ce qui, en d'autres termes, veut dire que le pays doit investir davantage dans ces deux domaines et va sûrement créer de nouveaux chantiers d'emplois.

Il faut cependant accompagner cette émergence et ce développement par des mesures stratégiques du développement du marché du travail, faute de quoi les immigrations risquent de se transformer en facteurs ravageurs des emplois locaux ou nationaux. Parmi les mesures à prendre, il y a lieu de citer quelques-unes :

1. La relance de la croissance doit être prioritaire pour résorber le chômage. Il sied de rappeler ici que tous les économistes sont unanimes pour reconnaître que le chômage de masse a toujours entraîné une baisse de la consommation et des investissements avec une croissance nulle, qui à la limite aggraverait davantage le chômage. À l'inverse, cette tendance peut s'améliorer ou s'inverser avec une reprise durable de la croissance.

2. Une réforme complète de l'économie pourra, comme on l'a déjà dit, éliminer les obstacles structurels à une croissance de la production et des emplois à long terme.

3. De même, on pourra mettre à contribution la réflexion menée par LOUNGANI P. (2015) pour proposer d'autres stratégies de création d'emplois. Il s'agit, d'après l'auteur précité, de l'éducation, de l'immigration et la redistribution. L'éducation pourra permettre à une bonne partie de la population mondiale de profiter de la technologie pour trouver de bons emplois et mener une vie saine. L'immigration va permettre un transfert de la main-d'œuvre des zones surpeuplées vers des zones dépourvues de population, pour ainsi couvrir le déficit entre l'offre et la demande du travail. La redistribution sera une réponse politique que l'État peut proposer pour compenser les pertes d'emplois dues au non-accès à l'éducation pour certaines personnes ou au ravage des flux

migratoires, qui risquent à la longue de devenir dangereux avec la montée en puissance du pays.

CONCLUSION

On retiendra de cette analyse que les marchés du travail en RDC ne sont pas fermés ; car malgré la faible ampleur des mouvements migratoires, qui sont du reste quasi permanents, au moins neuf personnes sur cent se déplacent pour des raisons liées à la recherche du travail sans pour autant impacter les salaires et le chômage. On retiendra également de cette investigation que les migrations ne créent ni ne suppriment les emplois, tout au plus elles servent de complément à la création des emplois dans deux cas d'espèce. Le premier cas est lié au manque de personnes qualifiées dans certains coins qui sont obligés de recourir à une main-d'œuvre non résidente. Le deuxième concerne certains travaux, réputés moins prestigieux par la main-d'œuvre locale, pour lesquels on doit faire appel à des personnes extérieures. Il y a lieu de noter toutefois que le taux de chômage n'est pas à son niveau naturel ou d'équilibre, à en croire le ratio de parité entre l'emploi et la population active. Ce ratio ne se situe qu'autour de 67 et serait tout de même en train de s'approcher de 1. Il est donc difficile de conclure à un plein-emploi du facteur travail en RDC, comme le laissent entendre certaines statistiques en la matière.

Pour contourner ce problème de chômage et éviter un afflux massif de migrants perturbateurs d'emplois dans l'avenir, le gouvernement doit entreprendre de réformes globales qui mettraient la politique d'emplois au cœur des stratégies de développement. Il est aussi recommandé d'accélérer la stratégie de renforcement du système statistique nationale en vue de fiabiliser les données, améliorer le climat des affaires pour attirer de nouveaux investisseurs, rendre la formation suivie compatible avec les besoins en emploi des entreprises, stabiliser le pouvoir d'achat de la population par une politique de redistribution sociale susceptible de lutter contre les inégalités et renforcer la paix et la sécurité sur l'ensemble du territoire national.

Références bibliographiques

BERGER H. et SHINDLER M. (2014), « Lourde menace sur la croissance », in *Finances et Développement*, vol. 51, n° 1, mars, p. 20-23.

BLANCHARD O. et COHEN D. (2006), *Macroéconomie*, Paris, éd. Pearson éducation, 4e édition.

BRUCE E. (2015), « Emploi : une question de taille », in *Finances et Développement*, vol. 52, n° 1, juin, p. 11.

KABEYA T (2014), *Le marché du travail,* exposé fait au cours de l'atelier de contextualisation du mode de calcul du chômage, INS/ICREDES, inédit.

LOUNGANI P. ; (2015), « Des emplois, toujours plus d'emplois », in *Finances et Développement*, vol. 52, n° 1, mars, p. 6-7.

ÖZDEN çaglar (2015) ; « Un long chemin vers l'emploi », in *Finances et Développement*, vol. 52, n° 1, mars, p. 6-7.

RDC, MINISTERE DU PLAN (2011), « Document de la stratégie de croissance et de réduction de la pauvreté », *Document de travail*, inédit, p. 114.

RDC, MINISTERE DU PLAN (2014), *Rapport global des résultats de l'enquête 1-2-3*, *Document de travail*, inédit, p. 160.

RDC, MINISTERE DU PLAN (2014), « Plan National Stratégique de Développement », *Document de travail*, inédit.

ANNEXE

Tableau N° 1 : données intérieures du marché du travail en RDC de 2000 à 2013

ANNÉE	PERSONNES DÉPLACÉES (milliers)	RÉMUNÉRATION moyenne en milliers de devise l	POP ACTIVE en milliers	CHÔMAGE en %	Emploi pop. active
2000	2040	27,13	18177,496	7,4	66,9
2001	2045	18,35	18651,95	7,3	67
2002	2275	20,08	19182,184	7,2	67
2003	3044	22,08	19732,87	7,2	67
2004	2330	19,73	20315,007	7,2	66,9
2005	1664	22,41	20946,617	7,2	66,9
2006	1100	27,32	21570,177	7,2	66,8
2007	1400	33,07	22248,677	7,1	66,8
2008	1400	32,07	22919,168	7,2	66,8
2009	1900	42,6	23642,34	7,3	66,6
2010	1700	42,6	24385,863	7,2	66,6
2011	1710	42,6	25148,483	7,2	66,6
2012	2700	42,6	25930,296	7,2	66,6
2013	2700	42,6	33709,3848	7,2	66,6

Sources : statistiques de la Banque mondiale

Tableau N° 2 : Mouvements migratoires en RDC en 2012

	KINSHASA	AUTRE URBAIN	MILIEU URBAIN	MILIEU RURAL	RDC
taux d'immigration	14,8	20,3	18,6	18,2	18,4
origine des migrants					
chefs-lieux de province	26,1	19,2	20,8	8,4	13,3
autres villes	50,8	44	45,6	27,6	34,6
village	22	35,9	32,6	62,5	50,8
Étrangers	1	0,9	1	1,5	1,3
Raison de la migration					
Suivre la famille	47,2	43,2	44,2	49,3	47,3
poursuivre des études	18,8	13,7	14,9	2,9	7,6
trouver un emploi	10,3	10,1	10,1	8,2	8,9
déplacés de guerre	2,1	7,2	6	8,5	7,5
autres	21,6	25,8	24,8	31,2	28,2
total	**100**	**100**	**100**	**100**	**100**

Source : INS, enquête 1-2-3 de 2012.

Chapitre 11

Relation inflation et chômage : Une application de la courbe de Phillips en RDC de 1990 à 2011

Junior Nduaya Matunga,

Université de Kinshasa, RDC

Introduction

Depuis la seconde moitié du XXe siècle, notamment vers les années 1970, l'inflation et le chômage constituent les maux les plus importants des sociétés, la relation entre eux est le principal problème économique intérieur des présidents et des premiers ministres, et le secteur majeur de controverse et d'ignorance en macroéconomie (Tobin 1972)[54]. La courbe de Phillips (1958)[55] – qui met en exergue la relation entre les deux variables - constitue ainsi une référence en matière de politique économique, en ce sens qu'elle permet de saisir les effets d'une orientation de politique économique représentée par le taux d'inflation sur l'activité économique réelle saisie par la variable chômage[56].

---

[54] James Tobin publia dans l'American Economic Review son discours présidentiel traitant de l'inflation et du chômage. Cet article remettait en cause certaines notions véhiculées dans le milieu économique.

[55] Il convient de préciser que l'écriture de la théorie générale de Keynes avait entretenu pendant la période 1936 – 1958 un trou noir concernant la relation salaire et emploi. En effet, la faute reprochée à Keynes (1936), c'est de vouloir appréhender l'interaction existant entre salaire et emploi, sans toutefois disposer d'une théorie de la relation inflation – fluctuation. À ce sujet, l'économiste américain Hansen (1967) estime que le Maître ne traite pas d'éventuelles conséquences inflationnistes d'un programme systématique de plein-emploi. Ainsi, Phillips (1958), puis Samuelson – Solow (1960), en voulant sonder ce mystère, sont parvenus à établir une corrélation négative entre le taux de salaire et le taux de chômage, puis un lien négatif entre taux d'inflation et taux de chômage, c'était la naissance de la plus célèbre courbe en macroéconomie : la courbe de Phillips.

[56] Sous l'hypothèse qu'un taux d'inflation élevée exprime la volonté délibérée des autorités économiques de stimuler l'activité économique et l'emploi, et un taux d'inflation faible ou modéré exprime la volonté des autorités de stabiliser le cadre macroéconomique après un choc.

L'importance accordée aujourd'hui à la lutte contre l'inflation dans les pays en voie de développement trouve son origine dans les épisodes d'hyperinflation qui ont sévi dans plusieurs de ces pays au cours des années 1990. Compte tenu des méfaits de l'inflation sur l'activité économique, certains analystes orthodoxes préconisent que la lutte contre l'inflation soit retenue comme l'objectif primordial de la politique économique afin d'éviter les effets pervers auxquels les fluctuations intempestives de prix pourraient donner lieu. Cependant, il faut noter que les avantages de maintenir un taux d'inflation peu élevé doivent compenser les coûts d'une telle mesure. En effet, quels que soient les instruments spécifiques utilisés, la lutte contre l'inflation entraîne généralement une augmentation du taux de chômage, du moins dans le court terme[57], avec un risque de ralentissement de la croissance à moyen terme.

De ce qui précède nous avons saisi le dilemme majeur de la politique économique, qui est celui de choisir entre l'objectif de plein-emploi et de stabilité des prix en fonction de la situation macroéconomique en présence. Pour tenter de résoudre ce dilemme, nous nous referons aux récents développements en macroéconomie qui ont donné lieu à des mesures de politique économique qui concilient la croissance soutenue, le plein-emploi et la stabilité des prix[58].

Les faits et phénomènes observés en RDC, depuis 1990 constituent un champ d'application opportun[59] à la mise en œuvre de tels modèles. En effet, depuis 1990, une série d'événements se sont succédé et ont porté préjudice au tissu économique[60]. Cependant, depuis 2001 une série des

[57] Certains affirment qu'il n'y a aucune contrepartie à long terme (la courbe de Phillips est supposée être verticale). Bien qu'il y ait peu de preuves empiriques convaincantes à l'appui de cette hypothèse, et même si celle-ci était véridique, elle ne pourrait pas exclure l'existence d'une contrepartie à court terme.

[58] La courbe de Phillips telle que définie par les keynésiens puis complétée par de récentes critiques offre un cadre idéal dans cette optique, sa pertinence réside dans l'analyse et l'évaluation des politiques économiques, et plus spécifiquement, eu égard à la contrainte des données, à celles de la politique monétaire.

[59] « Opportun » également puisque, l'application du modèle de la courbe de Phillips permettrait de mettre par la suite et en évidence des recommandations compatibles aux réalités des économies en développement et aux exigences de relance que présente l'économie congolaise en particulier.

[60] La décennie 1990-2000 a été marquée par plusieurs faits négatifs ayant conduit à la destruction du tissu économique. Nous avons assisté d'abord aux pillages au cours des années 1993 et la guerre de « libération » en 1998. Ces faits ont contribué à plonger le pays à une crise économique grave. Le taux d'inflation se fixait à 2105,25 % en moyenne

mesures ont été arrêtées par les différents gouvernements centraux de la RDC, notamment : la thérapie de choc en 2001 (la quasi-libéralisation du cadre macroéconomique) et la mise en œuvre du programme économique du gouvernement en 2002. Ces réformes ont formellement été motivées par la volonté de mettre à profit toutes les potentialités de la RDC afin d'inscrire la marche de l'économie sur un sentier de croissance économique stable et de développement économique soutenable (Tsasa JP, 2012)[61].

À la suite de chacune de ces mesures, la RDC a enregistré des avancées remarquables sur le front de la lutte contre l'inflation et la réduction des déficits budgétaires et de balance des paiements courants. Elles n'ont pourtant pas réussi ni à stabiliser la production macroéconomique ni à réaliser une croissance durable[62].

Or, si l'objectif de la politique économique est d'optimaliser le bien-être de la société à long terme et de manière équitable[63], on constate cependant que la plupart des débats de politique économique en RDC se sont centrés sur les variables intermédiaires, telles que la stabilité des prix ou la balance des paiements, alors que les variables intermédiaires ne sont pas très importantes en soi.

De ce fait, le présent travail voudrait jeter les bases d'un cadre conceptuel pour une politique macroéconomique axée sur la stabilité macroéconomique réelle, associée à la croissance. Ce cadre est fondé sur

---

annuelle, le PIB en régression se fixait à 4 % en moyenne annuelle. L'instabilité politique et économique fut les sources majeures de cette débâcle macroéconomique.

[61] Toutes ces mesures se sont soldées par une stabilité relative du cadre macroéconomique. En 2005 déjà, le taux d'inflation fut ramené à 21,3 %, le pays a retrouvé une croissance économique positive avec un taux de 7,8 % à la fin de la même année, le taux de croissance de la masse monétaire en baisse se fixait à 24,2 %. Le domaine des finances publiques a également été encourageant, les recettes sont passées de 6,2 % du PIB en 2001 à 12,3 % fin 2006.

[62] Ceci est en grande partie imputable aux politiques de stabilisation centrées sur la stabilité des prix, bien que la stabilité réelle et non la stabilité des prix soit ultimement l'objectif le plus important pour assurer une croissance économique soutenue à long terme.

[63] Richard A. Musgrave définit trois fonctions de la politique macroéconomique : [i] l'affectation ou l'allocation des ressources, elle consiste à fournir des services non marchands qui correspondent à la politique structurelle [justice, infrastructures, éducation, santé] – [ii] la redistribution ou la répartition des revenus et des patrimoines, cette fonction consiste à fournir une protection contre les risques essentiels, tout en corrigeant les inégalités engendrées par le marché [politique sociale] – [iii] la stabilisation ou la régulation du cadre macroéconomique au travers des politiques conjoncturelles et structurelles.

la vision privilégiant la nécessité d'élargir les objectifs et de développer des instruments complémentaires au-delà des politiques budgétaires et monétaires pour considérer les questions relatives à la gestion de la balance des opérations en capital, aux réglementations et autres instruments microéconomiques.

L'objectif de ce travail est d'appliquer le modèle de la courbe de Phillips pour tester l'existence d'une relation de long terme entre l'inflation et le chômage en RDC et d'en saisir les effets réciproques. Le but est de mettre à la disposition des autorités économiques un instrument de conduite de la politique économique, qui met en exergue les conséquences de l'orientation de la politique monétaire sur le chômage.

L'approche adoptée dans ce travail se base sur les récents progrès de la recherche économétrique dans l'étude des séries temporelles non stationnaires, qui ont permis de développer une méthodologie autour des concepts clefs de cointégration, de modèle à correction d'erreur et de causalité. Le concept de cointégration permet de préciser la réalité et la nature des divergences entre deux séries théoriquement liées entre elles, et le modèle à correction d'erreur permet d'en expliquer et d'en déduire le mécanisme. La notion de causalité, associée à la cointégration et au modèle à correction d'erreur, offre aujourd'hui un cadre assez rigoureux pour étudier la direction de la causalité (unidirectionnelle ou bidirectionnelle) entre deux variables, qu'elle soit de long ou de court terme[64].

Le présent travail est structuré en trois parties, la première fera une brève présentation des études faites sur la courbe de Phillips, la seconde présentera l'évolution de l'inflation et du chômage en RDC et la dernière présentera les résultats de l'estimation du modèle.

I.- **Résultats de récentes études**

Après une période de grand succès dans le choix de politique économique lors de son apparition, la courbe de Phillips a progressivement été délaissée par les économistes à partir des années 70.

---

[64] Le concept de cointégration est introduit par Granger (1981), Granger et Weiss (1983) puis Engle et Granger (1987), le modèle à correction voir : Sargan, 1964 ; Davidson, Hendry *et al.* (1978) ; Salmon (1982) ; Njiki (1998). Quant à la notion de causalité, voir Granger (1969) ; Sims (1972, 1980)

Le consensus sur l'absence d'arbitrage inflation/chômage à long terme a eu pour conséquence une réorientation des politiques économiques. À partir du moment où les politiques de relance par la demande sont impuissantes, seules des politiques structurelles sont à même d'influencer le chômage.

Mais, elle a suscité un regain d'intérêt depuis le milieu des années 90, en lien avec les avancées empiriques. Les modèles structurels de type VAR ont montré que l'inflation et le PIB répondent à des chocs monétaires, les ajustements étant graduels, ce dont les modèles à prix flexibles et anticipations rationnelles ne peuvent rendre compte (Arestoff F. *et al.*, 2010).

Les travaux phares sur la courbe de Phillips sont ceux de R. Solow et P. Samuelson (1960) dans le cadre de mesure de l'arbitrage inflation-chômage pour les États-Unis. Friedman (1968), dans l'optique de la politique monétaire, trouve que la courbe de Phillips semble fournir un moyen d'agir sur une variable réelle (chômage) à partir d'une variable de politique économique (l'inflation) à court terme.

Sur ces bases, beaucoup d'autres chercheurs se sont illustrés dans l'analyse de la courbe de Phillips telle que défini par M. Friedman (1968). Jeffrey Sachs (1985) a constaté la désinflation aux États-Unis au début des années 1980 où l'inflation passait de 10,4 % en 1980 à 3,2 % seulement en 1984 s'est accompagnée d'un cumul d'écart au taux de chômage naturel de 10,8 %, soit un ratio de sacrifice de 1,5. Ce qui signifie qu'en moyenne sur la période de désinflation, 1 % de déflation supplémentaire s'accompagnait d'une hausse du taux de chômage de 1,5 %.

John Taylor (1993) se proposait d'identifier les raisons pour lesquelles la FED[65]augmentait ou baissait ses taux. Il y explique la politique monétaire menée par la FED en montrant que la Banque centrale définit une cible pour l'inflation qu'elle tente d'atteindre. Pour déterminer le taux d'intérêt, elle prend en compte l'existence d'un arbitrage entre inflation et chômage.

Christophe Raoul Besso (2010) étudie les effets de l'inflation au Cameroun avec comme hypothèse que l'inflation a un effet négatif sur le chômage au Cameroun. D'après les résultats des estimations, les erreurs d'anticipation influencent négativement l'évolution du taux de chômage

---

[65] Banque fédérale américaine qui fait office de Banque centrale aux États-Unis.

au Cameroun de telle manière que, l'accroissement du taux d'inflation entraîne la baisse du taux de chômage. Cette relation négative entre l'inflation et le chômage est ainsi trouvée au Cameroun comme dans les travaux de Phillips (1958).

Une récente étude de Turner (1995) réexamine la relation entre la production et l'inflation dans les pays du Groupe des Sept[66]. L'étude utilise des courbes de forme différente d'un pays à l'autre. L'auteur constate que, dans trois de ces pays (les États-Unis, le Japon et le Canada), la pente de la courbe de Phillips à court terme semble s'accentuer à mesure que la production effective s'accroît par rapport à la production potentielle.

D'autres travaux ont porté sur la forme fonctionnelle de la pente de cette courbe. Les résultats de Fauvel, Guay et Paquet (2002) ont trouvé la présence de non-linéarité. Ils suggèrent que ce sont essentiellement les variables d'inflation retardées qui expliquent cette non-linéarité. L'étude de Brainard et Perry (2000) confirme une forte instabilité du coefficient associé aux attentes inflationnistes et une relative stabilité du coefficient lié au taux de chômage. La non-linéarité dans la dynamique de l'inflation peut refléter des changements dans le régime des attentes inflationnistes sous-jacentes.

Antoine Kaletsky (2010), éditorialiste au Times, montre, par un graphique de la courbe de Phillips pour le Royaume-Uni de 1971 à 2009, que cette courbe est devenue horizontale depuis 1992 : le taux de chômage a connu de très fortes variations indépendamment du taux d'inflation qui est resté significativement bas. L'explication essentielle tient, semble-t-il, à la profonde mutation de l'économie contemporaine. On est en effet aujourd'hui dans une économie mondialisée et financiarisée : le niveau des prix est de plus en plus fonction de l'inflation – ou désinflation – importée et de l'évolution mondiale des actifs spéculatifs comme l'immobilier, les titres et les matières premières. Autant de facteurs qui ne sont pas en relation avec le taux de chômage de tel ou tel autre pays.

Million (2004) discute de l'instabilité de la courbe de Phillips aux États-Unis en utilisant un modèle représentatif à changement de régime. Il trouve que la courbe de Phillips est instable, à cause de la volatilité de l'inflation.

---

[66] Les pays du G-7, qui sont : États-Unis, Japon, Allemagne, Royaume-Uni, France, Italie et Canada.

Dans des travaux antérieurs, Chadha, Masson et Meredith (1992) se penchent également sur la forme revêtue par la courbe de Phillips dans les pays du Groupe des Sept. Ils mettent en évidence certains indices de non-linéarité, mais ceux-ci ne sont pas très solides.

Les résultats d'autres chercheurs militent encore moins nettement en faveur d'une relation non linéaire. Par exemple, les études de Braun (1984) et de Gordon (1994) ne détectent aucun signe de non-linéarité pour les États-Unis, et une étude effectuée par Cozier et Wilkinson (1991) arrive elle aussi à la conclusion que la courbe de Phillips à court terme est linéaire dans le cas du Canada.

Stock et Watson (1999) comparent différents modèles de prévision de l'inflation pour les États-Unis et montrent que le meilleur modèle est une courbe de Phillips « généralisée » qui relie[67] l'inflation au taux d'utilisation des capacités de production. En dépit de l'enrichissement de la courbe de Phillips par la prise en compte d'un grand nombre de variables supplémentaires, les équations de Phillips empiriques demeurent relativement instables quant à leur performance prédictive.

Les recherches empiriques réalisées arrivent à montrer que la courbe est valide dans le débat sur la politique économique. Elle pourrait ainsi constituer une référence pour la conduite de la politique économique de manière optimale.

II.- Évolution des variables de l'étude

II.1.- Inflation

L'inflation est le principal indicateur qui mesure l'orientation de la politique monétaire, qui peut être soit expansionniste soit restrictive, selon que l'on se trouve dans une situation d'expansion ou de récession économique.

Toutefois, il faut la considérer avec prudence. « Étant donné qu'elle représente les effets de la politique monétaire sur la demande globale, il ne faut pas s'attendre à ce qu'elle constitue un bon indicateur de l'impact des mesures monétaire sur les autres variables de la politique à prendre en compte (taux de croissance, taux de chômage, orientation de la politique

[67] De la même façon, la NKPC se distingue du modèle de surprise d'inflation dû à Lucas, parfois appelé courbe de Phillips des néo-classiques, dans laquelle seule l'inflation non anticipée a un effet sur le niveau de production.

monétaire, etc.) ». Ceci est vrai dans la mesure où dans certaines situations (cas particulier des pays en développement), une inflation élevée est supposée signifier que les décideurs ne s'acquittent pas correctement de leur rôle. Dans ce cas, l'inflation n'est pas considérée pour sa valeur en tant que telle, elle sert plutôt d'indicateur des mauvaises performances économiques de décideurs.

L'analyse de l'évolution de l'inflation de sous la période d'études est menée en deux sous-périodes (la sous-période 1990-2001 et la sous-période 2001-2011).

1.- La sous-période 1990-2000 : Cette sous-période fut caractérisée par l'instabilité tant politique qu'économique. En effet, sur le plan politique, la démocratisation de 1990 n'a pas eu les fruits escomptés au niveau de la stabilité des institutions. La guerre de « libération » de 1997 et celle d'agression de 1998 ont contribué à la destruction du tissu économique et ont provoqué ainsi un profond recul de la production nationale, un large déplacement de la population entamant ainsi le capital social existant. Sur le plan économique, la rupture avec les bailleurs multilatéraux et bilatéraux a empêché l'accès du pays au marché financier international. Le maniement de la politique budgétaire n'a pas suivi ces considérations financières. Ainsi, le déficit public a été comblé par le financement monétaire. Ce qui a accru la masse monétaire provoquant ainsi l'inflation. À son tour, cette dernière a provoqué la décroissance économique et le chômage des facteurs de production. Ainsi, en moyenne, les déficits budgétaires se sont élevés à 10,89 % du PIB. Ces déficits ont été financés par le système bancaire. En moyenne annuelle, les avances de la BCC se sont élevées à 230,03 % accroissant la masse monétaire de 8,88 % annuellement, ce qui a entretenu un taux moyen d'inflation de 2 105,572 % et un taux de croissance économique moyen de -4,34 %.

2.- La sous période 2001-2011 : Le changement politique de 2001, avec l'avènement de Joseph Kabila à la présidence de la RDC, a marqué un tournant positif pour l'économie congolaise. Les premières mesures arrêtées sur le plan économique ont consisté en la libération des prix et des taux de change et la reprise des relations économiques internationales[68]. Ceci a permis au pays d'exécuter, avec l'assistance du FMI, le Programme intérimaire renforce (PIR) et le Programme

---

[68] Mukoko S. (2003), « Les politiques économiques en RDC : leçons des trois dernières décennies », in notes de Conjoncture, Kinshasa, nouvelle série, vol.1, n° 1, octobre, pages 4-8.

économique du gouvernement (PEG). Ces programmes avaient pour objectifs : *(i)* de casser l'hyperinflation ; *(ii)* de libéraliser l'économie ; *(iii)* d'établir un environnement plus favorable à la croissance du secteur privé et de poser les bases de la reconstruction de l'économie nationale. C'est ainsi qu'à la suite de la mise en œuvre du programme économique du gouvernement (PEG en sigle), ainsi que du programme intérimaire renforcé (PIR), la RDC a appliqué des mesures de stabilisation basées essentiellement sur la maîtrise de la croissance de la masse monétaire, la réduction du déficit public, le renforcement des capacités des pouvoirs publics dans la gestion des dépenses, avec comme corollaire direct, l'arrêt de la spirale de l'hyperinflation en 2001. En 2005, déjà, le taux d'inflation s'est ramené à 21,3 %, le pays a retrouvé une croissance économique positive avec un taux de 7,8 % à la fin de la même année, le taux de croissance de la masse monétaire en baisse se fixait à 24,2 %. La situation des finances publiques a également été encourageante : les recettes sont passées de 6,2 % du PIB en 2001 à 12,3 % fin 2006. Sur la même période, les dépenses ont augmenté de 7,9 % à 16,1 % du PIB, impliquant un déficit global de 0,7 % du PIB en 2005. Dans l'ensemble, sous cette période, l'inflation a évolué à un taux de 29,88 % en moyenne annuelle.

II.1.L'évolution du taux d'inflation

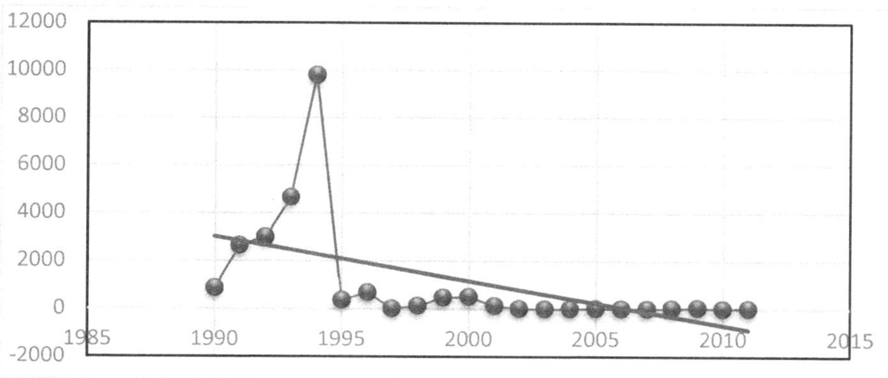

Source : auteurs sur base des données de la BCC.

La lecture de ce graphique renseigne, fait ressortir deux observations. Premièrement, l'inflation a demeuré l'un des plus épineux problèmes macroéconomiques et a constitué un élément nocif à l'activité économique. Les épisodes d'hyperinflation se sont à chaque fois accompagnés d'une dégradation généralisée de l'activité macroéconomique. Deuxièmement, l'inflation trouve son origine dans les caractéristiques structurelles de l'économique de la RDC : l'extraversion accrue de l'économie, le caractère peu diversifié de l'économie, la faiblesse de la production nationale, le dysfonctionnement structurel des marchés lié aux entraves aux lois de marché et aux interventions de l'État, etc.

II.1.2.- Chômage

Le taux de chômage constitue un élément majeur pour percevoir la pertinence de l'action du gouvernement sur l'activité économique. Bon nombre d'études dans ce domaine, ont démontré qu'au-delà de tout équilibre macroéconomique, un taux de chômage faible constitue une preuve éloquente de performance macroéconomique.

La RDC fait sans doute partie des pays où le problème du chômage se pose avec acuité. Sa principale manifestation est la régression chronique de l'économie nationale. Cette situation a nécessité une étude approfondie sur les causes afin de donner des pistes de solutions qui s'imposent. L'évolution du taux de chômage est présentée dans le graphique II.2 suivant.

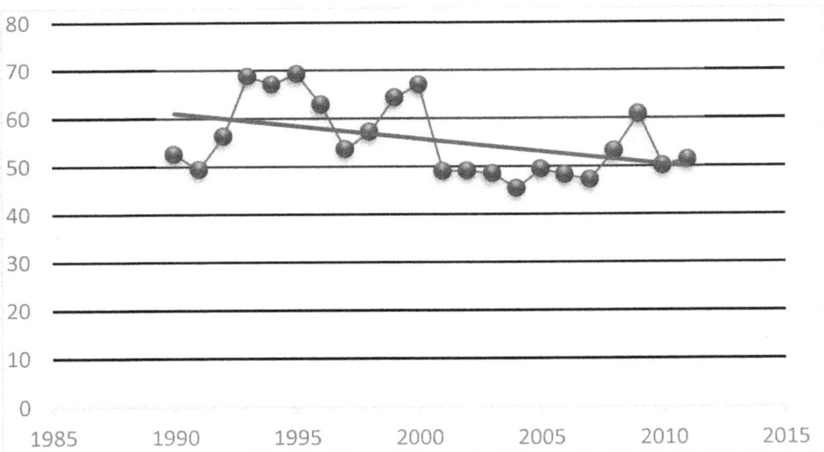

Source : auteurs sur base des données de la BCC.

L'examen de ce graphique montre que le chômage est un phénomène permanent dans l'économie congolaise depuis le début de la décennie 1990. Sa présence et sa persistance sont dues surtout à l'absence des unités de production qui à son tour est imputable à un climat des affaires peu propice aux nouveaux investissements créateurs d'emploi. Au regard de ce graphique, on s'aperçoit également qu'au lendemain de l'exécution des programmes d'ajustement structurels[69], le taux de chômage qui évoluait à une moyenne annuelle de 60,71 % (depuis 1990) a baissé jusqu'à atteindre 45,4 % en 2004. Mais, cette baisse est surtout due à la reprise des activités dans les industries minières dont la main-d'œuvre est très importante.

Il convient de signaler que de 1990 à 2011, le taux de chômage est resté généralement stable. On peut donc affirmer que le taux de chômage a évolué de manière indépendante des politiques économiques de l'État. La politique économique a certes réussi à endiguer l'inflation, mais elle n'a eu aucune influence sur l'activité économique. Il faut aussi signaler que la persistance du chômage est surtout imputable aux faits suivants : l'absence dans le pays d'un potentiel industriel compétitif qui puisse engager la main-d'œuvre, l'absence d'une politique économique formelle visant à soutenir les entreprises, un climat des affaires malsain, l'étroitesse des marchés financiers, etc.

En définitive, l'analyse menée dans la présente partie a permis : *(i)* d'établir clairement les différents épisodes de la dynamique du cadre macroéconomique congolais ; *(ii)* de mettre, implicitement, en évidence l'inefficacité des politiques macroéconomiques menées dans son rôle d'assurer le bien-être de la population et la stabilité macroéconomique *(iii)* et d'identifier la nécessité d'envisager de politiques économiques visant à endiguer les deux fléaux qui sévissent en RDC.

III.- Estimation et interprétation des résultats

Cette partie consiste à tester économétriquement l'efficacité de la politique économique en RDC. Les variables retenues pour cet exercice

---

[69] Pour en savoir plus sur les résultats « controversés » de ces différents programmes, lire Kabuya K. F. et Tshiunza M., « L'économie congolaise en 2000-2001 : contraction, fractionnement et enlisement », Kabuya K. F. et Tshiunza M., « l'économie congolaise à l'horizon 2002-2005 ».

sont l'inflation et le chômage, l'objectif étant la recherche d'une relation de long terme qui existerait entre elles. La relation inflation-chômage est intéressante à analyser empiriquement, puisque d'autres études théoriques parviennent à conclure de la disparation de celle-ci, tandis que les études empiriques arrivent toutes à détecter l'existence d'une relation entre les deux variables (qu'elle soit positive ou négative). La réponse à cette question peut également avoir des implications importantes au niveau des décisions de politique économique qui sont prises. La méthodologie retenue pour effectuer ce test est celle des modèles à correction d'erreur (ECM)[70].

Cette Section comprend deux points essentiels. Le premier consiste en une présentation des données ainsi que du modèle utilisé. Le deuxième point est consacré au test de cointégration entre l'inflation et le chômage et à l'estimation du modèle à correction d'erreur.

III.1.- Spécification du modèle

III.1.1.- Données

Dans de nombreuses études concernant le sujet traité ici, le terme niveau de l'activité réelle n'est généralement pas clairement défini. Un certain nombre de variables sont souvent utilisées pour le représenter. Comme proxy de l'activité réelle, on utilise le plus souvent soit le niveau de la production globale (le PIB ou le PNB) soit, la production industrielle ou encore le chômage. En ce qui concerne le niveau général des prix, on utilise le taux d'inflation, le taux de variation des salaires nominal[71], ou encore la variation de la masse monétaire. En ce qui nous concerne, étant donné la difficulté d'obtenir des données fiables sur l'évolution du volume d'emploi sur une longue période, le variable taux de chômage a été utilisé comme proxy de l'activité économique réelle. On a considéré par ailleurs le taux d'inflation comme proxy de l'évolution du niveau général des prix.

Nos données sont annuelles et couvrent la période allant de 1990 à 2011. Elles ont été extraites respectivement des différents rapports

---

[70] Le modèle à correction d'erreur sera appuyé par le test de causalité.

[71] À l'instar d'A. W. Phillips (1958) dans la courbe de Phillips originelle.

annuels (1990 à 2011) et des condensés des informations statistiques (2007) de la Banque centrale du Congo. Dans ce type d'étude, les données sont soit utilisées comme telles, soit transformées de différentes manières. Pour des raisons d'échelle, nous utilisons le logarithme de ces variables. LTCHOM est le logarithme de TCHOM (taux de chômage), LTINFL celui de TINFL (taux d'inflation annuel).

III.1.2.- Spécification du modèle

La relation de long terme devant être estimée ici se présente de la manière suivante :

$$LTCHOM_t = \alpha_0 + \alpha_1 LTINFL_t + \varepsilon_t$$

$TCHOM_t$: série de taux de chômage de 1990 à 2011 ;

$TINFLL_t$: série de taux d'inflation de la même période ;

α_0: est le terme constant

α_1 : la pente de long terme, il indique la variation du taux de chômage, induite à une variation à priori du taux d'inflation ;

ε_t: représente le résidu de long terme.

III.2.- Estimation du modèle

III.2.1.- Test de stationnarité

Lorsqu'on utilise des données temporelles, il est primordial qu'elles conservent une distribution constante dans le temps. Ce concept de stationnarité doit être vérifié pour chacune des séries afin d'éviter des régressions factices pour lesquelles les résultats pourraient être « significatifs », alors qu'ils ne le sont pas en réalité.

Si une série est non-stationnaire, la différencier peut la convertir en série stationnaire. En faisant une analyse sur le comportement des variables, on voit qu'elles sont non stationnaires, mais elles ont toutes une tendance à la baisse. Cela nous laisse présager une éventuelle cointégration entre les variables. Il est donc indispensable de s'intéresser à l'ordre d'intégration des séries. Pour cela, nous allons appliquer le test de Dickey-Fuller augmenté[72] sur chaque série, c'est-à-dire *TCHOM* et *TINFL*.

Le test a été conduit sur le logarithme des variables et leurs différences premières. En ce qui concerne le test effectué sur le logarithme des variables, on ne rejette pas l'hypothèse nulle de racine unitaire, à quelques exceptions près, ce qui était d'ailleurs attendu. Après avoir différencié les séries une fois, le test indique la stationnarité pour les deux variables (*DLTCHOM et DLTINFL*)[73]. Le Tableau suivant montre en résumé les résultats du test ADF.

Variables	**Statistiques ADF**	**Valeurs Critique au seuil de 5 %**	**Ordre d'intégrati on**	**Stationnaire**
DLTCHOM	4,2261	1,9601	(I)	Oui
DLTINFL	3,1423	3,0299	(I)	Oui

Ces résultats montrent que les deux variables sont intégrées à l'ordre 1, donc l'hypothèse H_0 est rejetée.

III.2.2.- Test de cointégration

Un autre test est possible lorsqu'on travaille avec des séries temporelles, c'est celui de la cointégration. Le but est de détecter si des variables possédant une racine unitaire ont une tendance stochastique commune. Si tel est le cas, il existe une relation d'équilibre de long terme entre les variables ; et la combinaison linéaire de ces variables provenant des séries stationnaires est, quant à elle, stationnaire[74]. Le test de stationnarité de Dickey Fuller réalisé sur nos variables, montre qu'elles sont toutes intégrées d'ordre 1. Cet ordre d'intégration commune pourrait justifier la présence d'une relation de long terme entre les deux variables.

---

[72] Le test de Dickey-Fuller augmenté ajoute des retards au modèle testé afin de contrôler l'autocorrélation, contrairement au test de Dickey-Fuller standard.

[73] Il est commun que les variables macro-économiques, comme celles qu'on utilise dans cette étude, deviennent stationnaires après une seule différenciation.

[74] Lenzoudi (2005), « l'impact du degré d'ouverture sur la croissance économique : cas de six pays d'Afrique de l'Ouest », mémoire de maîtrise, Université de Montréal, Département de sciences économiques.

Un test simple à utiliser pour vérifier cela est le test en deux étapes de Engel et Granger (1958).

a.- 1re étape :* Estimation *par MCO[75] du modèle de long terme

La relation linéaire de long terme s'écrit : $TCHOM_t = \alpha_0 + \alpha_1 LTINFL_t + \varepsilon_t$

L'estimation de cette relation par moindre carré ordinaire à l'aide du logiciel Eviews 6 a donné les résultats suivants :

$$LTCHOM_t = 3.815272 + 0.040054LTINFL_t$$

Probabilité	(0.0000)	(0.0004)
T-stat.	[75.97856]	[4.226498]

R^2 = 47,17 % et Durbin-Watson = 1,1247

D'après cette relation, à long terme, le chômage et l'inflation vont de pair car le coefficient lié à l'inflation positif. Ainsi, à long terme, une augmentation du taux d'inflation de 100 % entraîne une augmentation du taux de chômage de 4 %, les coefficients sont tous significatifs. Bien que cette relation de long existe elle est tout de même très faible.

b.- 2e étape : Test de la stationnarité des résidus de long terme

Pour que la relation de cointégration soit acceptée, les résidus (ε_t) qui découlent de l'estimation de la relation de long terme doivent être stationnaires à niveau. Effectuons le test de Dickey-Fuller augmenté sur les résidus de l'estimation de la relation structurelle sous les hypothèses suivantes :

H_0 : Racine Unitaire sur les résidus (ε_t) (Non cointégration)

H_1 : Non Racine Unitaire sur les résidus (ε_t) (Cointégration).

L'équation des résidus (ε_t) des est représentée comme suit :

$$\widehat{\varepsilon_t} = T\widehat{CHOM}_t - \widehat{\alpha_0} - \widehat{\alpha_1} + T\widehat{INFL}_t$$

[75] Moindre carré ordinaire.

Variable	Statistique ADF	Valeur critique au seuil de 5 %	Ordre d'intégration	Stationnaire
ε_t	3,3514	1,959	0	Oui

La statistique du test ADF est supérieure à la valeur critique de Mackinnon. L'hypothèse nulle est rejetée, les deux variables sont donc cointégrées. Nous pouvons conclure qu'il existe une relation d'équilibre à long terme entre le chômage et l'inflation.

III.2.3.- Test Causalité

Le test de causalité de Granger permet de déterminer le sens de l'impact entre les variables. Il identifie la variable qui cause l'autre.

Pairwise Granger Causality Tests			
Sample : 1990 2011			
Lags : 6			
Null Hypothesis :	Obs	F-Statistic	Prob.
DLTCHOM does not Granger Cause DLTINFL	15	10.3978	0.0903
DLTINFL does not Granger Cause DLTCHOM		0.41192	0.8311

Source : calculs de l'auteur sur base du logiciel Eviews.

Les résultats ci-dessus indiquent l'existence d'aucun lien de causalité avec six périodes de décalage au seuil de 5 % d'erreur. Ainsi, l'inflation ne cause pas le chômage.

III.3- Modèle à correction d'erreur

Accepter la cointégration, c'est accepter le fait qu'il existe une relation d'état stationnaire entre les deux séries de variables qui ont une tendance commune à évoluer dans le même sens. Tout écart momentané par rapport à l'équilibre est considéré comme aléatoire[76]. D'après le théorème de représentation de Engle et Granger, les séries stationnaires doivent être représentées sous forme de modèle à correction d'erreur si elles sont cointégrées, c'est-à-dire s'il existe une combinaison linéaire stationnaire entre elles.

L'utilisation du modèle à correction d'erreur permet de montrer la relation commune de cointégration (la tendance commune) et d'en déduire les interactions entre les variables[77]. Cette méthodologie est adoptée dans notre travail parce qu'elle permet premièrement la prise en compte de l'évaluation de la dynamique des effets de court et de long terme du taux d'inflation sur le taux de chômage, deuxièmement elle permet la prise en compte des tendances stochastiques communes qui nous renseignent sur les effets permanents et transitoires des politiques de stabilité de prix sur le niveau de l'emploi représenté par le taux de chômage.

Spécifions le modèle à correction d'erreur conformément à la représentation de Hendry[78] :

$$DLTCHOM_t = \beta_0 + \beta_1 DLTINFL_t + \beta_2 LTCHOM_{t-1} + \beta_3 LTINFL_{t-1} + DLTCHOM_{t-1} + \varepsilon_t$$

le coefficient β_0 représente la constante du modèle ;

le coefficient β_1 représente l'élasticité de court terme ;

le coefficient $\frac{\beta_3}{\beta_2}$ représente l'élasticité de long terme ;

---

[76] Voir à ce sujet Ambapour S. et C. Massamba. (2005), « croissance économique et consommation de l'énergie au Congo : Une analyse en termes de causalité », BAMSI, BP 1374, Brazzaville, page 15.

[77] Voir Bourbonnais R. (2005), « Économétrie manuelle et exercices corrigés », DUNOD.

[78] Les modèles à correction d'erreur ont été introduits par Hendry au début des années 80. Ils ont le mérite de faire ressortir les dynamiques de court et de long terme des variables.

le coefficient$\beta_2$représente le terme de correction d'erreur, il doit être inférieur à l'unité et négatif. Ce coefficient indique la vitesse d'ajustement de la variable endogène (LTCHOM) pour retourner à l'équilibre de long terme suite à un choc.

L'estimation de modèle donne les résultats suivants :

$DLTCHOM_t$= 2,294 + 0,0349 $DLTINFL_t$– 0,607$LTCHOM_{t-1}$+ 0,0302 $LTINFL_{t-1}$

Probabilité (0,0105) (0,0263) (0,0097) (0,0259)

T-Stat[2,873380][2,433581][−2,914011][2,440922]

III.4.- Interprétation des résultats

L'élasticité de court terme du taux de chômage par rapport au taux d'inflation est$\beta_1 = 0.034941$. Ceci implique qu'à court terme, si l'inflation augmente de 10 %, alors le chômage augmente de 0,349 %. Le chômage est sensible à la variation de l'inflation. Mais, le problème réside dans l'amplitude de cette sensibilité qui est faible, voire négligeable.

L'élasticité de long terme du chômage par rapport à l'inflation 0,049729, ceci implique qu'à long terme, si l'inflation augmente de 10 %, le chômage augmente de 0,49 %, et les effets vont en croissant à long terme. On doit également souligner le caractère très faible de ces résultats. Ces faibles élasticités (de court terme et de long terme) signifient que le taux de chômage est moins sensible aux variations du taux d'inflation, ce qui réduit l'impact des effets réels des chocs de la politique monétaire sur la demande globale. Cela s'explique par le fait que le chômage observé en RDC est du type structurel. La politique monétaire est par conséquent inefficace à le faire varier. En outre, le signe positif de ces coefficients implique une baisse inhérente de l'inflation à la suite d'un choc[79] de politique monétaire. Mais, l'élément le plus intrigant réside au niveau de leurs amplitudes. La valeur très faible indique que l'inflation est indépendante aux fluctuations l'activité économique en RDC. Ceci offre un arbitrage favorable à la Banque centrale, car une forte déviation de la

[79] Le choc de politique monétaire évoqué ici est celui du changement de politique économique en 2001, changement qui s'est fait suivre de la baisse drastique du taux d'inflation.

production, au regard de ces estimations, n'a qu'un impact très faible sur le niveau de l'inflation.

À l'issue du test de causalité, le taux d'inflation (mesure de variation du niveau des prix) n'apparait pas comme indicateur de l'intensité de l'activité économique réelle, car le taux d'inflation ne cause pas le chômage. Cette non-causalité révèle une désarticulation de l'économie nationale avérée par le manque de jointure entre la sphère monétaire et l'activité économique pendant la période sous-examen. Ainsi, nous avons constaté qu'il n'existe pas de canal de transmission répondant au schéma classique instrument – Objectif intermédiaire – Cible. Par exemple, il y a absence de mécanisme de transmission des effets de la politique monétaire sur l'activité économique. Et cette transmission devrait se faire à travers un mécanisme de marché (c'est-à-dire le lien stable entre le crédit à l'économie et l'investissement). Dans cette optique, les efforts d'assainissement de l'activité économique dans le sens de réduire son caractère prépondérant dans l'informel sont nécessaires.

CONCLUSION

Le présent travail s'est proposé d'utiliser et d'estimer économétriquement le modèle de la courbe de Phillips dans l'analyse des politiques macroéconomiques en RDC. Au regard de la contrainte de disponibilité des données statistiques, l'application de ce modèle s'est rapportée essentiellement à l'analyse de la conduite de la politique monétaire par la Banque centrale du Congo (BCC).

Notre étude est partie de l'idée selon laquelle, la politique économique telle que menée depuis 2001, est certes arrivée à stabiliser le cadre macroéconomique, mais elle ne répond pas aux objectifs de plein-emploi, de croissance et de compétitivité de l'économie. Il était donc nécessaire de proposer des alternatives des politiques économiques et structurelles, dans la vision de lui donner une orientation susceptible d'impacter positivement et significativement l'activité économique, en stimulant la « stabilité macroéconomique réelle ».

Avant d'arriver à l'estimation du modèle, le travail s'est attelé sur une analyse de l'évolution des variables d'étude. Cet exercice a permis, d'une part, la réalisation de l'analyse du cadre macroéconomique en fonction de l'évolution de ces deux variables (l'inflation et le chômage). L'analyse du cadre macroéconomique a éclairé notre compréhension sur l'origine, la pertinence et la prépondérance de différents chocs qui ont affecté l'économie en cause. De l'autre côté, elle a mis en évidence avant son évaluation, l'inefficacité de la politique macroéconomique dans la régulation conjoncturelle. De même, elle nous a permis de comprendre le retournement qu'a connu l'économie congolaise, notamment en 2002.

Au regard des résultats de l'estimation du modèle, il ressort que de manière générale, l'instabilité monétaire n'est pas le « problème de base » de l'économie congolaise. Par conséquent, il faut donner à la politique économique un contenu correspondant au problème de base de cette économie. Un simple programme de stabilisation financière ne permet pas de briser le cycle de la contraction qui alimente la spirale inflationniste que l'on cherche pourtant à résoudre. Il convient donc de donner à la politique économique un contenu qui répond aux besoins du moment, entre autres l'emploi et la consolidation de la croissance économique.

Dans cette perspective, les recommandations suivantes s'imposent : (i) renforcer l'efficacité de la politique monétaire par l'élargissement des marchés financiers, le renforcement de l'efficacité du secteur bancaire, la diversification de la base industrielle et l'amélioration du climat des affaires ;(ii) réduire la fragilité des finances publiques en les rendant moins sensibles à la volatilité des revenus extérieurs par l'extension de la fiscalité domestique, la réduction du caractère prépondérant du secteur informel ; (iii) impulser une industrie d'exportation dans des activités à valeurs ajoutées élevées pour prendre le relais des industries de substitution aux importations, afin de réduire le caractère extraverti de l'économie, qui limite les effets de la politique économique sur l'activité économique ; (iv) améliorer les standards de gouvernance et l'efficacité de l'administration publique par la promotion de la stabilité sociale, la sécurité et la pacification du pays et enfin, lutter contre la corruption et la fraude (v) mener des politiques sectorielles et macroéconomique favorisant une haute intensité de la main-d'œuvre et aussi encourager l'autoentreprise par : la formation, un accès accru au crédit, améliorer le climat des affaires en vue d'élargir le champ du secteur privé et de permettre l'émergence de l'activité économique.

Références bibliographiques

AMBAPOUR S. et C. MASSAMBA. (2005), « Croissance économique et consommation de l'énergie au Congo : Une analyse en termes de causalité », BAMSI, BP 1 374, Brazzaville, p. 4-18.

BANQUE CENTRALE DU CONGO, « Rapports annuels 2008, 2009, 2010, 2011, 2012 ».

BANQUE CENTRALE DU CONGO, « Condensés des informations statistiques 2007, 2008, 2009, 2010, 2011, 2012 ».

BEAUDRY P. et DOYLE M. (1999), « Qu'est-il arrivé à la courbe de Phillips au Canada dans les années 1990 ? », p. 94-108,.*https://www.banquedu canada.ca/wpcontent/uploads/2010/08/beaudry-finale-f.pdf*.

BENGTSON H. A. (2006), « Le modèle suédois à l'épreuve des réformes », in *La vie des idées* (version papier), n° 15, p. 2-4, http://www.laviedesidees.fr/Le-modele-suedois-a-l-epreuve-des.html.

BESSO, R. (2010), "Phillips curve, case study in Cameroun : evaluation of fundamental assumptions", Université de Yaoundé, p. 1-11.

BIALES C. (2009), « Modélisation schématique de l'équilibre macroéconomique » ; p. 46-122 135-156, *https://christian-biales.fr/wp*content/uploads/2017/11/modelschema.pdf.

CHADHA, B., P. MASSON et G. MEREDITH (1992), "Models of inflation and the costs of disinflation", *IMF Staff papers*, vol. 39 (juin), p. 395-431.

DARNE, O., TERRAZA, M., (2002), « Les tests de non-stationnarité des séries temporelles non saisonnières en économie : une revue de littérature », *Document de Travail n° 2002-05*. Laboratoire montpelliérain d'Économie Théorique et Appliquée. Université de Montpellier I, p. 12-25.

DEUBEL P. (2008), « Analyse économique et historique des sociétés contemporaines », *Pearson Éducation*, France, p. 1-3, http://www.cap-prepa.pearson.fr/libre/analyse/ressources/analyse/compl_articles/compl_12.pdf.

FILLION JF. et LEONARD A. (1997), « La courbe de Phillips au Canada : un examen de quelques hypothèses ». *Document de travail* 97-3. Banque du Canada, p. 1-30.

FRIEDMAN Milton, (1968), "The Role of monetary Policy", *The American Economic Review*, vol. LVII, n° 1, March, p. 7-17.

GUAY A., R. LUGER et ZHENHUA Z. (2004), « La validité empirique de la nouvelle courbe de Phillips keynésienne dans le cas du Canada », p. 63-95, http://docplayer.fr/20285179-La-validite-empirique-de-la-nouvelle-courbe-de-phillips keynesienne-dans-le-cas-du-canada.html.

HAUDEVILLE B. (1980). « Chômage et inflation dans les pays en régime de croissance lente », in *Revue d'économie industrielle* Volume 12, p. 5-15.

HELENE H. (2005). « Modèle à correction d'erreur et application », 11-15.

KABUYA K. et MWALISSENA K. (1980), *Stabilisation économique et financière au Zaïre : 1978-1980, des dévaluations en cascades à la démonétisation*, Kinshasa Cepas, p. 4-20.

KABUYA K. (2000), « L'économie congolaise et la réforme monétaire de juin 1998 », in *L'Afrique des Grands Lacs*, Annuaire 1999-2000, Paris, L'Harmattan, p. 3-21.

KABUYA K. et TSHIUNZA M. (2006), « La politique économique revisitée en RDC : pesanteurs d'hier et perspectives », in *L'Afrique des Grands Lacs*, annuaire, p. 308-325.

LAVOIE M. (1985), « Inflation, chômage et la planification des récessions : la théorie générale de Keynes et après », *Revue d'analyse économique*, vol. 61, N° 2, p. 172-194.

LE BIHAN H. (2009), « 1958-2008, Avatars et enjeux de la courbe de Phillips », *Revue de l'OFCE*, n° 111, p. 82-95.

MAGNAN de Bornier, « Emploi et chômage », p. 15-23, *http://docplayer.fr/16333930-11-emploi-et-chomage.html*.

MEUT P. A. (1992), *Théorie et modèles de la macroéconomie*, 4e édition, Paris, Economica.

Million N. (2004), « Instabilité de la courbe de Phillips aux États-Unis, Un modèle représentatif à changement de régime », p. 6-19, http://web.hec.ca/scse/articles/Million.pdf

MUKOKO S. (2003), « Les politiques économiques en RDC : leçons des trois dernières décennies », in *Notes de Conjoncture*, Kinshasa, nouvelle série, vol. 1, n° 1, octobre, p. 27-41.

NZANDA B. et KALEMBE (1995), *Économie zaïroise de demain, pas de navigation à vue, essai, nécessité d'un modèle économique intégré*, éd. Progrès social et Développement, Kinshasa, 5-15.

PATRICK A. (2007), « Aplatissement des courbes de Phillips et implications pour les politiques monétaires », *Service de recherche économique de Natixis* ; n° 318, p. 1-4.

RICKETTS N. (1996), « La mesure et l'interprétation des taux d'intérêt réels à court terme et de l'inflation attendue », *Revue de la Banque du Canada* (été), p. 23-40.

SAMUELSON Paul A. et Solow R. (1960), "Problems of Achieving and Maintaining a Stable Price Level: Analytical Aspects Of Anti-inflation Policy", *American Economic Review, Papers and Proceedings* 50(2), p. 94-177.

SIMMONET Jean (2008), « Relation des salaires et le chômage : courbe de Phillips », p. 1-7.

TOBIN J. (1972), "Inflation and Unemployment", p. 1. Traduction libre.

TABLE DES MATIERES

Avant-propos		7
Chapitre 1	Le caractère défectueux et prolongé des conflits contemporains et processus de pacification	13
Chapitre 2	La question des minéraux de conflit en RDC dans la perspective de la société japonaise	57
Chapitre 3	Les causes de la Grande Modération en RDC : politique monétaire plus efficace, mondialisation accrue ou simple chance ?*	85
Chapitre 4	Dépendance aux ressources naturelles et vulnérabilité économique structurelle	133
Chapitre 5	Croissance pro-pauvres en République démocratique du Congo	169
Chapitre 6	Rente minière et illusion des performances économiques en RDC :	183
Chapitre 7	Croissance économique en RDC : réalité et performance comparative	201
Chapitre 8	Modèles de croissance : Pourquoi ils ne conviennent pas aux pays les moins avancés	237
Chapitre 9	La pertinence de l'effet pass-through : 273Faut-il revisiter le régime de la politique monétaire ?	273
Chapitre 10	Les travailleurs migrants : un atout ou une menace pour le marché congolais du travail ?	295
Chapitre 11	Relation inflation et chômage :_Une application de la courbe de Phillips en RDC de 1990 à 2011	311

RÉPUBLIQUE DÉMOCRATIQUE DU CONGO AUX ÉDITIONS L'HARMATTAN

Dernières parutions

LA LUTTE CONTRE LA NÉOCRIMINALITÉ PROCRÉATIQUE EN RÉPUBLIQUE DÉMOCRATIQUE DU CONGO
Esquisse de politique criminelle en bioéthique
Irénée Mvaka Ngumbu
Préface d'Evariste Likinda
La néocriminalité procréatique se situe dans un ensemble des nouvelles formes de criminalités qui accompagnent ou que génèrent les technosciences. La procréatique permet à l'homme de réaliser son rêve d'être maître de l'homme en intervenant dans les secrets de la genèse de la vie en vue de l'orienter comme il veut. Mais cet homme technoscientifique aura-t-il toujours la maîtrise de sa maîtrise ?
(Coll. Harmattan RDC, 466 p., 45 euros)
ISBN : 978-2-343-15354-4, EAN EBOOK : 9782140099359

LA DÉPRÉCIATION DU FRANC CONGOLAIS (2001-2018)
Effet d'hystérèse
Blaise Sary Ngoy
Ce livre aborde la dépréciation à répétition du franc congolais, caractérisée par l'effet d'hystérèse. Il affirme qu'aucune politique monétaire ou budgétaire ne peut porter des fruits dans le contexte actuel, car la monnaie représente la santé de l'économie. Elle est malade. Tant que celle-ci souffre, la valeur de la monnaie reflète ces maux. L'auteur suggère de soigner le virus qui ronge cette économie. La stabilité de la monnaie ira de soi, dès lors que les réformes structurelles permettent l'équilibre de ses fondamentaux.
(Coll. Études africaines, 240 p., 24,5 euros)
ISBN : 978-2-343-14982-0, EAN EBOOK : 9782140098482

BOMBE "N" : RICHESSES, MYSTÈRES ET OPPORTUNITÉS DU BASSIN DU CONGO
Plaidoyer de Denis Sassou N'Guesso pour la protection de la planète
La vision verte revue et approfondie
Michel Innocent Peya
Cet ouvrage se consacre au bassin du Congo : ses richesses naturelles, ses mystères, les cadres juridiques et institutionnels nationaux, sous-régionaux et internationaux qui le protègent. Sa préservation et sa protection sur la durée sont une action de conscience, de volonté, d'engagement, de détermination, et des sacrifices pour l'intérêt de l'humanité. La nature ne peut se défendre seule, le bassin du Congo trouve parmi ses fils amoureux de la nature un porte-parole dans la personne du président de la République du Congo, Denis Sassou N'Guesso.
(280 p., 28 euros)
ISBN : 978-2-343-15369-8, EAN EBOOK : 9782140095634

AGONIE ET FIN DE LA RÉPUBLIQUE DU CONGO-KINSHASA
Kayamba Tshitshi Ndouba
Préface d'Alain Lubamba wa Lubamba
De la proclamation de l'Indépendance au coup d'Etat militaire de 1965, une crise de régime politique a secoué profondément le Congo-Kinshasa. Cet ouvrage entend en expliciter les soubassements à travers deux anagrammes : l'évolution institutionnelle de séparation des pouvoirs et les dynamiques de relation des différents acteurs de la crise politique congolaise.
(Coll. Études africaines, 292 p., 30 euros)

ISBN : 978-2-343-14052-0, EAN EBOOK : 9782140097676

LES ANNÉES UNAZA (UNIVERSITÉ NATIONALE DU ZAÏRE) (TOME 2)
Contribution à l'histoire de l'Université Africaine
Isidore Ndaywel E Nziem
Sous la direction de - Préface de Bogumil Jewsiewicki
De 1971 à 1981, l'Université congolaise a connu, sous le signe de l'Université nationale du Zaïre, une expérience originale de regroupement en un seul ensemble des trois universités existantes. L'objectif de cette réforme a été le contrôle de ces établissements par un pouvoir qui faisait ses premières armes dans la dictature. Mais elle a aussi hâté l'africanisation du Corps enseignant. Cet ouvrage en deux volumes est un recueil de témoignages de ceux-là mêmes qui ont vécu ce processus, comme étudiants ou professeurs. Complétés par des documents originaux, ces récits restituent l'ensemble de l'histoire de l'Université au Congo.
(Coll. La Région des Grands Lacs Africains, 222 p., 23,5 euros)
ISBN : 978-2-343-13478-9, EAN EBOOK : 9782140097133

LES ANNÉES UNAZA (UNIVERSITÉ NATIONALE DU ZAÏRE) (TOME 1)
Contribution à l'histoire de l'Université Africaine
Isidore Ndaywel E Nziem
Sous la direction de - Préface de Bogumil Jewsiewicki
De 1971 à 1981, l'Université congolaise a connu, sous le signe de l'Université nationale du Zaïre, une expérience originale de regroupement en un seul ensemble des trois universités existantes. L'objectif de cette réforme a été le contrôle de ces établissements par un pouvoir qui faisait ses premières armes dans la dictature. Mais elle a aussi hâté l'africanisation du Corps enseignant. Cet ouvrage en deux volumes est un recueil de témoignages de ceux-là mêmes qui ont vécu ce processus, comme étudiants ou professeurs. Complétés par des documents originaux, ces récits restituent l'ensemble de l'histoire de l'Université au Congo.
(Coll. La Région des Grands Lacs Africains, 272 p., 28 euros)
ISBN : 978-2-343-12831-3, EAN EBOOK : 9782140097126

UNE MASCARADE DE JUSTICE EN RÉPUBLIQUE DÉMOCRATIQUE DU CONGO
Richard Isungu Kakoko
En République démocratique du Congo, la justice n'en a que le nom : les responsables judiciaires, politiques et exécutifs s'y immiscent et interfèrent intempestivement pour influencer, orienter ou dicter les jugements et les arrêts. Dans cet ouvrage, après avoir relevé les maux qui rongent ou gangrènent la justice en République démocratique du Congo, l'auteur esquisse quelques voies ou pistes de solution pour redorer son blason, afin qu'elle revête sa plus belle robe, celle de l'équité et de l'égalité de tous devant la loi.
(Coll. Études africaines, 172 p., 18 euros)
ISBN : 978-2-343-15122-9, EAN EBOOK : 9782140095757

PRÉMONTRÉS ET DOMINICAINS BELGES AU CONGO
Uele, 1898-1924
Richard Dane Lokando
L'éveil missionnaire que vit la Belgique à la fin du XIXe siècle ne laisse pas indifférents les chanoines prémontrés belges. Sur demande du roi Léopold II et du Pape Léon XIII, l'abbaye de Tongerloo s'engage à prendre part à l'oeuvre civilisatrice du roi, en acceptant d'évangéliser le nord-est de l'État indépendant du Congo. Mais l'oeuvre se révèle bientôt plus compliquée que prévue. C'est alors que les Dominicains de la province belge flamande volent à leur secours permettant au catholicisme d'entamer le chemin de son développement dans le bassin de l'Uele.
(Coll. Églises d'Afrique, 196 p., 20,5 euros)
ISBN : 978-2-343-14264-7, EAN EBOOK : 9782140095344

L'EMPLOI DES JEUNES EN RÉPUBLIQUE DÉMOCRATIQUE DU CONGO

Antoine-Roger Bumba Monga Ngoy

Préface de Lye M. Yoka

En RDC, la création d'emplois stagne, les inégalités persistent entre les milieux rural et urbain, le taux de chômage reste très élevé, surtout pour les jeunes. Où se situe la RD Congo en matière de création d'emplois nouveaux et durables ? Lla question de l'interaction entre l'université et la société, entre la formation des cadres et les structures du développement en RDC, doit interpeller le gouvernement afin de garantir la promotion de l'homme, première ressource de toute organisation économique et sociale, moteur du progrès et "espérance de consommation", sans qui la nation ne peut survivre.

(252 p., 26 euros)

ISBN : 978-2-343-14424-5, EAN EBOOK : 9782140094521

LA LUTTE CONTRE LE BLANCHIMENT DE CAPITAUX ET LE FINANCEMENT DU TERRORISME

En droit pénal congolais et en droit pénal comparé

Boniface Kabanda Matanda

Préface de Barnabé Ilunga Tshibangu

Au fil des chapitres l'auteur aborde les moyens de lutte contre le blanchiment de capitaux et le financement du terrorisme. Le premier chapitre est consacré à l'approche comparative de l'organisation des polices administrative et judiciaire. Le deuxième traite du blanchiment de capitaux et le troisième est relatif au financement du terrorisme. Le quatrième chapitre analyse les systèmes de prévention et de détection. Le cinquième et dernier chapitre pose quant à lui la problématique de la lutte y afférente.

(Coll. Harmattan RDC, 540 p., 40 euros)

ISBN : 978-2-343-14514-3, EAN EBOOK : 9782140092206

AUX PORTES DE L'ENFER

Roman

Michel Mumaka Mabaya

Ce roman suit quatre jeunes Congolais de la République démocratique du Congo jetés à la rue, qui fuient la misère et l'injustice sociale de leur pays, pourtant immensément riche, pour émigrer clandestinement en Europe, en passant par la Méditerranée. Après avoir rémunéré grassement les passeurs avec de l'argent volé, ils effectuent un voyage éreintant à travers le Niger et arrivent en Libye où ils sont vendus comme esclaves aux marchands de chair humaine.

(Coll. Harmattan RDC, 154 p., 16,5 euros)

ISBN : 978-2-343-15095-6, EAN EBOOK : 9782140094859

LES DÉRIVES DE L'ETAT POSTCOLONIAL EN RÉPUBLIQUE DÉMOCRATIQUE DU CONGO

Thomas Mawanzi Manzenza

En analysant les structures sociales qui déterminent, par leurs particularités, les pratiques des acteurs politiques, cet ouvrage montre que les crises qui ont secoué la République démocratique du Congo font partie des stratégies politiques auxquelles recourent les autorités dirigeantes pour non seulement prolonger leur règne politique, mais aussi pour affaiblir l'Etat afin de le convertir en un instrument de prédation des ressources nationales.

(Coll. Études africaines, 272 p., 27 euros)

ISBN : 978-2-343-14475-7, EAN EBOOK : 9782140094835

POLITIQUES AGRICOLES DURABLES EN RÉPUBLIQUE DU CONGO

Diagnostic et perspectives

Parisse Akouango

Le développement durable met au centre de la croissance et du développement la relation économique, sociale et environnementale. Et pourtant, les aides publiques au développement octroyées aux pays africains n'arrivent pas, dans leur majorité, aux bénéficiaires et, d'aides en aides, les mêmes erreurs se répètent. La réussite d'un projet agricole, élément décisif d'une politique agricole durable passe par une rigueur dans sa réflexion, sa construction et sa capacité à se remettre en cause.

(Coll. Harmattan Congo-Brazzaville, 126 p., 14,5 euros)

ISBN : 978-2-343-14280-7, EAN EBOOK : 9782140094002

LES BAVIRA DU SUD-KIVU (RDC)

Histoire, culture et renaissance d'un peuple bantou

Augustin Ramazani Bishwende, Di-Kuruba Dieudonné Muhinduka

Les intellectuels Bavira se proposent de s'unir pour réécrire leur histoire et leur culture en vue de protéger leurs mémoires collectives singulières. Ils trouvent judicieux d'élaborer une anthropologie critique, bantoue vira, pour susciter l'espoir et soutenir la renaissance. Ils contribuent ainsi à la transmission intergénérationnelle savante de leur histoire et de leur culture pour dynamiser le développement durable de leur terroir, dans le contexte actuel de la décentralisation dans lequel l'Etat congolais veut s'investir.

(Coll. Études africaines, 316 p., 32,5 euros)

ISBN : 978-2-343-14044-5, EAN EBOOK : 9782140092497

STRATÉGIES REBELLES ET AIDE INTERNATIONALE DANS L'AFRIQUE DES GRANDS LACS

1981-2013

Agathe Plauchut

Préface de Scott Straus - Avant-propos de Jean-Charles Jauffret

Les mouvements d'inspiration rebelles en Afrique (de la rébellion de type maoïste en 1981 en Ouganda à celle du M23 en 2013 en RDC) ont expérimenté de nouvelles tactiques. Les civils de plus en plus pris pour cibles permettent d'obtenir toujours plus de dividendes politiques et économiques de la guerre. Concentration de réfugiés, déplacement forcés des populations, viol comme arme de guerre et recrutement d'enfants, autant de tactiques qui ont permis de mettre en place des filières lucratives de ressources naturelles et l'accession à des postes de pouvoir.

(Coll. Mondes en mouvement, 304 p., 31 euros)

ISBN : 978-2-343-13919-7, EAN EBOOK : 9782140091421

LES PÉCHÉS LITURGIQUES DANS LES CÉLÉBRATIONS EUCHARISTIQUES

Roger Gaise

Préface de mgr Alain de Raemy

Ce livre est un "vade-mecum" pour guider les célébrations eucharistiques selon le rite romain. L'auteur rappelle les requis du magistère, souvent oubliés par la pratique et les habitudes acquises. il rassemble une série de stigmatisations, d'attitudes et de comportements non conformes aux prescrits liturgiques. Ces interpellations ne peuvent laisser insensible aucun acteur liturgique, soucieux de célébrer dignement l'eucharistie.

(Coll. Harmattan RDC, 132 p., 15 euros)

ISBN : 978-2-343-14919-6, EAN EBOOK : 9782140091940

ENTREPRISES PUBLIQUES EN RÉPUBLIQUE DÉMOCRATIQUE DU CONGO

La nécessité d'un cadre de bonne gouvernance axée sur la responsabilisation et la performance

Jacques Kabeya I. Tenda

Gangrénées par la mauvaise gestion, une faible productivité et des services de qualité médiocre, les entreprises publiques en République Démocratique du Congo sont incapables de produire la richesse souhaitée. Pour relever ce défi de la mal gouvernance, l'économiste financier, Jacques Kabeya Ilunga Tenda recommande la mise en place, par le Gouvernement, d'un cadre de bonne gouvernance de responsabilisation et de performance.

(Coll. Études africaines, 216 p., 22 euros)

ISBN : 978-2-343-14993-6, EAN EBOOK : 9782140091964

Structures éditoriales du groupe L'Harmattan

L'Harmattan Italie
Via degli Artisti, 15
10124 Torino
harmattan.italia@gmail.com

L'Harmattan Hongrie
Kossuth l. u. 14-16.
1053 Budapest
harmattan@harmattan.hu

L'Harmattan Sénégal
10 VDN en face Mermoz
BP 45034 Dakar-Fann
senharmattan@gmail.com

L'Harmattan Cameroun
TSINGA/FECAFOOT
BP 11486 Yaoundé
inkoukam@gmail.com

L'Harmattan Burkina Faso
Achille Somé – tengnule@hotmail.fr

L'Harmattan Guinée
Almamya, rue KA 028 OKB Agency
BP 3470 Conakry
harmattanguinee@yahoo.fr

L'Harmattan RDC
185, avenue Nyangwe
Commune de Lingwala – Kinshasa
matangilamusadila@yahoo.fr

L'Harmattan Congo
67, boulevard Denis-Sassou-N'Guesso
BP 2874 Brazzaville
harmattan.congo@yahoo.fr

L'Harmattan Mali
Sirakoro-Meguetana V31
Bamako
syllaka@yahoo.fr

L'Harmattan Togo
Djidjole – Lomé
Maison Amela
face EPP BATOME
ddamela@aol.com

L'Harmattan Côte d'Ivoire
Résidence Karl – Cité des Arts
Abidjan-Cocody
03 BP 1588 Abidjan
espace_harmattan.ci@hotmail.fr

L'Harmattan Algérie
22, rue Moulay-Mohamed
31000 Oran
info2@harmattan-algerie.com

L'Harmattan Maroc
5, rue Ferrane-Kouicha, Talaâ-Elkbira
Chrableyine, Fès-Médine
30000 Fès
harmattan.maroc@gmail.com

Nos librairies en France

Librairie internationale
16, rue des Écoles – 75005 Paris
librairie.internationale@harmattan.fr
01 40 46 79 11
www.librairieharmattan.com

Lib. sciences humaines & histoire
21, rue des Écoles – 75005 Paris
librairie.sh@harmattan.fr
01 46 34 13 71
www.librairieharmattansh.com

Librairie l'Espace Harmattan
21 bis, rue des Écoles – 75005 Paris
librairie.espace@harmattan.fr
01 43 29 49 42

Lib. Méditerranée & Moyen-Orient
7, rue des Carmes – 75005 Paris
librairie.mediterranee@harmattan.fr
01 43 29 71 15

Librairie Le Lucernaire
53, rue Notre-Dame-des-Champs – 75006 Paris
librairie@lucernaire.fr
01 42 22 67 13

www.ingramcontent.com/pod-product-compliance
Lightning Source LLC
LaVergne TN
LVHW011438061026
849535LV00004BA/861